Título do original norte-americano:
Hello From Heaven!
Copyright © 1995 by William Guggenheim 3rd and Judith A. Guggenheim
Um Alô do Céu
Copyright da tradução © Butterfly Editora Ltda. 2008
Direitos autorais reservados.
É proibida a reprodução total ou parcial, de qualquer forma ou por qualquer meio, salvo com autorização da Editora.
(Lei nº 9.610, de 19 de fevereiro de 1998.)

Direção editorial:	**Flávio Machado**
Assistente editorial:	**Dirce Yukie Yamamoto**
Tradução:	Marina Petroff Garcia e Áurea Akemi Arata
Chefe de arte:	Marcio da Silva Barreto
Capa e projeto gráfico:	Ricardo Brito
Imagens da capa:	Sergei Popov / Dreamstime.com e Corel Stock Photo Library
Revisão:	Maria Aiko Nishijima
Auxiliar de revisão:	Adriana Maria Cláudio
Fotolito da capa:	SERMOGRAF

Dados Internacionais de Catalogação na Publicação (CIP)
(Câmara Brasileira do Livro, SP, Brasil)

Guggenheim, Bill
    Um alô do céu : um vasto campo de pesquisa, comunicação pós-morte, confirma que a vida e o amor são eternos / Bill Guggenheim e Judy Guggenheim ; [tradução Marina Petroff Garcia, Áurea Akemi Arata]. – São Paulo : Butterfly Editora, 2008.

    Título original: Hello from heaven!
    ISBN 978-85-88477-75-9

    1. Espiritismo – Estudo de casos 2. Imortalidade 3. Morte (Espiritismo) 4. Vida futura I. Guggenheim, Judy. II. Título.

08-03413   CDD: 133.9013

Índice para catálogo sistemático:
1. Alma : Imortalidade : Espiritismo   133.9013
2. Morte : Espiritismo   133.9013
3. Vida depois da morte : Espiritismo   133.9013

Butterfly Editora Ltda.
Rua Atuaí, 383 – Sala 5
Vila Esperança/Penha
CEP 03646-000 – São Paulo – SP
Fone: (0xx11) 2684-9392
www.flyed.com.br | flyed@flyed.com.br

Impresso no Brasil, no inverno de 2008 pela:
SERMOGRAF – Artes Gráficas e Editora Ltda.

1-6-08-4.000

Um alô do Céu

Um vasto campo de pesquisa
– comunicação pós-morte –
confirma que a vida e o amor
são eternos

Bill & Judy Guggenheim

Tradução
MARINA PETROFF GARCIA
ÁUREA AKEMI ARATA

BUTTERFLY
EDITORA

São Paulo – 2008

Este livro é dedicado
a você,
por sua disposição
em explorar a possibilidade
de que a vida e o amor são eternos
e à nossa amiga especial
e professora,
Elisabeth Kübler-Ross.

agradecimentos

UM ALÔ DO CÉU é o resultado do amor, do compromisso e do apoio de milhares de pessoas. O sucesso de nossa pesquisa e a existência deste livro se devem à dedicação delas ao Projeto CPM (comunicação pós-morte) [*The ADC Project*].

O maior crédito se deve aos dois mil homens, mulheres e crianças que compartilharam conosco as suas íntimas e, muitas vezes, sagradas, experiências. Sua coragem, confiança e sua crença na importância das comunicações pós-morte iluminam as páginas deste livro.

Sentimo-nos profundamente agradecidos ao reverendo Simon Stephen, Íris e Joe Lawley, Paula e Arnold Shamres, Therese Goodrich, Diana Cunningham e centenas de membros norte-americanos e canadenses do *The Compassionate Friends* por tudo o que nos ensinaram sobre amor incondicional e seu poder para curar famílias que estão passando por luto.

Agradecemos ainda a muitos indivíduos e organizações que nos encorajaram durante nossos sete anos de pesquisa e compilação, incluindo Molly Folken, Dick Gilbert, Sally Kopke, Jim Monahan, Kathleen Moore, Shirley Scott, Darcie Sims, Edie Stark e Ben Wolfe, da *Association for Death Education and Counseling*; Henry Reed, Douglas Richards e Mark Thurston, da ARE; Andrea Gambill, da *Bereavement*; Rosalind McKnight, da *Creative Living Institute*; Phyllis Atwater, Nancy Evans Bush, Maggie Callanan, Valerie e Marty Chandler, Diane Corcoran, Mally Cox-Chapman, Ned Dougherty, Elane Durham, Arvin Gibson, Bruce Greyson, Bruce Horacek, Bonnie Lindstrom, Raymond Moody, Melvin Morse, Peggy Adams Raso, Leon Rhodes, Ken Ring, Kimberly Clark Sharp, Jayne Smith e Harold Widdison, da Iands; Shirley Enebrad, da Komo-TV; Sheryle Baker, do *The Life Center*, Anne e Herb Puryear, do *The Logos Center*; Janet Dunnican e Janice Lord, da *Mothers Against Drunk Driving*; *National Hospice Organization*; Charlotte e Bob Hullinger e Nancy Ruhe, da *Parents of Murdered Children*; Bill Roll, da PSI; Linda e Al Vigil, da *Sharing and Healing*; Beverly Ford, da *Spiral Circle Bookstore*; Elizabeth e Paul Fenske e Ken Hurst, da SFFI e Anne Studner, do *Widowed Persons Service*, um programa da *The American Association of Retired Persons*.

O nosso mais profundo obrigado aos jornalistas que escreveram comentários a respeito de nossa pesquisa em seus jornais: Elaine Jarvik, do *Deseret News*; Elizabeth Rhodes, do *The Seattle Times* e Harry Wessel do *The Orlando Sentinel*. E às dezenas de pessoas que contaram aos membros da família, amigos e grupos de apoio sobre este trabalho, pois foram eles nossa melhor fonte de entrevistas adicionais.

Estendemos nossa gratidão aos entrevistadores: Donna Bishop, Roberta Carson, Gean Peterson, Diane Silkey e Christina Strickland; e à nossa primeira transcritora, Connie Johnson; também ao nosso anjo especial, Carole Newman, por sua devoção como entrevistadora, transcritora, editora e incansável colaboradora do Projeto CPM. E ao nosso filho, Will, por sua habilidade na assistência aos problemas de computadores.

Agradecemos de coração aos primeiros leitores de nosso manuscrito, por suas muitas idéias criteriosas: John Audette, Kathy e Jap Becker, Kay e Dick Boza, Kay e Virgil Bryant, Jerry Calder, Debra Davis, David Engle, Paul Fransella, Renate e Jerry Glenn, Lily Kang, Sharon e Gary Kramer, Torie Lane, Wayne Loder, Ralph Losey, Pat Maddox, Mineda Mc Cleave, Kathleen Moore, Robin Moore, Brian Perks, Tom Saunders, Shirley Scott, Michael Smith, Steve Spector e Merton Stromen. Apreciamos ainda todas as melhorias introduzidas por nossos editores finais, Donna French e Donald Pharr.

Toni Burbank e Irwyn Applebaum, editores da Bantam Books, merecem nosso crédito por terem colocado o livro em suas mãos o mais rápido possível. Sua visão e fé, assim como o compromisso e a criatividade de muitas outras pessoas na Bantam, excederam quaisquer esperanças e expectativas. Nosso carinho a Gail Ross, nossa agente literária entusiasmada e advogada, que nos ensinou tanto e nos aconselhou tão sabiamente.

Estamos particularmente agradecidos pelo amor e apoio emocional de nossa família: Stephanie Guggenheim e Dennis Neal; nossos dois filhos mais novos, Chris e Jon; às duas filhas de Bill, Maire e Jaenet. Por causa de nosso projeto, cuja duração deveria ter sido de dois anos mas que se estenderam além de sete anos, eles se sacrificaram repetidas vezes por este livro.

sumário

Prefácio – Paz: um convite 11
1. Projeto CPM (comunicação pós-morte): um salto de fé 13
2. Pressentindo uma presença: CPMs sensitivas 29
3. Ouça a voz: CPMs auditivas 39
4. Sensação de toque: CPMs tácteis 52
5. Sensação de fragrância: CPMs olfativas 61
6. Aparições parciais: CPMs em forma de visão 72
7. Aparecimentos de corpo inteiro: CPMs visuais 87
8. Um vislumbre da outra vida: CPMs visuais 101
9. Encontros em estado alfa: CPMs visuais crepusculares 114
10. Mais do que um sonho: CPM durante o sono 125
11. De volta para casa: CPMs extracorpóreas 143
12. De pessoa para pessoa: CPM por telefone 158
13. Substância material: CPMs de fenômenos físicos 169
14. Borboletas e arco-íris: CPMs simbólicas 182
15. Exceções à regra: CPMs "assustadoras" e outras 196
16. Sincronia é tudo: CPMs antes dos fatos 207
17. Espere o inesperado: CPMs anos depois 219
18. Comprovação: CPMs evidenciais 232

19. Entrega especial: CPMs para proteção 245

20. Uma graça que salva: CPM para intervir contra um suicídio 258

21. Confirmação: CPMs com testemunhas 271

22. Pérolas das CPMs: as melhores dentre as melhores 285

23. O amor é eterno: reflexões a respeito das CPMs 311

    Epílogo – Alegria: uma promessa 323

    Agora é a sua vez... queremos ouvir o que tem a contar! 325

    Referências bibliográficas recomendadas 327

    Junte-se a nós na Internet 329

prefácio
Paz:
um convite

> – Como alguém se torna uma
> borboleta? – ela perguntou pensativa.
> – Você deve querer tanto voar, que estará pronta
> para deixar de ser uma lagarta.
>
> Trina Paulus

EXISTE VIDA APÓS a morte? Será que passamos a um outro estado de existência depois que morremos? Embora muitas pessoas acreditem que a morte é o final, você será apresentado a um novo e excitante campo de pesquisa que poderá convencê-lo de que ela é simplesmente uma transição deste mundo físico para uma vida no plano espiritual.

Você está convidado a avaliar estes reconfortantes relatos pessoais em primeira mão e determinar se são comunicações autênticas de familiares e amigos que se foram[1]. Se concluir que realmente são, saberá com certeza renovada que você e todos aqueles a quem ama continuam a viver depois da morte. Poderá ansiar por se juntar a eles em uma dimensão espiritual que ultrapassará as suas mais altas expectativas.

Se está disposto a ler este livro com a mente e o coração abertos, poderá reduzir significativamente ou eliminar completamente o seu medo da morte. Tal como uma lagarta limitada ao solo, você poderá passar por uma transformação interior e transformar-se em uma borboleta, livre para levantar vôo. Esta nova liberdade permitirá que viva de forma mais completa e mais feliz, com uma nova sensação de paz.

---

[1]. No decorrer do livro, os autores usaram repetidas vezes a expressão *deceased* para os entes queridos que já partiram, se foram, que significa "partiram da vida física", e não simplesmente *dead*, mortos, que dá idéia de final de existência. (Nota das Tradutoras)

Quando **uma lagarta morre, nasce uma** borboleta.

capítulo 1
Projeto CPM (comunicação pós-morte): um salto de fé

Morrer é simplesmente despir-se do corpo físico, como a borboleta despe-se de seu casulo. É uma transição para um estado mais alto de consciência no qual continuamos a perceber, a compreender, a rir e a sermos capazes de crescer.

DOUTORA ELISABETH KÜBLER-ROSS

COMO UMA LAGARTA adormecida no casulo, eu estava pronto para ser transformado, mas naquela época não tinha a mínima idéia. Estávamos no verão de 1976 e minha esposa Judy e eu vivíamos em Sarasota, Flórida.

– Venha cá, Bill! Elisabeth Kübler-Ross vai aparecer no *Donahue* – ela me chamou da sala de estar.

– Acho que já ouvi o nome dela. Quem é? O que faz? – perguntei de dentro do escritório.

– É a famosa médica européia que trabalha com pessoas à beira da morte – Judy respondeu.

A resposta não me causou entusiasmo. Por que eu iria querer assistir a um programa inteiro sobre um assunto sobre o qual nem mesmo queria pensar?

Materialista confesso, eu tinha sido corretor da bolsa e analista de seguros, tendo trabalhado para duas empresas da Wall Street. Meus interesses principais eram o Índice Dow Jones e como ganhar dinheiro em investimentos. Minha crença sobre a morte e a vida pós-morte poderiam ser assim resumidas: "As pessoas são como pilhas. Quando se esgotam, são simplesmente descartadas. Morreu, acabou!"

Judy chamou mais uma vez.

– Vamos, Bill. O programa já vai começar. Você não pode deixar de ver a Elisabeth, ela é uma pessoa realmente especial!

— Tudo bem. Já vou — disse, juntando-me a Judy com pouco entusiasmo. Para minha surpresa, o programa provou ser uma das horas de televisão mais fascinantes que eu já vira.

Descobri que a doutora Elisabeth Kübler-Ross é uma psiquiatra suíça conhecida no mundo todo. Seu trabalho pioneiro junto a pessoas com doenças terminais ajudou milhares de norte-americanos a vencer o medo da morte e de morrer.

No programa, Elisabeth falou de experiências de quase-morte que seus pacientes tinham compartilhado com ela e de sua crença na vida depois da morte. Ela falou com tal paixão, sinceridade e convicção sobre essas coisas que, para minha surpresa, fiquei impressionado.

Duas semanas mais tarde, assistimos ao mesmo programa em outro canal de TV a cabo. Dessa vez senti-me inspirado para enviar à Elisabeth um pequeno donativo, para que continuasse o seu trabalho humanitário.

Em poucas semanas, chegou um pacote com a correspondência contendo uma carta e um conjunto de fitas de áudio que Elisabeth gravara. Para minha surpresa, ela me convidava a participar de um *workshop* de cinco dias chamado "*Workshop* sobre vida, morte e transição", que ocorreria na Flórida no começo do ano seguinte. Primeiro senti-me lisonjeado por receber seu convite, mas aos poucos fiquei com medo de participar de um *workshop* desses. Desde que meu pai morrera em 1947, quando eu estava somente com oito anos de idade, a morte passara a ser um assunto mórbido e desagradável para mim.

Judy acreditava que eu tinha algum assunto não resolvido com relação à morte do meu pai. Embora negasse naquela época, parte de mim concordava que provavelmente aquilo fosse verdade. Sou filho único e nunca tinha comentado ou expressado meus sentimentos sobre a minha perda a ninguém. Naquela época, a atitude que prevalecia era de que "meninos não choram!"

Em novembro, no último dia de inscrição para o *workshop*, liguei para o escritório de Elisabeth em Illinois para recusar o convite. Esperava conversar com alguém de seu *staff*, mas naquele dia nevava fortemente no Centro-oeste e a sua secretária não tinha conseguido ir ao trabalho. Elisabeth atendeu o telefone e reconheci a voz imediatamente. Agradeci pelas fitas e rapidamente dei uma desculpa esfarrapada sobre não poder participar de seu *workshop*.

Elisabeth lembrou-se de mim e me escutou atentamente. Então disse com aquele seu sotaque germânico-suíço charmoso: "Bill, sinto que você deveria estar lá". Havia algo na forma que ela disse aquelas palavras que me fizeram responder: "Se você acha mesmo, eu irei".

Em um misto de curiosidade e apreensão, dirigi o carro para o retiro em North Palm Beach, em fevereiro de 1977. Todos os meus medos, porém, mostraram ser infundados, pois o *workshop* de Elisabeth foi na verdade sobre o viver e a vida, e não sobre o morrer ou a morte.

Setenta estranhos rapidamente se uniram e logo se transformaram em uma família carinhosa. Apoiamos uns aos outros enquanto relatávamos nossas histórias de perda e de dor, juntos fizemos nossas refeições, juntos cantamos e brincamos e nos abraçamos espontaneamente. Curas emocionais notáveis ocorreram quando começamos a liberar a nossa tristeza acumulada durante toda uma vida. O amor incondicional que compartilhávamos era tão concreto que lágrimas de tristeza foram substituídas por lágrimas de alegria e quase todos se sentiram suficientemente seguros para revelar o seu eu interior.

Embora não tivesse percebido naquela época, as sementes para este livro estavam sendo plantadas em mim durante o *workshop* de Elisabeth. Esse processo começou em uma sessão de trocas, quando Maggie, uma enfermeira de Illinois nos disse que era uma mãe enlutada. Sua filha, Joy, de 15 anos de idade, fora atropelada e morta por um automóvel quando andava na rua.

Maggie nos relatou que tivera um sonho depois da morte de Joy e acrescentou que "Não foi um sonho comum. Foi tão real!":

Era logo após o Natal, cerca de 13 meses depois de minha filha ter sido morta. Eu passava por momentos difíceis e, nessa noite em particular, chorei até adormecer.
Quando estava dormindo, sonhei que Joy veio até mim. Estávamos sentadas sobre um galho baixo, que se projetava de uma árvore. A paisagem estava repleta de luz e todas as coisas possuíam uma cor extremamente vívida. A árvore, a grama verde e o céu azul se mostravam muito intensamente.
Joy parecia muito feliz. Ela usava uma túnica transparente rosa-pastel, muito brilhante e fluida, de mangas longas e uma faixa ao redor da cintura. Não parecia com nada do que tivera antes.
Ela sentou-se comigo, me abraçou e colocou a cabeça sobre o meu peito esquerdo. Eu podia sentir seu peso e sua matéria.
Então Joy me disse que tinha de ir, mas que poderia voltar de novo. Para demonstrá-lo, ela como que se afastou flutuando, então voltou e sentou-se comigo no galho. Mostrava que a minha tristeza não era necessária porque realmente não ficaríamos separadas.
Ela me reconfortava. Estava feliz e queria que eu também ficasse. Então nos abraçamos mais uma vez e ficamos apenas sentadas. Mas logo teve de ir embora.
Acordei sentindo-me muito consolada porque senti que Joy realmente estivera comigo. Foi quando comecei a melhorar e fui capaz de começar a

deixar de pensar nisso. Era o momento para a minha filha seguir adiante e para eu fazer outras coisas da minha vida.

Todos nós ficamos muito felizes por Maggie ter tido uma experiência tão positiva e de tamanha elevação espiritual com a filha falecida; e era óbvio que passara por um processo de cura desde a trágica perda. Por ela ter chamado a sua experiência de "sonho", era dessa forma que eu me recordava do acontecido. Eu sabia que havia pessoas que tinham sonhos vívidos, mas, para mim, os sonhos eram o produto de nossa mente subconsciente e nada mais.

Maggie, porém, tinha mais para relatar, e passou a descrever uma experiência que seu filho de 17 anos tivera com a irmã:

> Aconteceu antes da minha experiência, por volta de seis a oito meses após a morte de Joy. Se havia alguém sofrendo, era o meu filho Bob, apenas 20 meses mais velho que a irmã.
> Sentia muita falta dela e sofria de verdade. Depois de ter sido uma das crianças mais populares da escola, transformou-se no mais solitário, tendo apenas um ou dois amigos. Voltava para casa e dizia: "Foi horrível hoje!"
> Então, uma noite ele estava no quarto estudando, eu e o meu marido estávamos na sala assistindo à TV. De repente, Bob gritou e veio correndo até nós, dizendo: "Mamãe! Acabei de ver Joy!" E então relatou a sua experiência.
> Disse que estava lendo, mas que realmente não conseguia concentrar-se. Então olhou para cima e viu Joy parada diante do armário.
> Contou que seu cabelo estava como antes e que vestia *jeans* e uma camiseta listrada que ele não conhecia. Ela não lhe disse nada, mas Bob falou que a expressão em seu rosto mostrava que ela estava bem, como se tudo estivesse bem.
> Bob disse que ficou tão surpreso que não conseguiu se mover, nem falar durante alguns minutos. Então ele se levantou, mas Joy não estava mais lá. Foi quando ele gritou e veio correndo até nós.

A experiência deste garoto poderia ser verdadeira? Poderia pelo menos ser possível? Seria possível uma adolescente aparecer de verdade para o seu irmão no Centro-oeste norte-americano no século 20, depois de ter sido atropelada e morta por um carro? Por um curto espaço de tempo pensei nisso, mas rapidamente dei um desconto à experiência de Bob. Atribuí-a à sua tristeza, a um pensamento ilusório, à uma imaginação demasiadamente ativa. Lembrei a mim mesma: "Quando você está morto, está morto".

Elisabeth admitiu que ouvira experiências semelhantes antes e dois dias mais tarde compartilhou conosco uma das suas próprias:

Eu estava em uma encruzilhada. Sentia que precisava largar o meu trabalho com pacientes terminais. Naquele dia, eu estava determinada a pedir demissão e a deixar o hospital e a Universidade de Chicago. Não era uma decisão fácil, pois amava os meus pacientes.
Saí de meu último seminário a respeito dos pacientes terminais e a morte, e caminhei em direção ao elevador. Naquele momento uma mulher aproximou-se de mim. Tinha um sorriso incrível no rosto, como se soubesse de cada pensamento meu.
Disse: "Doutora Ross, só vou tomar dois minutos de seu tempo. Se não se importar, vou acompanhá-la até o escritório". Essa foi a caminhada mais longa de minha vida. Parte de mim sabia que ela era a senhora Johnson, uma paciente minha que morrera e fora enterrada havia quase um ano. Mas sou uma cientista e não acredito em fantasmas e aparições.
Então fiz o mais incrível teste de realidade da minha vida. Tentei tocá-la, porque ela parecia transparente como se fosse de cera. Não que eu visse a mobília através dela, mas ela não parecia real. Sei, porém, que a toquei e que ela sentiu.
Chegamos ao meu escritório e ela abriu a porta. Entramos e ela disse: "Precisei voltar por dois motivos. Primeiro, queria mais uma vez agradecer à senhora e ao reverendo Smith pelo que fizeram por mim. Mas a verdadeira razão pela qual tive de voltar é para dizer-lhe para não deixar o seu trabalho sobre a morte e os pacientes terminais. Ainda não".
Reconheci conscientemente que esta podia ser realmente a senhora Johnson. Mas pensei que ninguém jamais acreditaria em mim se contasse. Pensariam que eu tinha enlouquecido totalmente!
Então a cientista dentro de mim examinou-a cuidadosamente e disse: "Sabe, o reverendo Smith ficaria bem contente se recebesse um bilhete seu. Será que a senhora se importaria?" Entenda que a cientista dentro de mim necessitava de uma prova. Eu precisava de uma folha de papel com qualquer coisa escrita com sua caligrafia e, de preferência, com sua assinatura.
Essa mulher leu os meus pensamentos e sabia que eu não tinha qualquer intenção de entregar o bilhete ao reverendo Smith. Entretanto, pegou um pedaço de papel, escreveu uma mensagem e assinou com o nome completo. Então com o maior sorriso de amor, compaixão e compreensão disse-me: "Está satisfeita agora?"

E mais uma vez ela disse: "Não pode desistir de seu trabalho sobre a morte e os pacientes terminais. Não ainda. Não é um bom momento. Nós a ajudaremos. A senhora saberá quando a hora certa chegar. Promete?". A última coisa que eu lhe disse foi: "Prometo". E com isso ela saiu.

Tão logo a porta se fechou, tive de sair e ver se ela era real. Abri a porta, mas não havia viva alma naquele corredor comprido!

Quando Elisabeth terminou de falar, todos os presentes no *workshop* estavam petrificados. A sala estava tão silenciosa que, se um alfinete caísse, faria um barulho como se fosse um pé-de-cabra caindo no chão de concreto.

Pensei: "Será que tais coisas realmente acontecem? E com ninguém menos que com uma cientista renomada? Seria possível que a experiência de Elisabeth fosse real? Houve outras pessoas contatadas por alguém que estivesse morto e supostamente tivesse ido embora para sempre?" Se assim for, as implicações eram enormes!

A história de Elisabeth desafiou tudo o que eu conhecia, o que compreendia e que eu supunha como sendo verdade sobre a morte e a vida pós-morte e me forçou a reexaminar todas as minhas crenças. A minha mente foi tomada por centenas de perguntas não respondidas, enquanto procurava por quaisquer explicações lógicas. Não tendo encontrado nenhuma, ela finalmente entrou em colapso.

O doutor Raymond Moody Jr. escreveu o seu *best-seller* sobre experiências de quase-morte (EQM), A v*ida depois da vida*[2], e Elisabeth o convidou para falar em nosso *workshop*, numa quinta-feira à noite. Depois de sua fala, várias pessoas compartilharam as suas EQMs e todos nós ficamos profundamente comovidos pelos relatos.

Quando o *workshop* terminou na sexta-feira, as minhas crenças pessoais sobre o que era "real" *versus* o que era "irreal" haviam sido abaladas. As metas e as buscas materialistas, que durante 38 anos eu tinha ensinado e valorizado, de repente pareciam sem fundamento, depois que vislumbrei e experimentei um universo muito maior, mais amoroso, repleto de maravilhas. Percebi que tinha sido tocado pela dimensão espiritual. Agora que os meus olhos, ouvidos, coração e mente internos estavam se abrindo, sentia uma fome insaciável de penetrá-los, de explorá-los e permitir que se tornassem parte permanente de minha vida.

Ao retornar para casa, compartilhei quanto podia do *workshop* com a Judy. Ela mesma havia tido um despertar espiritual anterior, então me apoiou bastante, assim como apoiou as mudanças por que passei.

---

2. Traduzido e publicado pela Butterfly Editora em 2005. (Nota do Editor)

Imediatamente, decidi encontrar respostas pessoais para algumas das mais antigas e profundas perguntas da humanidade: Existe vida depois da morte? Quando a vida física termina, entramos em uma nova dimensão ou em outro nível de existência? Será que nos reuniremos com os nossos familiares ou amigos que já morreram? Será possível aos nossos entes queridos que partiram comunicarem-se conosco agora?

Judy concordou em me ajudar. Começamos pela leitura de dezenas de livros sobre vida depois da morte. Alguns continham experiências semelhantes às que Maggie e seu filho tiveram com Joy e Elisabeth, com a senhora Johnson. Mas ninguém tinha pesquisado este campo profundamente ou escrito um livro inteiro sobre o assunto. Já que nem havia um nome para estas ocorrências incomuns, nós mesmos criamos um e passamos a chamá-las de "comunicações pós-morte" ou "CPM".

Descobrimos que as CPMs provavelmente são tão antigas quanto a própria humanidade e que relatos delas foram registrados há mais de dois mil anos. Por exemplo, o relato seguinte é uma tradução editada da que aparece no artigo "Sobre a adivinhação", de Marcus Tullius Cicero, o proeminente estadista romano e escritor, que viveu entre 106 e 43 a.C.:

> Havia dois amigos da Arcádia viajando juntos; quando chegaram a Megara, um deles entrou em uma estalagem, enquanto o outro aceitou a hospitalidade de um amigo.
> Ele e o amigo terminaram a refeição noturna e se retiraram. Em seu sono, o nosso convidado sonhou que seu companheiro de viagem lhe apareceu e disse: "O proprietário da estalagem me matou, jogou o meu corpo dentro de uma carroça e cobriu-o com esterco. Por favor, eu imploro, esteja nos portões de manhã cedo antes que a carroça deixe a cidade".
> Profundamente agitado pelo sonho, ele enfrentou o camponês, que levava a carroça para fora dos portões. O patife fugiu de pavor e susto. Então o nosso amigo recuperou o corpo e informou às autoridades competentes sobre o assassinato. O proprietário da estalagem foi devidamente castigado.

Em razão do fato de seu falecido amigo tê-lo visitado, o homem que passou por esta experiência descobriu quatro coisas nessa CPM, das quais não poderia ter conhecimento anterior: que o seu amigo fora morto, onde e quando o seu corpo poderia ser encontrado e quem cometera o crime.

Você pode ficar surpreso por descobrir que a trama de uma das maiores peças teatrais em língua inglesa é baseada em uma experiência de CPM. Em *Hamlet*, de William Shakespeare, o jovem príncipe Hamlet chora a morte de seu pai, o rei da Dinamarca, que morrera de acordo com relatos porque fora picado por uma cobra venenosa. O rei falecido aparece de corpo para Hamlet e explica que Claudius, seu irmão, o assassinara para que pudesse casar com sua viúva, a rainha Gertrude, e se tornar o novo rei da Dinamarca. O falecido pai de Hamlet também revela que Claudius derramara veneno dentro de sua orelha enquanto dormia no pomar, para fazer parecer que fora morto por uma cobra. O rei exige que seu filho jovem "vingue a sua morte imunda e nada natural". Hamlet jura vingar a morte do pai e o pagamento dessa promessa constitui o restante da peça.

Outra CPM aparece em uma das histórias mais conhecidas da literatura inglesa, "Uma canção de Natal", de Charles Dickens. Nesse conto, o falecido parceiro de negócios de Ebenezer Scrooge, Jacob Marley, retorna para adverti-lo de seu destino, se este não mudar seus valores materiais, substituindo-os por outros, mais caridosos. Scrooge fica incrédulo no começo, mas finalmente dá atenção à advertência.

Será uma mera coincidência que dois grandes clássicos de ficção contenham comunicações pós-morte? Ou, será possível que Shakespeare e Dickens estavam familiarizados com relatos contemporâneos de CPM e simplesmente os adaptaram para uso literário?

É claro que as comunicações pós-morte mais conhecidas são as várias aparições que Jesus fez, que estão registradas na *Bíblia*, e as múltiplas aparições de Maria, incluídas nas *Escrituras* da Igreja Católica Romana. Os cristãos acreditam que Jesus e Maria são únicos e possuem grandes poderes espirituais, e nós entendemos não ser apropriado comparar estas aparições pós-morte com aquelas de seres humanos comuns.

Seis meses depois do *workshop*, eu queria ouvir Elisabeth novamente, então voei para a Geórgia a fim de assistir a uma palestra dela. Depois da apresentação, encontrei John Audette na platéia. John estava pesquisando experiências de quase-morte e mais tarde nos tornamos amigos próximos.

No ano seguinte, John fundou uma associação para pesquisadores, pessoas que viveram experiências de pós-morte e outros que tinham interesse em estudar experiências de quase-morte. Em 1981, ela se transformou na Associação internacional de estudos da EQM [*International Association for Near Death Studies – Iands*], da qual sou membro desde então.

Durante os vários anos seguintes, a minha filiação à Iands e a outras organizações permitiu a Judy e eu encontrarmos pessoalmente muitos pesquisadores e estudar os seus trabalhos. Também conversamos com centenas de pessoas, que relataram ter tido EQMs, viagens fora do corpo, CPMs e outras formas de experiências espirituais.

Muitos nos disseram que a CPM lhes trouxe consolo e cura emocional. Isso era especialmente verdadeiro nos casos de pessoas enlutadas recentemente e para aqueles cujas experiências incluíam comunicação verbal. Alguns até afirmavam ter sido contatados mais que uma vez pelo mesmo ente querido que havia morrido.

Tendo ouvido tantos relatos confiáveis de experiência própria, queríamos saber com que freqüência as CPMs ocorrem em nossa cultura. Com uma em cada milhão de pessoas? Com uma em cada mil? Com uma entre cem? Independentemente do número, supusemos que deviam ser bastante raras.

O jornal *American Health* publicou os resultados de uma pesquisa conduzida pelo Centro de pesquisa de opinião nacional [*National Opinion Research Center*] em seu número de janeiro/fevereiro de 1987. A pesquisa foi conduzida por Andrew Greeley, o conhecido padre católico e escritor. As descobertas afirmaram que 42% dos adultos norte-americanos acreditam que tiveram contato com alguém falecido. E 67% de todas as viúvas acreditam ter passado por uma experiência semelhante. Esses números nos espantaram porque eram muito maiores do que tínhamos suspeitado.

Presumindo que essa pesquisa foi cuidadosa, por que então tantas pessoas pensam que devem iniciar seus relatos com ressalvas: "Não espero que acreditem em mim..." ou "Você provavelmente pensará que estou louco quando eu contar a minha experiência...", ou "Isto vai parecer realmente estranho..."?

Por que têm tanto medo de compartilhar momentos tão importantes de sua vida? Por que as comunicações pós-morte não podem ser discutidas aberta e livremente? Por que não estão sendo investigadas como uma evidência potencial de vida depois da morte? Será que não iriam cumprir a promessa das grandes religiões do mundo de que todos nós sobreviveremos à morte física e nos reuniremos com os nossos entes queridos falecidos?

O que seria mais reconfortante aos pais em luto do que o conhecimento de que terão oportunidade de se reunir com seus filhos falecidos? Que viúvas e viúvos que viveram toda uma vida de amor com o marido e a esposa poderão estar juntos novamente? Que todas as pessoas poderiam mais uma vez encontrar os que amaram aqui na Terra?

É claro que existe uma explicação lógica para isto. Embora a maioria dos profissionais da saúde tenha ouvido falar de comunicações pós-morte, muitos estão convencidos de que as CPMs não são verdadeiras. Historicamente psicólogos, psiquiatras, terapeutas especializados em luto, membros do clero e outros descartaram essas experiências como sendo alucinações, ilusões ou fantasias. Do ponto de vista tradicional, as CPMs seriam o resultado da realização de desejos, imaginação, pensamento mágico ou memórias provocadas pela dor. Na verdade, elas têm sido chamadas de "alucinações induzidas pela perda".

Então, em uma tarde da primavera de 1988, 11 anos após o *workshop* de Elisabeth, ouvi uma "voz" falar comigo dentro da minha mente. Incisivamente, mas também de forma amorosa, ela disse: "Faça a sua própria pesquisa e escreva o seu próprio livro. Este é o seu trabalho espiritual a fazer". Essa "voz" me era familiar, porque já tinha falado comigo uma vez antes.

Era uma tarde de domingo úmida e cinzenta em março de 1980 e Judy e eu tínhamos acabado de conversar na sala de estar, na parte da frente de nossa casa. Quando levantamos para deixar a sala, ouvi distintamente uma voz em minha cabeça dizendo calmamente: "Vá lá fora e verifique a piscina". Embora não tivesse sentido nenhuma pressão, fiquei realmente curioso ao ouvir essa voz e receber uma mensagem tão estranha.

Fui então para trás da sala de estar e olhei para fora pela porta de correr de vidro. A piscina ficava separada da casa por um pátio de uns 4,5 metros e notei que o portão da grade de segurança de ferro trabalhado estava aberto. Mas não estranhei, porque os nossos dois filhos mais velhos usavam a área da piscina como um atalho para o quintal de trás e às vezes esqueciam de fechá-lo.

Atravessei o pátio para passar o trinco no portão e, quando o fiz, quase que por acaso dei uma olhada para a piscina. De repente o meu coração congelou e tudo pareceu acontecer em câmera lenta. Lá, bem na parte funda da piscina vi o nosso filho mais novo, Jonathan! Tinha menos de dois anos de idade e não sabia nadar.

Corri pela lateral da piscina e vi o nosso garotinho flutuando com o rosto para cima, mais ou menos a uns cinco centímetros debaixo da água! Ele estava muito quieto, com os olhos bem abertos.

Gritei "Judy!", enquanto pulava em pé dentro da água. Impulsionando-me do fundo para cima e dando chutes furiosos com as pernas, me aproximei de Jonathan por baixo e o empurrei na direção da borda da piscina. Judy tinha ouvido o meu grito aterrorizado e veio correndo. Freneticamente lutei para manter a sua cabeça acima da água, até que ela agarrou seus braços e o puxou para fora da piscina.

Ele imediatamente começou a chorar e a tremer, enquanto tossia para fora um pouco de água. Milagrosamente estava bem. Nós provavelmente estávamos mais assustados que ele, enquanto o envolvíamos em uma toalha grande e o segurávamos em nossos braços.

Logo depois, descobrimos que Jonathan tinha saído pela porta do banheiro que se abria para o pátio do lado afastado da casa, pois esta também tinha sido aberta acidentalmente. Quando contei a Judy sobre a minha experiência, percebemos que o nosso garotinho devia ter escorregado para dentro da piscina apenas momentos antes de a voz ter me alertado.

Ficamos imensamente gratos por termos recebido essa mensagem crucial, pois permitiu que salvássemos o nosso filho mais novo do afogamento. E nos poupou da inacreditável dor que pais enlutados devem experimentar.

Quando a "voz" falou comigo pela segunda vez em 1988 e disse: "Faça a sua própria pesquisa e escreva o seu próprio livro", confiei nela, mas senti que estava sendo chamado para realizar algo muito maior do que eu era capaz. Estava impressionado pela grandeza e complexidade de tal projeto. Então me ocorreu que eu estava sendo preparado para essa tarefa já fazia muitos anos e tinha tempo, meios e um interesse apaixonado pelo assunto. Gradualmente, uma nova confiança surgiu e naquele momento e lugar comprometi-me a seguir a diretriz da "voz", tão fielmente quanto possível.

Algumas semanas mais tarde, porém, a minha decisão começou a enfraquecer, enquanto uma dúvida persistente vinha à tona. Minha preocupação era: "Como posso provar para mim mesmo, e para os outros, que as CPMs não são meramente fantasias decorrentes do luto, como muitos profissionais acreditam? Que evidência, se é que existe alguma, posso encontrar para demonstrar que tais experiências podem ser verdadeiras?"

Na ocasião, Judy e eu estávamos divorciados havia quase quatro anos depois de 17 anos de casamento. Mais tarde, percebendo que ainda tínhamos um relacionamento para a vida toda, por causa de nossos três filhos, decidimos trabalhar as nossas diferenças pessoais e nos tornarmos amigos novamente. Não foi uma tarefa fácil, mas certamente as recompensas tornaram-na válida.

Então, telefonei para Judy e a convidei para vir ao meu apartamento uma tarde para discutir o meu dilema. Enquanto contava a ela sobre como a "voz" tinha falado comigo pela segunda vez e da tarefa que tinha sido atribuída a mim, o telefone tocou. Um amigo, Darcie Miller, que sabia do meu interesse pelas comunicações pós-morte, ligou para me contar sobre uma experiência incomum.

A mãe de Darcie, que passava por um tratamento de quimioterapia contra câncer, tinha morrido repentinamente no hospital. Em meia hora Darcie foi pessoalmente informar a Rose, que durante a vida toda tinha sido amiga de sua mãe, sobre a sua morte. Quando chegou, antes de poder dizer qualquer coisa, Rose falou: "Acabou de acontecer uma coisa muito estranha. A sua mãe veio através da parede de meu apartamento e disse: 'Sempre a amei e sempre a amarei'. E então se foi. Ninguém ligara ou dissera a Rose que a mãe de Darcie tinha morrido. Rose tinha tido esta CPM antes de receber quaisquer notícias da morte da amiga.

O momento do telefonema de Darcie não poderia ter sido mais perfeito. Meu entusiasmo decolou, assim como o de Judy. Percebemos que como Rose não sabia que a morte tinha ocorrido, ela não poderia estar em estado de luto quando teve a sua CPM com a mãe de Darcie. Se isso era verdade para uma pessoa, muito possivelmente outras pessoas podiam ter tido experiências semelhantes. Aqui finalmente estava a primeira evidência que poderia potencialmente derrubar a teoria de que as CPMs eram alucinações induzidas pelo luto. Essa era a confirmação que eu procurava. Então Judy e eu nos sentimos prontos para começar este trabalho.

Nosso primeiro passo era determinar os limites deste campo para estabelecer quais experiências tinham qualificação para serem incluídas em nossa pesquisa. Esta é a nossa definição: uma comunicação pós-morte, ou CPM, é uma experiência espiritual que ocorre quando alguém é contatado direta e espontaneamente por um membro falecido da família ou um amigo.

Uma CPM é uma experiência direta porque não envolve nenhum terceiro como um sensitivo, um médium ou um técnico em hipnose. O parente falecido ou o amigo contata a pessoa viva diretamente.

Uma CPM é um acontecimento espontâneo porque o ente querido falecido sempre inicia o contato escolhendo quando, onde e como ele ou ela vai se comunicar com a pessoa viva. Uma vez que muitas religiões e outras fontes previnem especificamente sobre o chamado de "espíritos", excluímos de nossa pesquisa todas as experiências que envolvessem quaisquer rituais, tais como sessões, ou que utilizassem tabuleiros ouijas, bolas de cristal ou dispositivos semelhantes.

O Projeto CPM foi iniciado em Orlando em maio de 1988 com mil panfletos, mil cartões de visita, uma linha telefônica, uma caixa postal e uma conta bancária. Diane Silkey, que anteriormente tivera o seu próprio programa de entrevista na televisão local, tornou-se a nossa primeira entrevistadora.

Os panfletos perguntavam: "Você já foi contatado por alguém que morreu?" e descrevia os tipos de experiências que buscávamos. Mas quantas pessoas responderiam afirmativamente e gostariam de participar da nossa pesquisa? Seríamos capazes de encontrar 50 pessoas para entrevistar no primeiro ano? Talvez uma centena? Quanto tempo levaria para alcançarmos a nossa meta de 500 entrevistas? O Projeto CPM certamente era um movimento de fé.

Encontrávamos pessoas para entrevistar praticamente em todos os lugares aonde íamos. Incluindo grupos de pessoas enlutadas, igrejas, casas de repouso, cursos de desenvolvimento pessoal, grupos de apoio, conferências, organizações sociais e livrarias espiritualistas. Entrevistamos mais de 500 pessoas logo no primeiro ano. A nossa pesquisa provava ser um enorme sucesso que de longe excedia as nossas expectativas. Continuou crescendo, como se tivesse vida própria, enquanto muitas pessoas novas apareciam para apoiar a nossa iniciativa.

Para a nossa surpresa, algumas de nossas suposições iniciais sobre este campo de estudo eram muito limitadas. Elas tiveram de ser expandidas, ou substituídas para acompanhar a quantidade e a diversidade de relatos que recebíamos. Então repetidamente aumentávamos o número de entrevistas a serem conduzidas à medida que descobríamos novos tipos de CPMs não catalogados anteriormente.

Portas começaram a se abrir para nós consideravelmente, como nunca tínhamos imaginado. Líderes locais de grupos de luto começaram a nos pedir que déssemos palestras curtas sobre a nossa pesquisa, para o benefício de seus membros, e estes logo se envolveram em palestras completas e *workshop*.

O *The Compassionate Friends*, a maior organização de auto-ajuda para pais e irmãos enlutados do mundo, nos convidaram para apresentarmos dois *workshops* durante a sua conferência nacional de 1989 em Tampa. Diane Mason, colunista do jornal *St. Petersburg Times* participou de nossos *workshops* e escreveu um artigo bastante informativo sobre eles. Como resultado, as comunicações pós-morte ganharam reconhecimento favorável e credibilidade perante os olhos do público e da mídia em nossa região.

Outros artigos de destaque sobre a nossa pesquisa sobre a CPM apareceram nos jornais *The Seattle Times*, *The Orlando Sentinel* e *Deseret News*, em Salt Lake City. Essas histórias foram divulgadas conjuntamente em 26 jornais espalhados pelos Estados Unidos e Canadá. Já que a maioria deles incluía o nosso endereço e número de telefone, centenas de pessoas nos escreviam ou telefonavam de todos os cantos dos Estados Unidos e do Canadá. Recebíamos cartas até de países estrangeiros, de lugares distantes como a Ucrânia, o Japão e a Austrália. Nosso entusiasmo crescia à medida que percebíamos que tínhamos assumido responsabilidade não apenas para estudar um campo não-explorado da experiência humana, mas também por mapeá-lo detalhadamente para os leitores de todo o mundo.

Judy e eu aparecemos em 16 programas de televisão e de rádio nos Estados Unidos e no Canadá, e cada programa gerava novas entrevistas. Muitos grupos de pessoas enlutadas e outras organizações publicaram anúncios de nosso trabalho em mais de uma centena de boletins e revistas. Vários, incluindo a organização Mães contra motoristas alcoolizados [*Mothers Against Drunk Driving – MADD*] e a Iands, também nos convidaram para fazermos *workshops* em suas conferências anuais, o que fazíamos com alegria. E, finalmente, dezenas de pessoas promoviam a nossa pesquisa boca a boca com entusiasmo e entrevistávamos multidões de familiares e amigos.

Nosso entusiasmo alçava vôo, quando ouvíamos as pessoas dizendo que sua vida tinha sido protegida, ou talvez salva por meio de uma CPM. Alguns que planejavam cometer suicídio nos disseram que tinham sido impedidos de tirarem a própria vida quando houve a interferência de um parente ou amigo falecido. Muitos relataram ter recebido notícias de uma pessoa querida antes de serem informados de sua morte, enquanto outros declararam que tinham sido contatados dez ou vinte anos mais tarde. Também recebemos relatos de pessoas que tinham compartilhado uma experiência de CPM, estando juntos no mesmo momento e lugar. Evidências crescentes de que a comunicação pós-morte é uma realidade, transbordavam diariamente pelo telefone e pelo correio.

Era óbvio para mim e para Judy que quase todas as pessoas que tiveram vivências, incluindo algumas que tinham sido completamente céticas, ficaram emocional e espiritualmente transformados pelas suas CPMs. Em 1993, também ficamos convencidos de que os relatos que recebíamos representavam contatos autênticos com entes queridos falecidos.

O Projeto CPM levou sete anos para atingir o seu propósito. Durante esse tempo reunimos mais de 3.300 relatos diretos de comunicações pós-morte, entrevistando duas mil pessoas que viviam em todos os 51 Estados norte-americanos e as dez províncias canadenses. Essas pessoas de todos os estilos de vida representam diferentes origens sociais, educacionais, ocupacionais e econômicas. Eles diferem em idade, há desde um garoto de oito anos até uma viúva de 92.

Quase todas as pessoas que entrevistamos foram educadas dentro do Cristianismo ou Judaísmo, e a maioria ainda pertence às igrejas protestante, católica ou judaica. Durante as entrevistas, alguns falaram do Céu em seu contexto cristão tradicional, enquanto outros usaram-no para descrever o pós-vida, em geral. Neste livro usamos a palavra "Céu" para nos referir aos reinos espirituais mais elevados de vida depois da morte.

A duração média das entrevistas por telefone era de 45 minutos, embora muitas demorassem bem mais que uma hora. Todos passavam por um questionário-padrão, assim como por outras perguntas que pertenciam especificamente ao tipo de experiência que estava sendo relatado. Sendo a CPM um acontecimento extremamente vívido e memorável, as pessoas que entrevistamos eram capazes de se lembrar com grande clareza dos detalhes de seus contatos mesmo muitos anos mais tarde.

Somente relatos pessoais diretos de comunicações pós-morte estão contidos em nosso estudo. Embora tenhamos ouvido um número de histórias impressionantes de terceiros, nós as descartamos, a não ser que pudéssemos entrevistar a pessoa que tinha passado pela experiência pessoalmente. Além disso, para que um relato fosse selecionado para estar neste livro, precisávamos ter pelo menos dois outros em nossos arquivos que fossem muito semelhantes.

Praticamente todas as pessoas que participaram de nossa pesquisa gozavam de boa saúde quando passaram pelas experiências. Fizemos exceções para poucas pessoas, que tiveram a sua CPM durante uma crise de saúde, e isso está anotado em seus relatos. Excluímos todas as pessoas que admitiram ter estado sob efeito de álcool ou drogas ilícitas naquela época, com exceção de dois relatos que estão no capítulo 20, "Uma graça salvadora".

Muitos homens e mulheres que entrevistamos expressaram a esperança de que os leitores pudessem se beneficiar de suas CPMs. Eles desejavam poupar os outros da confusão e da dor pela qual passaram, quando poucos parentes ou amigos estavam dispostos a acreditar em suas histórias.

Os entrevistadores, os transcritores, Judy e eu, nos sentíamos honrados e freqüentemente ficávamos profundamente comovidos pelas experiências tão pessoais e sagradas que as pessoas nos confiavam. Em inúmeras ocasiões, as entrevistas tornavam-se extremamente emotivas e algumas eram interrompidas por lágrimas de um ou de ambos os lados da linha do telefone.

Foram mais de dez mil páginas de transcrições feitas a partir das entrevistas. A nossa tarefa mais difícil era selecionar as CPMs que melhor representariam a abrangência e a profundidade de nossa pesquisa e apresentá-las de tal forma que ficassem claras e fáceis de entender. A estrutura que norteou a escrita deste livro, que é um mapa desse campo complexo, foi escolhida para exibir vários relatos pessoais. Cada relato é uma história completa e curta com as próprias palavras da pessoa que passou pela experiência, e a maioria também inclui os efeitos emocionais e espirituais. Todos contêm uma vitalidade que poderia ser extraída apenas da leitura de experiências diretas. Uma vez que falam por si próprios, decidimos acrescentar o mínimo de comentários, tornando possível a você, leitor, apreciar uma grande diversidade de relatos. Acreditamos que essa forma de abordagem o ajudará a avaliar as comunicações pós-morte e a fazer seu próprio julgamento bem embasado no que diz respeito à credibilidade.

Ao longo desta apresentação informal da pesquisa anotamos pequenos comentários depois de cada um dos relatos de CPM. A maioria deles evidencia, examina ou expande uma experiência específica, enquanto outros contêm observações sobre o luto e o processo da perda. Em alguns casos o leitor notará que o nosso comentário estende-se muito além de um determinado relato. Nesses exemplos geralmente nos baseamos em muitas outras entrevistas de nossos arquivos. Incorporamos também informações de numerosas fontes adicionais, como as experiências de quase-morte, viagens fora do corpo e vários tipos de fenômenos espirituais que vínhamos estudando durante os 18 anos anteriores.

Em conseqüência, o leitor poderá achar que partes de nossos comentários são desafiadores ou provocantes.

Não esperamos que o leitor necessariamente concorde com todas as nossas conclusões. Na verdade, você poderá fazer interpretações muito diferentes destas experiências e formar opiniões próprias, igualmente válidas. Nós o respeitamos por isso e gostaríamos de receber suas cartas e conhecer seus pontos de vista.

Somos questionados com freqüência: "Quantas pessoas tiveram uma experiência de CPM?". Baseados em nossa pesquisa, estimamos de maneira conservadora que pelo menos 50 milhões de americanos, ou 20% da população dos Estados Unidos tiveram uma ou mais comunicações pós-morte. As estatísticas sobem significativamente entre pais enlutados, viúvos, crianças que se tornaram órfãs e todos aqueles que choraram a morte de alguém que amaram.

Para traçar uma perspectiva das comunicações pós-morte, as pesquisas estimam que dez milhões de americanos, ou 4% da população tiveram uma experiência de quase-morte. Isso significa que o campo das CPMs é pelo menos cinco vezes maior que o das EQMs.

As pessoas que vivenciaram as experiências de quase-morte foram ao limiar da morte e muitos afirmam ter visitado um mundo espiritual, antes de voltarem ao seu corpo físico. Em contraste, todas as comunicações neste livro são de pessoas que, na realidade, morreram e completaram a sua jornada para dentro da luz. Presumidamente, eles têm uma compreensão mais profunda e um ponto de vista mais abrangente da vida na Terra e do nosso propósito de estarmos aqui.

As CPMs são muito comuns em outras partes do mundo, onde são socialmente aceitas como comunicações reais dos entes queridos falecidos. As pessoas que têm essas experiências são capazes de compartilhá-las livremente e com grande alegria para os outros, e todos saem ganhando ao discutirem esses eventos em público. Acreditamos que as comunicações pós-morte merecem o mesmo grau de consciência e aceitação pública em nossa cultura.

A nossa apresentação se inicia com um estudo aprofundado de 12 tipos mais comuns de contato pós-morte, incluindo o consolo e a cura emocional que proporcionam. Então examinaremos CPMs "assustadoras" e dois outros tópicos especiais. Os seis capítulos seguintes oferecerão evidências convincentes de que essas experiências são comunicações genuínas de parentes e amigos falecidos. O Capítulo 22, "Pérolas das CPMs", apresenta relatos que são o "supra-sumo" de nossos arquivos, e o capítulo final explora algumas das muitas implicações sociais e espirituais de longo alcance de nossa pesquisa.

capítulo 2
Pressentindo uma presença:
CPMs sensitivas

*Não somos seres humanos que
passam por experiências espirituais,
somos seres espirituais passando
por uma experiência humana.*

DOUTOR WAYNE W. DYER

DE ACORDO COM a nossa pesquisa, existem 12 tipos mais importantes de comunicação pós-morte. Pressentir ou sentir a presença de um membro falecido de uma família, ou de um amigo, é um dos tipos mais comuns de contato. Nós o chamamos de CPMs sensitivas.

Pessoas relatam terem uma consciência intuitiva ou um conhecimento interior de que o seu ente querido que partiu esteve com eles no mesmo quarto, ou área. Era uma sensação clara, quase física, de que ele ou ela estava por perto. A presença pareceu familiar e transmitiu a identidade e a personalidade daquele que falecera. Uma mulher, psicóloga, explicou desta forma: "Todos possuem uma essência ou uma forma de energia pessoal que é única e individual como as suas impressões digitais".

Muitas pessoas afirmam que podem sentir as emoções e o humor em geral do ente querido falecido durante uma CPM sensitiva. E alguns podem receber mensagens não-verbais dessa forma.

Embora o pressentimento da presença de alguém seja a forma menos tangível e mais sutil de CPM, cada vivência tem um início e um fim definidos. As pessoas estão conscientes quando os seus parentes e amigos falecidos se aproximam e quando se afastam.

Os primeiros cinco relatos neste capítulo são descrições típicas de pressentimento da presença de um ente querido falecido.

Diane tem 53 anos de idade e é enfermeira de uma casa de repouso em Ohio. Ela recebeu uma visita carinhosa 18 meses depois de a avó falecer de câncer:

> Quando estava parada diante da pia da cozinha, senti um calor, uma presença. Não era físico, era mais como uma presença ao meu redor, que me envolvia. Eu sabia que era a minha avó!
> Nada de especial acontecia em minha vida naquela época e eu não tinha pensado nela. Não havia sinos tocando, nem nada. Simplesmente senti que vovó estava lá comigo. Então, em menos de um minuto, parou.
> Lembro que me senti muito querida e amada. Foi uma coisa realmente boa de ter acontecido.

A nossa pesquisa demonstra que não é necessário haver nenhuma preparação especial para se ter uma CPM sensorial ou de outro tipo. Ao passar por esse tipo de experiência, as pessoas geralmente estão envolvidas em atividades comuns e mundanas e nem mesmo estão pensando sobre alguém que morreu.

Marjorie, uma dona de casa de 59 anos, da Flórida, teve uma terna CPM aproximadamente dois anos depois que sua mãe morreu de pneumonia:

> Eu estava sentada no sofá, lendo um livro de mistério. De repente, senti a minha mãe sentada ao meu lado esquerdo. Não podia vê-la, mas sabia que ela estava lá. A sua individualidade era tão real, como se estivesse viva.
> Ela estava contente apenas por estar sentada perto de mim. Não era necessário dizer nada, era apenas a união de nosso espírito. Foi um sentimento cálido, um sentimento muito agradável e amistoso. Durou provavelmente três ou quatro minutos e então ela se foi.
> Fiquei muito agradecida por esse nosso momento juntas.

As CPMs sensoriais podem ser bem breves, ou durar vários minutos. Independentemente de sua duração, as pessoas freqüentemente sentem ter sido abraçadas com calor emocional e amor.

Jeffrey, 36 anos de idade, é professor e escritor independente, na Califórnia.

Sua avó o contatou apenas algumas horas depois de ter falecido de aneurisma cardíaco:

> Eu estava sentado em minha sala de estar, olhando para uma gravura, que sempre fora a favorita de minha avó. É a do Bom Pastor, na qual Jesus segura uma ovelha.

> De repente, houve uma sensação real de delicadeza, um sentimento de extrema paz que era inexplicável. Senti que a minha avó estava na sala. O sentimento de que ela estava presente era muito natural, cálido.
> Eu podia sentir o seu espírito, como se ela estivesse me dando a certeza de que estava feliz e em paz. Era quase como se ela estivesse dizendo adeus uma última vez, antes de prosseguir.
> Isso durou em torno de 20 minutos e então a paz delicadamente se desfez. Foi um consolo e a segurança de que vovó estava bem.

Durante a nossa pesquisa, numerosas pessoas relataram ter sentido em sua experiência de CPM uma paz abrangente e um profundo consolo. E alguns, incluindo os recentemente enlutados, compararam este sentimento à "paz que transmite uma intensa compreensão".

Lynn, cabeleireira da Flórida, de 38 anos de idade, teve uma experiência agradável com o namorado, Fred, que morreu de ataque cardíaco:

> Em uma tarde, eu estava regando as plantas na varanda. Fred e eu adorávamos as plantas – era algo que compartilhávamos. Enquanto regava, aproximei-me de uma planta que tinha um valor muito grande para ele. Ela tinha uma aparência tosca, e eu não gostava tanto dela assim.
> Eu estava lá parada, pensando em como a planta estava feia, quando tive a sensação de que Fred estava exatamente lá, comigo. Eu o senti muito, muito fortemente.
> Sabia que ele estava atrás de mim. Senti que se andasse dois passos para trás daria um encontrão nele! Aquilo me trouxe um sentimento bom, eu quase ri, e continuei com o que estava fazendo.

A presença de um ente querido falecido geralmente traz uma sensação distinta, e a sua identidade é facilmente reconhecível. Isso acontece porque aparentemente ele retorna com cada um dos aspectos de seu ser, exceto o de seu corpo físico.

Ken é executivo de uma agência de propaganda na Flórida e tem 58 anos de idade. Teve um encontro surpreendente depois que o seu amigo, Oscar, morreu de derrame:

> Sempre tive uma grande admiração por Oscar, embora não o visse muito freqüentemente. De fato, não passei muito tempo refletindo sobre a sua morte. Apenas que ele se fora e que eu sentiria falta dele, porque não poderíamos conversar mais, trocar idéias.

Alguns meses depois que ele morreu, eu estava andando no corredor do meu escritório, como fazia centenas de vezes por dia. De repente, senti o Oscar! Não era uma fantasia, nem sequer estava pensando nele. Na verdade, dirigia-me à recepção para me encontrar com um cliente.
Senti sua presença – ao meu redor. Era como se eu estivesse imerso em uma bolha de sua energia. Tive uma sensação de alegria. Era como se visse Oscar novamente! Mas continuei andando, dizendo algo para ele em silêncio, e então ele se foi.

Comunicações pós-morte podem acontecer em qualquer lugar. As sensoriais e todos os outros tipos de CPM têm lugar em casa, ou no trabalho, em lugar fechado, ou ao ar livre e quando estamos sozinhos ou entre outras pessoas.
Como os relatos seguintes demonstram, as CPMs sensoriais podem acontecer imediatamente ou muito tempo depois da morte do ente querido.
Edith, uma conselheira de pessoas em luto, da Flórida, desfrutou de um momento especial com seu paciente de 65 anos de idade, Howard, que tinha esclerose lateral amiotrófica (progressiva e fatal), também conhecida como de Lou Gehrig:

> Eu estava em casa, quando a enfermeira da casa de repouso me telefonou para dizer que Howard estava realmente morrendo, um processo que poderia demorar horas. Sua esposa não estava se sentindo bem e queria que eu fosse lá, para ficar com ela. Eu disse "Claro", e fui trocar de roupa.
> No meu *closet*, de repente, senti a presença de Howard. Ele estava ali do meu lado direito. Havia uma leveza do ser – uma alegria e um senso de liberdade.
> Era como se eu tivesse ouvido no meu coração o seu adeus e um obrigado por ter estado com ele, como de fato tinha sido. Ele não ficou por muito tempo, provavelmente 30 segundos.
> Quando saí do *closet*, olhei para o relógio digital, que mostrava 16h23. Continuei a me vestir e fui de carro para a casa de Howard. Quando entrei, me disseram que ele tinha falecido às 16h23.

Edith recebeu essa visita antes de saber que o seu paciente morrera. O horário de sua experiência com Howard e a hora verdadeira de sua morte correspondem com precisão, dando uma evidência adicional para a veracidade de sua CPM. Mais à frente neste livro, um capítulo inteiro é devotado às comunicações pós-morte que ocorreram antes de o vivente ter sido informado da morte do ente querido.

Lori é uma jovem dona de casa do Texas. Ela teve esta intensa experiência cerca de três meses depois que seu filho Kevin de dois anos de idade morreu de Aids:

> Eu estava guiando o meu caminhão para uma reunião na Câmara Municipal, para pedir mais fundos para serviços voltados à Aids. Era a primeira vez na vida que eu ia falar para uma platéia daquele porte e eu estava com um pouco de medo.
>
> Liguei o rádio e ouvi pela primeira vez a música *Tears in heaven*, que Eric Clapton escreveu para seu filho de quatro anos de idade, que havia morrido. Enquanto ouvia as palavras, tive a sensação da presença de Kevin. Lágrimas despontaram em meus olhos e comecei a chorar. Senti sua presença o tempo todo em que a música tocava e tive uma imensa sensação de paz. De repente, ele já não estava mais presente.
>
> Depois disso, fui capaz de juntar forças para fazer a apresentação, porque sabia que não o fazia sozinha. E tudo o que pedi na Câmara Municipal foi atendido!

Desde que passou por essa CPM com seu filho pequeno, Lori tem se inspirado para falar sobre a Aids em muitos colégios e clubes. Sua pregação pessoal dá um sentido maior à vida curta de Kevin.

Irene é uma artesã autônoma da Virgínia. Ela teve um encontro repleto de alegria, seis meses depois que a sua filha Tracy, de 22 anos de idade, morreu em um acidente de automóvel:

> Por volta das 5h30 da tarde, eu e meu marido estávamos fora, nas nossas terras. Estávamos trabalhando muito ao lado do lago. Eu estava voltando para o trator, para pegar algo e caminhava rapidamente, como geralmente faço.
>
> De repente, senti que Tracy estava lá ao meu lado! Caminhava a passos largos, como eu – andávamos rápida e aceleradamente juntas. Fui envolvida por um sentimento total de enorme amor e alegria. Era inacreditável! Era como um sopro profundo de felicidade.
>
> Era como se você estivesse caminhando com alguém e olhando adiante. Você sabe que está lá. Você e o seu corpo sentem sua presença ao seu lado. Foi o que senti.
>
> Então de repente percebi que estava sozinha no campo. Fiquei muito alegre por ter tido essa experiência e, ao mesmo tempo, triste, por não poder pegar a mão de Tracy e correr com ela novamente.

O incrível e delicioso de uma CPM é que podemos experimentar uma, de repente, sem nenhuma razão aparente ou ocasião especial. Esses momentos espontâneos de união espiritual com um ente querido falecido podem imediatamente nos encher de alegria e deixar-nos com uma certeza interior pelo resto da vida.

Betty, dona de casa da Flórida, de 56 anos de idade, não esperava que a sua mãe voltasse, três anos depois de morrer de policitemia:

> Eu dirigia pela estrada – como todos os dias – do trabalho para casa. De repente, minha mãe estava comigo dentro do carro! Ela simplesmente estava lá.
> Senti sua presença, a essência de minha mãe, como se ela realmente estivesse lá comigo. Parecia que, se esticasse a mão em sua direção, poderia tocá-la!
> Tive uma incrível sensação de ternura, de afeto amoroso e conforto. Era como se minha mãe quisesse que eu soubesse que ela estaria sempre ao meu lado.
> Foi uma experiência linda. Durou apenas alguns instantes e me deixou flutuando, sentindo-me muito feliz.

Você pode ficar surpreso, assim como nós ficamos, que algumas pessoas podem ter CPMs enquanto guiam um veículo. Pode parecer que o momento e o lugar não são comuns para uma experiência dessas, mas você saberá de muitos relatos semelhantes no decorrer da leitura deste livro.

Lawrence é ministro de uma Igreja Episcopal em Virgínia. Tinha somente 28 anos de idade, quando teve consciência da devoção que a sua avó tinha por ele, oito anos após a sua morte por derrame:

> Esta experiência reporta ao nascimento de nosso filho mais velho. A minha esposa teve um longo trabalho de parto, mas eles acabaram fazendo uma cesariana. A enfermeira desceu para me dizer que tudo estava bem.
> Entrei no elevador para ver a minha esposa no quinto andar; eu estava agradecido por tudo ter corrido bem. Dentro do elevador, enquanto subia, estava silencioso e calmo. Eu estava sozinho – pelo menos pensei que estava!
> De repente surgiu uma presença e pude sentir que a minha avó Anna estava lá comigo. Foi bastante tranquilizador. Senti que ela observava o que acontecia. Eu lhe disse: "Está tudo bem, vovó. Os dois estão bem. É um menino!". Seria o seu primeiro bisneto perpetuando o nome da família.

É muito reconfortante saber que existe uma conexão que nunca cessa. A Igreja cristã fala sobre a vida depois da morte e esta experiência enfatizou para mim que isso existe. O que o Pai disse é verdade.

É reconfortante considerar a possibilidade de que os nossos entes queridos que partiram são capazes de participar das celebrações em nossa vida. Esta CPM sensorial implica que eles têm um interesse contínuo pelas nossas coisas e que continuam a zelar por nós com cuidado amoroso e preocupação.

É bastante comum ter várias experiências de CPM. Os três relatos seguintes são exemplos de pessoas que tiveram mais de uma experiência sensorial com o mesmo membro falecido da família.

Susan, dona de casa da Flórida, começou a sentir a presença de seu sogro pouco depois que ele morreu de câncer:

> Já era bem tarde à noite e eu estava sentada à mesa da sala de jantar verificando as contas para pagar. De repente, tive a sensação de que não estava sozinha. Era um sentimento muito forte da presença de meu sogro.
>
> No começo, me senti surpresa e meio confusa. Mas logo passou, porque ele veio em meio a muita paz e ternura. Fiquei muito animada pelo fato de ele estar lá!
>
> Isso aconteceu aproximadamente três vezes, sempre tarde da noite. Ele parecia curioso e preocupado com o nosso bem-estar, senti que suas visitas eram para verificar como estávamos.
>
> E então ele não voltou mais. Achei que as suas perguntas tinham sido respondidas e que ele estava realmente feliz, depois de ter percebido que todos estavam juntos e unidos.

Geralmente são os sobreviventes enlutados que necessitam de consolo depois da morte do ente querido. Mas neste caso parece que o falecido sogro de Susan fez uma série de visitas cordiais, pois queria estar seguro do bem-estar de sua família.

Tom, 48 anos, é proprietário de uma rede de salões de cabeleireiro no Sudeste. Sua falecida mãe continuamente lhe deu apoio durante um período muito difícil de sua vida:

> Minha esposa, Marilyn, estava morrendo de câncer. Durante a sua doença senti a presença de minha mãe muito próxima, várias vezes, para me trazer compreensão e me consolar.

> Eu apenas sentia a sua presença. Não passava de uma sensação, mas eu sabia que ela estava lá. Sentia o amor de minha mãe e sabia que não estava só.
> No dia em que a minha esposa faleceu, fiquei atordoado, paralisado. Simplesmente desmoronei. Acordei umas 16 horas mais tarde e senti a presença de minha mãe novamente, tão forte, como se ela estivesse sofrendo comigo. E, de alguma forma, senti que ela estava recebendo Marilyn.

Parece que podemos contar com os nossos entes queridos que já partiram quando mais necessitamos deles. Freqüentemente podem ser uma fonte de consolo e força, que nos apóiam durante as mais difíceis situações de nossa vida. CPMs como estas afirmam o amor duradouro de nossos entes queridos por nós.

Eleanor é psicoterapeuta em Washington, D.C. Ela recebeu uma série de visitas de seu pai, depois que ele morreu de ataque cardíaco quando ela estava no último ano do ensino médio:

> Meu pai era um homem muito bondoso, sensível e inteligente. Eu o amava muito. Mas ele sofreu muitas dores em sua vida.
> Durante alguns anos depois de sua morte, eu me sentia consciente de sua presença. Sentia a força de sua presença, eu o sentia completamente. Eu sentia da mesma forma como se ele estivesse vivo, como se fosse ele mesmo quando estava bem. A sensação era muito distinta, muito afetuosa e de grande apoio.
> Meu pai me incentivava a continuar a minha vida e não ficar triste com a morte dele.

Ter múltiplas CPMs com o mesmo ente querido falecido pode realmente ser uma bênção. Geralmente reduzem a nossa dor e aceleram sensivelmente o processo de recuperação.

Algumas CPMs foram relatadas com a presença de dois ou mais entes queridos falecidos ao mesmo tempo. Quando isso ocorreu, a pessoa foi capaz de identificar cada um dos indivíduos.

Nancy é enfermeira no Alabama. Precisava de encorajamento e inspiração dois anos depois que seu filho, Jason, de nove anos de idade falecera de leucemia:

> Recebi um telefonema urgente de minha irmã, dizendo que Brandon, meu sobrinho de oito anos de idade tinha sido morto por um automóvel, quando andava de bicicleta. Então deixei a Carolina do Norte no dia seguinte para ir ao seu funeral.

Levei um poema que me fora dado, quando o meu filho Jason morreu, que tinha me ajudado a superar os dias mais negros. A família queria que eu lesse o poema, ao lado do túmulo de Brandon. Eu, porém, estava muito perturbada, porque não sabia se conseguiria agüentar o enterro. Meditei muito, rezei muito, pedindo orientação e força.
Quando li o poema, de repente senti a presença de Jason e Brandon. Jason estava do meu lado esquerdo e Brandon, do direito. Sei que eles estavam lá! Tive uma sensação impressionante de amor e de carinho, um sentimento muito tranqüilo e sereno. Intuitivamente percebi que eles me ajudavam a passar por aqueles momentos difíceis.

O apoio dos meninos não só animou Nancy e permitiu que ela cumprisse com as obrigações durante o enterro, como mais tarde ela foi capaz de relatar a sua experiência aos pais de Brandon. Uma CPM que é compartilhada com outros pode se tornar uma fonte de cura emocional e espiritual para muitas pessoas.

O último relato deste capítulo sugere que o tempo, o espaço e a morte não são limitações para se expressar o amor e a compaixão por um membro da família falecido ou amigo.

Sandy, de 49 anos de idade, é enfermeira em Washington. Sua vida foi mudada para sempre, cinco anos depois que seu pai morreu de câncer:

Eu era enfermeira da sala de cirurgia no Vietnã. Isso ocorreu duas ou três semanas após a minha vinda em 1968. Logo que fui para a cama, o hospital foi atacado por uma artilharia de foguetes. A terra tremia e o barulho era ensurdecedor!
Arrastei-me para debaixo da cama, no chão de concreto. Eu estava com muito frio, desconfortável e assustada. De repente, o meu pai estava comigo! Senti a sua presença e o seu calor emocional. O cuidado e o amor de meu pai me envolveram.
Senti-me envolta na segurança de sua força e fui tomada por um tremendo sentimento de paz. Ele me assegurou de que tudo iria acabar bem. Ele ficou lá durante vários minutos e então se foi.
Esta experiência reforçou a minha espiritualidade e afastou o meu medo da morte.
Durante a minha viagem, cuidei de muitos homens jovens que estavam seriamente feridos e outros que vieram a falecer. A guerra não terminava, as baixas continuavam acontecendo.
Eu ficava sentada com muitos que estavam morrendo apenas porque não conseguia imaginá-los morrendo sozinhos em um país estrangeiro.

A minha experiência com meu pai contribuiu para a minha capacidade de fazê-lo.

Embora Sandy tenha recebido esta comunicação de seu pai sem o benefício da linguagem, a mensagem foi muito clara. Ele não apenas deu à filha aquilo de que ela precisava naquele momento, mas também lhe deu um dom para a vida toda, que ela foi capaz de compartilhar com uma legião infinita de homens feridos e à morte e de mulheres que serviram com ela na Guerra do Vietnã.

Como o leitor já deve ter aprendido, uma CPM sensorial freqüentemente nos traz sentimentos de amor, consolo e afeto. Estes podem ser os frutos da experiência direta da essência pessoal e da consciência espiritual de um ente querido falecido.

Como você se sentiria se ouvisse a voz de um ente querido que já se foi e recebesse uma mensagem verbal durante uma CPM?

Isso e outras coisas mais serão discutidas no próximo capítulo.

capítulo 3
Ouça a voz:
CPMs auditivas

Não deveria haver medo da morte porque a morte do corpo nada mais é que uma delicada passagem para uma vida mais livre.
HELEN GREAVES

O RECEBIMENTO de uma mensagem verbal, por meio da voz de um familiar ou amigo falecido, também é um tipo muito comum de comunicação pós-morte. Nós a chamamos de CPM auditiva.

Algumas pessoas relataram ter ouvido uma voz que vinha de uma fonte externa. Ouviram a voz com os ouvidos da mesma forma que ouviam qualquer outra pessoa falando com eles.

Mas a maioria das pessoas afirmou ter ouvido a voz internamente, dentro de sua cabeça ou mente, e estavam da mesma forma certos de que voz se originava de uma fonte que estava fora deles. Isso é chamado de comunicação telepática. A telepatia também é conhecida como contato mente com mente, comunicação mental e transmissão de pensamento.

Tendo ouvido ou não seu familiar falecido, externa ou internamente, a maneira de falar e outras características de sua voz eram familiares. De qualquer forma, eles reconheceram facilmente quem lhes falava.

Geralmente as mensagens recebidas durante as CPMs auditivas são curtas e diretas. Podem ser comparadas a telegramas que, em geral, contêm 25 palavras ou menos.

Os três exemplos deste capítulo são de CPMs auditivas externas nas quais as pessoas relataram ter ouvido uma voz com os ouvidos.

Alfred é um fazendeiro aposentado e operário em uma fábrica na Nova Escócia, no Canadá. Tornou-se um pai enlutado quando seu filho de 11 anos de idade, Trevor, faleceu de câncer:

Trevor morreu às quatro horas da madrugada. Quando minha esposa e eu estávamos deixando o hospital para irmos para casa, o Sol se levantava no horizonte. A minha irmã estava conosco no carro e disse: "Nunca vi o Sol nascer tão lindo".
Exatamente quando ergui os olhos para o Sol, pude ouvir a voz de Trevor dizendo: "Está tudo bem, papai". Era a voz dele, tão clara quanto podia ser. Ela chegou aos meus ouvidos, como se ele estivesse sentado no banco de trás.
Instantaneamente tive a sensação de calma que nunca sentira antes, que provavelmente durou de dez a quinze segundos. Então eu soube que Trevor estava com Deus, e esta devia ser a paz que ele estava sentindo.

Embora tenha recebido apenas uma breve mensagem: "Está tudo bem, papai", Alfred imediatamente sentiu-se reconfortado pela sua experiência. O fato de ter ouvido aquelas quatro palavras logo após a morte de seu filho fez toda a diferença.

Philip é psiquiatra em Kentucky. Ele foi pego de surpresa, quando ouviu a sua filha, Tina, de 15 anos, depois de ela ter morrido em um acidente de carro:

Tina tinha amigas na cidade inteira. Não tínhamos idéia de que ela estivesse envolvida com tantas crianças. Era uma força do bem dentro da comunidade.
Ela dissera a uma das amigas da escola dominical que, se morresse, gostaria que todos fizessem uma festa e não chorassem por ela. Sua amiga nos lembrou dessa declaração.
Então na noite do enterro de Tina fizemos uma reunião muito grande em nossa casa, com 200 a 300 crianças, algumas com seus pais. Tinha gente "saindo pelo ladrão"!
Eu andava pelo corredor no andar de baixo, quando ouvi Tina dizendo "Eu o amo, papai!" Virei para trás, porque era uma voz externa, audível.
Sou psiquiatra com especialização e não sou dado a ficar ouvindo coisas que não existem. Tendo vivido minha carreira profissional como uma pessoa muito científica, dura de cabeça mesmo, eu realmente não esperava por aquilo.
Entretanto, esta experiência diminuiu um pouquinho da dor causada pela perda, porque você fica sabendo que realmente não os perdeu.

Philip reconheceu a voz de Tina apesar do grande número de pessoas que estavam na casa naquele momento. Que palavras podiam fazer mais sentido para qualquer pai em luto que as escolhidas pela sua filha: "Eu o amo, papai!"?

Sherrie, de 31 anos de idade, recrutadora de pessoal em uma empresa de Washington, ficou viúva quando o marido Scott morreu de aneurisma cerebral aos 37 anos de idade.

> Mais ou menos três semanas mais tarde, no dia do Natal, eu estava adormecida na sala de um amigo. Eram entre três e quatro horas da manhã. Um som me acordou.
> Era a voz de Scott, tão clara como nunca! Reconheci sua voz e a forma de falar. Foi uma comunicação externa totalmente fora de mim.
> Ele me disse: "Nunca sinta medo. Você sempre estará cercada das pessoas de que irá precisar". Ele disse isso com tamanha convicção que pareceu que ele sabia mais sobre as coisas do que eu sabia. Essa afirmação me fez sentir como se tudo fosse ficar bem, embora Scott tivesse partido.
> Esta experiência realmente mudou as coisas ao meu redor. Um grande peso foi retirado de minhas costas.

A voz de Scott era tão forte e real que ela literalmente despertou Sherrie. E ele falou com tanta autoridade, que essa mensagem deu-lhe o apoio emocional de que ela precisava para continuar a viver.

Os três relatos seguintes são de pessoas que disseram ter tido uma CPM auditiva interna, ou seja, elas ouviram por telepatia a voz de seus entes queridos falecidos. Note como todos receberam a mensagem mentalmente e não por meio da audição.

Donald é professor de Inglês na Universidade de New Jersey. Ele teve uma experiência dolorosa com o seu filho de 27 anos de idade, Jeff, que morreu quase três semanas após ter sido atropelado por um motorista embriagado:

> Em uma manhã, dois ou três meses depois da sua morte, eu estava deitado no escuro, pensando sobre as últimas horas e minutos de consciência de Jeff. Eu falava alto: "Como isso pôde acontecer? Como isso pôde acontecer?". Era todo o meu sentimento de paternidade aflorando.
> Houve um longo silêncio. Então ouvi muito claramente a voz de meu filho me respondendo com o sotaque de Minnesota, "*Ooo-key*".
> Senti um imenso alívio! Esta verbalização mínima de Jeff veio exatamente ao ponto!
> Durante minha carreira acadêmica, por algum tempo nos mudamos para diversos lugares do país. Durante anos, expressões locais tinham se tornado assunto de risadas para a nossa família. Nós todos ouvíamos o programa de Garrison Keillor, *A prairie home companion*, e nos divertíamos muito com o sotaque de Minnesota.

O espírito, a sensação de brincadeira e a lembrança dos velhos tempos trouxeram algo que me deixou muito feliz em escutá-lo. O fato de Jeff estar livre o bastante para brincar de uma forma que pudesse ser compartilhada instantaneamente fez o contato com ele ainda mais valioso.

Essa CPM ilustra o poder que mesmo a mais breve mensagem pode passar. Jeff, de forma esperta, escolheu a palavra perfeita e o estilo para transmiti-la ao seu pai, que lhe atribuiria significado imediatamente. Ele devia saber que o pai reconheceria o seu senso de humor completamente restaurado e que o associaria às muitas horas de brincadeira juntos.

Karen é professora substituta em uma faculdade no Havaí. Sua dor diminuiu quando ouviu a voz de seu irmão de 41 anos de idade, Walt, depois de ele ter sido morto por um motorista bêbado em uma colisão de frente:

Cinco meses depois da morte de meu irmão, eu guiava para casa, depois de uma aula noturna. Nem estava pensando nele.
De repente, assim do nada, ouvi a voz do Walt na minha cabeça. Foi telepático – mas era o tom de voz dele.
Ele disse: "Ei, irmãzinha! Pare de se preocupar comigo. Está tudo bem".
A minha resposta imediata foi "Walt! Walt, é você?". Foi tão rápido que pensei que fosse minha imaginação.
Então outra vez, um minuto ou dois depois, recebi a mensagem: "O meu acidente não importa. Não é importante. Pare de se preocupar".
Essa foi a resposta para muitas das minhas preocupações. Estava preocupada com o Walt, porque a morte dele foi repentina e violenta.

Você deve estar se perguntando por que as CPMs ocorrem tão freqüentemente dentro de carros. Provavelmente, porque ficamos relaxados enquanto guiamos, especialmente se o trânsito está relativamente bom e estamos sozinhos dentro do veículo. Mentalmente, estamos operando em "piloto automático", enquanto executamos uma atividade familiar e repetitiva que nos leva a um estado de consciência semimeditativo. Nesses momentos, é mais provável estarmos mais abertos e receptivos a ter uma experiência de CPM.

Carla é professora em uma escola na Carolina do Norte. Ela teve uma CPM telepática 18 meses depois que sua filha Amy, de cinco anos de idade, morreu de um tumor cerebral:

Geralmente paro na sepultura da minha filha, quando passo por perto. Era dia de São Valentim e eu estava me sentindo um pouco triste, porque

não tinha trazido nada para colocar em seu túmulo. Decidi então que não pararia – tentei tirar isso de minha mente e continuei o meu caminho para casa.
Mas quando eu estava passando lá, fiquei consciente daquela voz forte. Embora não fosse audível externamente, certamente conseguia ouvi-la. Amy disse: "Não se preocupe, mamãe. Eu não estou lá. Estou bem, estou com o vovô e outras pessoas que morreram antes de mim".
Minha filha não queria que eu me sentisse culpada por causa de coisas triviais como colocar flores no túmulo. Ela me deixou saber que tudo estava bem e que eu não precisava me preocupar com ela. Essa experiência me trouxe muita paz.

Enquanto Carla se arrependia por não ter nada para oferecer à sua filha no dia de São Valentim, foi ela quem recebeu um presente de valor inestimável de Amy. Muitos pais enlutados, assim como outros, recebem a mesma mensagem básica. Eles ficam sabendo que seu ente querido continua a existir em uma vida nova e que apenas um corpo físico vazio e descartado é que está enterrado no cemitério. Também recebem o conhecimento reconfortante de que o seu ente amado encontra-se com outros que morreram antes, como a Amy, que afirmou estar com o avô.

Deste ponto em diante, muitos relatos ao longo do livro serão mais complexos, porque dois ou mais tipos de comunicação pós-morte foram experimentados ao mesmo tempo. Nós as chamamos de CPMS combinadas. Por exemplo, nos seis relatos seguintes, uma CPM auditiva foi combinada com uma sensorial: as pessoas não apenas receberam uma mensagem de seus entes queridos, mas também sentiram a sua presença.

Patrícia trabalha no atendimento a clientes em um banco de Nova York. Ela foi contatada pelo marido, Herbert, depois que ele morreu de enfisema, aos 59 anos:

Quando Herb morreu, chorei todos os dias durante um ano inteiro, porque sentia muito sua falta e me preocupava com ele. Ele não era apenas o meu marido, era o meu melhor amigo.
Um pouco depois do primeiro aniversário de sua morte, eu estava dormindo quando a voz do Herb me acordou. Ele me chamou: "Patsy, Patsy". Eu o ouvi com os meus ouvidos.
Quando estava completamente acordada, eu o ouvi dizendo: "Estou bem, estou bem. Eu me sinto bem". Tive a nítida sensação de que ele estava tentando me dizer para não me preocupar com ele.

Senti que Herb estava exatamente lá e que, por alguma graça, conseguiu se comunicar comigo. Ouvi sua voz tão claramente! Não havia a respiração forçada, apenas a sua voz normal e saudável, como a que ele tinha antes de ficar doente.
Não há palavras para descrever a calma que tomou conta de mim. Foi uma bênção e me senti tão bem!

Aqueles que tanto ouvem a voz, como sentem a presença de seus familiares falecidos durante a mesma experiência de CPM, ganham uma informação adicional sobre o seu atual bem-estar. Como Patrícia ouviu a voz do Herb, soube que ele estava completamente livre do enfisema.

Vicki tem 36 anos e é gerente de escritório na Flórida. Ela foi consolada pelo seu pai, sentindo-se renovada, depois que ele morreu repentinamente de ataque cardíaco, com a idade de 66 anos:

Não consegui ver meu pai quando ele faleceu, então acho que para mim foi mais difícil que para os outros. Deram-me duas semanas de descanso no trabalho para eu me recuperar.
Depois do meu primeiro dia de volta ao trabalho, estava guiando para casa e caí no choro. Comecei a chorar e chorei tanto, que tive de sair da estrada. Inclinei a cabeça sobre os braços apoiados na direção e chorei incontrolavelmente. Uns dois minutos mais tarde, senti uma presença exatamente lá, dentro do meu carro. Senti-me envolta em uma nuvem de amor e ouvi a voz do meu pai, claramente. Ele parecia animado e disse: "Estou bem! Estou feliz! Só tome conta da sua mãe!". Eu o ouvi com os meus ouvidos.
Foi um milagre, uma bênção! Naquele instante único, fui invadida por tanto amor e alegria que toda a minha dor se esvaiu. Sabia que meu pai estava completamente em paz e me tornei uma pessoa diferente daquele momento em diante.

O pai da Vicki respondeu às necessidades da sua filha quando ela estava mais perturbada emocionalmente. Sua CPM reflete o amor e a devoção que os nossos entes queridos que partiram continuam sentindo pelos membros da família e amigos que permanecem vivos na Terra.

Warren é treinador de natação de 55 anos de idade no Texas e teve uma experiência reconfortante com o pai:

Durante 30 anos a minha rotina era levantar às 4h30 da manhã e ir nadar. Estava fazendo as minhas voltas e, quando cheguei à ponta da piscina,

senti meu pai dizer: "Estou no Céu agora. Não se preocupe comigo. Sinto-me bem. Estou realmente feliz. Todo o peso e os problemas que estavam nos meus ombros se foram".
Percebi que papai falava comigo internamente. Fiquei na água de costas parado por uns cinco minutos. Era como se o meu pai estivesse me envolvendo totalmente com o seu espírito. Foi uma experiência tão cheia de paz e positiva que nem consigo descrevê-la.
Quando voltei para casa, minha irmã me telefonou para avisar que papai tinha morrido às 3h44 da manhã, de falência respiratória.

O relato de Warren também é outro exemplo de alguém que estava envolvido em uma rotina e em uma atividade repetitiva, como nadar volta após volta. Isso permitiu que ele entrasse em um estado semimeditativo e que ficasse mais receptivo para ouvir o pai, que ele não sabia já ter morrido.

Peggy, 50 anos, é repórter de um jornal em Arkansas. Pediram-lhe que transmitisse uma mensagem depois que sua avó morreu de idade avançada:

A minha avó insistiu em morar com a irmã dela e ambas estavam na casa dos 90. Quando não puderam mais tomar conta de si mesmas, minha mãe as mudou para sua casa. Mamãe fazia de tudo por elas.
Mas aqueles últimos seis meses da vida da minha avó foram repletos de reclamações. Nada lhe agradava: a comida, as roupas, nada. Minha mãe estava ficando cansada e já não conseguia tomar conta da minha avó. Então, muito a contragosto colocou-a em um asilo, onde vovó morreu um mês depois.
A minha avó apareceu para mim um mês depois que morreu. Eu estava sentada na minha sala, quando de repente fui envolvida pela sua presença, como uma nuvem cor-de-rosa de amor. Foi tão bonito!
Ela disse telepaticamente: "Quero que diga à sua mãe quanto eu aprecio tudo o que ela fez por mim. Quero que ela saiba quanto sou grata, apesar não ter sido capaz de expressar quando estava viva. Quero que você diga isso a ela".
Vovó estava tão amável! Era uma personalidade totalmente diferente daquela que tínhamos conhecido: a velha senhora com dores e desconforto, a quem nada agradava. Este era um lado completamente diferente da minha avó, agora que ela estava fora do seu corpo.
Então passei a mensagem à minha mãe, exatamente da forma que a minha avó disse para mim. E os seus olhos se encheram de lágrimas.

A CPM da Peggy é um exemplo de alguém que completa "uma tarefa inacabada" depois da morte. Temos muitos relatos em nossos arquivos, em que parentes e amigos falecidos retornaram e expressaram gratidão, ou pedem desculpas sinceras, quando não tinham resolvido assuntos pendentes antes de a morte ter ocorrido.

Mario, 87 anos, é um comerciante aposentado na Flórida. Sua amada esposa, Nina, voltou depois de ter morrido de enfisema:

> Nina e eu fomos casados durante 57 anos. Conhecemo-nos de uma maneira muito romântica, e duas horas depois, estávamos irremediavelmente apaixonados, totalmente e para sempre.
> Uma noite depois que ela morreu, eu estava profundamente adormecido em nosso quarto. De repente, senti a minha Nina parada perto da cama. Então ouvi a sua voz dentro da minha cabeça dizendo: "Agora estou no Céu, não sei se por merecimento ou não. O amor que tive a vida toda por crianças pequenas compensou os meus outros pecados. Obtive permissão para voltar e dizer a você que estou esperando pacientemente que você venha juntar-se a mim.
> "O tempo não tem sentido aqui, então não se apresse. Leve tanto tempo quanto quiser antes de deixar o mundo. Vou esperar pacientemente até que chegue o dia de você se juntar a mim aqui. Vamos então ficar unidos em um eterno abraço". E com essas palavras ela desapareceu da minha consciência.
> Senti uma conexão, uma confirmação satisfatória de que a morte não nos separava, que Nina e eu estaríamos unidos novamente.

A promessa alegre da Nina é uma das muitas neste livro que sugere que estaremos reunidos com os nossos entes queridos falecidos quando morrermos. Esta parece ser a mensagem básica, a essência de quase todas as CPMs.

Rhoda é uma musicista clássica no Texas. Estava com 19 anos quando teve um encontro transformador com o seu avô, que morreu de ataque cardíaco:

> Apenas 48 horas depois de sua morte, fui acordada. Dei uma olhada no relógio, eram 2h10 da manhã. Eu sabia que o meu avô estava lá! Senti que ele estava parado ao pé da cama.
> Começou a falar comigo: "Quero que você saiba que tudo está bem aqui comigo. Por favor, diga a todos para não se preocuparem comigo. Estou feliz. Fiz tudo o que tinha de fazer na Terra, e quero que você diga isso a todo o mundo. E diga-lhes que os amo".
> Não foi uma voz que ouvi – foram idéias e pensamentos. Era verdadeiramente telepático e eu simplesmente deixei que viesse. Foi um

sentimento tão cheio de paz – senti que meu corpo todo estava sendo inundado pela paz.

Vovô realmente estava se despedindo. Sinto que ele precisava fazê-lo tanto quanto eu precisava ouvi-lo.

Esta foi a mais poderosa mensagem que eu podia ter tido de vida pós-morte. Ela me lançou para uma procura mais profunda pelo significado da vida.

O relato de Rhoda mostra que na verdade algumas pessoas não ouvem uma voz externa ou internamente. Em vez disso, elas recebem pensamentos mentalmente, e estão certas de que se originam do lado de dentro, independentes de sua própria mente. Isso é conhecido como transferência de pensamento.

Os dois relatos de CPM seguintes incluem comunicações bilaterais. Parece que nossos familiares e amigos falecidos são capazes de ler a nossa mente e responder telepaticamente aos nossos mais profundos pensamentos.

Beth, uma escritora de 56 anos de idade da Flórida, teve uma CPM informativa, depois que o pai, Norman, morreu de ataque cardíaco.

Na noite em que meu pai morreu, eu estava deitada na cama e... pasmem!... senti a sua presença. Ele disse: "Oi, linda!" e eu disse: "Papai! Você está bem!" Ele disse: "Querida, é simples. Morrer é tão fácil quanto passar pela porta!" Eu estava tão dominada pelos sentimentos, que não sabia o que dizer.

Meu pai continuou: "Foi só eu me levantar, e lá estava Carl! Ele apertou a minha mão e disse 'Olá, Norman. É bom ver você'. Carl e eu costumávamos brincar quando éramos crianças pequenas, mas fiquei sem vê-lo durante anos. Todas aquelas outras pessoas, que eu não via fazia séculos, estavam lá, e Carl me apresentou a elas".

Lá estava eu deitada, chorando de alegria, e falei: "Ah, isso é maravilhoso!" Então meu pai continuou: "Só queria que você soubesse. Não se preocupe comigo". Respondi: "Obrigada, papai". Tudo aconteceu telepaticamente e assim terminou.

Adormeci sentindo-me muito, muito feliz. Queria compartilhar tudo isso com a minha família, mas sabia que eles pensariam que eu estava louca. Então apenas usei isso como apoio e deixei que me aquecesse lá dentro.

O relato da Beth indica que a "morte" pode ser o início de uma jornada "para casa". Se assim for, ao chegar, será possível encontrarmos novamente os entes queridos falecidos de toda a nossa vida.

Sam, escritor e artista de 90 anos de idade de Idaho teve múltiplas comunicações com a esposa, Grace, que morreu de aneurisma:

> Tenho sido contatado muitas vezes pela minha esposa, Grace. Temos longas conversas. Faço perguntas a ela e as suas palavras vêm dentro da minha cabeça.
> Por exemplo, um dia eu estava parado diante do fogão quando a senti bem do meu lado. Perguntei: "Você tem algum conselho?" E ela disse: "Limpe a casa agora!" Parecia uma ordem. Então eu respondi: "Está certo, já vou fazer isso". Comecei a apanhar as coisas, e assim que terminei, a campainha da porta tocou. Três mulheres do seu clube de irmandade Delta Kappa Gamma vieram me visitar. Uma delas era a presidente de toda a unidade!
> Sei que a Grace sabia que elas estavam vindo e me avisou. Fiquei espantado quando isso aconteceu!

Como o Sam, algumas pessoas podem ter conversas telepáticas por várias vezes com um parente, ou amigo falecido. Por causa disso, podem receber conselhos, não apenas em ocasiões importantes, mas também em situações normais, do dia-a-dia.

Os outros cinco relatos sugerem que os nossos familiares continuam se interessando por nossa vida e que são capazes de nos ajudar de várias formas.

Norma é gerente de um escritório no Kansas. Ela teve uma visita impressionante de seu esposo, Earl, logo depois de ele morrer de ataque cardíaco, aos 54 anos de idade:

> Morávamos em um terreno não muito grande no limite da cidade. Minha mãe e meu pai viviam conosco quando o meu marido faleceu e então eles se mudaram de volta para Nebraska. Eu nunca tinha vivido sozinha antes.
> Naquela noite, tivemos uma tempestade de neve realmente forte. O senhor vento estava realmente possesso! Alguma coisa bateu na casa e fiquei morta de medo! Estava assustada. Estava realmente em uma situação difícil.
> De repente, pareceu que o meu marido, Earl, estava parado perto da cama. Eu não o vi, mas senti. Ele disse: "Não precisa ficar com medo, porque nada irá machucá-la". Ouvi com os meus ouvidos.
> Nesse momento, me acalmei e relaxei. Adormeci e nunca mais tive medo.

Norma foi capaz de se refazer imediatamente depois que o seu falecido esposo interveio. Essa história, mais uma vez, demonstra o poder de cura duradouro de uma CPM.

Lois, dona de casa de Nebraska, teve a felicidade de ouvir o seu marido, falecido repentinamente aos 33 anos de derrame:

> Na manhã seguinte à morte de Ray, ouvi a sua voz dizendo: "Esqueci de colocar aquele dinheiro no banco! Está no bolso da minha jaqueta. Melhor você pegá-lo e colocá-lo na sua bolsa agora". Parecia que ele me falava por trás do meu ombro direito.
> Fui e olhei no bolso de sua jaqueta: o dinheiro estava lá! Eram 300 e poucos dólares em espécie! Ele veio em muito boa hora.
> Tínhamos vendido o nosso carro na tarde antes de sua morte. Ray tinha posto o dinheiro no bolso e ia depositá-lo. Mas eu não sabia que ele ainda não tinha ido ao banco.

Esse relato é um exemplo de uma CPM evidente, ou seja, Lois descobriu algo que não sabia e não poderia saber até que o seu falecido marido lhe disse onde encontrar o tão necessário dinheiro.

Marta é médica no Sudeste. Ela recebeu uma mensagem importante de seu marido, Alan, que fora oftalmologista, antes de morrer de câncer, aos 56 anos de idade:

> Uns dois anos depois da morte do Alan, eu tinha fortes dores de cabeça quase todos os dias, o que era bastante estranho para mim. Não estava doente – apenas estava com dores de cabeça freqüentes.
> Um dia, eu estava sentada em um sofá lendo. Muito claramente senti mentalmente a voz do Alan dizendo: "Não é de se estranhar que você esteja com dores de cabeça. Os seus óculos estão tortos! Vá fazer uma consulta com o Dan King, para que sejam desentortados".
> Dan King é um oculista muito bom e competente, além de ser um amigo pessoal. No dia seguinte, fui à sua loja e falei-lhe sobre as minhas dores de cabeça.
> Ele olhou para mim e disse que uma das lentes estava mais alta que a outra, porque a armação estava torta. Endireitou os meus óculos e as dores de cabeça desapareceram.
> Fiquei aliviada pelo fato de o Alan ter uma resposta para o meu problema!

A intervenção do Alan é a primeira de várias CPMs, em que o falecido faz um diagnóstico preciso e recomenda um tratamento médico apropriado. Outros exemplos serão dados mais tarde neste livro.

Ruth é dona de casa na Flórida. Ela recebeu com alegria os pedidos de seu neto, Thomas, de 18 anos de idade, quase 11 meses depois de ele ter morrido em um acidente de carro:

> Um dia, minha filha, Sally, disse: "Mãe, não quero nada para o meu aniversário. Por favor, não faça nada para mim. Eu só quero o Thomas, e não posso tê-lo".
> Às 7h45 da manhã no dia do seu aniversário, pensei em ir até o escritório da Sally e pelo menos levar-lhe um cartão. A alguns quarteirões de lá, ouvi a voz do Thomas na minha cabeça dizendo: "Vovó, você poderia dar uma rosa vermelha no aniversário da minha mãe?"
> Eu disse: "Oh, Tommy!" Comecei a chorar e disse: "Claro que darei uma rosa para ela". Ele completou: "E diga à mamãe que eu a amo".
> Então fui a uma floricultura, mas ela só abriria às nove. Fui a outra, e a outra e a outra. Nenhuma estava aberta.
> Eram apenas 8h15 e Thomas falou novamente: "Por favor, vovó, procure uma rosa vermelha para a minha mãe!"
> Virei o carro para o sul. Ele então disse: "Vire o carro, vá para o norte". Foi o que fiz e depois de uns dez quarteirões vi uma placa: "Floricultura". Eu nem sabia de sua existência, pois ficava fora da rua principal.
> A esta altura eram 8h25 uma senhora estava abrindo a loja, embora o horário certo de abertura fosse nove horas. Havia um cartaz grande na porta da entrada: "Especial – Rosas Vermelhas! Um dólar cada". Comprei a rosa vermelha e então Thomas se foi.
> Entrei no escritório da Sally e entreguei-lhe a rosa. Tinha escrito no cartão: "Thomas". Ela olhou para mim e ambas choramos. Eu disse: "Foi o Thomas que me pediu para fazer isto. Ele até me mostrou onde comprá-la". A minha filha ficou muito emocionada!

De vez em quando podem nos pedir para fazer um favor pessoal para um familiar falecido. Uma vez que Ruth teve a coragem de agir de acordo com a mensagem que recebera de seu neto, ela não apenas fez o que ele pedia, mas também foi capaz de entregar um presente especial à mãe dele no dia do aniversário.

O último relato deste capítulo é da Debbie, uma comissária de bordo de 36 anos, da Flórida. Ela recebeu um aviso crucial, apenas uma semana depois de a mãe ter morrido de câncer:

> Eu estava hospedada na casa da minha melhor amiga, Donna, em Virgínia, que tinha uma filha de seis meses, chamada Chelsea. Donna tinha

colocado a filha para dormir, e eu pretendia correr até uma loja para comprar alguns alimentos.

Quando ia saindo pela porta, ouvi telepaticamente a voz da minha mãe que muito distintamente dizia: "Você precisa dar uma olhada no bebê!". Pensei comigo mesma que devia estar sonhando e não dei atenção.

Ia saindo pela porta de novo, mas ouvi a minha mãe repetir: "Vá ver o bebê!". Sua voz era alta e clara.

Voltei e fui ao quarto da Chelsea e abri a porta. Quase desmaiei! O bebê estava quase azul! De alguma forma ela estava toda enrolada no cobertor que antes a cobria e em um outro, que ela tinha puxado da lateral do berço. Ergui a Chelsea, pensando que teria que reanimá-la com respiração boca a boca. Mas ela apenas tomou o ar com força e soltou um grito horripilante! Lembro de mim sentada no chão com ela chorando, dizendo, "Meu Deus! Muito obrigada, mamãe!".

Foi uma sorte a mãe da Debbie ter insistido em alertar a filha quanto à situação. Mais tarde, um capítulo inteiro é dedicado às CPMs de proteção, aquelas em que a vida de uma pessoa foi protegida ou mesmo salva por meio de uma experiência de comunicação pós-morte.

CPMs auditivas nos ajudam a manter o senso de conexão com os nossos familiares que partiram. Receber uma mensagem de apoio emocional, um conselho prático ou um aviso sobre um perigo, ouvir a sua voz nos dão a certeza de que a sua preocupação pelo nosso bem-estar não passou.

Como é receber um carinho, um beijo, ou até um abraço de um ente querido que faleceu? O capítulo seguinte aborda o alívio experimentado pelas pessoas ao sentirem o toque de uma pessoa falecida querida.

capítulo 4
Sensação de toque:
CPMs tácteis

Morrer é apenas uma mudança no estilo de vida.
Stephen Levine

ESTE CAPÍTULO contém relatos de pessoas que disseram ter sentido um toque físico de um membro da família, ou de um amigo falecido. De maneira geral, estas são formas menos comuns de comunicação pós-morte. Nós as chamamos de CPMs tácteis.

Essas experiências geralmente foram sentidas como um tapinha leve, um toque delicado, um carinho suave, um beijo carinhoso, um braço reconfortante sobre os ombros ou um abraço envolvente. Todos foram uma forma amorosa de expressar um apoio emocional e conforto. Não importa como, as pessoas que passaram pelas experiências reconheceram com facilidade os seus familiares falecidos pelo seu toque familiar e distinto.

Um toque é uma forma muito íntima de contato pós-morte, e parece que as CPMs tácteis acontecem apenas entre pessoas que tiveram um relacionamento muito próximo. O familiar ou o amigo falecido retorna com o propósito de passar afeição e proporcionar algum tipo de incentivo à pessoa que está passando pela experiência.

Embora as CPMs tácteis possam ser experimentadas por si sós, ocorrem mais freqüentemente em combinação com outros tipos de contato pós-morte, tais como a sensação de presença, a audição da voz ou ambos.

Os primeiros quatro relatos deste capítulo são exemplos típicos de CPMs tácteis.

Joyce é dona de casa de New Brunswick, Canadá. Sua filhinha, Megan, tinha quase quatro anos de idade, quando morreu, em conseqüência de uma cirurgia cardiovascular:

Várias semanas após o enterro da Megan, eu me sentia realmente angustiada e fui para cama cedo. Apenas fiquei lá deitada, chorando. De repente, senti uma mãozinha pequena tocando delicadamente a minha bochecha. Pensei: "Oh, meu Deus, é a Megan!". Senti seus dedinhos suaves e fofos no meu rosto. Um enorme sentimento de paz e calma tomou conta de mim. Senti que Megan me dizia que estava bem.

Às vezes a menor das mãozinhas pode proporcionar o maior dos confortos. Que outra forma mais simples e direta haveria para uma menininha consolar a pobre mãe, além da que a Megan escolhera?

Bárbara trabalha em relações com a comunidade para uma grande corporação em Illinois. Ela passou por uma destas visitas bem intencionadas, depois que seu amigo Brian, de 19 anos de idade, morreu em um acidente de carro:

Uma noite, cerca de duas semanas depois da morte do Brian, eu me sentia muito triste, pensando nele. Ele era como um irmão para mim.
Do nada, senti uma mão despentear o meu cabelo, exatamente como Brian costumava fazer quando estava vivo. Isso mexeu comigo, porque eu estava em casa sozinha, não havia mais ninguém.
Senti que Brian tentava me consolar e me tirar de minha tristeza. Sorri e disse: "Ok, Brian. Vou tentar sair desta". E foi o que fiz.

Já que Brian escolhera uma expressão familiar e brincalhona de afeição para estabelecer o seu relacionamento, Bárbara intuitivamente entendeu a sua mensagem. Ele lhe deu o sinal perfeito para encorajá-la a superar a dor e seguir em frente com a sua vida.

Mike, executivo em uma empresa de construção na Califórnia é um pai enlutado. Sua filha de 15 anos de idade, Laura, foi morta em um acidente de carro:

Dois dias depois que a minha filha morreu, eu me deitei no sofá na sala íntima e adormeci.
Uns dez ou quinze minutos mais tarde, fui acordado com um beijo da Laura. Eu sabia que ela estava lá. Ela me beijou nos lábios – eu senti que ela me beijava!
Não tive a mínima dúvida em minha mente que a minha filha me beijou para me dar a certeza de que ela estava bem. Tudo o que a Laura precisava dizer estava presente naquele beijo. Ele foi um verdadeiro conforto para mim – senti uma enorme alegria! Foi a coisa mais maravilhosa que aconteceu na minha vida.

O beijo afetuoso da Laura falou diretamente ao coração entristecido de seu pai. Esta experiência ilustra que mesmo uma breve CPM táctil pode trazer consigo uma profunda cura emocional.

Dot, 57 anos, é terapeuta familiar e educadora em Washington. Ela foi visitada de forma completamente inesperada por seu pai, cinco anos após sua morte por câncer:

> Eu estava sentada à mesa do meu escritório. Era uma hora comum de dia de trabalho e eu estava bastante concentrada.
> De repente pensei: "O que foi isto?". Então entendi, "era papai!". Senti a sua bochecha pressionada contra a minha, que era uma forma característica de ele beijar os filhos, especialmente quando éramos pequenos. Aquilo foi tão real, que não havia dúvida de que era ele!
> Lembro que ri e disse: "Ah, desse jeito eu sei com certeza que é você!". Foi uma experiência muito agradável, muito delicada e doce. Foi maravilhoso e eu a apreciei muito!

Nossos familiares falecidos são muito práticos ao selecionarem a melhor maneira de demonstrar os sentimentos deles para nós. O pai da Dot escolheu uma maneira que ele usou várias vezes com os filhos, fazendo esse modo de tocar tornar-se inconfundível para a filha, mesmo cinco anos depois de sua morte.

Quando ler os dois relatos seguintes de CPMs tácteis, note que cada uma das mulheres descreveu ter sentido um calor emocional que era quase palpável.

Carol é esteticista na Flórida e tem 43 anos de idade. Teve uma experiência com a mãe, que morreu de câncer, e que a elevou espiritualmente:

> Nove anos depois da morte de minha mãe, eu estava ponderando sobre a minha relação com o meu filho, o meu trabalho e a minha vida, como mulher solteira. Além disso, passava por um estresse financeiro. Sentia-me extremamente sozinha, como se tivesse o peso do mundo sobre mim.
> Naquele ponto, senti a palmadinha familiar da minha mãe no meu ombro. Virei, esperando vê-la, mas não havia ninguém lá. Na minha mente não tinha dúvida de que era ela. Foi só um tapinha amoroso e gentil no ombro, para chamar a minha atenção.
> Depois tive uma sensação acolhedora, reconfortante. As pressões do mundo se esvaíram naquele momento. Eu sabia que tudo o que eu tinha de fazer era pedir ajuda a algumas pessoas, e que ela viria. Sabia que não estava sozinha com os meus problemas – eu sabia que era amada.

A CPM táctil da Carol deixou-a com uma "sensação acolhedora e reconfortante". Esse ponto será discutido posteriormente depois do próximo relato.

Rosemary, enfermeira em Ontário, Canadá, sentiu um toque distinto, depois que o seu filho de 12 anos de idade, Mark, faleceu em conseqüência de um acidente no *playground*:

> No verão, depois que meu filho morreu, eu estava parada no portão do pátio, olhando o nosso quintal. Pensava sobre o tempo quando Mark era bem pequeno.
> De repente, Mark colocou a sua mão no meu ombro esquerdo. Foi um toque muito suave e gentil. Tive a sensação de ser envolvida em algo acolhedor e confortável. Fiquei com um sentimento muito sereno. Essa foi a primeira vez que me senti quase em paz, depois que ele morreu.
> O sentimento durou por uns bons cinco ou dez minutos. Só fiquei lá parada, porque não queria deixá-lo partir.
> Sabia que Mark estava bem, e que tomava conta de mim. Isso confirmou que o meu filho ainda existe – em algum lugar.

Como a Carol, Rosemary sentiu-se "envolvida em alguma coisa acolhedora e confortável", assim que o filho colocou a mão no seu ombro. Parece que as duas mulheres receberam uma infusão direta de energia espiritual, que permaneceu, além do toque inicial de seu familiar amado.

Os quatro relatos seguintes são combinações de CPMs tácteis e sensoriais. As pessoas que tiveram essas formas de comunicação relataram ter sentido um toque físico enquanto sentiam a presença do membro de sua família.

Evelyn, ex-professora de um jardim-de-infância na Flórida, não conseguia ficar bem depois que o seu marido Charles, de 35 anos de idade, faleceu de uma doença cardíaca de fundo reumático:

> Um ano depois da morte do meu marido, saí, para ir ao cemitério. Estava muito triste e fiquei lá parada, chorando, tomada pelos meus próprios sentimentos. Sentia-me muito sozinha e desolada, com os três filhos para criar.
> De repente, senti que Charles estava parado do meu lado esquerdo. Senti a sua presença, a sua proximidade. Isso me assustou, porque pude sentir que me abraçava pelas costas e a sua mão descansava no meu ombro direito. Podia senti-lo lá me confortando.
> Isso durou talvez uns cinco segundos no máximo, mas fez com que eu me sentisse muito melhor. Pude me refazer e voltar para casa.

Muitas viúvas sentem-se abandonadas, derrotadas e até mesmo zangadas, depois da morte do marido, especialmente quando têm crianças pequenas para criar. Embora a CPM da Evelyn tivesse durado apenas alguns segundos, o abraço encorajador de seu marido passou uma importante mensagem não-verbal de que "você não está sozinha. Estou aqui com você". Este era o apoio emocional de que precisava naquele momento.

Cathy trabalha em um centro de saúde mental em New Hampshire. Ela teve um destes momentos reconfortantes com a sua filha de 15 anos de idade, Theresa, que morreu em um acidente de carro:

> Durante os meses que se seguiram, meu coração doía e o meu corpo doía, eu não sabia como continuar.
> Um dia, estava deitada na cama, olhando para a parede. Queria mesmo morrer. De repente, senti Theresa sentada ao meu lado, na beirada da cama.
> Ela começou a acariciar a minha testa e o cabelo, exatamente como eu fazia tão freqüentemente com ela. Eu podia realmente sentir a sua presença, sentada lá – eu podia sentir a sua energia. Aquilo durou um minuto, mais ou menos, e então ela foi embora aos poucos.
> Fiquei totalmente feliz por ter tido este contato, que, na verdade, me fez seguir adiante.

Esta CPM reverteu os papéis de Cathy, quando a sua dor quase a tinha destruído. Exatamente da mesma forma como ela costumava mostrar afeição por Theresa tantas vezes, desta vez Cathy tornou-se receptora da mesma expressão maternal de amor de sua filha falecida.

Paul, ex-sargento do Exército dos EUA, mora na Flórida. Ele recebeu um suave consolo, depois que o seu filho, Keith, de 14 anos morreu em um acidente de carro:

> Depois do enterro do meu filho, começamos a sair do cemitério. Minha mãe dirigia o carro e a minha esposa estava sentada ao lado. Eu estava sozinho no banco de trás.
> Foi quando senti a presença de Keith, ao meu lado esquerdo. Ele colocou o braço sobre o meu ombro e ficou assim, durante o caminho todo de volta para casa. Eu podia sentir o seu corpo pressionando o meu, podia sentir o seu calor ao meu lado. Percebi que tudo estava bem. Tive uma sensação de paz, de quietude e conforto.
> Aquilo durou uns 20 minutos, até que chegamos à entrada da garagem, e então Keith se foi. Não tenho a mínima dúvida a respeito. Estou absolutamente certo de que isso aconteceu!

Não existe caminho mais solitário para os pais recém-enlutados, do que o de volta para casa, depois do enterro de um filho. Para alguns, esta é uma sensação de fim, de desolação, porque acreditam que o seu filho ou filha foram deixados sozinhos e sem proteção na sepultura. Passar por uma experiência de CPM pode atenuar esta dor aguda e profunda.

Linda, aos 45 anos, é assistente social em um asilo em Nova York. Ela teve esta CPM relaxante com a sua mãe, que morreu de câncer:

> Minha mãe e eu tínhamos um relacionamento difícil e eu sempre ficava mal por isso. Somente durante os últimos meses de sua vida, é que passamos a nos dar bem. Quando ela morreu, eu sentia muita tristeza por não ter tido um bom relacionamento com ela durante todos aqueles anos.
> Depois do enterro, eu me encontrava em minha sala de estar, enrolada como um gato, chorando a minha perda. De repente, senti a minha mãe flutuando no quarto, do meu lado direito. No começo, pensei que era alucinação.
> Mas então a senti colocando os braços ao meu redor, me confortando. Ela se envolveu em mim, como uma nuvem enorme, quente e fofa, ninando-me como se eu fosse uma menininha assustada.
> Fiquei realmente chorando por muito tempo e ela me acalmando. O abraço dela passava uma sensação de energia maternal que me alimentava e pareceu ter durado uns 15 minutos.
> Eu sabia que era a minha mãe. Apenas sabia! E sou muito grata por ela ter estado lá para me ajudar a superar a minha dor.

Chorar a perda de algo que nunca tivemos, como uma relação mutuamente satisfatória de pai-filho é extremamente difícil de resolver após a morte. Uma experiência de CPM pode nos oferecer uma oportunidade de finalmente conseguir uma reconciliação com alguém que morreu. Outros exemplos dessas curas aparecem no decorrer deste livro, e algumas aconteceram muitos anos depois que um pai, mãe, ou outro parente morreu.

Os dois relatos seguintes são combinações de comunicações pós-morte táctil e auditiva nas quais as pessoas que as experimentaram, sentiram o toque e ouviram a voz do ente querido falecido.

Janice, de 38 anos, é uma conselheira espiritual na Flórida. Ela sentiu uma expressão de ternura de seu avô, dez anos depois que ele morreu de falência cardíaca:

> Levantei-me no meio da noite e fui para a sala de estar. Eram mais ou menos três horas da madrugada, eu me deitei no sofá e comecei a chorar,

porque estava indecisa sobre a minha vida. Questionava as minhas metas e algumas coisas que fazia. Sentia-me insegura e confusa.

Quando eu estava chorando, senti um toque no lado esquerdo do rosto – um beliscão na bochecha! Era um pequeno gesto de ternura que imediatamente me fez lembrar do meu avô. Quando eu era criança, vovô freqüentemente vinha e beliscava as minhas bochechas. Era um gesto carinhoso seu, muito típico.

Ao mesmo tempo, ele me disse: "Vai dar tudo certo. Volte para a cama". Foi tudo muito real para mim. Não era algo de que eu duvidasse ou que esperasse que fosse acontecer. Naquele momento, eu me senti segura e confortável. Senti uma segurança renovada e imediatamente voltei para a cama.

Apenas uma pessoa na vida de Janice lhe dava aquele beliscão especial. Mesmo dez anos após a morte do seu avô, ela imediatamente reconheceu o seu gesto inconfundível e afetuoso.

Sarah é uma higienista oral no Colorado. Ela e a sua família tiveram uma reunião calorosa, logo depois que o filho Andrew, de 24 anos de idade, morreu em um acidente de motocicleta:

> Eu estava parada em nossa cozinha antes da missa em memória dele. Kyle, nosso outro filho, chegou e colocou os braços ao meu redor. Então o meu marido, Doug, aproximou-se de nós e ficamos assim em um abraço a três.
>
> Enquanto estávamos lá parados quietos, com lágrimas nos rostos, sentimos uma pequena pressão, um carinho suave nos nossos ombros. Dentro do meu coração eu sabia que era o Andrew – e Doug e Kyle também sabiam. Todos sentimos o calor de seu abraço e o seu amor. E mentalmente ouvi Andrew dizer: "Ei, pessoal, está tudo bem".
>
> Não foram mais que 30 segundos, e então, o calor e a pressão se foram. Mas o abraço do Andrew nos fez uma família completa uma última vez.

Esse é um exemplo de três pessoas que participaram da mesma experiência de comunicação pós-morte. Posteriormente, neste livro, existe um capítulo inteiro sobre relatos, em que duas ou mais pessoas compartilham uma CPM, quando estavam juntas ao mesmo tempo e no mesmo lugar.

Os dois relatos seguintes são combinações de CPMs táctil, sensorial e auditiva.

Ellen é uma dona de casa de Oklahoma. Ela ficou viúva quando o marido Harry morreu de ataque cardíaco aos 60 anos de idade:

Apenas uma semana depois da morte de Harry, eu estava indo dormir, quando pensei que a nossa *collie* estava subindo na cama. Então estiquei o braço para enxotá-la. Mas de repente percebi que não era o cachorro. Eu disse: "Harry?".

Senti o meu marido deitado na cama ao meu lado e ele me abraçou. Então ele apoiou a cabeça no meu ombro. Fui invadida por uma sensação indescritível de paz, que nunca tinha experimentado antes.

Ele conseguia ler a minha mente, e eu lia os seus pensamentos e os entendia. Harry estava me consolando. Senti-o me dizer: "Estou bem. Lembro-me de todas as coisas que eu fui, conheci e senti. Vou continuar sendo eu mesmo, aprendendo e construindo a minha vida. E também estarei aqui esperando você, quando chegar".

Foi maravilhoso! É claro que eu não esperava nada daquilo! Ficava pensando como ele estava e o que fazia. Então, foi só eu saber que Harry estava bem em algum lugar, que fui dormir tranqüilamente.

As palavras reconfortantes e amorosas do Harry deram confiança à sua viúva de que ele está esperando reencontrá-la, quando ela fizer a sua transição. Essa experiência confirmou a Ellen que realmente existe uma vida depois da morte, com a qual ela pode contar, para viver feliz com o seu falecido marido.

Gail é enfermeira na Pensilvânia. Ela recuperou as esperanças, seis semanas depois que os seus dois filhos, Mart, de 26 anos, e Eric, de 24, morreram juntos em um acidente de automóvel:

Todas as noites eu saía e ficava sentada nas escadas diante da porta, chorando. Eu passava por momentos muito difíceis e sofria havia muito tempo. Uma noite, em meados de outubro, eu estava olhando para lua, quando de repente senti um calor. Percebi Matt do meu lado esquerdo e Eric, do direito, com os braços nos meus ombros. Eu sabia que Matt estava do lado esquerdo, porque ele era bem mais alto – Matt tinha 1,94 metro e Eric, 1,79.

Ouvi-os dizerem: "Mamãe, está tudo bem. Nós estamos bem. Apenas não se preocupe. Tudo vai ficar bem". Senti paz como nunca depois das mortes. Aquilo me deixou muito animada.

Senti um verdadeiro alívio quando eles disseram que estavam bem e que eu não deveria sofrer tanto. Foi um marco para mim, e aos poucos comecei a dormir mais facilmente.

Poucas pessoas podem imaginar o absoluto desespero de pais enlutados que sofreram a morte de dois ou mais filhos. Gail recebeu uma bênção tripla quando descobriu que os dois filhos haviam sobrevivido à morte física, que ainda estavam juntos e que estavam bem. Esta CPM lhe trouxe um pouco de paz interior, porque muitas de suas perguntas foram respondidas.

O relato final deste capítulo ilustra que a idade não é um limite para se fazer um contato pós-morte com uma pessoa viva. Mary tem 30 anos e é fisioterapeuta especializada em respiração na Flórida. Sua vida foi iluminada por uma pequena paciente, Nicole:

> Eu trabalhava na unidade de terapia intensiva neonatal, e Nicole esteve conosco durante nove meses. Ela tinha uma doença crônica pulmonar e exigia muitos cuidados especiais. Fiquei muito ligada a ela. Eu mesma tinha sofrido uma perda pessoal, então me concentrei realmente na Nicole e me tornei a profissional que mais cuidava dela. Também me aproximei bastante de sua mãe.
> Nicole teve uma série de doenças crônicas e, quanto mais ela era examinada, mais problemas eram encontrados. Sua mãe permitiu que eu me tornasse realmente próxima dela e de Nicole no decorrer deste tempo. Nós duas a segurávamos nos braços na noite em que morreu.
> Quando voltei para casa, eu me sentia muito triste. Estava deitada na cama agitada, me virando, totalmente acordada. De repente, senti uma paz tomando conta de mim – uma tremenda paz. E senti a presença da Nicole – senti com o meu coração.
> Tive a sensação de que Nicole me tocava, me dava um abraço, um abraço grande de urso. Ela me disse que sabia quem eu era e que sabia que eu tinha estado lá especialmente para ela. Disse que também me amava.
> Nicole me deu a paz. Sinto que ela estava me reconfortando, mesmo sendo ela um bebê. Eu me senti animada e também certa de que ela estava em um lugar melhor.

Profissionais e voluntários podem ficar envolvidos emocionalmente com seus pacientes à morte. Uma CPM pode lhes dar uma sensação de plenitude, trazendo uma renovação em seu trabalho de dedicação a outros.

O toque familiar de nossos entes queridos falecidos é mais perceptível e íntimo que as outras formas de comunicação pós-morte. CPMs tácteis são formas de lembrar o seu amor e afeto.

Você já sentiu alguma vez uma fragrância que você associou a alguém que tenha morrido? O capítulo seguinte contém relatos de pessoas que sentiram um aroma e intuitivamente perceberam que um familiar estava se comunicando com eles.

capítulo 5
Sensação de fragrância:
CPMs olfativas

*Uma rosa continuará sendo uma rosa no céu,
no entanto terá um perfume dez vezes mais doce.*
MEG WOODSON

OS RELATOS DESTE capítulo são acerca da sensação do cheiro de uma determinada fragrância, associada em especial a um familiar ou a um amigo falecido. Esse é um tipo relativamente comum de comunicação pós-morte, a CPM olfativa.

Os aromas típicos incluem a fragrância de um perfume, de uma colônia ou uma loção pós-barba; a essência de rosas ou outras flores; e o aroma de um prato, de uma bebida, um tipo de fumo ou um produto industrializado. A diversidade dos aromas que podem ser identificados é praticamente ilimitada.

Durante uma experiência olfativa de CPM, as pessoas relatam ter sentido o cheiro de uma fragrância que claramente estava fora do contexto que as circundava. O cômodo ou área em que estão, de repente, é tomado por um aroma em particular, sem que haja uma fonte física.

Ocasionalmente, pode ocorrer de duas ou mais pessoas que estão juntas num mesmo local, ao mesmo tempo, sentirem esse aroma. De forma geral, a CPM ligada ao olfato é o tipo de CPM que é mais comumente compartilhada por um grupo de pessoas.

Qualquer um pode ter uma experiência apenas olfativa de CPM ou esta pode vir associada a uma CPM sensorial, ligada à audição ou ao tato.

Seguem-se os relatos de quatro pessoas que tiveram a experiência de sentir um aroma familiar e intuitivamente associaram-no com alguma pessoa querida que já partira.

Kathryn, uma dona de casa de Virgínia, recebeu uma demonstração de afeto de sua mãe, que morreu de câncer aos 75 anos:

Em uma tarde, poucas semanas após a morte de minha mãe, eu estava deitada na cama soluçando. De repente, meu quarto foi inundado pelo aroma de maçãs verdes. Parei de chorar rapidamente e sentei-me na cama, farejando o ar como um perdigueiro.
Não era o tipo de coisa que poderia gerar dúvidas. Meu quarto todo foi tomado por aquele aroma incrível! O cheiro de maçã verde tomou conta do quarto e lá ficou. Perdurou por um minuto inteiro, ou talvez mais.
Minha mãe tinha um incrível odorizador de ambientes, que ela usava em casa, e que tinha o cheiro de maçãs verdes. Eu nunca tinha sentido aquele perfume em qualquer outro lugar. Achei o acontecido maravilhoso e sempre espalhei para todos a respeito.
É o único aroma que eu associo com a minha mãe – e absolutamente com ninguém mais. Eu sabia que era um sinal dela para me ajudar a me recompor. Fiquei muito feliz pelo contato, que me auxiliou enormemente.

Os perfumes têm um grande efeito sobre nossas emoções e são capazes de produzir uma mudança marcante em nosso humor. A mãe de Kathryn escolheu o aroma que a sua filha associou unicamente a ela e este rapidamente produziu o efeito desejado.

Brenda trabalha para a agência de serviço social na Virgínia. Seu marido, Russell, tinha 42 anos de idade quando morreu de ataque cardíaco:

Russell e eu sempre falávamos que quem partisse antes deveria dar um jeito de se comunicar com quem ficasse. E foi o que ele fez!
Três ou quatro semanas depois que Russell morreu, eu estava sentada à minha mesa de trabalho. De repente, senti um perfume fantástico de rosas! A sensação foi como se houvesse um buquê de rosas na minha mesa, bem debaixo do meu nariz. Eu sabia que aquilo era coisa do Russell.
Olhei em volta no escritório e não havia rosas em lugar nenhum ali. Ninguém sentiu o cheiro delas – somente eu. O aroma permaneceu por alguns instantes, e eu senti uma grande paz de espírito.
Russell costumava me agradar enviando buquês de rosas para o meu trabalho no meu aniversário, em datas especiais, ou mesmo sem motivo algum. Intimamente eu sabia que ele as havia enviado novamente como forma de comunicar seu amor por mim.

A história de Brenda inclui um acordo entre ela e o marido, feito antes de ele morrer, no qual o combinado era de que quem morresse antes deveria retornar e contatar o que ficasse. Isso é chamado de "pacto", sendo freqüente entre maridos e esposas, assim como com outros familiares ou amigos próximos.

Doris dirige um negócio em sua casa, na Flórida. Ela ficou viúva quando seu marido, Nadeem, morreu de ataque cardíaco aos 40 anos:

> Quando meu marido e eu viemos para a Flórida, minha grande decisão era o que fazer profissionalmente, pois eu havia sido uma secretária bem-sucedida em Nova York. Depois da compra de uma bela casa nova, eu disse a Nadeem: "Sabe o que seria um negócio vantajoso para mim? Cuidar de crianças pequenas em nossa casa!"
>
> Nadeem ficou muito bravo. Ele disse: "Não, não, não! Eu já posso até imaginar as paredes riscadas de giz de cera e suco de maçã derramado no tapete". Ele permaneceu impassível – estava determinado.
>
> Depois que Nadeem faleceu, tive de complementar minha renda pois ele, de alguma forma, deixara o seguro de vida vencer. Sendo assim, um ano depois, comecei a tomar conta de crianças em minha casa.
>
> Na primeira manhã, algo me acordou – foi o cheiro muito forte de café! Fui em direção à cozinha, pois pensei que tinha deixado a cafeteira ligada. No entanto, quando entrei na cozinha, ela estava desligada; já o cheiro de café permaneceu por mais um longo tempo.
>
> Quando Nadeem estava vivo, como um bom libanês, gostava de café tão forte que o cheiro deixava qualquer um tonto. Quando senti aquele cheiro, soube finalmente que Nadeem me dava a sua aprovação!

Parece que Nadeem mudou de opinião a respeito do novo negócio da esposa depois da morte. Não havia maneira mais simples de demonstrar a sua aprovação do que contatá-la justamente na manhã em que começaria, utilizando-se do aroma que a faria lembrar imediatamente dele.

Muitas pessoas podem ser limitadas e controladoras durante a vida, especialmente em relação aos planos de esposos e filhos. Felizmente eles ganham maior perspectiva após a morte e desenvolvem maior aceitação de opiniões, valores e metas dos outros. Sua nova consciência pode auxiliá-los a desenvolver maior tolerância e piedade por qualquer um, inclusive por si mesmos.

Pat é corretora de imóveis na Colúmbia Britânica, no Canadá. Ela perdeu o filho Bryce, de 21 anos de idade, quando este foi morto por um motorista bêbado, enquanto fazia uma caminhada:

Por volta de seis meses após a morte de Bryce, eu estava sentada na cozinha lendo o jornal. De repente, senti aquele cheiro muito forte de flores!
O primeiro pensamento que passou por minha cabeça foi que alguém tivesse trazido flores para casa. Olhei em volta, mas não havia ninguém e eu sabia que não havia flores em casa naquele momento.
O perfume de flores permaneceu ao meu redor por uns bons cinco minutos. Não consegui identificar a fonte, mas aonde quer que eu fosse, conseguia sentir o aroma. Era o perfume de lírios do campo.
Aí eu percebi que era Bryce! Era Dia das Mães e este era um presente do meu filho. Foi a sua maneira de dizer: "Mãe, eu ainda estou aqui. Estou próximo a você. Lembro-me de você sempre, mas particularmente hoje, no Dia das Mães".

Esse é um dos vários exemplos de uma experiência de CPM olfativa ou qualquer outro dos tipos possíveis, em uma data especial. Essas vivências demonstram que o amor e preocupação de pessoas amadas que se foram por nós permanece, principalmente nos dias em que estamos mais tristes ou que sentimos mais falta deles.

Outros dias significativos podem ser o do nosso aniversário e de aniversário de casamento, de aniversário e data da perda de nossos familiares, Dia dos Namorados, Páscoa, Dia dos Pais, Dia de Ação de Graças, Natal e outras festas e comemorações especiais. É claro que qualquer dia que tenhamos uma experiência de CPM é motivo para comemoração!

Nos próximos quatro relatos, as pessoas contaram ter sentido um aroma e que o ente que partira estava próximo.

Cheryl, conselheira de departamento pessoal à procura de emprego na Geórgia, teve uma dessas CPMs felizes, depois que seu filho Derek morreu num acidente de automóvel, com a idade de 21 anos:

Por volta de oito meses, depois da morte de Derek, eu tinha acabado de voltar das compras para casa. Quando abri a porta de casa, pude sentir o perfume da loção pós-barba do Derek – era muito forte. Ele usava *Old Spice*, que possui um aroma muito diferente – era inconfundível. A fragrância estava exatamente na entrada, como se ele estivesse esperando por mim. Imediatamente percebi que era Derek. Mas para me assegurar de que não era alucinação, fui ao quarto dele e abri o frasco do seu *Old Spice* que ainda guardava, era exatamente o mesmo cheiro! Também verifiquei se a garrafa não tinha caído ou quebrado e que a tampa ainda estivesse bem vedada – tudo estava intacto.

Eu não podia vê-lo e nem tocá-lo, mas sabia que Derek estava lá. Tive uma forte sensação de que meu filho estava me enviando amor.

Durante uma CPM olfativa, os homens são mais freqüentemente identificados pela sua loção pós-barba ou colônia. Embora muitas marcas diferentes de fragrâncias masculinas fossem relatadas, "o frasco com o barco no rótulo" foi especificamente mais mencionado que outros.

Elizabeth é investidora particular no Sudeste dos EUA. Teve um encontro com sua avó, oito anos depois de ela ter morrido de causa natural aos 98 anos de idade:

> Eu estava sentada na cadeira amamentando o meu bebê. De repente, senti uma brisa morna passar por mim. Minha avó sempre usou o perfume chamado *Blue Waltz* – uma marca bem antiga.
> O quarto encheu-se com a fragrância e percebi que ela estava lá. Tive uma transbordante sensação do seu amor.
> Meu bebezinho parou de mamar e abriu os olhos, ficou olhando para onde eu senti que a minha avó estava parada e fez aqueles sons típicos de bebê, como se estivesse falando.
> Ela ficou lá provavelmente por 15 minutos. Eu lhe disse que estava feliz e com saúde e adorava o fato de ela ter vindo. Sabia que ela estava realmente animada, porque este era o seu primeiro bisneto.

Muitas mulheres usam um perfume ou colônia favorita durante anos, que se torna a sua "assinatura". Isso faz com que seja fácil reconhecê-las quando retornam – exatamente como a avó de Elizabeth conseguiu fazer, quando passou para visitá-la.

Seu bebê também pode ter detectado a presença da bisavó. Embora não possamos saber com certeza disso, vários outros relatos nos nossos arquivos sugerem fortemente que crianças muito pequenas têm percepção de muitas coisas além do que é considerado possível.

Sharon, 34 anos, trabalha em relações comunitárias na Flórida. Recebeu uma visita encantadora de sua avó, que morreu com idade avançada:

> Minha avó tinha um aroma muito peculiar em torno de si – era muito próprio dela. Às vezes as pessoas idosas têm um cheiro próprio.
> O dela era agradável – não era nem um pouco ofensivo. Era gostoso, reconfortante, um cheiro de vovó e também havia um pouco de lavanda associado a ele. Sempre usava sabonete de lavanda e guardava os sabonetes

E então o perfume e a sensação de sua presença se foram completamente. Mas eu sabia que ele tinha estado lá. "Conseguimos!", pensei, "Ele entrou em contato comigo! Nós realmente conseguimos!".

Vários pactos são cumpridos pelos que combinaram antes de morrerem. Imagine a emoção que você sentiria se o seu ente querido que se foi fosse capaz de cumprir a promessa feita de se comunicar depois de sua morte. Isso confirmaria a sua fé já existente em uma vida pós-morte, ou o desafiaria para reexaminar seriamente a sua recusa na possibilidade da vida depois da morte.

Os dois relatos seguintes de CPMs olfativas contêm a característica adicional de ouvir uma voz.

Natalie, orientadora escolar na Flórida, teve esta experiência notável com a mãe, que tinha a doença de Alzheimer:

> Eu estava no Japão, dormindo no meu quarto de hotel. Lá pelas três horas da manhã, acordei com um sobressalto e senti um maravilhoso perfume de lilás. O aroma tomou conta de mim – ele encheu o quarto! Um sentimento de muito amor e ternura apoderou-se de mim e então voltei a dormir.
> Três horas mais tarde o telefone tocou. Era o meu marido ligando dos Estados Unidos. Ele disse que tinham acabado de ligar da casa de repouso, porque a minha mãe havia morrido três horas antes. Quando calculei a diferença de horário, três horas no Japão foi o momento exato da sua morte em Connecticut.
> Enquanto eu chorava, o perfume de lilás voltou! Lilás tinha sido o perfume predileto da minha mãe. Foi quando percebi que a minha mãe estava lá, então eu disse: "Mamãe, é você! Sinto muito por não estar lá com você, quando você morreu". Ela respondeu: "Eu entendo. Está tudo bem. Não chore por mim. É melhor do outro lado".

Um elemento incomum da CPM da Natalie é que a sua mãe foi persistente e voltou uma segunda vez na mesma noite. Esta experiência implica que os nossos familiares falecidos são capazes de nos encontrar instantaneamente, a qualquer hora e em qualquer lugar do mundo, sempre que querem nos contatar.

Hazel é dona de casa na Flórida. Ela precisava de ajuda devido a um sério problema emocional, 12 anos depois que o seu pai morreu de hemorragia cerebral aos 57 anos:

> O meu sobrinho de 23 anos, Brett, morreu de repente de ataque cardíaco. Ele era um homem jovem, dedicado ao curso preparatório para a medicina,

que tinha se casado havia apenas 11 dias. Para mim foi uma coisa muito difícil de aceitar e eu estava muito magoada e amargurada com Deus.
Três anos mais tarde, eu estava fora, trabalhando no jardim, plantando flores em uma tarde de domingo. De repente, pude sentir o aroma do tabaco do cachimbo do meu pai! Era uma mistura especial, preparada especialmente para ele na tabacaria – tinha um aroma muito doce e cheiroso.
Meu pai disse: "Você anda profundamente infeliz, e vim para dar um rumo às coisas. Não se preocupe com o Brett. Ele está aqui conosco. Ele está feliz e bem. Não fique pensando nele. Relaxe".
Foi como se alguém tivesse derramado os raios quentes do Sol sobre mim. Tive uma sensação de absoluta paz e fui capaz de me desligar.

Uma única CPM é capaz de curar nosso ressentimento e amargura. Foi assim para Hazel, quando ela descobriu que Brett estava vivo e feliz em sua vida nova.

Os três últimos relatos são exemplos de CPMs olfativas, compartilhadas por duas ou mais pessoas que estavam juntas no mesmo lugar e ao mesmo tempo. Nós as chamamos de CPMs com testemunhas.

Peter é vendedor na Flórida. Ele e a esposa, Vivian, tiveram uma série de CPMs olfativas logo depois que sua filha de 20 anos, April, morreu de hemorragia cerebral após um acidente de automóvel:

Vivian me disse que tinha estado no quarto da April e sentiu um aroma exuberante de rosas. Assim que ela me disse aquilo, pensei: "Bem, querida, qualquer coisa que possa ajudá-la a passar por isso está ótimo". Eu sabia que nem nós, nem os nossos vizinhos, ninguém tinha rosas.
No dia seguinte, estávamos no quarto da April juntos. Vivian estava parada ao lado da cama e eu, do outro. Estávamos conversando, sofrendo, chorando e nos perguntando, "Por quê? Por que isto aconteceu? Como poderemos superar?".
Então senti o mais exuberante aroma de rosas que se possa imaginar! Nem se você enfiasse o nariz no meio de um botão de rosa e o cheirasse, sentiria um aroma tão intenso. Entendi aquilo como um sinal da April: "Ei, estou em um lugar melhor!".
Durante as oito semanas seguintes, apesar de a fragrância não estar lá constantemente, às vezes quando íamos ao quarto da April, sentíamos o cheiro de um perfume poderoso de rosas.
E naqueles momentos dizíamos para a nossa filha: "Oi, April. Nós entendemos. Nós dois sentimos o perfume de rosas. Obrigado por nos deixar saber que você está em um lugar melhor".

capítulo 6
Aparições parciais:
CPMs em forma de visão

> *Tenho bastante confiança de que a parte*
> *mais importante de um ser humano*
> *não é o seu corpo físico, mas a sua essência*
> *não física, que algumas pessoas chamam*
> *de alma e outras, de personalidade...*
> *A parte não física não pode morrer e não*
> *pode se deteriorar, porque não é física.*
> RABINO HAROLD KUSHNER

VER UM ENTE querido falecido que voltou para uma visita é um tipo de comunicação pós-morte muito dramático, porém bastante comum. Estes relatos são tão animadores e numerosos que nós os dividimos em dois capítulos, "Aparições parciais e aparições completas", para estudá-las inteiramente. Chamamos ambas as formas de contato de CPMs em forma de visão.

Este capítulo contém relatos de pessoas que perceberam uma aparição parcial de seus familiares falecidos. Ou seja, foram capazes de ver somente parte do corpo, ou se visualizaram o corpo inteiro, este não lhes pareceu tão sólido.

Estes relatos descrevem a visão de um parente ou amigo que já se foi de uma das seguintes formas: como uma luz brilhante, como um rosto numa luz brilhante, somente a parte superior do corpo, ou como um corpo completo, cuja solidez varia desde uma névoa transparente até bastante sólida. Qualquer que seja a forma que as pessoas viram, eles receberam um enorme conforto a partir dos seus encontros visuais.

Aparições parciais podem incluir qualquer tipo de CPM apresentadas anteriormente: a sensação de uma presença, a audição de uma voz, a sensação de um toque ou a sensação de uma fragrância.

Nos primeiros cinco relatos, as pessoas que passaram pelas experiências descreveram ter visto um familiar que partira, como uma luz muito brilhante, mas o brilho e a intensidade da luz não feriram os seus olhos.

Phyllis, 40 anos, é professora no Texas. Ela teve esta extraordinária CPM em forma de visão com Joshua, um garoto de nove anos de idade, que nasceu com síndrome de Down:

> Eu tomava conta do Joshua em sua casa, durante o verão, enquanto eu ia para a escola. Ele tinha um retardamento severo e era fisicamente incapaz. Então ele foi levado para uma escola para crianças com deficiências físicas e, uns nove meses mais tarde, morreu repentinamente durante o sono.
> Três dias mais tarde, eu estava no meu quarto, quando de repente tive a consciência da presença de uma luz muito intensa de cor azul e dourada, de um brilho tremendo. Não há palavras em nossa língua para descrever essas cores. O sentido de magnitude e beleza desse ser ficou impresso em mim, como essa luz.
> Ficou muito claro que aquele era Joshua e que ele queria enviar uma mensagem a sua mãe. Seu recado era simplesmente que ele estava muito feliz e livre. Agora ele podia rir, podia dançar e podia cantar!
> Quando Joshua teve certeza de que eu tinha recebido a mensagem de maneira telepática, ele se foi.

Este relato demonstra claramente a transformação ocorrida com o jovem garoto, que tinha um retardamento severo e que era deficiente para um ser de magnificência e beleza. Seria possível que, durante o tempo de vida do Joshua, o seu corpo físico defeituoso tivesse sido meramente um disfarce de sua verdadeira identidade espiritual?

Algumas vezes a pessoa que morreu não consegue fazer um contato direto com uma pessoa em especial. Ela pode então procurar uma outra pessoa conhecida, alguém em quem ele confia, para dar o recado por ele. Foi assim para Joshua, que pediu a Phyllis para dar um recado para a sua mãe, o que esta fez com muita alegria. E que feliz foi a mensagem que a mãe do Joshua recebeu, dizendo que "agora ele podia rir, podia dançar e podia cantar!".

Finalmente ela teve a oportunidade de visualizar o filho completamente curado, inteiro e livre de todas as limitações de sua vida terrena.

Edna é coordenadora de eventos especiais na Carolina do Sul. Ela também viu uma luz clara, pouco tempo depois que a sua mãe morreu de câncer aos 66 anos:

Quando essa luz se expandiu, vi o rosto do meu pai e um pouco dos seus ombros e havia uma claridade atrás dele. O rosto dele era natural e em três dimensões.
Uma coisa que me impressionou foi o sorriso que ele tinha. Meu pai não era muito delicado, mas ainda assim o seu sorriso era o mais doce que já vira em seu rosto. Instantaneamente entendi que ele tinha morrido. E também que estava extremamente feliz.
Tudo aconteceu tão rapidamente – a luz apareceu, então se desfez e acabou. Essa foi a forma de o meu pai dizer adeus. Eu tinha certeza.

Você pode supor que uma CPM em forma de visão possa ser um evento assustador. Mas como o relato do Wayne mostra, mesmo que alguém tenha uma experiência enquanto dirige um carro, ele é capaz de manter um controle completo do seu veículo, sem esforço e com segurança. Essa história é outro exemplo de conhecimento da morte recente de um ente querido por intermédio da comunicação pós-morte.
Nos dois relatos seguintes, as pessoas que passaram pelas experiências foram capazes de ver toda a parte superior de seu familiar falecido.
Consuelo é uma dona de casa de Washington. Ela teve um encontro repleto de amor com o seu pai, que morreu de lúpus com a idade de 62 anos. Ela e sua família são originalmente de Porto Rico, onde a sua língua nativa é o espanhol.

Mais ou menos uma semana e meia depois que o meu pai morreu, eu estava sentada na cama. Era realmente difícil lidar com a morte dele e eu chorava. Sentia-me como se o meu mundo estivesse se desfazendo.
Levantei os olhos e vi meu pai do peito para cima, bem perto da minha cama! Ele estava a uns 60 centímetros e tinha a aparência nítida e sólida. Vestia uma camisa branca com um terno escuro e uma gravata com pintinhas. Ele não mais parecia destruído pela doença. Pisquei os olhos, mas ele continuou lá.
Estava com a testa franzida, parecia realmente preocupado, chateado com a minha tristeza. Eu disse: "*¡Papi!* – que quer dizer, "Papai!", falávamos em espanhol, nossa língua materna.
Ele disse "*¡Mi hija! No te preocupes, tú no estás sola*", ou seja, "Minha filha! Não se preocupe, você não está sozinha". Ouvi aquelas palavras, como se ele estivesse falando dentro da minha cabeça.
Nesse ponto, seu rosto relaxou e os olhos ficaram mais carinhosos. Ele virou, e como que sorriu um pouco, como se estivesse dizendo que me amava. Senti-me muito reconfortada por isso, eu me senti ótima! Era

como se uma tonelada tivesse sido retirada do meu peito. Então pisquei e o meu pai se foi.
Sua visita fez com que eu não me sentisse sozinha e que tudo ficaria bem. Aquilo relaxou o meu processo de perda, como se um mundo inteiramente novo se abrisse para mim.
Os latinos acreditam que as pessoas não morrem simplesmente – que existe uma continuação de espírito. É muito normal que estes apareçam e confortem a pessoa. Quando contei para as crianças sobre a minha experiência, ficaram encantadas.

Este é um dos numerosos relatos nos quais as pessoas que passam pela experiência da comunicação vêem que seus familiares foram curados da doença que provocara a sua morte. O pai da Consuelo também passou sentimentos muito carinhosos para a sua filha, que tiraram aquele peso emocional dela, mostrando novamente a poderosa força curativa da CPM.

O relato da Consuelo também é um exemplo de um ente querido que partiu e que fala em sua língua materna. Temos outras CPMs em nossos arquivos que incluem os seguintes idiomas: francês, alemão, italiano, polonês, russo e ídiche.

Cindy é gerente em um asilo de idosos na Flórida. Ela recebeu uma visita calorosa por volta de dois anos depois que a sua avó materna morreu de falência cardíaca aos 82 anos:

Eu tinha acabado de ir para a cama e estava relaxando, pensando sobre como tinha sido o meu dia. Ainda estava acordada, quando uma nuvem apareceu bem perto da cama. A nuvem parecia ter luz própria, e o resto do quarto estava completamente escuro.
A minha avó estava na nuvem! Eu podia vê-la da cintura até a parte de cima da cabeça. Era claro que era ela e ela estava sólida – eu podia ver tudo nela.
Estava linda! Parecia tão radiante e tão feliz! Eu nunca a tinha visto tão linda, porque ela sempre trabalhava muito. O cabelo aqui estava grisalho, mas era como se ela tivesse acabado de ir ao cabeleireiro, e também parecia anos mais jovem.
Falei: "Vovó!" Ela não disse nada, mas sorria para mim e irradiava amor e paz. Era como se tivesse vindo para me dizer que estava bem, que tudo estava em ordem e que estava em um lugar maravilhoso.
Vestia uma blusa de seda rosa, que eu tinha dado para ela de presente de Natal muitos anos atrás. Só que eu nunca a vira usando a blusa antes. Fiquei realmente espantada! Aí ela simplesmente desapareceu e adormeci.

Meu pai não tinha sido uma pessoa particularmente carinhosa. Ele não falava coisas amorosas, mas sabíamos que ele nos amava. Então, só a presença dele com um sorriso significava muito para mim. Não era preciso dizer nada – ele estava lá.
A presença do meu pai em um momento de necessidade era o verdadeiro sinal de seu amor. Parece que foi aí que se abriu uma brecha para eu começar a sair da depressão, trazendo-me um pouco de volta ao normal e assim pude ter alguma paz de espírito.

A intervenção do pai de Ben veio quando ele mais precisava. Alguns de nós se sentem inseguros ou mesmo apreensivos sobre o que dizer a alguém que está deprimido, é doente terminal ou enlutado. Esta CPM mostra que apenas "receber um apoio" pode freqüentemente ser o suficiente. É uma forma de passar a idéia de que "Você é importante para mim. Eu me importo com você". Segurar a mão de alguém, dar um abraço, estar disposto a ouvir os seus sentimentos, sem julgamento, ou permitir-lhe que chore, são todas formas de "dizer a coisa certa".

Hal, 55 anos, trabalha em uma imobiliária em New Jersey. Seu sogro, Vincent, fez uma visita sem aviso prévio um dia depois de morrer de câncer:

> Mais ou menos às 2h30 da tarde, eu estava verificando a correspondência na sala de jantar. Tive uma sensação estranha de que alguém estava comigo e quando levantei os olhos, vi o meu sogro! Estava parado na cozinha me olhando. O meu cabelo literalmente levantou na nuca!
> Usava calça de veludo e uma camisa larga de lã, que costumava vestir muito. Eu o vi claramente – estava tridimensional – mesmo assim, era possível enxergar a parede da cozinha através dele.
> O meu sogro estava muito saudável agora e não parecia mais destruído pelo câncer. Ele me observava com aquele seu maravilhoso olhar. Meus sentidos se rebelavam quanto ao que eu estava vendo, mas eu sabia que era um fato. Houve uma mensagem telepática dele, que dizia: "Quero que saiba que estou bem. Diga a eles que não se preocupem". Entendi que ele se referia à minha sogra, minha esposa e à sua outra filha. Aquilo não durou mais que 30 segundos e então ele se foi.
> Esse acontecimento está tão vívido em minha memória, como se tivesse acontecido há dez minutos. Foi uma experiência muito profunda, um maravilhoso presente.

A esposa do Vincent e as duas filhas podem ter se perguntado por que ele apareceu somente para o Hal. Infelizmente, pode haver sentimentos feridos quando um membro da família é contatado e outros não. Como algumas pessoas são mais receptivas para terem CPMs que outras, o falecido deve contatar a pessoa que está mais aberta e com maior chance de transmitir a mensagem à família toda.

John é coordenador de comunicação em Newfoundland, no Canadá. Ele tinha apenas 24 anos quando passou por uma extraordinária experiência com a sua avó, que tinha morrido de câncer:

> Eu era muito ligado à minha avó. Cresci na mesma casa com ela, durante os anos de minha formação, e a amava profundamente.
> Um dia depois de seu enterro, era noite e eu estava deitado na cama no meu quarto. Tinha chorado um pouco e estava me sentindo terrível, quando minha avó apareceu na ponta da cama!
> Ela estava totalmente iluminada – por uma luz branca e dourada, que fluía dela. A luz a envolvia e se estendia a uns 20 centímetros de seu corpo.
> Vovó parecia um pouco mais sólida que um holograma. Usava o seu vestido favorito, que era verde com desenho de rosas. Também tinha brincos verdes, um colar, anel e um relógio de ouro. Parecia estar gozando de excelente saúde. Estava com a mesma idade que tinha quando morreu, mas estava maquiada e o cabelo estava arrumado perfeitamente.
> Ela parecia bonita e radiante de felicidade. Tinha um sorriso exuberante e seu rosto dizia: "John, você tem de parar de se preocupar comigo. Sinto-me ótima! Estou bem agora e numa paz maravilhosa". Então se virou e se afastou cerca de 1,5 metro da cama e de repente desapareceu.
> Sei que isso aconteceu porque eu estava completamente acordado, em completo controle das minhas faculdades. Foi a mais estonteante comunicação visual vinda do outro lado – era milagrosa! E depois que fui acalmado, não tive mais necessidade de sofrer pela minha avó.

Mesmo quando é noite e o quarto está escuro, nossos entes queridos que fizeram a passagem são geralmente vistos com todos os detalhes. Em algumas CPMs, uma luz clara é visível atrás deles. Em outras, eles podem ser a fonte de luz que se estende além do seu corpo e ilumina o quarto todo.

A pessoa que passa pela experiência em geral descreve que está vendo uma luz clara e branca, embora às vezes, a tonalidade possa ser dourada, amarela ou azul. São reminiscências de auras que algumas pessoas dizem que são capazes de ver envolvendo aqueles que estão fisicamente vivos.

Trudy é balconista numa lavanderia em Connecticut e tinha apenas 19 anos quando seu pai adotivo aliviou a sua dor, depois que morreu de repente, por uma reação alérgica a penicilina:

Estava usando uma camisa de manga curta abotoada até em cima e calças. Não parecia sólido, porém eu não podia ver através dele. Não houve palavras, nem nada, mas eu sabia que ele tinha vindo para se despedir e para dizer que me amava.
Foi uma sensação cheia de amor e paz e não fiquei nem um pouco assustada. Não me senti surpresa por vê-lo lá – apenas aceitei isso. Fiquei deitada um pouco, depois me levantei e comecei a andar em sua direção, mas ele tinha desaparecido.
Voltei a deitar na cama e disse: "Eu o amo, Elliot". Ele apareceu por mais alguns segundos e então desapareceu novamente.
Senti paz e amor e depois chorei. A experiência me deu a possibilidade de "fechar a porta", porque senti ser esse o seu último adeus.

O relato da Marcia é muito interessante, porque o seu filho apareceu, desapareceu e apareceu uma segunda vez, o que é pouco usual. Mais que isso, lhe foi dada a oportunidade de ouro, que os pais enlutados tão freqüentemente desejam ter – a de poder mais uma vez dizer cara a cara um "Eu o amo" para o seu filho falecido.

Dale é um *designer* de ambientes em Ohio. Teve um encontro profundo mais de um ano depois que seu parceiro, Robert, morreu de Aids com 38 anos de idade:

Era uma ou duas horas da madrugada e eu estava profundamente adormecido no meu quarto. Meus olhos estavam fechados, quando de repente fui acordado por uma luz. Era como se alguém tivesse posto uma lâmpada de *flash* na frente do meu rosto, tão clara era ela!
Quando abri os olhos, Robert estava parado debruçado sobre mim, bem perto. Havia essa luz intensa branca e brilhante em torno da sua silhueta, que vinha de dentro dele e que não me machucava. O resto do quarto estava absolutamente escuro, mas eu não senti medo.
Então muitas coisas aconteceram ao mesmo tempo. Eu não podia exatamente ver através dele, tampouco ele era sólido. Havia redemoinhos de vapor rodeando o seu corpo e essas ondulações estavam em movimento. Sua roupa parecia um robe, talvez com capuz.
Robert irradiava um intenso amor que penetrava cada pontinho de mim, como numa união de energias. Cada fibra do meu ser sentiu amor. Havia amor total, compreensão e compaixão, totalmente diferente daquele que experimentamos aqui. Era muito cósmico!
Ele tinha olhos bonitos, impressionantes. Toquei o seu braço direito e senti muito calor vindo do seu corpo. Também senti uma vibração forte, como quando você coloca a cabeça num massageador.

Então Robert pegou a minha mão esquerda e a colocou de volta, na cama, e simplesmente desapareceu. A luz foi com ele, foi repentino, como se eu tivesse apagado a luz.
De todos os presentes que Robert deu para mim, este foi o mais bonito. Era um presente de cura, e agora eu não tenho mais medo de morrer. Confirmou tudo o que já li escrito pela Elisabeth Kübler-Ross sobre o assunto. Agora posso encarar qualquer pessoa que duvide que este é um incidente real.

É sabido que pessoas que tiveram uma experiência de quase-morte sempre perdem o seu medo da morte. Isso também se aplica a muitas pessoas que tiveram uma experiência de CPM, libertando-as para abraçar a vida e vivê-la com mais alegria.

O último relato é da Carolyn, uma gerente de relações trabalhistas na Flórida. Ela teve um encontro cheio de sentimento com seu pai, dois meses depois que ele morreu de um ataque cardíaco repentino, com a idade de 63 anos:

> Eu morava em Colorado. Estava no jardim lá pelas 10h30 da manhã, arrancando mato da horta, onde cresciam os pimentões verdes. Ouvi claramente meu pai dizer: "Oi, Crickett!". Só duas pessoas no mundo me chamavam assim: uma era o meu pai e a outra, a minha mãe.
> Virei e vi que papai estava lá, sentado num tronco, com as pernas cruzadas, a um metro de distância. Quase pude esticar a mão e tocá-lo, mas sabia que não devia fazer isso. Ele não era exatamente sólido, sua densidade era suave, como algodão-doce.
> Papai parecia fantástico! Tinha o mais maravilhoso sorriso e eu podia ver as rugas que se formaram em torno dos seus olhos. Usava as suas velhas calças de algodão e uma camisa leve de um azul-claro e seus sapatos com a parte de cima branca. Parecia um pouco mais jovem e cheio de saúde.
> Ele disse: "Como vai, docinho?". "Papai! Estou tão feliz em vê-lo! Estou bem". "Só quero que você saiba que estou bem, e que estou cuidando de você", disse. "Até mais, docinho", acrescentou, e se foi.
> Essa experiência foi maravilhosa, porque papai não teve chance de se despedir de mim, antes de morrer. Isso me ensinou que o amor é duradouro e que o meu pai continua me amando. Essa foi a forma que Deus me mostrou que a morte não impede que o amor perdure e também que ela não destrói relacionamentos.

Uma morte repentina geralmente nega para nós a oportunidade de estar com alguém no momento de sua morte, o que muitas vezes causa uma

Joana é bibliotecária em Wyoming. Ficou viúva, quando o marido, Ted, de 25 anos de idade morreu de tumor cerebral:

> Isso aconteceu na noite seguinte ao enterro do Ted. Eu estava hospedada na casa de amigos por alguns dias. Deitei no sofá-cama na sala de estar em frente à lareira e comecei a cochilar antes de pegar no sono.
> Não sei por que, mas abri os olhos e olhei ao meu redor: lá, na cadeira de balanço, ao lado da lareira, vi o Ted! Estava de *jeans* e uma camisa xadrez, que ele costumava usar. Parecia sólido e com boa saúde.
> Ted parecia incrivelmente tranqüilo e seguro. Queria que eu soubesse que estava bem e que eu também ficaria bem. Isso durou alguns minutos e então ele se foi.
> Senti que ele me observava e tentava me reconfortar.

Uma aparição de corpo inteiro pode responder a tantas perguntas de uma só vez sobre a pessoa que já se foi, que freqüentemente não são necessárias palavras. O poder curador dessa CPM está em sua simplicidade e clareza. Só por conseguir ver Ted, Joana teve a segurança silenciosa de que ele continuaria lá para ela.

Eileen é terapeuta de pessoas viciadas em drogas na Flórida. Recebeu esta visita espantosa uma noite depois que sua irmã, Leslie, morreu de complicações de diabete, aos 50 anos de idade:

> Estava chorando, deitada na cama. De repente, tive a sensação de que havia alguém no quarto, alguém parado perto de mim. Me ergui e, parada, ao pé da cama, estava a Leslie!
> Parecia esplêndida! Vestida de branco, o cabelo lindo e suave preso num coque. A pele era tão lisa e alva. Fiquei em estado de choque!
> Estava serena e um sorriso despontava nos seus lábios. Parecia melhor do que nunca e estava sólida e real. Pareceu que estava prestes a curvar-se sobre mim e dizer alguma coisa para me reconfortar e passar segurança. Ouvi um assobio e ela se foi. Não fiquei assustada – a situação me deixou com um sentimento de que Leslie estava bem! Ela voltou para me dizer que estava bem! Voltei a deitar, sentindo-me muito reconfortada e adormeci.
> Quando conto às pessoas sobre a experiência, elas me dizem: "Ah, você estava adormecida, você sonhou com isso". Mas eu sei que não sonhei – estava acordada. E continua tão real hoje quanto o foi na ocasião.

Com que rapidez algumas pessoas tentam diminuir e racionalizar as experiências alheias! Muito céticos insistem em dizer: "Não há evidência científica para vida após a morte". Sua análise das experiências de CPM freqüentemente é: "Elas não podem ser reais. Logo, não o são". Em contrapartida, oferecem explicações psicológicas e fisiológicas para as CPMS, as EQMs e os outros tipos de experiências espirituais. No entanto, muitas pessoas que entrevistamos admitiram que tinham sido céticos fervorosos até eles mesmos terem passado por uma experiência de comunicação pós-morte.

Anne é gerente de uma loja de varejo em Prince Edward Island, no Canadá. Seu filho, Justin, 18 anos, tentou resgatar o irmão mais novo, Bobby de 17 anos, quando estavam nadando e ambos se afogaram:

> Eram nove horas da manhã de um sábado, mais ou menos um ano depois. Eu estava na cozinha colocando a louça na máquina de lavar. De repente, senti que havia alguém no aposento comigo. Quando me virei, Bobby estava lá parado, encostado na geladeira!
> Parecia cheio de saúde e feliz. Vestia uma camisa xadrez marrom e branca e uma calça de veludo cotelê marrom, que costumava usar. Parecia bastante sólido e tão real, que senti que poderia tocá-lo. Havia uma luz clara onde estava parado.
> Seus olhos azuis brilhavam, tinham uma expressão de tanta sabedoria! Deu-me o sorriso mais maravilhoso que eu tinha visto. Eu sabia que seu sorriso dizia: "Nós dois estamos bem. Continue com a sua vida e fique em paz com você mesma". Entendi que a sua mensagem era do Justin também. Dei um grito e deixei cair o copo que estava em minhas mãos! Corri para ele e tentei abraçá-lo, mas ele simplesmente desapareceu. Eu sabia que Bob tinha estado lá e comecei a chorar.

Muitas pessoas choram de alegria por terem passado por uma CPM, mas para outros, esta pode ser uma experiência dolorosa, embora reconfortante. Por exemplo, alguns pais enlutados nos disseram que por valorizarem suas comunicações pós-morte, choravam lágrimas de tristeza depois, pois era difícil dizer adeus a um filho mais uma vez.

Molly é estenógrafa de tribunal em Missouri. Estava feliz por ter visto a avó, que tinha morrido de causas naturais aos 87 anos:

> Eu e a minha avó éramos incrivelmente próximas, vivi boa parte da minha vida com ela. Tinha ficado inválida por volta dos 20 e poucos anos, portanto eu nunca a vira em pé, ereta.
> Na segunda noite após a sua morte, eu estava na cama, mas não dormia. Meus olhos estavam bem abertos, quando a vi! Estava parada bem na

A senhora Tinsley ensinou a Gordon a importante lição de que "meninos grandes podem chorar". Provavelmente, ela sabia que qualquer tipo de trauma não completamente resolvido poderia vir à tona mais tarde em nossa vida, de forma inesperada e destrutiva.

Paula é advogada na Virgínia e atingiu um sentimento duradouro de paz, quando o seu filho, Jimmy, apareceu para ela umas duas semanas depois que morreu de leucemia, quando estava com 12 anos de idade:

> Quando se está sofrendo de uma perda enorme, leva-se aproximadamente 15 segundos, ao acordar, antes que a realidade retorne à sua consciência. Naquela manhã, o sol fluía para dentro do meu quarto. Assim que acordei, eu me lembrei – e a dor bateu em mim como um enorme monstro gelado.
> De repente, Jimmy estava parado junto à cama com um sorriso enorme! Vi o seu corpo inteiro. Estava com uma camiseta listrada e shorts azuis.
> Não apresentava nenhuma evidência de leucemia! Estava com bastante cabelo, o que era estranho, porque perdera muito cabelo durante a última parte de sua vida. E não tinha a cicatriz do lado da cabeça onde fora feita a cirurgia.
> Jimmy conversou, eu o ouvi! Contou: "Mamãe, estou morto, mas não faz mal! Eu estou bem!". Ele estava exatamente como quando era vivo. Movimentava-se com graça e certamente estava feliz e bem. E então desapareceu.
> Fiquei feliz ao vê-lo e saber que estava bem! Já tinha certeza disso, mas foi muito bom que ele tivesse vindo e contado tudo para mim. Eu estava em êxtase! Foi tão especial, que sorrio sempre que me lembro disso.

Quando somos a pessoa principal que cuida de um ente amado, que morre depois de uma doença prolongada, pode ser difícil lembrarmos do tempo em que ele estava com saúde e livre da dor. E pode ser que, infelizmente, continuemos nos lembrando dele dessa forma. Imagine então o nosso sentimento de alívio se pudermos ver novamente o ente falecido por meio de uma CPM visual completa, no qual ele está curado, íntegro e feliz. Agora nossas velhas lembranças dolorosas poderão ser substituídas por pensamentos alegres, toda vez que nos lembrarmos de sua nova aparência e estado.

George é conselheiro na área de saúde mental no sudeste do país. Tinha 24 anos quando recebeu uma mensagem de sua avó, aproximadamente quatro anos depois que ela morreu de falência renal:

> No meio da noite, fui tirado do meu sono, quando a minha avó entrou no quarto vindo do corredor. Ela colocou-se do lado direito da cama.

O quarto estava suficientemente iluminado para que eu pudesse vê-la, mas não sei dizer qual era a fonte. Ela parecia sólida e real e aparentava ter a mesma idade com que morreu. Pude ver o seu rosto, ela estava muito feliz e sorria.

Estava amorosa e carinhosa e falou diretamente comigo. Disse: "Vim para lhe dizer que o amo. Quem é e o que você é é com você. Quero que saiba que o aprovo. A sua vida está certa para você".

Senti uma alegria e felicidade intensas, e lembro de ter dito a ela que as suas palavras eram muito importantes para mim. E então ela como que se desvaneceu.

Acordei no dia seguinte sentindo uma nova segurança e liberdade. Era como se um enorme peso tivesse sido tirado de mim.

Para ser bem honesto, sou *gay*. Minha avó veio num momento que era de verdadeira transição para mim. Eu lutava com a minha identidade homossexual e a aceitação de mim mesmo. Essa experiência me ajudou a dar um passo adiante na minha vida.

A CPM não vai ocorrer simplesmente porque queremos ter uma, ou porque estamos passando por luto profundo. Muitas acontecem muito mais tarde, por exemplo, em um momento em que estamos lutando com um problema difícil e poderíamos nos beneficiar recebendo uma mensagem de amor e apoio.

Eve é secretária aposentada do Sudoeste. Seu marido, Pete, foi primeiro-sargento da Marinha dos Estados Unidos, antes de morrer de câncer aos 59 anos de idade, devido à exposição ao agente laranja no Vietnã:

Depois que o pai morreu, nossa filha Merri Beth desmoronou completamente: bebia semanas a fio, sumia por longas horas e guiava bêbada. Um mês mais tarde, eu a internei num centro de recuperação do alcoolismo. Não foi uma coisa fácil para mim. Voltei para casa mental e fisicamente arrasada e fui para a cama às 11 horas da noite.

Lá pelas três da manhã, acordei com o meu marido parado no meu quarto! Havia uma luz muito brilhante atrás dele e eu o via muito claramente. Era como se eu pudesse esticar a mão e tocá-lo, tão próximo e distinto que ele estava.

Pete vestia o seu uniforme azul de gala completo, com as medalhas e o quepe. Parecia pelo menos 20 anos mais jovem, do jeito que era antes de ter ficado doente. Parecia ótimo, forte, saudável, como se nunca tivesse ficado doente na vida!

Houve uma noite em que não conseguia dormir, então me levantei e fiz algumas das tarefas de casa. Depois me sentei na poltrona diante do quarto. Pensava sobre a minha mãe e sentia falta de não precisar mais cuidar dela. De repente, eu a vi entrar no quarto! A primeira coisa que notei foi que ela caminhava normalmente. Dez anos antes do fim de sua vida, tivera as duas pernas amputadas acima dos joelhos.
Mamãe estava com as duas pernas novamente, caminhou na minha direção, sentou-se no braço da poltrona estofada. Abraçou-me, colocando a mão no ombro e disse: "Hannah, querida, você foi um anjo para mim. Não fique triste. Não sofra por minha causa".
Havia uma luz ao seu redor e ela parecia tão feliz! Então mamãe se levantou, caminhou em volta da cadeira. Disse: "Não se preocupe comigo. Lembre-se apenas de que estou feliz". Ela me beijou no rosto e se foi.
Isso foi tão real – senti o toque do braço da mamãe nos meus ombros e a pressão de seus lábios no rosto. Senti o amor especial e a proximidade que sempre existiram entre nós.
Essa foi uma ocasião muito carinhosa e especial para mim, que guardarei como algo sagrado.

Evidentemente os membros da nossa família e amigos não querem nos ver sofrer, como resultado de sua morte. Agora que estão livres da dor e das limitações de seu corpo físico, sabem que é desnecessário nos preocuparmos com eles. Essa poderia ser a outra razão pela qual retornam, para nos assegurar de que ainda existem, que tiveram a saúde e sua integridade completamente recuperadas.

Richard é corretor de imóveis na Carolina do Norte. Teve uma CPM convincente com seu pai, que morreu de derrame com a idade de 66 anos:

Três dias depois do enterro, alguém me acordou. Sentei-me para ver quem era e vi o meu pai! As luzes da rua que passavam pela janela atrás de mim iluminavam o seu rosto. Eu podia vê-lo muito bem – não havia dúvida de que era ele.
Disse: "Richard". Reconheci a voz do meu pai e levantei-me da cama. Imediatamente ele apertou a minha mão, e a mão dele me era familiar e quente! Então falou: "Estou tão feliz em vê-lo, Richard. Não se preocupe com nada. Eu o amo". Ouvi isto externamente, diretamente de seus lábios. A voz dele soava tão clara, como costumava ser.
Eu não conseguia desviar os olhos de seu rosto. Parecia estar em sua melhor forma. No lugar dos cabelos grisalhos, havia cabelos escuros. E a sua pele estava lisa. Meu pai estava com uma aparência excelente!

Havia um sorriso em seu rosto, e ele parecia contente e feliz, como se houvesse algo muito melhor do que eu poderia sonhar. E então ele se foi.
Eu fiquei muito surpreso e animado. Eu tinha estado até então em profundo sofrimento, e aquela experiência deu-me a certeza de que existe vida depois da morte. Foi real – não tenho nenhuma dúvida em minha mente, nenhuma.

Não é de espantar que Richard não duvide de sua experiência de CPM. O que poderia ser mais tangível e real do que não apenas ter visto o seu pai depois de sua morte, mas também apertado as mãos dele de verdade? Apesar de o pai ter falado com ele, foi a sua aparência visual que passou a mensagem ainda mais forte, de que estava muito mais jovem, mais feliz e em paz, do que antes de sua morte.

Os últimos quatro relatos deste capítulo estão entre as experiências mais completas de comunicação pós-morte de nossos arquivos. São exemplos de aparições visuais completas, que incluem a audição, o tato e o olfato.

Deborah, pesquisadora médica em Kentucky, sentiu-se grata quando seu irmão, Joseph, voltou depois de ter morrido de câncer com a idade de 44 anos:

Eu era uma cética de carteirinha antes desta experiência. Já tivera sonhos com o meu irmão, mas este não foi um sonho.
Uns três meses depois que Joseph morreu, eu estava dormindo na cama com o meu marido. Senti alguém chacoalhando a minha perna para me acordar. Olhei pelo quarto e lá estava Joseph, sentado na beirada da cama com a mão sobre a minha perna.
Parecia real, como se uma pessoa viva estivesse lá sentada. Estava ótimo! Irradiava uma luz morna, amarelada, como uma aura. Estava bem calmo e em paz. Deu-me um abraço – e eu senti o seu abraço – foi maravilhoso, caloroso e repleto de amor. E senti o cheiro de seu perfume também!
Joseph me disse: "Estou bem e você não deve sentir-se infeliz. Está tudo bem. O lugar onde estou é lindo". Conversei com ele com o meu pensamento, disse que o amava. Então gradualmente ele se foi.
Senti-me aliviada por não mais ter de me preocupar com o bem-estar do meu irmão.

Muitas entrevistas que fizemos começavam com uma frase parecida com a da Deborah, "eu era cético de carteirinha antes de ter esta experiência..." Nossa pesquisa revelou que a crença nas CPMs antes de tê-las não é requisito necessário para receber uma comunicação de um ente querido que se foi, assim como o encontro especial da Deborah com o seu irmão claramente nos demonstra.

Edward, treinador esportivo em Alberta, Canadá, teve uma reunião vibrante, depois que seu pai morreu repentinamente, aos 73 anos, de ataque cardíaco:

> Na noite depois do enterro do meu pai, eu estava profundamente adormecido e o que me acordou foi a sensação de calor na coxa direita. Depois que abri os olhos, percebi que meu pai estava sentado sobre a estrutura do meu colchão de água. Estava sólido como você e eu. E tinha colocado a mão sobre a minha coxa, como que me acariciando.
> Pude ver tudo – seus olhos azuis, a barba grisalha e branca, a roupa. Vestia uma jaqueta de corrida de moto de cor laranja e branco da *Can-Am*, que eu tinha dado a ele. Estava com o boné de camurça na cabeça, do jeito que sempre colocava, quando ia acampar, uma camisa xadrez de fundo branco e a calça verde predileta de trabalho. Meu pai era homem que gostava do ar livre – seu cheiro estava lá, uma mistura de fumaça de madeira e o seu próprio cheiro.
> "O que há?" perguntei e ele respondeu: "Só quero que saiba que estou bem e que eu o verei de novo. Sinto muito, não posso ficar por mais tempo". Parecia realmente relaxado, feliz e em paz. Então levantou-se, deu um passo, afastando-se da minha cama e desapareceu num piscar de olhos.
> Não dormi o resto da noite, mas me senti muito melhor, agora que sabia que tudo estava bem. Senti que todas as coisas estavam agora em seu lugar e prossegui com a minha vida.

Quando os nossos entes queridos fazem a passagem, nada consegue afugentar a ansiedade, o medo e a preocupação por eles mais rapidamente, do que uma CPM visual completa. A possibilidade de vê-los e sabermos que estão bem nos libertam para sairmos do nosso processo de luto e focarmos inteiramente na cura do nosso sentimento pessoal de perda.

Tania é supervisora de sistemas de computação no Texas. Teve esta experiência espetacular cerca de um ano depois que a sua amiga de toda a vida morreu num acidente de automóvel aos 30 anos de idade:

> Eu estava em compasso de espera no aeroporto de Atlanta, a caminho de São Francisco, sentada no saguão lendo, quando senti o perfume *White Shoulders*, a colônia que a Gina sempre usou.
> Levantei os olhos, e lá estava ela, sentada à mesa comigo! Parecia relaxada e bonita, como sempre, da mesma forma em que a vi da última vez. Usava uma camisa xadrez vermelha e cinza-escuro que eu tinha lhe dado alguns anos atrás.

Perguntei: "Gina, o que você está fazendo aqui?" Ela sorriu: "Vim vê-la".
Quando olhei para baixo, a sua mão repousou sobre a minha por um breve momento. Era sólida e bem quente.
Como fiquei sem ar para falar, ela disse: "Relaxe. Quero que você seja feliz e pare de se preocupar e se sentir tão mal por causa da minha morte. Estou bem. Não vou visitá-la novamente, então quero que você coloque todos os assuntos pessoais em ordem". E num piscar de olhos ela desapareceu e eu fiquei ali sentada totalmente pasma.
Quando a Gina morreu tão de repente, seus negócios estavam em completa desordem. Pode ser que essa fosse a lição que ela queria que eu aprendesse. Conseqüentemente, desde então, passei a me esforçar para me assegurar de que as minhas finanças e a minha vida ficassem sempre em ordem.

Não importa a hora de nossa morte, o nosso melhor legado para os nossos familiares será ter em ordem os nossos assuntos pessoais e de negócios. A nossa preocupação pode ser expressa ao prepararmos em vida um documento com a permissão de doação de órgãos, instruções sobre o nosso enterro ou a missa em memória de nossa alma, sobre a cremação ou o enterro de nosso corpo, preenchendo um testamento e guardando os documentos em lugar seguro. Também devemos designar uma pessoa responsável pela execução de nossos desejos.

O último relato neste capítulo é do Leonard, mecânico de 44 anos, da Colúmbia Britânica. Ele foi abençoado pela visita de sua mãe, que morreu depois de uma doença prolongada.

Uns seis meses depois que mamãe morreu, fui para a cama para dormir. Durante a noite, fui acordado por uma voz que dizia: "Olhe!" Olhei e vi luz no meu quarto.
Ao pé da minha cama, havia uma neblina clara, transparente como um vapor brilhante. Era como um contorno tênue de uma pessoa, e que se tornou mais claro e mais distinto à medida que chegava mais perto. Nesse momento reconheci a forma, o tamanho e o caminhar – reconheci minha mãe!
Ela deu mais três passos na minha direção, saindo completamente da neblina, e eu me levantei e caminhei na sua direção. Nos encontramos no meio do caminho e eu disse: "Oh, mama!"
Ela sussurrou: "Oi, filho". O seu rosto tinha a mais bela, saudável, amorosa e serena aparência. Seus olhos distribuíam calor e amor. As bochechas rosadas pareciam de um anjo. Ela aparentava ser bem mais jovem e o cabelo estava um pouco mais escuro.

Ficou abraçada comigo, e eu senti uma felicidade imensa: um calor envolvente e uma unidade que faziam o meu coração flutuar, como quando os meus filhos nasceram, só que mais forte. Foi o melhor abraço e a maior troca de amor que jamais tive na vida.

Mamãe parecia sólida, firme e real. Tinha a mesma altura, tamanho e peso. Ainda era uma mulher grande, muito calorosa, caseira e protetora.

Ela fez todas as coisas que costumava fazer. Esfregou a parte de trás do meu pescoço quando me abraçava. Acariciou o meu rosto e colocou a mão sobre o meu cabelo. Ela sempre teve um cheiro neutro, e foi o que senti dessa vez.

Então se afastou só um pouco, com os braços ainda ao meu redor, e disse: "Seja feliz, Leonard. Seja feliz". Mamãe sempre desejava felicidade para todos nós. Então ela sorriu para mim e bem rapidamente desapareceu, me deixando ali parado.

Foi uma experiência de muito amor e grande compensação, e sei que não foi um sonho ou invenção da minha imaginação. Acho que mamãe voltou para me dizer que tudo estava bem e para passar essa mensagem para todos os que necessitam dela.

Nenhum encontro com alguém, que está fisicamente vivo, poderia ter sido mais tangível e real que o encontro espiritual do Leonard com a sua falecida mãe. Agora ele pode saboreá-lo, como uma lembrança do amor permanente e da devoção dela.

CPMs visuais são experiências extremamente poderosas, pois confirmam que os nossos entes queridos sobreviveram à transição, que se chama "morte", e que estão completamente vivos numa outra dimensão. Elas nos dão um retrato vívido e durável de nossos familiares e amigos que partiram, completamente restabelecidos e inteiros, não importando a idade que tinham quando morreram ou a causa de sua morte. E, finalmente, elas nos proporcionam uma evidência convincente de que também podemos esperar por uma nova vida excitante e feliz após a nossa própria morte física.

O que pode ser comparado ao fato de se ver um "quadro" de um familiar falecido, com os olhos abertos ou fechados? O capítulo seguinte avalia as visões de CPM, experiências de ver um parente ou amigo que morreu e que reside numa outra dimensão da vida.

capítulo 8
Um vislumbre da outra vida:
CPMs visuais

> *Eu acredito firmemente que quando morremos,*
> *entramos imediatamente em uma outra vida.*
> *Aqueles que se foram antes de nós estão vivos*
> *em uma forma de vida e nós, em outra.*
>
> DOUTOR NORMAN VINCENT PEALE

IMAGINE QUE VOCÊ vê um ente querido que já se foi, em uma "fotografia", que tanto pode ser bidimensional e plana ou tridimensional, como um holograma. Essa é uma descrição comum das CPMs visuais, que podem ser exteriorizadas ou interiorizadas. Trata-se de um tipo não muito comum de comunicação pós-morte.

As visões de CPMs exteriorizadas são vistas com os olhos abertos e podem ser comparadas com a projeção de um *slide* de 35mm ou com um filme suspenso no ar. As visões de CPMs interiorizadas são visualizadas mentalmente, com os olhos abertos ou fechados.

Essas visões geralmente são compostas por cores vivas e brilhantes, que irradiam a sua própria luz interior, semelhante a um vitral, que é iluminado por trás. Ter uma visão é como olhar através de uma abertura para a outra dimensão e, intuitivamente, saber que está enxergando um mundo espiritual além deste mundo.

Uma visão de CPM pode incluir mensagens telepáticas de uma ou duas vias. Essa comunicação é relatada com mais freqüência nas visões interiorizadas, que podem acontecer quando a pessoa está profundamente relaxada, em meditação ou orando.

Os oito primeiros relatos são exemplos de visões exteriorizadas que aconteceram para as pessoas quando elas estavam de olhos abertos. Elas podem ter observado a imagem de um rosto, uma parte do corpo, ou o corpo inteiro, de um ente querido que já se foi. Depois de cada visão exteriorizada, vamos salientar como ela difere das CPMs visuais que foram descritas nos dois capítulos anteriores.

Patty, de 44 anos, é auxiliar de contabilidade na Geórgia. Ela precisou de apoio depois que seu filho de 15 anos, Todd, morreu em um acidente de automóvel:

> Cerca de um mês e meio depois, eu me lembro de estar sentada no sofá da sala íntima, lendo um livro sobre uma mãe que tinha perdido o filho. Ela falava que tinha entrado em um estado de meditação profunda. Nesse trecho do livro, eu simplesmente o coloquei de lado e fechei meus olhos. Eu pensava: "Deus, deixe-me saber que Todd está bem".
> Abri os olhos e, naquele instante, vi o rosto de Todd acima de mim. Ele tinha um sorriso lindo e brilhava. Sorria para mim como se dissesse: "Tudo está ótimo. Não se preocupe mais comigo. Estou bem. Estou em um lugar onde sou totalmente feliz".
> Seu rosto estava dentro de um círculo – parecia um *slide* – não era tridimensional ou coisa parecida. Ficou ali por um minuto e... puf! Desapareceu!
> Senti um alívio tão grande ao ver Todd sorrindo para mim! Meu marido estava no quintal e lembro de ter saído para contar a minha experiência para ele, que também se sentiu aliviado.

O pedido de Patty foi atendido rapidamente, quando viu o rosto de seu filho em um círculo suspenso no ar "como um *slide*" projetado em uma tela invisível. Ver o rosto de Todd e sua expressão foi tudo o que ela precisou para saber que ele estava bem.

Rachael é gerente administrativa de uma casa de repouso em Minnesota. Ela se encheu de alegria e gratidão quando teve esta visão de CPM, quatro meses depois que sua filha de 17 anos, Dawn, foi assassinada:

> Eram 11h30 da noite, eu estava ouvindo a estação de rádio cristã e lendo um livro. Começou a tocar uma adaptação para piano da canção "El Shaddai". Ergui os olhos e vi Dawn – como se eu a estivesse olhando por uma janela.
> Ela estava descalça e representando uma dança litúrgica para a música que tocava no rádio. Parecia que flutuava. Seus cabelos esvoaçavam e movia os braços com a música. Ela usava um vestido branco, longo até os tornozelos, com um cordão enfeitado na cintura.

> Tudo era muito brilhante e iluminado. Ela estava muito feliz, com um lindo sorriso, o mesmo que sempre teve. Dawn estava expressando alegria espiritual em sua dança. Ao final da música, ela sumiu. Fiquei muito grata e comecei a chorar.
> Eu tinha pedido a Deus para saber se Dawn estava bem. Tenho certeza de que a vi no Céu e isso me convenceu de que ela está em paz.

A prece de Rachael foi atendida quando ela teve a visão de sua filha, como se estivesse "olhando através de uma janela" para o mundo espiritual. Dawn deu a sua mãe um incrível presente de amor, demonstrando sua total alegria e liberdade por meio da dança.

Acreditar que o nosso filho falecido sobreviveu à morte é certamente muito reconfortante. Mas, acreditar nisso tendo visto que o filho está bem e no Céu, é uma bênção espiritual que deve ser lembrada por toda a vida.

Clara trabalha em uma instituição para cegos em Alberta. Ela teve esta experiência memorável, três meses depois da morte de seu irmão, Glenn, aos 38 anos, em um acidente ao ar livre:

> Eu estava sentada à minha mesa, no escritório, olhando para a parede. De repente, tive uma visão. Pude ver meu irmão Glenn, correndo de um lado para o outro, como uma criança se exibindo. Era como se eu o estivesse vendo em outra dimensão, eu não fazia parte dela, mas podia vê-lo.
> Sua saúde era perfeita. Não havia nada de errado com seus membros, mesmo que em vida eles tivessem sido mutilados pela esclerose múltipla. Agora ele conseguia correr! Ele parecia radiante e fisicamente saudável, simplesmente vendia saúde.
> Glenn estava feliz e sorria para mim. Ele disse: "Agora posso fazer tudo o que queria fazer antes e não podia". Era como se estivesse dizendo: "Olhe para mim, irmã! Veja o que posso fazer e como estou feliz". Depois, a visão foi se apagando lentamente.
> Tive muita sorte em ver meu irmão novamente! Aquilo me aqueceu espiritualmente. Foi como se Glenn tivesse dito: "Estou feliz. Agora fique feliz por mim também".

Nesse relato, Clara ficou como observadora, olhando e ouvindo seu irmão "em uma outra dimensão". Daquele momento em diante, ela foi capaz de lembrar dele como um homem completamente curado e inteiro, não mais mutilado por uma doença degenerativa.

Ver que o ente querido falecido está livre das limitações graves de seu corpo terreno com certeza é motivo de celebração. Serve também como promessa de que se formos mutilados por um acidente ou enfermidade, também ficaremos totalmente recuperados depois de mortos.

Allen é terapeuta corporal em Washington. Ele teve esta nítida visão exteriorizada de sua mãe, que morreu de câncer de pulmão aos 53 anos, e de seu avô paterno, que morreu de ataque cardíaco aos 76 anos:

> Eram cerca de três horas da manhã quando o hospital ligou dizendo que minha mãe tinha morrido. Caminhei em direção da janela da sala de estar e olhei para as montanhas. Bem ali, um buraco se abriu e eu enxerguei outra dimensão.
> Vi minha mãe e meu avô, que falecera havia uns dez anos antes. Era como se eu estivesse de um lado da vidraça e eles, do outro. Eles estavam muito sólidos, muito reais.
> Meu avô parecia jovem e saudável, rejuvenescido e forte. Ele apenas sorriu e deu um passo para o lado. Minha mãe usava o vestido branco de casamento. Estava alegre, saudável e cheia de vida. Ela me disse que estava bem e não sofria mais – que se sentia maravilhosa. Eu disse a ela que a amava. Comecei a chorar e virei a cabeça. E quando olhei de novo, eles tinham ido embora. Eu me arrependi de verdade por ter me virado, porque quando isso aconteceu a janela para a outra dimensão se fechou.

Allen foi capaz de ver e ouvir sua mãe poucos momentos depois da sua morte, quando "um buraco se abriu" para outra dimensão. Também foi muito tranqüilizador ver que seu avô estava prontamente à disposição para assisti-la quando ela morreu.

Edie é capelã e dá assistência às pessoas que perdem entes queridos em uma casa de repouso, no Sudoeste. Ela obteve uma nova compreensão depois da morte de seu enteado, Michael, de 14 anos, que foi atropelado quando andava de bicicleta, por um motorista que não parou para socorrê-lo:

> Tínhamos chegado ao velório e estávamos parados diante do caixão de Michael. Eu rezava silenciosamente. De repente, com os olhos abertos, vi alguma coisa parecida com um filme na minha frente, um pouco acima do campo dos meus olhos.
> Vi um prado bonito, verde e ondulante, com flores, pássaros e borboletas. Tinha uma iluminação brilhante e as cores eram claras e nítidas. Vi Michael pulando e correndo! Ele parou e olhou para mim, com um lindo sorriso.

Seus olhos cintilavam e seu rosto estampava um sorriso largo e feliz. Ele estava saudável, alegre e não sofria. Estava cercado de amor e não tinha nenhuma raiva ou amargura.
Michael disse: "Estou bem. Não se preocupe comigo". E, apontando, ele disse: "Não fique triste com isso. Não sou eu dentro desse caixão. Eu estou aqui!". Pisquei e ele ainda estava parado lá. E, então, a visão se dissipou.
Quando olhei novamente para o seu corpo naquele caixão, percebi que se tratava apenas de um templo vazio – um lugar onde ele tinha vivido por um tempo – onde não estava mais presente.
Quando me virei, senti uma leveza nos meus passos, como se um peso tivesse sido tirado dos meus ombros. Eu sabia que Michael estava bem – não existia nenhuma dúvida a esse respeito.
No princípio, esta experiência diminuiu um pouco a minha dor. A dor passou, mas não o meu pesar, não a saudade de meu enteado como pessoa.

Ver Michael em um "filme" deu a Edie a certeza de que seu enteado sobreviveria à morte física. Como capelã de uma instituição que dá assistência a doentes terminais, ela recebeu um presente espiritual inestimável para compartilhar com os seus pacientes.

Existe um contraste dramático maior do que observar um ente querido que já se foi em uma CPM e, ao mesmo tempo, olhar para seu corpo sem vida em um caixão? Vários outros relatos que registramos contêm experiências semelhantes, acontecidas durante funerais, memoriais ou enterros.

Edie fez uma distinção importante ao afirmar: "Minha dor passou, mas não o meu pesar, não a saudade de meu enteado como pessoa". Ter uma ou mais experiências de CPM pode resolver nossa preocupação e aflição sobre o bem-estar de nosso ente querido que partiu, mas ainda vamos sentir falta de sua presença em nossa vida e continuar sentindo o vazio que ninguém pode preencher.

Trish, de 55 anos, trabalha com recrutamento em uma grande empresa da Flórida. Ela teve esta visão alegre, logo depois da morte de sua amiga íntima, Ginny:

Eu tinha uma amiga que morava nas Ilhas Virgens. Na última vez que a vi, Ginny estava com câncer. Ela estava muito, muito doente e tinha um olhar perturbado e cansado.
Recebi um telegrama de seu marido dizendo que ela tinha morrido. Pensei: "Que terrível!" Fiquei muito deprimida com sua morte.
Mais tarde, dirigindo o carro a caminho de casa, eu chorava sem parar, não conseguia controlar as lágrimas. De repente, vi um lindo retrato de

Ginny, do lado de fora, na minha frente! Ela sorria de orelha a orelha e seu rosto estava muito alegre. Os olhos brilhavam, a pele estava corada e os dentes cintilantes.
Senti que ela veio para dizer: "Não chore. Olhe para mim! Estou tão feliz!". Ginny me fez sentir que tudo estava bem. Senti um estado de paz maravilhoso.

Quando Trish viu o "lindo retrato" de Ginny suspenso diante dela, compreendeu imediatamente que não precisava mais ficar triste por sua amiga. Muitas pessoas se sentem muito mal depois que um ente querido se vai e pensam: "Pobre alma, sua vida acabou". Se o falecido teve uma enfermidade longa e dolorosa, elas podem se consolar dizendo: "Pelo menos, ele não sofre mais". Esta CPM não só sugere que o sofrimento de Ginny terminou, mas também que ela entrou para uma vida nova mais feliz, livre e maravilhosa.

Katie é dona de casa do Sudoeste. Ficou viúva quando o marido Dick, de 30 anos, foi assassinado por um intruso que invadiu a sua casa:

No dia do funeral de Dick, a polícia me levou para a delegacia para um interrogatório. Eles me deixaram sozinha em uma sala por cerca de 15 minutos. Eu estava sentada ali pensando onde ele estava e dizia: "Por favor, Dick, eu quero saber. Faça alguma coisa para que eu saiba que você está bem".
De repente, enquanto eu olhava pela janela, fitando o vazio e tentava juntar os fatos, vi esta imagem: era mais ou menos do tamanho de um quadro, talvez 30x30 centímetros. Eu não podia acreditar no que estava vendo – eu vi o meu marido!
Ele usava exatamente a mesma roupa com a qual fora enterrado. Havia três pessoas de um lado dele e duas do outro, e todos olhavam para mim. Posso dizer que duas eram homens e duas eram mulheres. Não consegui distinguir a quinta pessoa.
Os braços de Dick estavam esticados, abraçando essas pessoas. Seu olhar e o sentimento que captei eram: "Katie, veja, estou inteiro novamente! Estou feliz! Eu vou ficar bem e você vai ficar bem". Eu sabia o que ele dizia, embora ele não estivesse falando.
Ele estava tão incrivelmente feliz e exibia seu sorriso mais alegre. Estava em sua melhor forma. Suas emoções eram tão poderosas que eu podia perceber os sentimentos irradiando dele. Então, a imagem se dissipou.
Mais tarde, naquela noite, os pais de Dick e eu estávamos conversando, sentados em torno da mesa. Por alguma razão, falamos sobre a minha experiência. De repente, como uma lâmpada, a imagem piscou novamente.

> Imediatamente, eu soube que as quatro pessoas eram seus avós e eu os descrevi para seus pais. Eu ainda não sei quem é a quinta pessoa.
> Agora não tenho mais medo de morrer. Sei que, quando a minha hora chegar, Dick estará me esperando.

Apesar de Katie se sentir confortada ao ver a "imagem" de seu marido, nada poderá apagar completamente a lembrança traumática da morte violenta de um ente querido. Isso é particularmente verdade para os sobreviventes de assassinatos, que são forçados a abrir mão de sua privacidade e enfrentam muitos anos difíceis de envolvimento com o sistema judicial e com a mídia.

Gay, 36 anos, é uma estudante universitária de Louisiana. Ela teve esta magnífica visão de seu sobrinho Luke, de cinco meses, que morreu de fibrose cística:

> Minha irmã ficou muito transtornada com a perda de seu bebê. Ela tinha passado por momentos muito difíceis vendo Luke sofrer e se culpava. Ela ficava repetindo: "Eu me pergunto se ele está aborrecido por tudo o que passou. Será que ele sabia que eu estava sempre ao lado dele?"
> Mais tarde, enquanto eu me maquiava para ir ao velório, escutei uma vozinha me chamando: "Tia Gay! Tia Gay!". Meus olhos se arregalaram quando eu me virei e, bem na minha frente, vi Luke em um ambiente celestial.
> Ele estava sentado no colo de uma mulher. Eu não conseguia ver o seu rosto, mas senti que era Maria, a santíssima mãe de Jesus. Ela usava um vestido branco e comprido até os pés, e Sua mão pequena e feminina segurava o bebê com firmeza.
> Luke vestia uma roupa azul de bebê, com gola e abotoada na frente. O cabelo estava penteado, tudo estava no lugar e ele parecia perfeitamente saudável. Seu rosto estava radiante e ele sorria.
> Ele era apenas um bebê, mas falava com uma inteligência que me surpreendeu. Ele disse: "Quero que você diga para a minha mãe que eu sabia que ela me apoiava. Eu sei que ela fez o melhor que podia. Diga para ela que eu estou bem e que eu a amo".
> Então, ele disse: "Você tem de falar com a minha mãe hoje, porque será a única coisa que vai ajudá-la a enfrentar o funeral amanhã. Ela vai acreditar em você!". Ele me fez prometer e eu disse que faria o que ele estava pedindo.
> Depois que a visão terminou, duvidei de mim mesma. Contei para a minha melhor amiga, que me disse: "Eu acredito que isso aconteceu! Você tem de contar para sua irmã, porque você prometeu para Luke que faria isso!".

Assim, fui para o velório e contei a minha irmã sobre a minha experiência com Luke e Maria. E ela acreditou em mim imediatamente!
Era exatamente o que ela precisava ouvir! Agora ela sabia que Luke estava feliz e não estava mais doente. Ela soube que seu bebê estava no Céu e teve um pouco de paz.

Essa linda visão de CPM permitiu que Gay visse seu sobrinho em um "ambiente celestial". E, por sorte, ela teve a coragem de passar a mensagem urgente de Luke imediatamente, que trouxe consolo para sua mãe, antes que ela tivesse de enfrentar a dura realidade do enterro de seu bebê.

Pode parecer surpreendente que um bebê de cinco meses possa falar, como Luke fez, e passar uma mensagem tão elaborada para sua tia. Embora isso não possa ser explicado em termos terrenos, a experiência de Gay é uma dentre muitas CPMs que registramos, nas quais bebês falecidos ou crianças pequenas demonstram consciência e capacidades bem além de sua idade cronológica.

Esse relato também é a primeira de muitas experiências neste livro, que envolve uma figura religiosa conhecida, Maria. Outros relatos mencionam Jesus ou um anjo.

Os relatos restantes neste capítulo são exemplos de visões de CPMs interiorizadas, que surgiram de repente na mente das pessoas, e que foram percebidas com os olhos abertos ou fechados. Talvez esses retratos ou filmes sejam transmitidos por um ente querido que já se foi, por telepatia ou por um processo semelhante, ainda desconhecido.

Em cada um dos quatro relatos, as pessoas que tiveram a experiência estavam de olhos abertos.

Ross é quiroprático na Virgínia. Ele teve esta visão interiorizada de sua sogra, cerca de seis meses depois que ela morreu de câncer, aos 58 anos:

Eu estava na casa de minha sogra, na cozinha, onde ela passava grande parte de seu tempo. Meus olhos estavam abertos quando, um retrato dela, muito claro e inequívoco, veio à minha mente. Uma sensação de prazer acompanhou esta experiência.

Ela era uma mulher muito distinta quando estava viva. Agora ela estava vestida como uma líder de torcida, com uma saia pregueada e uma blusa branca, aparentando cerca de 30 anos, menos do que a idade que tinha quando morreu.

Seu sorriso era radiante, com aquele tipo de leveza que as pessoas têm quando estão verdadeiramente animadas e felizes com alguma coisa.

Minha sogra literalmente pulava, acenava e sorria. Ela balançava a cabeça, como se quisesse me assegurar de que tudo estava muito bem e que ela estava sendo cuidada.

Depois de ver a sogra em um "retrato" interiorizado, Ross relatou que ela aparentava ter 30 anos menos do que quando morreu. Como você provavelmente observou, muitos entes queridos que partiram parecem mais jovens na CPM do que eram no momento de sua morte. Se o seu corpo terreno ficou doente ou acamado, imagine a alegria que você sentirá depois de sua morte, quando descobrir que tem um corpo não físico perfeito, que reflete a sua verdadeira identidade espiritual!

Toni trabalha para uma associação de desenvolvimento econômico, na Flórida. Seu pai morreu aos 70 anos, de doença cardíaca:

> Três semanas após a morte de meu pai, eu voltava da casa de minha mãe, dirigindo, quando ele me apareceu em uma visão. Era uma coisa que eu via dentro da minha cabeça.
> A princípio, ele aparentava ter a mesma idade que tinha quando morreu. Depois, ele ficou consideravelmente mais animado e estampou um grande sorriso no rosto. Quanto mais ele sorria, mais jovem parecia. Ele estava muito saudável e alegre, reluzente de paz. Sua comunicação parecia dizer: "Estou bem. É desse jeito que você deve se lembrar de mim".
> Depois, vi todos os meus familiares falecidos se reunirem ao redor dele, como se fosse um encontro. A aparência deles era muito parecida com a que tinham quando estavam vivos. Eram muito saudáveis, felizes e carinhosos.
> Essa experiência me trouxe paz e facilitou a aceitação da morte do meu pai.

As CPMs geralmente são incrivelmente semelhantes. Compare este relato de Toni da visão interiorizada de seu pai, com o próximo relato de Gary a respeito da filha.

Gary é assistente de compras de uma universidade em Washington. Ele teve esta experiência encorajadora com a filha de três meses, Lauren, que morreu de síndrome da morte súbita na infância (Sids) e com seu pai, que morreu de ataque cardíaco aos 40 e poucos anos:

> Essa visão mental interiorizada ocorreu quando eu estava dirigindo, cinco dias depois da morte de Lauren. Meus olhos estavam abertos e eu estava atento à estrada.

De repente, tive a visão de minha filha sentada no colo de meu pai! Ele tinha um dos braços em torno de seu peito. Lauren usava uma jardineira rosa e estava feliz e sorridente.

Minha avó estava de pé ao lado deles e meu tio estava atrás de meu pai. Ao fundo, estavam alguns outros familiares falecidos. Era um lugar calmo e todos estavam felizes.

Pela expressão de meu pai, eu podia dizer que ele estava realmente orgulhoso de Lauren. A visão terminou quando meu pai dizia: "Ela está bem". Eu sorri e a imagem foi desaparecendo.

Eu me senti totalmente aliviado, como se um peso tivesse sido retirado de minhas costas. Lauren estava feliz e tudo ia dar certo. Eu sabia que ela estava com a minha família e me senti realmente em paz.

Como a visão de Gary e outras que apresentamos neste livro indicam, nossas crianças falecidas são imediatamente recebidas e cuidadas com amor por vários membros de nossa família, que lhes dão as boas-vindas com braços e coração abertos. Com todo esse cuidado e orientação, podemos esperar que nossas crianças continuem a crescer emocional, mental e espiritualmente até que nos unamos a elas novamente.

Elaine, uma dona de casa da zona rural do Canadá, teve esta delicada visão de CPM, cerca de dez dias depois que suas duas filhas, Noelle, de 17 anos, e Christie, de dez anos, morreram em um acidente na fazenda:

Meu marido e eu estávamos sentados no sofá da sala de estar, abrindo as cartas de condolência. Eu estava com os olhos abertos, quando, de repente, vi as meninas em minha mente. Parecia que eu via um filme na televisão em cores. Era muito realista, mas não era totalmente tridimensional.

Noelle e Christie estavam paradas lá, de mãos dadas, como se estivessem fazendo uma visita. Uma luz branca muito brilhante e clara banhava as meninas. A luz era indescritível! Era a coisa mais brilhante que eu já tinha visto e deveria ferir os meus olhos, mas isso não aconteceu.

As meninas estavam cercadas de luz e eu as via com muita clareza, embora todo o resto aparecesse como uma névoa ao fundo. A expressão de seus rostos era extasiada. Elas estavam tão felizes e serenas!

Dei um suspiro de alívio ao ver que Noelle e Christie estavam bem. O que me atormentava era a dúvida: "Elas estavam bem? Estavam sentindo falta de seus pais? Estavam com saudade de casa?", esse tipo de coisa.

Então eu soube que não precisava mais me preocupar com elas. Tudo o que eu precisava fazer era lidar com minha tristeza e colocar a minha vida nos eixos.

Antes, eu era muito cética. Sempre duvidava quando ouvia uma história como essa. Mas essa experiência renovou a minha fé. Deus sabia o que eu estava sentindo e esta foi a Sua maneira de me confortar e deixar que eu superasse o meu processo de luto.

Existe maior conforto para uma mãe que perdeu suas filhas recentemente do que saber que elas estão unidas na luz? Com certeza, essa é a mesma luz espiritual brilhante, que tantas crianças e adultos viram quando tiveram uma experiência de quase-morte.

Os relatos restantes deste capítulo são exemplos de visões de CPMs interiorizadas que as pessoas tiveram com os olhos fechados.

Wendy é enfermeira em Massachusetts. Ela recebeu esta visão interiorizada depois da morte de seu filho Dean, de 19 anos, num acidente de motocicleta:

Dean estava no segundo ano de Harvard quando morreu. Isso aconteceu três anos mais tarde, no dia em que ele estaria se formando.
Saí do escritório para fumar. Estava sentada sozinha em uma sala e fechei os olhos. De repente, vi um retrato de meu filho com um homem que parecia ser Jesus. Era uma visão interiorizada e o retrato era tão claro, que parecia que eles estavam na minha frente.
Dean usava uma toga preta e uma beca, e Jesus usava uma túnica branca comprida e tinha cabelos longos e barba. Eles sorriam, e Jesus parecia satisfeito. Dean estava muito feliz e parecia estar no Céu.
A visão não durou mais do que um minuto, o tempo suficiente para que eu soubesse que tudo estava bem. Agora, sei onde meu filho está e estou muito feliz por ele.

É evidente que Wendy entrou espontaneamente em estado de meditação, o que possibilitou que visse Jesus e seu filho. As duas próximas CPMs também aconteceram durante a meditação.

Faith é psicóloga e trabalha com crianças doentes, em estado terminal, na Flórida. Ela recebeu uma tarefa importante cerca de duas semanas depois da morte por leucemia, de sua paciente Suzie, de 13 anos:

Eu estava em um grupo de meditação e, de repente, Suzie apareceu para mim em uma visão. Ela disse: "Ligue para minha mãe e diga a ela para não se preocupar com a minha colcha". Ela estava muito feliz, alegre e havia muita luz ao redor de seu rosto e de sua cabeça.

Eu sabia que se ligasse, seria envolvida em uma longa conversa. E ainda, que negócio é esse de colcha? Então, a menina apareceu de novo e disse: "Ligue para minha mãe e fale da colcha".
No dia seguinte, liguei para a mãe de Suzie. Ela me disse: "Estou contente que você me ligou, porque ontem foi o pior dia desde a morte de Suzie. Eu estava tão perturbada, que peguei a colcha de Suzie e saí. Deitei-me sob uma árvore e chorei muito".
Eu disse: "Escute, eu tenho de lhe contar uma coisa! Ontem, quando estava rezando com meu grupo de orações, Suzie apareceu para mim e pediu que eu lhe dissesse: 'Não se preocupe com a colcha'. Isso faz algum sentido para você?".
A mãe de Suzie começou a chorar e disse: "Você não vai acreditar, mas quando eu estava deitada sob a árvore, chorando, eu estava preocupada porque Suzie tinha esta colcha desde que era bebê. Ela a levava para toda parte e nunca se separou dela".
"Quando a enterramos, eu não consegui me separar da colcha. Eu me senti culpada por mantê-la. Você não imagina como me sinto bem em ouvir isso. Estou tão feliz por você ter me telefonado."

Por medo de parecermos tolos e sermos rejeitados, podemos hesitar em transmitir uma mensagem de uma CPM, principalmente se ela fizer pouco ou nenhum sentido para nós. Mas, como o relato de Faith ilustra claramente, essa mensagem pode ter grande significado pessoal para seu destinatário.
O relato final é de Claire, uma psicóloga de New Jersey. Ela teve uma CPM durante a meditação, depois da morte de seu pai, por falência cardíaca aos 87 anos:

Depois da morte de meu pai, tive uma enorme sensação de perda. Mesmo não sendo praticante de uma religião, tive necessidade de rezar por ele. Visitei uma igreja presbiteriana e achei o culto muito tocante. Fui convidada a fazer parte de um grupo de orações e meditação.
Comecei a meditar com a única intenção de encontrar a minha fé. Mas, na minha primeira tentativa, senti sono. Nada aconteceu na segunda. Na terceira vez, tive esta experiência:
Estava sentada em nossa sala de estar, apenas relaxando, e meu marido tocava no piano o "Cânone em D", de Pachelbel. A música tem uma qualidade suave e repetitiva que parece facilitar a meditação. Meus olhos estavam fechados e minhas mãos espalmadas em prece, simbolizando a abertura para receber alguma coisa que viesse de Deus.

Subitamente, vi a imagem nítida de meu pai, mas apenas da cintura para cima. Ele estava no auge de sua vida, que deve ter sido por volta dos seus 50 anos. Tinha uma aparência sólida e seu rosto estava relaxado – ele parecia recuperado e saudável.

Tive uma forte sensação de conexão – um profundo sentimento da presença de meu pai. A experiência foi muito simples e quando abri os olhos, tinha terminado.

Ela teve uma intensidade diferente de qualquer outra experiência que vivi. Eu me sentia como se tivesse me comunicado com meu pai e me conectado com alguma coisa que está além deste mundo.

Quando meditamos com os olhos fechados, podemos ver um retrato nítido ou um filme em nossa tela visual interior. E, algumas vezes, pode ser uma imagem de um ente querido falecido, que pode usar essa oportunidade para se comunicar conosco, como fez o pai de Claire.

Todas as visões de CPMs são basicamente iguais e transmitem informações semelhantes, não importando se são vistas interiormente ou exteriormente, com os olhos abertos ou fechados. Essas imagens nítidas invariavelmente revelam que os nossos entes queridos que partiram estão em paz e felizes em sua nova vida.

Você lembra daquela sensação relaxante e cálida que tem quando adormece ou quando está despertando? O próximo capítulo apresenta relatos de pessoas que tiveram experiências de CPM durante esse estado intermediário.

capítulo 9
Encontros em estado alfa:
CPMs visuais crepusculares

Assim como o passarinho rompe a casca do ovo e voa, nós nos liberamos dessa casca que é o nosso corpo. Chamamos isso de morte mas, falando estritamente, a morte não é outra coisa senão uma mudança na forma.
SWAMI SATCHIDANANDA

MUITAS CPMS acontecem exatamente quando as pessoas estão adormecendo ou despertando. Esse nível de consciência semi-acordado, semi-adormecido é conhecido como estado crepuscular ou alfa. Chamamos essas experiências de CPMs crepusculares, que são um tipo bastante comum de comunicação pós-morte.

O estado alfa é um nível de consciência que pode ser alcançado por várias técnicas de relaxamento, exercícios de meditação, hipnose e oração profunda. Você pode entrar nesse estado de consciência espontaneamente sempre que estiver devaneando ou se sentindo criativo. De acordo com nossa pesquisa, você pode ser mais facilmente contatado por um ente querido que já se foi, se estiver em uma condição mental relaxada, aberta e receptiva.

Qualquer combinação dos seguintes tipos de CPMs pode ocorrer durante o estado alfa: a sensação de uma presença, a audição de uma voz, a sensação de um toque, um perfume, aparições completas ou parciais e visões. O objetivo deste e do próximo capítulo, que são totalmente dedicados a experiências ocorridas quando a pessoa está adormecida, é demonstrar que as CPMs que as pessoas relatam são essencialmente iguais, quer elas estejam totalmente acordadas, em estado crepuscular ou dormindo profundamente.

Os relatos deste capítulo são apresentados em uma seqüência progressiva, partindo de experiências nas quais a pessoa sente a presença de um familiar ou amigo que já partiu, até aquelas em que pode vê-los, as visões de CPMs.

Gene, de 27 anos, trabalha em um cemitério em Oklahoma. Ele recebeu uma mensagem muito vivaz do irmão, Roger, que morreu em uma queda de helicóptero do Exército na Coréia, aos 24 anos:

> Estávamos esperando um telefonema de Roger na véspera de Natal, mas ele não ligou. Mais tarde naquela noite, um oficial do Exército veio até nossa casa. Ele leu um telegrama e disse para mamãe que o Exército sentia informar que seu filho tinha morrido servindo seu país. Quando recebemos a notícia, não conseguimos acreditar!
> Na tarde de Natal, eu estava cansado e me deitei. Sabe quando você está quase dormindo e ainda ouve tudo o que está acontecendo, mas não está realmente consciente?
> Roger veio até mim. Eu conseguia sentir sua presença ali, mas não podia vê-lo. Senti que ele dizia: "Tudo está certo. Tudo está bem. Diga à mamãe que estou bem e que não se preocupe comigo. Diga a ela que eu a amo". Ele estava me dizendo para confortar a mamãe da melhor forma possível e assegurar que ela lidasse bem com aquilo.
> Pode ser que a experiência tenha durado três minutos. Assim que acordei completamente, fui até minha mãe e lhe contei tudo. Isso fez com que nos sentíssemos melhor.
> Desde que Roger veio, ficou provado para mim que deve existir uma vida após a morte. E agora, acredito que ele está no Céu.

Gene fornece uma boa descrição do significado do estado crepuscular ao adormecer. Neste nível, estamos conscientes, mas podemos estar desligados do ambiente que nos cerca.

Cora, de 31 anos, é fazendeira e parteira em Tennessee. Seu pai voltou para ela logo depois de sua morte por ataque cardíaco:

> Recebi uma ligação de minha mãe dizendo que meu pai tinha morrido. Passei o dia seguinte inteiro terrivelmente perturbada e chorando. À tarde, deitei para um cochilo e adormeci rapidamente. Lembro de ter acordado em um estado de semiconsciência.
> Ouvi a minha própria voz dizendo: "Olá papai! Como vai? Você está bem? Você gosta do lugar onde está? Você está feliz?". Então, ouvi meu pai dizer

por telepatia: "Sim, estou bem. Tudo vai ficar bem. Não se preocupe. Sim, aqui é muito bom!".
Um claro sentimento de paz pareceu ter invadido o meu ser e todo o quarto. Foi uma grande mudança no que eu estava sentindo. De repente, senti que tudo no universo estava no lugar certo.
Eu sabia que seria capaz de lidar com a situação – ir para casa, ver mamãe e cuidar do funeral de papai. Agradeci a Deus e ao meu pai por essa experiência.

Cora passou pelo estado crepuscular quando estava acordando. A paz de espírito que recebeu dessa CPM lhe deu a força e a autoconfiança de que precisava para enfrentar o funeral de seu pai e os outros dias emocionalmente difíceis que tinha pela frente.

Jack, um policial aposentado da cidade de Nova York, mora na Flórida. Sua querida esposa Kitty morreu de câncer aos 68 anos. Estavam casados havia 49 anos.

Sou realista. Sempre fui uma pessoa muito realista. Nunca tinha passado por essas experiências estranhas.
Mas, uma noite, cerca de um mês depois que minha esposa faleceu, eu estava começando a pegar no sono, meio dormindo, meio acordado. Estava deitado do lado direito de nossa cama *queen-size*, e o meu braço esquerdo estava estendido para o outro lado, no que Kitty sempre chamou de "travesseiro carinhoso".
De repente, eu poderia jurar que Kitty apertou carinhosamente minha mão esquerda. Eu sabia que era ela! Realmente senti a pressão de sua mão macia e calorosa.
Senti como se todo o quarto tivesse sido preenchido por uma aura de paz e amor. Era como se ela estivesse tentando me dizer para não me preocupar, que tudo ficaria bem. Tinha a sensação de que Kitty tentava me dizer: "Não tenha pressa. Tenho um lugar escolhido para você e estarei aqui esperando". E me senti muito melhor depois dessa experiência.

Cora e Jack relataram que seus quartos foram invadidos por uma ampla sensação de paz durante suas CPMs. Isso significa que nossos entes queridos que já se foram irradiam uma energia espiritual que pode permanecer mesmo depois de a visita terminar.

Lisa, que administra um centro de recreação no Noroeste, teve este encontro carinhoso, dois meses depois que a companheira Julie morreu de câncer, aos 40 anos:

Levei meu gato para ser sacrificado devido a uma leucemia. Voltando para casa, eu estava emocionalmente esgotada e exausta. Então, deitei e dormi. De repente, senti o perfume Shalimar, que Julie sempre usou. Percebi que a cama abaixou conforme ela se sentou perto de minhas pernas, senti que ela se debruçou e beijou o meu rosto. Foi um sentimento realmente carinhoso e amoroso.

Tentei abrir os olhos para vê-la e tocá-la, mas não consegui. Então, ouvi a sua voz e relaxei. Julie disse: "Querida, tudo vai ficar bem. Estou bem e você vai ficar bem". Ela me consolou muito.

A sensação durou vários minutos e então, senti seu peso se levantar da cama e o perfume desapareceu. Conforme a sensação de calor foi se dissipando, pude abrir os olhos e acordei totalmente.

Eu me senti abençoada. Agradeci a Julie e a Deus que ela tivesse voltado. Isso enfatizou o amor que eu sabia que compartilhávamos.

É claro que Julie programou a sua visita para o dia em que Lisa realmente precisasse de seu consolo. Sofrer a perda da companhia de um animal de estimação querido pode ser um processo solitário, porque as pessoas que sofrem esse tipo de perda raramente recebem o apoio emocional que merecem.

Helga é secretária aposentada na Flórida. Ela teve um encontro significativo com a mãe, que morreu de derrame cerebral aos 78 anos:

Era bem cedo de manhã, três semanas depois da morte de minha mãe. Eu estava tentando acordar, estava meio adormecida, meio acordada. Vi minha mãe da cintura para cima, ao lado da minha cama, entre a parede e a cama. Ela parecia bem real e estava a uma distância de mais ou menos um metro. Eu podia vê-la com clareza. Aparentava uns 50 anos, época em que costumava usar os cabelos castanhos e ondulados. Usava um vestido marrom, com estampa de flores lilás, do qual gostava muito.

Mamãe parecia muito inquieta porque estava preocupada comigo. Ela disse em alemão: "Helga, não sofra mais por mim. Eu estou muito bem. Estou livre de tudo". A voz era exatamente a dela. Ela me amava tanto, que queria me consolar dizendo que estava bem.

Com isso, acordei totalmente, procurando por ela, mas ela não estava mais lá. Fiquei espantada com essa experiência. Foi muito bonita, mas realmente eu não sabia o que fazer com ela naquele momento.

Um relato como o de Helga nos faz pensar sobre aquelas pessoas que perderam um ente querido, mas nunca tiveram uma experiência de CPM. Será que elas não são merecedoras? Será que foram abandonadas? Será que devem concluir que seus entes queridos que fizeram a passagem não se preocupam com seu sofrimento e sua perda? Essa questão será abordada com atenção no capítulo final deste livro.

Bruce, de 43 anos, é consultor de um empreiteiro para sistemas de segurança, na Flórida. Ele chegou a uma nova consciência da vida, algum tempo depois da morte do pai, em virtude de um ataque cardíaco:

> Aconteceu na semana da morte de meu pai. Eu estava meio acordado, meio adormecido, quando percebi que meu pai estava ao pé de minha cama. Eu não tive medo, mas fiquei curioso. Ele aparentava ser bem mais jovem e estava muito saudável, como se tivesse uns 40 anos.
> Papai flutuava a cerca de um metro do chão, usava alguma coisa parecida com um macacão branco e brilhante. Ele não parecia totalmente sólido, mas também não era transparente – eu não podia ver através dele. Ele estava brilhante, quase cintilava. Estava tranquilo e determinado.
> Conforme fiquei consciente da presença dele, passei desse estado crepuscular para totalmente acordado. Fiquei olhando para ele por alguns segundos. Ouvi claramente a voz de meu pai dizendo: "Não se preocupe comigo. Tudo vai ficar bem". Depois ele começou a se desmaterializar e desapareceu. Foi isso.
> Pessoalmente, não me preocupo em convencer ninguém porque sei o que aconteceu. Sei o que eu vi – o meu pai esteve ali – e não tenho absolutamente nenhuma dúvida disso!
> Depois disso, comecei a sentir que a vida é um *continuum* e que esta vida é apenas um passo. A morte é simplesmente uma passagem.

Como Bruce avançou do estado crepuscular até estar completamente acordado, ele teve certeza de que seu encontro com seu pai foi real. Sua visão de que "a vida é um *continuum*" é outra forma de expressar o conceito de imortalidade. As CPMs sugerem que a vida vai além da passagem que chamamos de morte. É evidente que retemos a nossa identidade, a personalidade e a memória, quando passamos por esta transformação e entramos no próximo estágio da vida. Ou seja, parece que levamos tudo conosco, exceto nosso corpo físico e os nossos bens materiais.

Sandra é dona de casa de Ohio. Ela tinha apenas 21 anos, quando se defrontou com o pai, morto de ataque cardíaco, aos 56 anos:

> Sete ou oito meses após a morte de meu pai, eu ainda sofria muito e na verdade não estava conseguindo tocar a minha vida. Eu tinha grande dificuldade em aceitar a sua perda e estava me afundando na tristeza.

> Esta experiência pareceu um sonho, mas foi mais como se eu estivesse em estado alfa. Senti a presença de meu pai e escutei quando ele disse: "Quero que você se livre disso! Eu a amo e amo a sua mãe. Mas já está na hora de você seguir adiante com a sua vida. Estou feliz agora, aqui onde estou. Pare de querer que eu volte. Tenho outras coisas para fazer. Você tem de me deixar partir!"
> Depois disso, fiquei alerta, bem acordada. Vi meu pai parado no canto do meu quarto. Eu podia vê-lo com muita clareza, da cabeça até a cintura. Ele parecia contente, como se quisesse me mostrar que estava bem. Senti o seu amor e, então, ele se foi.
> Isso me modificou quase que instantaneamente. Senti como se dez toneladas tivessem sido retiradas de minhas costas. Tive uma sensação de paz e aceitação da morte de meu pai, e vi que era possível levar minha vida adiante e sair da espiral depressiva em que me encontrava até então.

Algumas vezes nossos entes queridos que partiram chamam a nossa atenção com reprimendas, como fez o pai de Sandra, para ajudá-la a superar o estado de desânimo em que se encontrava. Sua mudança imediata de percepção permitiu que ela finalmente aceitasse a morte do pai e estancasse a "espiral depressiva", que provavelmente também libertou seu pai, para que da mesma forma, ele pudesse seguir com a sua vida também.

Em nossa pesquisa, encontramos muitos relatos de CPMs contendo súplicas encarecidas de entes queridos que já se foram para "deixá-los ir". Aparentemente, as nossas emoções relacionadas com tristeza prolongada e grande sofrimento podem impedi-los, quase que magneticamente, de viver sua nova vida. Talvez eles também tenham a obrigação espiritual de nos ajudar em nossa dor antes de conseguirem seguir adiante.

Aqui está uma analogia que pode tornar isso mais claro. Suponha que você é um estudante universitário que ganhou uma bolsa de estudos e foi para fora cursar uma universidade de prestígio. Como você se sentiria se todo dia recebesse telefonemas chorosos e cartas de seus familiares e amigos, dizendo quanto sentem a sua falta e que não podem viver sem você, desejando que você retorne para casa o mais breve possível?

Imagine a nossa liberdade se soubéssemos, sem sombra de dúvidas, que os nossos entes queridos que já fizeram a passagem estão desfrutando uma nova vida mais feliz. Seria muito mais fácil liberá-los, deixá-los partir, com a certeza de que todos nos reuniríamos novamente.

Marge é corretora de imóveis na Flórida. Ela recebeu esta visita surpreendente da Emily, a primeira esposa de seu marido, que tinha 38 anos quando morreu de câncer e deixou duas crianças pequenas para trás:

Eu nunca fui apresentada para Emily, eu a conhecia apenas pelas fotos. Isso aconteceu cerca de três meses depois de meu casamento com Stephen. Era bem cedinho e eu estava semi-adormecida, semi-acordada.
E lá estava Emily parada ao lado de nossa cama! Ela estava igual às fotos. Usava um vestido branco esvoaçante e estava calma, tranqüila e simpática. Eu me sentei, pois estava meio tonta.
Era como se Emily estivesse na vida real. Ela estava radiante! Havia uma aura branca e brilhante – um grande círculo de luz – ao redor dela. Ela estava linda, absolutamente linda!
Ela disse: "Está tudo bem. Não se assuste. Vocês serão bons para as crianças e seu casamento vai dar certo. Vocês realmente vão ajudar meus filhos". E, então, ela se foi.
Até aquela noite eu estava sempre nervosa e tensa com a situação. Depois de minha experiência com a Emily, fiquei mais tranqüila, sabendo que tinha sido aprovada para ajudar a criar os seus filhos.

É provável que Emily tenha adquirido mais clareza após sua morte, o que a capacitou para aceitar totalmente Marge e expressar a sua aprovação carinhosa. Seria ótimo se todas as mães e pais pudessem ser mais generosos com as novas esposas e maridos que cuidam de seus filhos!

Louise, de 40 anos, é recepcionista na Carolina do Norte. Ryan, um amigo da família, lhe pediu um favor, exatamente antes de seu enterro. Ryan tinha 20 e poucos anos quando se afogou:

Quando fui para a cama, Ryan apareceu para mim. Eu estava entre acordada e adormecida, mas os meus olhos estavam abertos. Vi Ryan parado ao pé de minha cama! Ele parecia muito saudável e forte. Estava muito, muito calmo e seu rosto tinha uma aparência muito tranqüila.
Ele disse: "Louise, quero que faça uma coisa por mim. Quero que diga para minha mãe fazer um culto de confirmação no meu funeral. Perdi algumas pessoas amadas e quero que sejam salvas". Quando me sentei na cama, Ryan tinha desaparecido.
Em um culto de confirmação, ao som de uma música suave, o pastor pergunta se existe alguém que não foi salvo e não deu o seu coração para Deus. Depois, ele pede que essas pessoas vão até o altar, orem e entreguem sua vida a Deus.
Realmente hesitei em contar para a mãe de Ryan, porque sabia que a família não freqüentava a igreja regularmente. Então, eu não sabia como ela reagiria ao meu relato.

Mas na manhã seguinte, contei a ela o que tinha acontecido. Ela disse que acreditava que o filho tinha vindo até mim, e se isso era o que ele queria, então ela iria atendê-lo.

Então, houve um culto de confirmação na cerimônia do funeral de Ryan, e seu irmão Eddie foi salvo. Isto trouxe uma grande mudança na vida de Eddie, porque ele era um pouco rebelde – e, hoje, ele é policial!

Por sorte, Louise teve coragem suficiente para correr o risco de transmitir a mensagem de Ryan. Por outro lado, sua mãe foi aberta o bastante para aceitar seu pedido e atendê-lo. Talvez Ryan já soubesse que um culto de confirmação em seu funeral poderia oferecer uma oportunidade espiritual para que seu irmão redirecionasse sua vida.

Maria trabalha para o governo federal e mora em Maryland. Ela estava em alfa, quando teve esta experiência comovente com sua sogra Angelina, que morreu aos 80 anos:

Minha sogra morou conosco por cerca de cinco anos antes de morrer. Ela tinha as pernas amputadas e estava cega por causa da diabete. Nós éramos muito próximas, como mãe e filha.

Dois dias depois da morte de Angelina, meu neto, Tony, de dois anos, estava deitado ao meu lado na minha cama, e eu estava esperando que ele dormisse. Não sei se eu estava sonhando acordada.

De repente, olhei para cima e vi Angelina parada perto da cama! Mentalmente, eu disse: "Deus! Ela conseguiu as pernas de volta!" Fiquei espantada porque ela estava de pé. Ela não aparentava muita idade – parecia 20 anos mais jovem. A pele estava perfeitamente lisa, como quando casei com seu filho. Ela usava um vestido branco lindo e brilhante.

Mas Angelina não estava olhando para mim, olhava para Tony, que estava deitado na horizontal, atravessado na minha cama. Ele tinha sido a alegria da sua vida. Ela disse: "Meu querido", com muito amor em sua voz. Seu rosto irradiava uma luz brilhante. Ela sorria e seus olhos transbordavam amor.

Eu me levantei e disse: "Angelina! Você voltou! Você voltou!" Então, ela se voltou e olhou para mim e disse: "Não, querida. Eu vim só para dizer adeus". Com isso, ela olhou novamente para Tony e disse: "Meu querido, eu amo tanto você".

Ela se inclinou quase tocando o meu rosto e disse: "Eu amo você também, Maria. Adeus". Então, ela desapareceu rapidamente e eu acordei completamente.

Pensei: "Foi um sonho". Mas, quando olhei para Tony, vi que ele estava deitado exatamente na posição que eu tinha visto. E naquele momento eu soube que não tinha sido um sonho – foi uma visita verdadeira da Angelina!

É comovente saber que a Angelina, que estava cega, finalmente podia ver seu querido bisneto. Talvez, algum dia, Maria conte a Tony sobre essa visita tão especial de sua bisavó para lhe dizer adeus depois de sua morte.

Faye é repórter judicial no Sudeste. Ela foi tomada pela dor depois que o filho Chris, de 16 anos, morreu de uma doença cardíaca desconhecida:

> O pai de Chris tirou a própria vida logo depois da morte do filho, o que foi uma dupla tragédia para todos nós. Nada me consolava.
> Minha experiência aconteceu logo depois da morte de seu pai. Um pouco antes de amanhecer eu estava meio dormindo, meio acordada. Acho que posso chamar isso de estado de dormência.
> Chris sentou-se na minha cama! Ele estava sólido e bem real. Eu podia sentir a sua presença e sentir o seu cheiro. Podia olhar os seus olhos e ver seu sorriso. Eu conseguia até ver a pintinha sob seus olhos e a covinha no queixo.
> Ele parecia tranqüilo, dourado e lindo! Aparentava ter exatamente a sua idade e estar em muito boa saúde. Ele disse: "Mamãe, eu quis vir e dizer que estou bem. Eu a amo. Não se preocupe comigo". Ele também disse que o pai estava bem, mas teria de lidar com seus problemas.
> Eu apenas fiquei ali deitada por meia hora, saboreando o êxtase que algumas vezes você sente quando se é criança. Tudo o que pude pensar foi: "Isto é um presente! Chris realmente esteve aqui!". E eu fiquei tomada pela felicidade.

O relato de Faye não é comum, porque é um dos poucos que registramos, em que a pessoa que vive a experiência obtém informação sobre uma outra pessoa que morreu. As notícias que ela recebeu do pai de Chris sugerem que terminar com a vida antes do momento natural pode acarretar conseqüências que teremos de resolver depois de mortos. A questão do suicídio será explorada mais profundamente em capítulos posteriores.

Claude, 60 anos, é dentista em Washington e teve uma visão de duas tias, Pearl e Stella, irmãs de sua mãe:

> Uma noite, eu estava recostado na cama, não estava acordado, mas também ainda não estava dormindo. Eu tive o que muitas pessoas descreveriam como uma visão. Vi o rosto de minhas tias Pearl e Stella.

> Elas pareciam estar muito felizes. Estavam bem cuidadas e com o cabelo muito bem arrumado. Sua expressão facial era agradável – vamos dizer, sorridentes. Davam a impressão de bem-estar, um estado de felicidade e bondade geral.
> Se eu visse duas pessoas como elas na rua, pensaria: "Meu Deus, elas devem ter uma vida muito agradável. As coisas vão bem para elas. Elas estão felizes e devem estar fazendo algo de bom, alguma coisa que valha a pena".
> Cedo, na manhã seguinte, acho que em torno das seis horas, meu pai, que morava em outro estado, me ligou. Ele disse que minha mãe tinha morrido na noite anterior. Foi um choque total! Eu sabia que ela não estava se sentindo bem, mas não pensei que estivesse próxima da morte.
> Foi então que compreendi o objetivo da aparição de minhas tias. Essa visão me ajudou a reconhecer que a minha mãe estava em boas mãos.

As tias de Claude escolheram aparecer para ele antes de ele receber a notícia da morte de sua mãe, mas ele não tinha compreendido o significado da visita até que seu pai lhe telefonou. Essa experiência evitou que ele tivesse preocupações desnecessárias sobre o bem-estar de sua mãe, ao perceber que ela estaria na companhia segura de suas duas irmãs, que cuidariam dela com carinho.

O relato final é de Mitch, um mecânico de carros da Flórida. Ele teve esta CPM transformadora logo depois da morte de sua filha Becky, de 23 anos, em um acidente de automóvel:

> Eu não estava vivendo para Deus quando minha filha foi morta. A minha resistência a Deus era enorme. A morte de Becky foi um choque tão grande, que eu queria apenas desistir e morrer. O meu espírito estava completamente destruído.
> Naquela noite, meu sobrinho me acompanhou até a cama e eu finalmente adormeci. Por volta das duas horas, acordei em um estado de semiconsciência e tive uma visão.
> Vi Becky e duas outras jovens que tinham morrido em batidas semelhantes de carro. Ela as conhecia da escola desde pequenas. Estavam todas sentadas num banco e ao fundo havia uma luz muito brilhante.
> Eu podia ver um homem parado ali – parecia ser Jesus! Ele vestia uma túnica vermelha e estava de braços cruzados. Ele olhava para as três meninas e sorria como se estivesse satisfeito com elas.
> Becky olhou para mim e sorriu dizendo: "Papai, estou bem. Faça a coisa certa para me ver". Ela estava muito, muito feliz. Aparentava muito boa saúde, exatamente como era antes de ser morta.

Depois da visão, despertei completamente. Acordei minha esposa e contei para ela: "Não precisamos nos preocupar mais com Becky! Eu a vi! Ela está com Deus e está no Céu. Não precisamos chorar, porque ela está bem".

Mesmo estando triste, consegui enfrentar o enterro sem temor. Eu tinha muita paz no coração e na minha alma. Eu sabia que sem sombra de dúvida eu veria Becky novamente algum dia.

Acho que Deus disse: "Dei um sinal de que sua filha está bem e agora você vai trabalhar para Mim". É espantoso como Deus me transformou tão rapidamente!

Imediatamente, tive uma perspectiva completamente diferente de minha vida e soube que era uma pessoa regenerada. Era outra pessoa. Comecei a viver para Deus, a freqüentar a igreja e a trabalhar com adolescentes, da melhor maneira que podia. E hoje, oito anos depois, ainda continuo fazendo a mesma coisa.

Essa história ilustra o poder transformador potencial de uma experiência de comunicação pós-morte. Apesar de estar profundamente desolado, Mitch passou por um renascimento espiritual e descobriu uma nova direção e objetivo para sua vida. Outros relatos neste livro também demonstram que muitas pessoas obtêm um crescimento pessoal impressionante como resultado da experiência de ter uma CPM.

As experiências crepusculares deste capítulo são virtualmente as mesmas que as outras pessoas relataram ter tido quando estavam totalmente acordadas. A única diferença é que nossos familiares e amigos que se foram podem nos contatar com mais facilidade quando estamos em um estado de consciência relaxado, aberto e receptivo.

É possível ter experiência de CPM enquanto você está dormindo? O próximo capítulo é dedicado a relatos de CPMs durante o sono e responderá a esta e a muitas outras questões.

capítulo 10
Mais do que um sonho:
CPM durante o sono

*Seis semanas após sua morte,
meu pai apareceu para mim em um sonho...
Foi uma experiência inesquecível, que me levou a
pensar pela primeira vez sobre a vida após a morte.*

CARL G. JUNG

MUITAS PESSOAS relataram ter sido contatadas por um ente querido que já partiu enquanto dormiam profundamente. Como não tinham nenhum outro nome para essa experiência, freqüentemente a chamaram de "sonho". Porém rapidamente acrescentaram: "Mas não foi como num sonho comum". Chamamos estas experiências de CPM durante o sono, e elas são um tipo muito comum de comunicação pós-morte.

Existem muitas diferenças significativas entre um sonho comum e uma CPM durante o sono. Um sonho geralmente é fragmentado, confuso, cheio de simbolismo e incompleto, de várias maneiras. Apesar de alguns serem emocionalmente muito intensos, normalmente são bastante irreais e, muitas vezes, são logo esquecidos.

Ao contrário, as CPMs durante o sono parece uma visita real, cara a cara, com os entes queridos que já partiram. São mais ordenadas, coloridas, nítidas e memoráveis do que a maioria dos sonhos. Na verdade, algumas podem ser visões que ocorrem durante o sono.

Ao ler esses relatos sobre as CPMs durante o sono, observe que são basicamente muito parecidos com os das CPMs que acontecem quando as pessoas estão totalmente acordadas ou em estado crepuscular.

Certamente, muitas experiências de sono que incluem um familiar ou amigo falecido não são CPMs. A maioria é apenas um sonho normal baseado em lembranças e em outros materiais emocionais do subconsciente. Para a pessoa enlutada, esses sonhos são uma parte benéfica e normal de seu processo de superação de dor. As pessoas que sonharam com seus entes queridos falecidos e também tiveram CPMs durante o sono dizem que podem facilmente fazer a distinção entre esses dois tipos de experiências diferentes.

Uma pessoa querida que morreu pode entrar em contato se você estiver muito relaxado, aberto e receptivo, como se estivesse em estado alfa ou adormecido. Esse é o momento em que você está mais propenso a deixar de lado as distrações do mundo material e harmonizar seu coração e mente com a dimensão espiritual.

Os três primeiros relatos são exemplos de CPMs durante o sono, nos quais um ente querido que já se foi "invade" um sonho normal.

Robin é diretora de um centro de atendimento a crianças na Flórida. Ela recebeu essa visita oportuna de seu avô, muitos anos depois de sua morte, decorrente de um ataque cardíaco, aos 70 anos:

> Eu estava no primeiro ano da faculdade, dormindo no quarto do alojamento escolar. Estava sonhando com alguma coisa quando o meu avô entrou no sonho! Ele estava bem ali e eu podia sentir o cheiro de cigarro e de seu perfume, e perceber o seu calor.
> Ele parecia preocupado e protetor. Ele disse: "Feche as janelas! Você deve cuidar de si mesma! Feche as janelas!" Era um alerta preciso.
> Acordei sobressaltada, sentei e olhei em volta. Meu quarto tinha várias janelas que davam para um pátio e outro localizado perto da escada de incêndio. Então, me levantei e fechei todas as janelas.
> Depois de meia hora, ouvimos um grito da garota do quarto perto da parte baixa do corredor. Um homem subiu pela escada de incêndio e parece que tentou entrar pelas janelas do meu quarto e depois foi para a janela da outra moça. Mais tarde ele foi capturado!
> Meu avô apareceu quando a necessidade de proteção era evidente. Ele provou que estaria comigo para sempre.

O momento em que um ente querido que já se foi entra em um sonho se parece com aquele em que estamos assistindo a um programa de televisão e uma voz subitamente diz: "Interrompemos este programa para fazer uma declaração especial!" O avô de Robin mostrou que olhava por ela ao verbalizar a sua mensagem urgente: "Feche as janelas!", quando ela realmente precisava de proteção.

Jay é um advogado de 45 anos de Montana. Ele teve este rápido encontro com seu amigo e cliente, Neil, que morreu subitamente aos 70 anos de idade:

Eu estava legitimando o inventário de Neil, que estava avaliado em mais de um milhão de dólares. Ele mesmo escreveu o testamento um dia antes de sua morte. O documento era longo e continha inúmeros erros. Era literalmente um pesadelo legal, o tipo de confusão que poderia acabar nos tribunais por anos a fio.
Eu tinha ido dormir e estava sonhando com alguma coisa agradável, quando Neil se intrometeu no meu sonho com a mesma atitude apressada que tinha quando era vivo. Parecia como realmente era em vida – ativo, alegre e agitado.
Olhei para ele e disse: "Espere um pouco, você está morto! Mas aqui você está vivo!" Eu estava ponderando como Neil poderia estar vivo e entrar no meu sonho.
Ele me comunicou: "Não se preocupe, tudo vai dar certo". Eu pensei imediatamente: "Com todos os problemas que vejo do ponto de vista legal, tenho as minhas dúvidas". Ele disse: "Não, tudo vai terminar bem". Eu quis conversar, mas ele estava muito apressado, da mesma forma que sempre tinha sido na Terra, e saiu do meu sonho.
Como Neil previu, tudo correu muito bem. Considerando o tamanho do patrimônio, a quantidade de trabalho e as possibilidades de conflitos e confusão, foi uma previsão surpreendente.

Neil entrou no sonho de Jay, deixou uma mensagem e saiu rapidamente, agindo de acordo com a sua personalidade. Aparentemente algumas pessoas mudam muito pouco depois que morrem, pelo menos no começo, já que continuam com a mesma personalidade em sua nova vida.
Gayle é uma artista da Carolina do Norte. O sonho normal que estava tendo foi interrompido por seu filho de 21 anos, Alex, que morreu afogado, em um acidente de barco:

Como qualquer mãe, eu estava muito angustiada com a perda de meu filho. Dois dias depois de seu enterro, acordei por volta das cinco horas da manhã. Não conseguia dormir, fui para a sala de estar e sentei. Fiquei rezando: "Deus, por favor! Preciso saber onde o meu filho está. Preciso saber se está bem".
Senti vontade de voltar para a cama, me deitei e adormeci. Comecei a sonhar que estava na cozinha preparando o café-da-manhã para os meus dois filhos mais novos – e Alex entrou!
Percebi que ele não deveria estar ali. Então falei em voz alta: "Alex está aqui!" Seus irmãos olharam para mim com a expressão: "O que você

está dizendo?". Notei que eles não conseguiam vê-lo – eu era a única que podia.
Alex estampava um grande sorriso no rosto. Tinha um brilho, uma luz celestial. Sua expressão era de paz, felicidade e satisfação.
Fui até ele e disse: "Alex, você está com Jesus, não está?". Ele colocou as mãos nos meus ombros e eu pus as minhas em torno de sua cintura, e ele disse: "Sim, mamãe".
Então, acordei com um sentimento de paz, sabendo que Alex estava bem. Sei que seu espírito está com Deus e que está à espera do momento em que estaremos a seu lado.

É bastante comum ter uma CPM durante o sono que envolva algumas pessoas vivas, além de um ente querido que já partiu. É interessante notar que em quase todos os casos a pessoa que vivencia uma CPM é a única capaz de perceber e se comunicar com a pessoa que morreu, enquanto os outros permanecem completamente alheios à sua presença. Por exemplo, Gayle teve um sonho normal que incluía os seus dois filhos mais novos, quando Alex apareceu subitamente em resposta às suas preces. Porém, nenhum de seus irmãos foi capaz de vê-lo ou escutá-lo, ou ter qualquer percepção de que ele estava lá.

Os próximos quatro relatos são típicas CPMs durante o sono, que aconteceram num contexto familiar.

Henry, músico aposentado da Flórida, teve esta estimulante CPM um mês após a morte de seu pai de uma enfermidade crônica aos 89 anos:

> Eu me refiro a esta experiência como um sonho. Meu pai aparecia em cores, de pé, junto à porta de entrada. Ele aparentava entre 70 e 75 anos e em vez de estar careca, tinha cabelos brancos. Usava uma calça azul-escura, uma camisa azul-clara e uma gravata azul-escura.
> Estava muito entusiasmado, muito alegre e disse: "Venha para fora". Lembro de abrir a porta e sair, enquanto segurava seu braço direito. Era como se ele tocasse meu ombro ou o meu braço, ele parecia real assim. Eu disse: "É você mesmo, papai?" Ele respondeu: "Sim, sou eu".
> Então, meu pai deu um passo para trás e disse: "Veja, eu posso andar! Estou enxergando!". Ele tinha um grande senso de humor e deu um passo e um pequeno salto. Quando estava vivo, ele não conseguia andar sem seu andador e estava totalmente cego ao morrer.
> Quando acordei, eu estava exultante. Isso confirmou a existência da vida depois da morte para mim. Não existe morte, existe apenas a vida.

Não é surpreendente que Henry tenha ficado encantado com a sua experiência. É sempre uma alegria descobrir que o aleijado pode andar e o cego pode enxergar em sua nova vida.

Ethel é professora de jardim-da-infância na Geórgia. Ela teve este nítido encontro com seu irmão Vern, que morreu de câncer com a idade de 60 anos:

> Meu irmão Vern era primeiro-tenente do Exército. Ele foi ferido no Vietnã. No final de sua vida, ele não conseguia mais andar e, portanto, ficou confinado a uma cadeira de rodas.
> Tive momentos difíceis ao lidar com sua morte porque tentei mostrar-me muito corajosa. Quando ele morreu, eu já vinha segurando minhas emoções por tanto tempo que não consegui chorar.
> Seis semanas depois de sua morte, sonhei que Vern estava parado na porta de meu quarto. Ele não estava mais mutilado pela guerra! Usava seu uniforme completo de gala, com o qual fora enterrado. Ele estava muito vistoso e elegante, perfeitamente paramentado.
> Saí da cama e chamei: "Vern!" Ele estava sorrindo, estendeu os braços e corri para ele. Ele me abraçou e pude sentir seus braços ao meu redor. Olhei para ele e foi maravilhoso. Eu disse: "Você está bem! Você pode andar!".
> Vern respondeu: "Sim, estou bem!". Então, me beijou e disse que me amava e que estaria sempre comigo. Ele me consolou como ninguém mais poderia ter feito e comecei a chorar de alegria.
> Coloquei minha mão sobre seu rosto e ele disse: "Não chore. Sempre estaremos juntos". Estávamos nos abraçando bem apertado e ele começou a desaparecer bem devagar.
> Acordei quando Vern se foi e chorei durante horas naquela noite. Antes de sua morte, tínhamos combinado que ele encontraria uma forma de voltar se pudesse. Vern definitivamente cumpriu a sua promessa!

Se Ethel não tivesse nos contado que estava adormecida quando teve esta CPM com o irmão, teríamos presumido que ele tinha aparecido para ela enquanto ela estava totalmente acordada. Este é outro exemplo de alguém que fez um pacto antes de morrer e cumpriu sua promessa.

Ann coloca molduras em quadros em Maryland. Tinha 21 anos quando foi contatada por seu irmão Barry, de 18 anos, morto em um acidente de motocicleta:

> Depois que Barry morreu, fiquei indignada e amargurada com o mundo. Mais ou menos um mês depois, tive o que chamo de sonho, mas não era um sonho. Era como se eu estivesse conversando com ele pessoalmente.

Eu estava no quintal da casa de campo de meus pais, e Barry veio caminhando em minha direção. Ele usava uma calça *jeans* e uma camisa de flanela – seu traje habitual. Seus cabelos louros e encaracolados estavam cheios de luz. Ele estava lindo!
Dava a impressão de estar feliz, contente e cheio de amor. Parecia o dono do mundo, como se soubesse de tudo – sem dúvidas, nem questionamentos, apenas cheio de confiança. Havia uma luz maravilhosa ao seu redor – uma luz esplêndida, cálida.
Perguntei: "Barry, o que você está fazendo aqui?". Ele olhou para mim e respondeu: "Vim para lhe dizer que está tudo bem". Perguntei: "O que você quer dizer? Que não doeu quando você morreu?".
Barry disse: "Sim, doeu por um minuto. Foi uma sensação de opressão. Em seguida, eu estava descendo por um túnel escuro. E, de repente, entrei nesta maravilhosa e brilhante luz branca".
Ele continuou sorrindo para mim e eu me sentia cheia de amor e luz. Foi muito intenso! Ele acrescentou: "Eu só queria lhe dizer que amo você, Ann". Depois, ele se virou e foi embora.
Acordei imediatamente e toda a raiva e a frustração que eu sentia se foram. Realmente acredito que Barry veio me dizer que estava bem, para que eu pudesse ficar bem. Chamo de sonho por não ter conseguido dar outro nome. Mas realmente aconteceu!

Muitas pessoas ficam preocupadas com a intensidade do sofrimento da pessoa querida ao morrer. Principalmente no caso de morte violenta e repentina, por acidente, assassinato ou na guerra. Ann perguntou ao irmão o que quase todos querem saber sobre esse tipo de morte: "Não doeu quando você morreu?".

A resposta de Barry para a irmã foi muito tranqüilizadora. Também é representativa de muitos outros relatos similares que registramos. Sistematicamente, nossos entes queridos que já partiram querem que saibamos que deixaram o corpo muito rapidamente e sentiram pouca ou nenhuma dor física no momento de sua morte. De fato, existe alguma evidência, baseada em nossas pesquisas e em outras fontes, de que, no caso de morte iminente e certa, nossos entes queridos deixam o corpo imediatamente antes ou no momento do impacto. Isso se aplica a situações como colisões de automóveis, acidentes de avião, acidentes de trabalho, explosões, desastres naturais, incêndios, assassinatos e guerra.

Experiências de quase-morte dão a certeza de que isso é verdadeiro. Apesar de geralmente sentir alguma dor no início, a pessoa rapidamente saía do corpo e flutuava sobre a cena do acidente ou do campo de batalha, ou pairava perto do teto do quarto de hospital, ou ainda começavam a se movimentar em um túnel em direção a uma luz brilhante. É claro que todos os que passaram por experiências de quase-morte voltavam para seu corpo físico ferido e geralmente tiveram de suportar mais sofrimento depois de a sua experiência terminar.

Barry também mencionou ter passado por um "túnel escuro" e emergido em "uma maravilhosa e brilhante luz branca". Vários relatos de CPMs muito similares às descrições de quase-morte serão apresentados no próximo capítulo.

Greg é estudante universitário de 20 anos de idade, em Virgínia do Oeste. Ele teve este encontro com o amigo, Evan, que foi eletrocutado num acidente de trabalho no canteiro de obras aos 20 anos:

> Evan e eu fomos grandes amigos por nove anos. Fazíamos tudo juntos, exceto quando estávamos na escola, no trabalho ou quando começamos a namorar.
> Tive um sonho, duas noites após a morte de Evan. Eu estava no ponto onde a estrada se bifurca em um caminho para minha casa e outro para a casa dele. Estávamos de pé, olhando um para o outro e tudo parecia bem verdadeiro.
> Nós estávamos realmente emocionados de nos vermos. Evan estava muito feliz e alegre. Ele tinha a mesma aparência de sempre e boa saúde. Estampava um grande sorriso no rosto.
> Perguntei a ele: "O que aconteceu?" Ele respondeu: "Eu estava lá em cima fazendo uma instalação em um poste de seis metros de altura, quando atingi alguns fios elétricos. Aconteceu alguma coisa e comecei a cair". Colocou uma mão na vertical e a outra horizontal para me mostrar como foi que ele caiu.
> Evan disse que naquele momento sentiu muito medo e depois não sentiu mais nada. Ele falou: "Eu juro, não queria que aquilo acontecesse". Ele também queria me assegurar de que não tinha sofrido absolutamente nada com aquela experiência.
> Ele me falou que não queria que nenhum de nós ficasse muito preocupado, ou extremamente triste com a sua partida, porque estava em um lugar magnífico. Era bem cuidado e estava muito feliz, esperando que fôssemos ao seu encontro algum dia. Então, eu acordei.
> Eu nunca tinha sonhado daquela maneira antes. Ter sido capaz de me comunicar com Evan depois de sua morte foi muito especial para mim. É como se partíssemos com a compreensão de que nos reuniremos novamente algum dia.

Evan certificou a Greg que não tinha sofrido ao morrer. Greg também descobriu detalhes sobre a morte de seu amigo que não conhecia e que não poderiam ter sido transmitidos por ninguém além dele. Informações como essas são recebidas de pessoas que morreram em um acidente, em suicídio involuntário ou foram assassinadas. Mas, geralmente muitos entes queridos que se foram parecem hesitantes em fornecer quaisquer pormenores sobre sua morte além de declarar: "Não foi doloroso".

Os próximos cinco relatos são exemplos de CPMs durante o sono nas quais a pessoa que tem o sonho e o ente querido que partiu se encontram em um cenário novo e estranho.

Dee é uma dona de casa de 31 anos, do Sudeste. Ela teve esta experiência auspiciosa com o filho de um ano, Joey, que nascera com síndrome de Down e morreu de deficiência cardíaca congênita:

> Joey era doente desde que nasceu. Passou metade de sua vida no hospital e faleceu subitamente um dia depois do Natal. Pensei que nunca mais seria feliz.
> Quatro meses depois, tive o que julguei ser um sonho. Joey estava brincando em um carrossel, do tipo que vemos nos parques de diversão. Ele tinha estampado um grande sorriso no rosto e parecia tão feliz e saudável como eu jamais tinha visto! Estava cheio de paz, alegria e amor.
> Joey me mostrava que estava em um lugar maravilhoso e que a dor que tinha sofrido enquanto estava na Terra tinha passado. Não tinha mais dificuldades cardíacas, nem as dores das cirurgias pelas quais passara, e nada de medicações. Eu me senti tão feliz por ele! Acordei logo em seguida.
> Senti que Joey tinha voltado do Céu para me visitar. Era como se tivesse vindo para me trazer a mensagem de que estava feliz e que eu não ficasse triste nem me preocupasse mais com ele.
> Senti-me maravilhosa porque pude ver meu bebê mais uma vez. Vou me lembrar desse sonho pelo resto de minha vida!

Os pais que sofrem uma perda poderiam receber bênção maior do que ver seus filhos deficientes ou doentes crônicos completamente curados, íntegros e livres da dor? Como Dee, eles agora têm uma lembrança nova e duradoura para confortá-los até que finalmente se reúnam com os seus filhos ou filhas, quando for sua hora de morrer.

Uma vez que compreendemos que os nossos entes queridos que já se foram estão em uma forma de existência mais feliz e livre, podemos finalmente nos alegrar por eles. E, sabendo disso, podemos nos curar emocionalmente aqui, e agora, certos de que isso é o que eles querem que façamos, por nós e por eles.

Maureen, de 57 anos, é gerente administrativa aposentada, na Flórida. Ela desfrutou de um momento muito bonito com sua filha de 33 anos, Jill, que sofreu de asma crônica durante toda a vida:

> Dois meses após a morte de Jill, sonhei que ela veio me visitar uma noite. Havia um arco-íris e grossas nuvens ao fundo da cena.
> Ela usava uma adorável túnica branca e esvoaçante com punhos bem largos, como uma toga de formatura. O cabelo estava lindo e ela irradiava uma aura que iluminava todo o espaço. Parecia tão serena e tão feliz – mais feliz do que jamais a tinha visto em toda a sua vida.
> Eu disse para Jill: "Por que você foi tirada de mim? Eu a amo tanto e não consigo compreender". Ela respondeu: "Não chore mais por mim, mamãe. Estou feliz! Estou livre agora e posso voar alto com os pássaros!".
> Conforme ela falava, o entusiasmo pelo lugar onde estava agora e a felicidade que sentia ficavam evidentes. Senti que Jill falava para mim diretamente do Céu.
> Então ela estendeu o braço e seus dedos tocaram os meus. Ela disse: "Não chore mais por mim. Estaremos juntas novamente algum dia".
> Quando acordei, senti alívio porque ela tinha alcançado a paz que procurava. Estava finalmente aproveitando a vida! Estou certa de que, quando eu morrer, as mãos de Jill se estenderão para mim.

Maureen pôde finalmente aliviar as lembranças dolorosas de sua filha como uma jovem sofrendo de uma enfermidade crônica. Ela compreendeu que Jill tinha superado este nível de existência e entrara em outro, onde a partir de então era um espírito livre que podia "voar alto com os pássaros". O que mais podemos desejar para nossos entes queridos após sua passagem?

Janet é enfermeira na Dakota do Norte. Ela se tornou uma mãe enlutada ao sofrer a perda do filho de quatro anos devido a uma hemorragia cerebral:

> Aconteceu aproximadamente um ano após a morte de meu filho. Eu me lembro do sonho como se fosse na noite passada. Eu estava de pé na margem de um rio e olhava para Toby do outro lado.
> O lado onde ele estava era de um verde exuberante, repleto de belas árvores. A água era de um azul lindo e eu podia ouvir os pássaros. Era o paraíso, como o Jardim do Éden. Tudo era muito quieto e tranquilo.
> Toby estava perto da margem do rio, em pé sobre o gramado, com flores até a cintura. Era um menininho, o mesmo pequenino que eu perdera. Estava usando uma camiseta listrada e calça *jeans*, e estava tão real e feliz.

Continuei tentando chegar até Toby, mas não conseguia. Ele me olhou e falou muito calmamente: "Não, mamãe, você não pode vir até aqui. Eu estou bem. Estou ótimo. Mas você não pode vir até aqui". Ele precisou me dizer isto várias vezes, porque eu queria atravessar o rio para estar com ele.
Toby me acalmava como um adulto faria. Por outro lado, eu me sentia quase uma criança, como se uma pessoa mais velha e mais sábia estivesse falando comigo. Ele dizia para eu me acalmar e compreender que sua vida agora era boa. Ele me passou a impressão de que estava em paz e no lugar ao qual pertencia.
O sonho parecia tão real, tão real como a própria vida. Quando acordei, lamentei que o sonho tivesse terminado. E, no entanto, ainda me sentia muito confortada por ele.

Janet tem a lembrança permanente de ver seu filho em um ambiente celestial. A sabedoria e autoridade de Toby possibilitaram que ela aceitasse que ele "está no lugar ao qual pertence".

Esta é uma das muitas CPMs durante o sono em nossos registros em que havia um obstáculo entre o ente querido que já partiu e a pessoa que passou pela experiência, o qual nenhum dos dois tinha permissão de ultrapassar. Barreiras semelhantes também são mencionadas em relatos de experiências de quase-morte.

Rosemarie é assistente administrativa na Carolina do Norte. Ela teve esta experiência esclarecedora de CPM cerca de quatro meses após a sua avó falecer de câncer, aos 66 anos:

Uma noite, quando estava dormindo, vi minha avó – foi como um lindo sonho. Ela estava ali comigo. Parecia que estávamos em um outro plano ou em uma dimensão diferente.
Vi apenas seu rosto e ombros – ela estava muito jovem e linda. Aparentava 20 e poucos anos. Fiquei surpresa que estivesse tão jovem, mas a reconheci imediatamente como minha avó. Era como se ela pudesse escolher ter a idade que quisesse.
Ao se aproximar, brilhava e emanava amor. Senti uma energia e um calor me envolverem. A sensação era de uma massagem agradável que fazia o meu corpo formigar. Fui tomada por esse sentimento de amor incondicional, como se nunca tivesse feito nada de errado.
Eu disse para ela repetidamente: "Eu a amo, eu a amo, eu a amo". Ela me respondeu: "Eu sei. Estou feliz e muito bem. Você não precisa se preocupar mais comigo. Estou no Céu".

Minha avó afirmou que existe um Céu e que não importa o que você tenha feito, aos olhos de Deus você está perdoada. Você é pura e amada de uma maneira que só Ele poderia amá-la. Isso me tocou tão profundamente que eu sabia que era verdade.
De repente, percebi que estava sentada na cama e que minha avó tinha ido embora. Depois disso eu nunca mais sofri por ela.

Poucos de nós experimentam na Terra a intensidade de amor incondicional que Rosemarie sentiu. É uma reminiscência do infinito amor que tantas pessoas dizem ter encontrado quando encaram uma experiência de quase-morte e viajam para planos espirituais mais elevados.

Vickie, administradora de uma faculdade de Utah, tinha 39 anos quando teve este encontro com o pai. Ele morreu com 69 anos, de uma infecção por estafilococos que desenvolveu no hospital, depois de uma cirurgia cardíaca:

Quando meu pai morreu, fiquei furiosa! Eu quis processar o hospital! Sentia que se ele não tivesse contraído aquela infecção, ele estaria bem e nós continuaríamos a ser uma família.
O meu sonho aconteceu na noite do meu aniversário, quase três semanas após a morte de meu pai. O cenário era um tipo de névoa cinza, em um espaço e tempo completamente diferentes. Meu pai e eu estávamos de frente um para o outro e ele parecia saudável. Era como se estivéssemos juntos em carne e osso!
Ele segurava o meu braço enquanto eu lhe dizia: "Pai, não foi certo você ter ido". Ele respondeu muito atentamente: "Você não devia ter raiva. Eu estava pronto para ir. Era a minha hora". Ele me puxou em sua direção e me abraçou.
Naquele ponto, eu sabia que meu pai estava certo. Ele veio para me dizer isso e me consolar. Foi maravilhoso vê-lo novamente e me senti muito grata. Repeti várias vezes: "Obrigada, pai!".
Quando acordei, senti uma alegria imensa – alegria em meio à tristeza. Compreendi que meu pai viera até mim porque eu tinha direcionado mal a minha raiva e isso me impedia de superar o meu pesar. A despeito de quaisquer erros que pudessem ter acontecido em seus cuidados médicos, ele tinha vivido plenamente. Ele estava preparado para a morte e estava pronto para partir – era realmente a sua hora.
Percebi que o meu pai me deu o maior presente de sua vida. Foi realmente reconfortante saber que eu não tinha sido abandonada, que espiritualmente ainda estávamos próximos. O vínculo que temos como pai e filha e o amor que compartilhamos permanecerão para sempre.

Hoje em dia temos expectativas tão grandes da tecnologia médica, que é quase impensável que um ente querido possa morrer num hospital por causa de uma simples infecção, especialmente depois de uma bem-sucedida cirurgia cardíaca. É compreensível que quando isso aconteceu com Vickie, seu choque, indignação e confusão tenham sido insuperáveis.

O poder de cura de uma CPM é ilustrado novamente pela mudança dramática que Vickie experimentou quando seu pai, que já fizera a passagem, a contatou no dia de seu aniversário. A explicação – "Eu estava pronto para ir. Era a minha hora" – e seu abraço caloroso disseram muito com poucas palavras. Em conseqüência, Vickie foi capaz de abrandar a sua raiva e aceitar a morte do pai, sabendo que a relação de amor entre ambos é eterna.

Os dois próximos relatos são exemplos de CPMs em que um ente querido que já se foi voltou para dar conforto e apoio para quem ficou, durante um período de incertezas.

Jean, 32 anos de idade, trabalha no setor de reservas de um parque temático na Flórida. Ela recebeu apoio emocional de sua avó Miriam, que morreu de câncer:

> Cinco anos depois, precisei fazer uma histerectomia. Era a primeira vez que passaria por uma cirurgia. Uma semana antes da operação, eu estava muito preocupada porque nunca tinha passado por uma anestesia.
> Uma noite, eu estava bastante aborrecida antes de ir para cama. Então tive um sonho no qual Miriam veio até mim. Era diferente de um sonho normal – parecia real. Estávamos de pé em um espaço calmo e agradável. Ela estava muito serena e saudável.
> Miriam disse que tudo ficaria bem e que estaria comigo durante a operação; eu não ficaria sozinha. Então me deu um abraço. Quando acordei, parecia que ela ainda me abraçava.
> Nunca mais acordei daquele jeito – estava totalmente relaxada e tranqüila. O nervosismo e a preocupação já não estavam mais presentes. Foi como se alguém tivesse tirado tudo com uma varinha mágica.
> Eu estava calma quando fui anestesiada porque sabia que Miriam estaria lá e eu não passaria sozinha por aquela situação. Até saí do hospital dois dias antes do previsto!

Encarar uma operação que requer uma anestesia geral pode revelar temores escondidos que temos sobre a morte. Nesses momentos, podemos nos assustar e nos sentirmos muito vulneráveis, muito sozinhos. A promessa de Miriam de assistir à operação trouxe grande conforto para Jean. Além disso, em vez de ficar andando de um lado para o outro, tomando cafezinho na sala de espera do hospital, a avó, que já se fora, poderia segurar a mão de Jean na sala de cirurgia, sem ser vista pelos médicos e enfermeiras.

Kaye, uma mãe de Indiana que sofreu a perda do filho foi inspirada por Bryan, de 12 anos, que morreu de fibrose cística:

> Tive cinco filhos – três meninos e duas meninas. Os meninos tiveram fibrose cística e perdemos todos em um período de 15 anos.
> Por ter ficado no hospital com os meus meninos todos aqueles anos, me interessei em ajudar crianças em fase terminal e suas famílias. Eu queria fazer para os outros o que tinha sido feito por mim.
> Assim, um ano depois da morte de meu último filho, Bryan, prestei exame para entrar na escola de enfermagem. Mas, eu estava fora da escola havia 25 anos e comecei a hesitar sobre a minha decisão. Fiquei preocupada enquanto não recebia minha carta de aprovação.
> Uma noite, tive este sonho. Encontrava-me em um restaurante que estava sendo arrumado para uma grande festa. Caminhei até a mesa do bufê e Bryan estava parado lá!
> Ele não era mais meu menino de 12 anos, pálido e magro. Tinha mais de 1,80 metro de altura e parecia ter em torno de 25 anos! Sua aparência era saudável e forte! Ele parecia muito feliz, tranqüilo e seguro de si.
> Bryan sorria para mim e estendendo as mãos me deu um grande abraço. Eu podia senti-lo – ele era completamente real! Fiquei agarrada nele.
> Eu disse: "Bryan, o que você está fazendo aqui? Você parece tão bem!". Ele respondeu: "Estou bem, mamãe. Tive de voltar para lembrá-la das coisas que me ensinou".
> Perguntei: "O que é, Bryan?". Ele respondeu: "Mãe, você tem de correr atrás dos seus sonhos. Faça o que achar que tem de ser feito e realize o que você sente que tem de ser realizado. Muitas vezes é isso que Deus quer que você faça". Foi assim que o sonho terminou e acordei chorando, porque a conversa tinha sido tão real!
> A correspondência chegou ao meio-dia do dia seguinte e recebi a notícia de minha aprovação na escola de enfermagem! Naquela altura, eu sabia que, definitivamente, deveria me tornar uma enfermeira.
> Hoje, sou enfermeira certificada, trabalho em pediatria e com pais de crianças com fibrose cística. Sinto que este é o lugar onde quero estar.

É profundamente tocante saber que uma mãe que perdeu três filhos pela mesma doença escolha tornar-se enfermeira, especialmente para ajudar outras pessoas que enfrentam desafios semelhantes. Quem poderia atender melhor esses pacientes e suas famílias do que alguém que esteve tantas vezes na mesma situação? Essa é a filosofia de todos os grupos de ajuda bem-sucedidos, inclusive os grupos que apóiam as pessoas enlutadas.

Apenas um ano depois da morte de Bryan, aos 12 anos de idade, ele voltou para Kaye como um jovem de 20 e poucos anos. Esta CPM é um dos muitos relatos que registramos, nos quais um bebê ou uma criança aparece claramente mais velho do que a idade com que faleceu. A princípio, pode parecer uma idéia preocupante que uma criança possa avançar na idade tão rapidamente. Mas, assim como pessoas mais velhas podem escolher voltar para a juventude depois que morrem, aparentemente as crianças podem avançar para a idade que julgam adequada.

Os dois próximos relatos são exemplos de CPMs durante o sono, nas quais as pessoas encontraram dois entes queridos que já se tinham ido, mas que voltaram juntos com um propósito muito especial.

Margo é uma dona de casa da Flórida. Ela teve esta visita emocionante de seu bebê natimorto, Ann Marie, e sua sogra, Nadine, que morreu de câncer aos 45 anos:

> Quando eu estava grávida de seis meses, meu bebê morreu. Isso aconteceu porque o cordão umbilical tinha um defeito no local onde se ligava a ela. Vi Ann Marie apenas uma vez, quando ela foi retirada.
> Um mês depois, minha sogra, Nadine, apareceu no meu sonho. Eu nunca a tinha encontrado, porque ela tinha morrido dez anos antes que eu conhecesse meu marido. Mas eu a reconheci das fotografias que tinha visto. Aparentava ter a minha idade, usava uma saia escura e uma blusa branca.
> Era dia – uma manhã realmente luminosa – e havia um carrinho de bebê grande e antigo no quintal. Nadine sorria e segurava o bebê. Ann Marie parecia estar viva, mas era realmente pequenina, como uma boneca. Estava usando uma manta rosa de tricô e um pequeno chapéu rosa.
> Minha sogra disse: "Tudo está bem agora. Estou com o seu bebê. Vou cuidar dele até que você venha se juntar a nós".
> Quando acordei, senti alívio porque sabia que a pequena vida de Ann Marie não tinha se acabado. Sabia que meu bebê estava com a avó e ainda vivia no Céu.

Uma mãe enlutada por um aborto ou um bebê natimorto sabe bem o que Elisabeth Kübler-Ross descreve como "a dor da perda de algo que nunca se teve". A dor e o sofrimento de Margo são tão reais e merecedores de cuidado, quanto a de qualquer mãe ou pai que amou e cuidou de uma criança que nasceu viva e saudável, mas morreu mais tarde.

Alana é empresária em Ohio. Seu primeiro marido, Craig, morreu em um acidente aos 21 anos, e sua filha Amber, de 18 meses, do segundo casamento, morreu sufocada:

> Aproximadamente seis meses depois da morte de Amber, tive um sonho. Foi o sonho mais nítido, colorido e tranqüilizador que tive em toda a minha vida!
> Era um dia de verão, claro e ensolarado, e eu estava olhando para um caminho através do campo. Havia enormes árvores de bordo ladeando a estrada. Eu podia ver o sol através das folhas e ouvir o canto dos pássaros. Diretamente na minha frente, descendo a estrada para o outro lado, estava meu primeiro marido, Craig. Ele estava de mãos dadas com Amber, minha filhinha.
> Eles se voltaram lentamente de frente um para o outro e fizeram um giro de 90 graus em minha direção. Amber sorria encarando Craig e então olhou para mim. Craig disse: "Alana, não se preocupe. Amber está bem. Vou ficar de olho nela".
> Craig sorria e estava feliz por Amber estar ao seu lado, como se sempre tivessem se conhecido. Então Amber sorriu novamente, me deram as costas e continuaram a caminhar.
> Nesse momento, acordei, mas sabendo que não tinha sido um sonho. Eu sabia que era real! A tranqüilidade que me invadiu era inacreditável.
> Senti que Craig quis me trazer um pouco de paz porque eu estava bastante agitada desde a morte de Amber. Sua intenção foi me mostrar que a minha menininha estava bem. Assim eu soube que ela não estava em algum lugar sozinha, sem ninguém que olhasse por ela.

Muitos pais em luto se perguntam: "Quem vai cuidar do meu filho no Céu, se nenhum familiar próximo morreu?". Os dois relatos anteriores sugerem que sempre existem pessoas amorosas para receber nossas crianças. Na verdade, parece que podemos todos ter certeza que existem inúmeros ajudantes espirituais para receber e socorrer nossos entes queridos quando eles fazem a passagem.

Algumas pessoas têm mais de uma CPM durante o sono, com a mesma pessoa. Lynette é diretora de uma filial de uma organização nacional de caridade no Sudeste. Seu irmão, Jerry, morreu aos 36 anos de uma pneumocistose decorrente da Aids:

Jerry tinha 1,80 metro de altura e passou de 90 quilos para 53 antes de morrer. Esta magreza fez com que ele aparentasse mais idade do que tinha. Depois de sua morte, eu estava tão transtornada com a situação de meu irmão, tão triste, que sofria o tempo todo por ele e pela minha perda.
Oito semanas depois, me vi conversando com ele em um sonho. Parecia que estávamos na sala e Jerry estava sentado em uma cadeira de balanço, na minha frente. Coloquei minha mão sobre seu joelho, que parecia extremamente real e físico.
Eu disse: "Estou tão triste e sinto tanta falta de você!". Então, eu me toquei: "Mas eu não posso estar falando com você! Você morreu!". Jerry sorriu quando disse: "Eu sei. Eu quis voltar para que você soubesse que estou bem. Tudo está ótimo e quero que você também fique bem".
Sua aparência era saudável. Ele parecia ter cerca de 70 quilos e ser um pouco mais jovem. Ele usava as suas roupas costumeiras – uma camisa de flanela e calça de veludo cotelê. Jerry estava bem novamente! Estava carinhoso e cheio de vida!
Isso não foi um sonho, foi totalmente diferente. Acredito que Jerry realmente veio me encontrar! Foi muito tranqüilizador e me senti muito bem com isso. Compreendi que meu irmão estava bem.
Um mês depois, estava me sentindo muito deprimida porque ainda sentia falta de meu irmão. Estava sonhando novamente e, desta vez, estava olhando o céu pela janela e vi um arco-íris. Para mim o arco-íris é o sinal de algo maravilhoso e bom.
Percebi alguém se aproximar por trás e soube que era Jerry. Ele colocou seus braços ao meu redor com muita firmeza e me deu um grande abraço. Senti sua presença e o calor de seu corpo – ele era bem concreto.
Jerry sabia que eu precisava dele. Era como se ele estivesse dizendo: "Estou com você e você vai ficar bem". Seu abraço foi tão real que acordei! Sabia que ele tinha estado lá – não era apenas um sonho.
Essas duas experiências foram bastante reconfortantes para mim por um bom período de tempo. Não perderam a intensidade durante quase seis anos.

É absolutamente normal ter duas ou mais CPMs com entes queridos que já partiram. Elas podem ser do mesmo tipo, como as duas experiências durante o sono, que Lynette teve com seu irmão, ou podem ser diferentes. Contatos múltiplos nos asseguram de que estamos recebendo amor e assistência contínua em nossa vida e não precisamos nos sentir sozinhos.

O último relato é de Julia, uma dona de casa de 31 anos, da Geórgia. Ela certamente não esperava ter notícias de Patrick, o filho de seis anos de seus vizinhos, Debra e Jim. Patrick foi atropelado e morto por um carro quando andava de bicicleta:

> Na noite depois do enterro de Patrick, fui dormir e estava sonhando como normalmente acontece. De repente, escutei a voz de uma criança pequena – ele simplesmente invadiu o meu sonho. Ouvi claramente uma voz chamando: "Mamãe". Parece que vinha de longe.
> Então, percebi que era Patrick! Era como se ele estivesse lá, apesar de não poder vê-lo. Tive a impressão de que ele dizia: "Estou lhe deixando uma mensagem. Diga para a minha mãe e meu pai que estou bem. Quero que eles saibam que estou seguro. Sei que estão sofrendo, mas, por favor, diga a eles para não chorarem por mim". Foi como se o pensamento todo tivesse sido implantado em minha mente.
> Acordei e pulei da cama! Meu coração estava a mil! Era tão real que eu ainda podia ouvir o som da voz de Patrick.
> Logo depois, saí da cidade por algumas semanas, mas o sonho não se dissipava. Ainda era tão nítido seis semanas mais tarde quanto naquela noite.
> Então, sua mãe, Debra, um dia veio à minha casa. Contei a ela que Patrick tinha vindo até mim e ela foi totalmente receptiva. Disse que precisava ouvir aquilo, apesar de aquele relato não fazer a dor ir embora ou o sofrimento cessar. Mas era algo em que os pais de Patrick podiam se apoiar e encontrar conforto.
> Apesar de antes sermos apenas conhecidos, Debra e eu nos tornamos grandes amigas desde então. Sempre teremos essa ligação em comum por intermédio de Patrick.

Este é um exemplo excelente de recepção de uma mensagem de alguém que morreu, sabendo para quem transmiti-la e ter a coragem de fazê-lo. Na ocasião, Julia pouco sabia o quão importante seria para os pais de Patrick ouvir suas palavras de conforto e confiança.

Entrevistamos também a mãe e o pai de Patrick. Aqui está o que Debra, a mãe de Patrick, nos contou:

> Fiquei arrepiada quando Julia me contou. Acreditei nela imediatamente. Senti-me bem por Patrick ter aparecido para Julia, pois ele sabia que eu acreditaria nela. Aquilo nos ajudou a saber que ele está bem. Desejo que todos os pais em luto possam ter uma Julia!

E Jim, o pai de Patrick, declarou:

Eu não conhecia Julia muito bem naquela época, mas quando ela nos contou, acreditei totalmente. Não tive a menor dúvida. Senti que um peso fora retirado e tive uma sensação de alívio. Fiquei muito contente que Patrick tivesse aparecido para ela. Desde então, a nossa vida tomou um rumo espiritual muito positivo.

A experiência de Julia produziu resultados muito positivos. Todos se beneficiam quando superamos o nosso medo de sermos tachados de "estranhos" ou "esquisitos" ou "malucos", e nos arriscamos a compartilhar uma mensagem proveniente de uma CPM. Se não fizermos isso, nunca saberemos tudo de bom que pode acontecer ou quantas pessoas finalmente podem ser auxiliadas.

Se você tiver uma CPM e receber uma mensagem para outra pessoa, escreva a sua experiência palavra por palavra imediatamente, para não esquecer. Detalhes que podem parecer insignificantes para você, podem ter grande significado para outra pessoa. Se você não se sentir à vontade para transmitir a mensagem, sempre pode começar dizendo para o destinatário algo como: "Na noite passada eu tive um sonho tão diferente..."

Os relatos deste capítulo demonstraram que as CPMs durante o sono são totalmente diferentes dos sonhos comuns. Elas podem fornecer tanta informação e conforto quanto as experiências que as pessoas têm quando estão acordadas ou em alfa.

Você está familiarizado com experiências fora do corpo? Já ouviu falar de encontros com entes queridos que partiram durante uma EFC[3]? Este é o assunto fascinante do próximo capítulo.

---

3. Experiência fora do corpo. (Nota do Autor)

capítulo 11
De volta para casa:
CPMs extracorpóreas

*Experimentei a realidade do corpo
espiritual e aprendi que ela tem quase todas
faculdades do corpo físico, porém com mais
sensibilidade e com algumas dimensões agregadas...
A transição não será chocante, mas apenas
uma continuação de quem sou agora.*

CATHERINE MARSHALL

ESTE CAPÍTULO contém relatos de pessoas que afirmam ter tido contato com um familiar ou amigo que já se foi durante uma experiência fora do corpo. Chamamos estas comunicações pós-morte de experiência fora do corpo ou, para abreviar, CPMs EFC. Elas são um tipo relativamente menos comum de comunicação pós-morte.

As experiências fora do corpo não são um fenômeno novo. Elas foram relatadas de forma constante ao longo da história e têm sido pesquisadas e registradas por mais de um século. Inúmeros livros fornecem instruções detalhadas de como realizar uma EFC.

A premissa básica é que você é um ser espiritual que está usando ou habitando um corpo físico durante sua vida na Terra. Você pode deixar o seu corpo temporariamente e viajar uma curta distância ou fazer uma jornada para as estrelas. Algumas pessoas afirmam que foram capazes de visitar outras dimensões, incluindo reinos espirituais.

Podem ocorrer CPMs extracorpóreas enquanto você está acordado, em alfa ou quando você está dormindo. Elas são experiências extremamente nítidas, intensas, coloridas e vibrantes, tanto que as pessoas freqüentemente se referem a elas como sendo "mais real do que a própria vida".

Muitas pessoas que tiveram uma experiência fora do corpo ou as estudaram afirmam que existem amplas evidências para acreditar que elas são autênticas. Milhões de pessoas que deixaram seu corpo físico e o viram abaixo delas durante uma experiência de quase-morte estão certas de ter tido uma EFC.

Não está no âmbito de nossa pesquisa explicar ou defender a realidade das experiências extracorpóreas. Em vez disso, apresentaremos relatos de pessoas que acreditam ter tido uma CPM durante uma EFC, e convidamos você a formar a sua própria opinião sobre este assunto.

Os dois primeiros relatos são exemplos de CPMs EFC nas quais as pessoas viajaram dentro da própria casa.

Shirley, enfermeira de Wisconsin, teve este encontro místico com a sua filha de cinco meses, Amanda, que morreu em virtude de um defeito cardíaco congênito:

> Após três ou quatro semanas da morte de Amanda, eu estava deitada na cama, mas não dormia. De repente, senti que estava sendo puxada para fora do meu corpo. Senti que estava no alto do meu quarto, perto do teto, olhando pela janela.
> A janela inteira foi preenchida por uma luz dourada mais brilhante que eu podia imaginar! Era como se alguém estivesse vindo na sua direção em um carro com o farol alto ligado. Senti que a luz me absorvia e percebi a presença de minha filha.
> Então, vi Amanda! Vi seu espírito naquela luz! E eu a ouvi – era uma comunicação telepática. Ela disse: "Muito obrigada por tudo o que você me deu. Eu a amo muito".
> De repente, senti uma presença muito, muito poderosa – a presença de Deus. Senti a mais inacreditável sensação de amor e compreensão de toda minha vida. E, naquele momento, compreendi tudo!
> Lembro que fui dominada por tudo aquilo. Era como estar em um estado de deslumbramento. Era um sentimento de total aceitação e amor por quem eu sou. Era um amor espiritual sem amarras. Depois disso, dormi profundamente.
> Foi muito mais do que apenas um sonho. Senti que era realmente uma comunicação com minha filha. E senti que era uma dádiva que me havia sido dada.

A CPM fora do corpo de Shirley, incrivelmente bela e transformadora, tornou-se uma experiência sagrada para ela. Mais uma vez, uma criança muito jovem comunicou uma mensagem de amor madura que estava muito além de sua idade cronológica.

Peter, vendedor na Flórida, teve este encontro seis meses após a morte de sua filha, April, devido a uma hemorragia cerebral após um acidente de automóvel quando ela tinha 20 anos. Uma série de CPMs olfativas que ele e sua mulher tiveram com April foi apresentada no capítulo 5:

> Uma noite, enquanto estava sentado na cama, tive esta experiência fora do corpo: de repente, percebi que estava no *hall* de entrada da minha casa. Minha filha April estava parada lá!
> Ela usava um manto branco. Eu conseguia ver as mãos e os antebraços, o pescoço, os ombros e o seu rosto. O tom da pele era perfeito e o cabelo estava lindo. April estava absolutamente impecável!
> Eu ficava repetindo: "April, eu a amo! Eu a amo!". E ela disse: "Papai, eu sei disso. Está tudo bem". Eu quis tocá-la, abraçá-la e beijá-la. Mas conforme eu me aproximei, ela se afastou e disse: "Papai, você ainda não pode me tocar". E eu compreendi.
> Então, perguntei: "April, você está no Céu?". Ela respondeu: "Sim!". Quis saber: "E como é o Céu?". Minha filha, que tinha um tremendo senso de humor, disse: "Você sabe como é a vida dos ricos e famosos? Bem, é como viver na pobreza se comparado com a vida no Céu!".
> Então, ela disse: "Tenho de ir agora". Fiquei repetindo: "Eu a amo, April, eu a amo". Ela disse "Sim, eu sei, papai", conforme ela se afastava pela porta e para fora da casa. Voltei para a cama e tive uma boa noite de sono.
> Na manhã seguinte, contei sobre esta experiência a minha esposa e ela pensou que eu estava meio louco.

Enquanto relatos anteriores deste livro incluíram abraços e beijos em um familiar que já tinha feito a passagem, Peter não teve permissão de tocar a sua filha. Afirmações semelhantes também são relatadas em algumas CPMs fora do corpo, durante o sono e visuais.

Em cada um dos próximos quatro relatos de CPMs, a pessoa fez uma viagem extracorpórea consideravelmente mais longa enquanto estava em contato com um familiar que já partira.

Nora é uma dona de casa de 44 anos, que mora nas proximidades de Orlando, Flórida. Ela teve esta CPM EFC com sua mãe, que morreu de uma enfermidade cardíaca aos 72 anos de idade.

> Minha mãe morreu em junho e eu viajei em férias para a ilha Sanibel em agosto. Eu estava deitada na cama quando, de repente, senti que alguma coisa estava acontecendo comigo.

> Eu tinha saído do meu corpo! Era uma sensação muito, muito estranha. Eu podia ver meu corpo deitado na cama e, então, com a mesma rapidez, eu estava de pé na cozinha nos fundos da casa.
> Pensei "O que estou fazendo aqui?", quando ouvi uma voz dizendo "Olá, Nora". Eu me voltei e lá estava a minha mãe! Eu não podia acreditar! Fiquei tão chocada quando a vi, que apenas disse: "Mamãe!".
> Ela estava tão linda! Seu rosto estava brilhando intensamente e havia uma luz ao redor dela. Ela aparentava uns 50 anos e estava feliz como ninguém.
> Minha mãe pegou na minha mão e caminhamos para fora da cozinha. Quando chegamos à porta da frente, ela afagou a minha mão e disse: "Vim para dizer adeus. Eu a amo e sempre vou olhar por você e seus filhos". Ao dizer isso, mamãe exibia um sorriso lindo e angelical. Então, ela se foi.
> Fiquei ali parada sozinha, mas em segundos senti que estava descendo para o meu corpo, de volta sobre a cama, na ilha Sanibel. Fiquei deitada, completamente desperta e me senti tão segura e protegida, como quando eu era criança.
> Não tenho dúvida de que isso realmente aconteceu comigo. Isso me provou que existe vida após a morte e me mostrou que eu não tenho de temer a morte.

É fácil reconhecer uma descrição clássica de uma experiência fora do corpo, ao ler um relato como o de Nora. Assim que ela saiu do corpo, foi capaz de olhar para baixo e ver o seu corpo físico dormindo sobre a cama. E, quando Nora voltou, ela entrou novamente em seu corpo, que estava, em segurança, aguardando o seu retorno.

Cada trecho de 500 quilômetros do percurso de ida e volta de Nora, da ilha Sanibel no Golfo do México para a sua casa no centro da Flórida, ocorreu quase instantaneamente. Parece que o tempo e a distância não são fatores limitantes durante as experiências extracorpóreas porque, evidentemente, a viagem é realizada em uma velocidade enorme.

Jonathan é estudante universitário de 20 anos, em Massachusetts. Sua irmã, Érica, morreu em um acidente de carro, aos 17 anos:

> Alguns meses depois da morte de Érica, eu estava dormindo em meu quarto – eu dormia profundamente. De repente, reconheci que estava voando sobre Stockbridge, minha cidade natal, a cerca de 2,5 quilômetros da minha casa. Eu me sentia muito vivo e muito real.
> Olhei em torno e vi minha irmã! Érica estava bem ao meu lado, segurando a minha mão. A sensação de sua mão na minha era muito real.

Nós estávamos flutuando alto, por cima dos telhados. Eu podia ver as cores dos edifícios e até os sinais de trânsito, como se fosse dia claro.
Érica estava toda de branco – usava uma túnica branca iluminada e brilhante. Parecia muito macia, como a túnica de um anjo, e se agitava ao vento.
Ela tinha no rosto o seu sorriso de sempre – um sorriso feliz, radiante e luminoso. Ela estava como no último dia em que a vi, em perfeita saúde.
Érica me dizia que tudo estava bem e que eu não me preocupasse. Então, ela subiu devagar dentro da luz e acenou um adeus.
Quando acordei, eu estava muito feliz. Foi como se pensasse: "Puxa! A Érica é meu anjo e está olhando por mim!".

Apesar de muitas pessoas lembrarem claramente de deixar o corpo e retornar a ele durante uma EFC, algumas, como Jonathan, simplesmente não se recordam dessa parte da aventura. CPMs extracorpóreas espontâneas podem ser profundamente imprevisíveis, especialmente para um novato. Enquanto algumas pessoas viajam para áreas próximas e conhecidas, como aconteceu com Jonathan, outras podem chegar a um destino totalmente estranho, distante muitos quilômetros do ponto de origem.

Ron é corretor da bolsa de valores, de 36 anos, na Califórnia. Ele teve esta experiência cósmica um ano depois da morte de sua irmã, Bobbie, morta aos 53 anos de complicações ocorridas durante uma hospitalização:

Antes de me deitar, eu estava deitado de bruços e descansando em um estado de quase meditação. De repente, senti a presença de minha irmã, Bobbie.
Ela voou em minha direção e agarrou a minha mão. Pude sentir o seu toque – ela era real! Bobbie usava uma túnica feita de um material leve, fluido e fino. Ela estava mais jovem e em perfeita condição física.
Minha irmã estava tão feliz quanto nunca a tinha visto, sorrindo o tempo todo. Seus olhos estavam realmente brilhantes e cintilantes, e ela estava muito contente. Bobbie me disse por telepatia: "Vamos nos divertir, Ron!". Eu respondi: "Vamos".
E, de repente, minha irmã e eu irrompemos no espaço. Foi uma experiência única! Eu podia ver as estrelas e os planetas e todos os tipos de constelações passando. Tudo era nítido, muito intenso e muito brilhante.
Não olhei para trás, apesar de perceber um rastro de luz brilhante atrás de nós. Conforme íamos cada vez mais rápido, Bobbie se voltou e disse: "Não é uma experiência maravilhosa?". Eu falei: "Sim, vamos continuar!".

Nós rimos e continuamos a nossa ascensão. Estou certo de que estávamos viajando na velocidade da luz ou mais rápido ainda.
Então, comecei a pensar: "Agora, pare! Aonde você está me levando? Até onde nós vamos? Como vou voltar ao planeta Terra?". Bobbie percebeu o meu medo e a resistência e em poucos momentos eu estava de volta à Terra e na mesma posição de bruços, sobre minha cama.
Eu estava arrepiado e todo meu corpo estava totalmente energizado. Abri os olhos e disse: "Puxa!".

Poucas pessoas relataram ter recebido um convite desse tipo de um ente querido que já partiu ("venha comigo") e depois terem tido uma CPM EFC deliciosa. Algumas receberam o mesmo convite, mas tiveram medo e recusaram. Provavelmente porque não estivessem familiarizadas com experiências fora do corpo, ou porque erroneamente pensaram que tal pedido significasse que morreriam e se juntariam a seus entes queridos para sempre.

Maryann, uma dona de casa da Flórida, fez uma longa viagem, cerca de um ano depois que seu filho de 18 anos, Shawn, foi atropelado e morto por um automóvel:

Eu dormia profundamente e tive a sensação de que havia duas de mim. Uma estava deitada na cama. A outra, a verdadeira, estava sendo puxada para cima. Eu podia olhar para baixo e ver meu corpo adormecido.
Eu estava sendo puxada para o alto, estava sobre a casa, olhando para as árvores lá embaixo, eu subia cada vez mais alto – muito longe – e de repente, Shawn estava lá! Fiquei tão surpresa ao vê-lo! Estava muito claro, mas não existia nada em volta. Tive uma sensação de flutuar como se estivesse suspensa no espaço.
Meu filho e eu nos abraçamos. Foi tão maravilhoso, era simplesmente arrebatador! Não existiam palavras, apenas essa grande alegria e o fato de que Shawn realmente ainda estava vivo. Houve essa compreensão como uma comunhão, um saber, uma aceitação.
Eu soube que meu filho estava bem e que ainda se preocupava comigo. Ele estava consciente de minha vida, mas também tinha a sua própria, uma vida sem restrições, com liberdade e conhecimento muito além do que temos aqui na Terra.
Então, retornei ao meu corpo, na minha cama e acordei. Pensei comigo mesma: "Esta existência mais parece um sonho. Aquela existência parece mais real que a vida". Foi a experiência mais reconfortante e real que jamais tive.

Sei que verei Shawn novamente um dia e que ele estará esperando por mim – tenho certeza disso.

Ainda choro porque tenho saudades de meu filho. Mas não choro mais porque penso que ele não está vivo. Não choro porque penso que nunca mais vou vê-lo novamente.

Ao sair de seu corpo físico, Maryann viajou no seu corpo espiritual uma distância desconhecida para visitar seu filho que já fizera a passagem. Aparentemente, naquele plano, que "parecia mais real que a vida", podemos nos encontrar como seres eternos e atingir um estado de comunhão com nossos entes queridos que já se foram, que pode ser mais íntimo, completo e satisfatório do que os encontros que temos aqui na Terra.

As próximas duas CPMs aconteceram em uma outra dimensão da existência.

Betsy é gerente de uma loja de varejo no Sudeste. Ela dirigia o carro quando sofreu um acidente junto com os filhos Nathan, de seis anos, e Travis, de quatro anos. Apesar de não sofrer nenhum ferimento grave, seus dois filhos morreram instantaneamente:

Enquanto eu estava no hospital, eu não queria viver. Nada fazia sentido e eu só queria desistir e morrer. Eu não queria viver sem os meus filhos.

Um anjo veio até mim e me pegou pela mão com firmeza. Senti um amor que nunca tinha sentido antes. Ele me levou para uma linda campina, era do mais belo verde-esmeralda e o céu azul era vibrante e claro. As cores são difíceis de descrever porque não são como as cores que vemos aqui.

Havia uma luz brilhante, branca e lavanda, em torno da campina, mas ela não feria meus olhos. Era um ambiente muito suave e terno.

Conforme o anjo e eu pairávamos sobre a campina, ouvi o som de risadas, ouvi meus filhos – Nathan e Travis! Olhei para baixo para ver o que estavam fazendo. Minha visão era realmente muito boa – pude me aproximar deles com os olhos.

Nathan e Travis estavam em um grupo com outros meninos e meninas. Eles estavam cheios de vida e saudáveis – totalmente felizes, correndo e brincando. Havia tanta beleza, tanto amor, que tomava o ambiente...

O anjo me disse: "Seus filhos estão bem e você vai vê-los novamente. Não se preocupe". Quando tentei alcançar Nathan e Travis, fui repentinamente empurrada de volta para a cama do hospital. E isto foi o fim de minha experiência.

O anjo sabia que eu tinha de ver que os meus meninos estavam bem. Nunca conheci um amor maior do que esse.

Anjos são participantes ocasionais em experiências de CPMs. Eles geralmente são a escolta misericordiosa, que pode nos levar diretamente para aqueles nossos entes queridos que já partiram. Apesar de agirem por conta própria e serem enviados como mensageiros divinos, presume-se que sejam capazes de nos ajudar de múltiplas formas.

Assim como Betsy, as pessoas podem conseguir algumas habilidades ampliadas ao visitar a dimensão espiritual. Se as pessoas ou os objetos aparecerem ao longe, poderemos facilmente ajustar nossa visão para vê-los com mais clareza. Isso se chama "visão telescópica". Outro benefício relatado nesse terreno é que a maioria das comunicações é realizada por telepatia. Mesmo as pessoas que falam línguas completamente diferentes na Terra, aparentemente podem compreender e conversar umas com as outras. E, apesar de poder caminhar de um lugar para o outro, é evidente que as pessoas têm um meio de transporte mais eficiente, especialmente para longas distâncias. Elas apenas têm de visualizar a pessoa ou o lugar que querem visitar e quase que instantaneamente estarão lá.

Ginger é uma enfermeira de 41 anos, de New Jersey. Ela teve este encontro celestial com um ex-paciente, aproximadamente seis meses após sua morte:

> Corey era um bebezinho que estava sob meus cuidados em uma unidade de terapia intensiva neonatal. Ele tinha deficiências de nascimento muito severas, incluindo palato fendido, lábio leporino, deformidades faciais e problemas cardíacos sérios.
>
> Fiquei muito próxima de sua mãe e desde seu nascimento, sabíamos que ele morreria. Corey viveu aproximadamente cinco meses e morreu no dia de Natal.
>
> Logo depois, comecei a trabalhar com grupos de ajuda a pais que perderam seu bebê. Uma tarde, a mãe de Corey ficou para um encontro individual comigo, porque estava com muita dificuldade para lidar com a morte de seu filho.
>
> Mais tarde, naquela noite, tive uma experiência fora do corpo e fui para um outro plano, outra dimensão de realidade. Trata-se de um plano espiritual onde as crianças se reúnem – grupos de pequenos seres altamente evoluídos.
>
> Havia muitas flores em volta e tudo era muito colorido. Tudo era refrescante e claro, mais brilhante do que o habitual e mais vivo do que em nossa dimensão.

Corey saiu de um grupo de bebês, com quem estava brincando, e veio até mim. Ele estava absolutamente lindo e radiante. Não era mais deficiente e malformado – estava curado e inteiro, sem quaisquer defeitos! Ele era um bebê muito lindo!
Ele se comunicou comigo por telepatia, dizendo: "Obrigado por cuidar de minha mãe. Você a está ajudando realmente. Quero que você a faça saber que estou bem e que tudo está bem. Estou feliz agora".
Não tenho a lembrança da viagem de volta ao meu corpo, mas essa experiência ficou muito, muito clara quando acordei.
Compartilhei a minha história com a mãe de Corey, que deu a ela grande conforto e paz. Ela ficou especialmente aliviada ao ouvir que seu bebê estava curado.

Uma enfermeira como Ginger, com a sua merecida credibilidade, foi a intermediária perfeita para levar a mensagem de Corey para a sua mãe, com humildade e convicção. Com base em nossas pesquisas, as enfermeiras têm mais experiência de CPMs do que outros profissionais. Isso não é surpreendente, porque elas desenvolvem grande sensibilidade espiritual e emocional ao cuidar de seus pacientes, especialmente dos doentes terminais.

Os cinco relatos restantes de CPMs extracorpóreas são bastante parecidos com experiências de quase-morte (EQM), mas existe uma diferença extremamente importante. Todas essas pessoas que tiveram CPMs EFC estavam com boa saúde e não corriam nenhum perigo, nem estavam à beira da morte, quando fizeram suas viagens. Conforme vocês forem lendo estes relatos de EQMs, percebam que as pessoas viajaram em seu corpo espiritual através de um túnel em direção a uma luz brilhante e encontram um ou mais familiares e amigos que já tinham feito a passagem. Ao completar a visita, eles retornaram através do túnel e reentraram em seu corpo físico.

Pauline, de 55 anos, é uma dona de casa inválida, da Geórgia. Ela teve esta espantosa excursão de ida e volta com seu marido, Art, depois que ele foi assassinado:

Várias semanas após a morte de meu marido, tive um sonho. Art veio, me pegou pela mão e passamos através de um túnel. Era como uma espiral e havia uma luz branca no final.
Art estava em perfeita saúde e vestido normalmente. Ele me mostrou a pequena casa de dois cômodos, onde estava morando. Ele disse que estava indo para uma casa intermediária, para ajudá-lo a superar o choque da passagem muito repentina quando ele foi morto.

Ele me mostrou o que estava fazendo – trabalhava com flores. Eu nunca tinha visto flores tão bonitas em toda a minha vida. Não posso nem descrever as cores! Eram rosas do tamanho de pratos de jantar! E havia borboletas também. Era tudo tão lindo!

Então, Art me trouxe de volta através do túnel. Quando acordei, estava chorando – as lágrimas rolavam pelo meu rosto. A minha experiência foi realmente linda!

Algumas pessoas que tiveram CPMs EFC a chamaram de "sonho" porque não tinham conhecimento sobre as experiências extracorpóreas. Enquanto muitas já tinham ouvido o termo, poucas tinham lido algum relato a respeito.

Baseados em nossas pesquisas e em outras fontes, um dos objetivos da "casa intermediária" é ajudar as pessoas que passaram por uma morte repentina e violenta devido a um acidente, assassinato ou guerra. Esses centros de reabilitação parecem oferecer orientação, educação e cura espiritual e emocional para aqueles que ficaram traumatizados por eventos como esses. Eles aparentemente facilitam a transição das pessoas que precisam descansar durante algum tempo, depois de sofrer durante muito tempo de enfermidades espiritualmente debilitantes. E esses locais, também segundo relatos, servem de centros de boas-vindas para aqueles que negaram a possibilidade de vida após a morte e precisam passar por um período de adaptação a seu novo e inesperado estado de existência.

Ellie é processadora de dados em Míchigan. Ela teve uma nova compreensão da vida quatro meses depois que seu filho, Don, morreu em um acidente de automóvel aos 26 anos de idade:

> Fui para a cama e fechei os olhos, mas não estava dormindo. Então, percebi que estava me movimentando em direção a um pequeno ponto de luz. Eu estava em um túnel e a luz foi ficando cada vez maior e mais brilhante, mas não feria os meus olhos. Eu sabia que não era uma experiência de quase-morte, porque eu nem sequer estava doente!
>
> Essa luz de brilho intenso era serena e reconfortante – eu não conseguia desviar os olhos dela. Parecia que me puxava em sua direção e eu podia ver o contorno de uma figura em uma túnica esvoaçante, com as mãos estendidas, como se me desse as boas-vindas. Cheguei mais perto e pude ver meu filho, Don! Ele estava dentro da luz.
>
> Escutei a voz de Don em minha cabeça dizendo firmemente: "Pare! Ainda não é a sua hora, mamãe. Volte! Estou bem e você tem muito o que fazer".

Não me lembro de meu retorno pelo túnel. A luz simplesmente se moveu rapidamente para longe de mim e desapareceu, e então, eu estava completamente acordada.

Antes, eu nunca havia pensado sobre a minha própria mortalidade, mas agora não tenho medo da morte. Sei que algum dia, quando o meu trabalho tiver terminado aqui, estarei com Don novamente.

Com certeza, este aparenta ser um típico relato de experiência de quase-morte e, como em muitas EQMs, Ellie ouviu a enfática declaração "Não é a sua hora ainda". Isso sustenta a teoria de que a vida física na Terra é uma escola e que não estamos prontos para nos formar até termos completado todos os nossos cursos. Aparentemente, aprender a amar e a servir aos outros são as nossas primeiras lições espirituais.

Rosalind, uma dona de casa de Missouri, teve uma visita excepcional de seu filho de 19 anos, Charlie, cerca de três anos depois de sua morte em um acidente de motocicleta em 1985:

Era uma noite como outra qualquer e eu tinha feito o que fazia todas as noites – tomei um banho e fui para a cama por volta das dez horas. Não sei quando o sonho começou, mas eu caminhava através de um túnel muito luminoso. Eu sentia um aroma doce e fresco, como se houvesse flores. O túnel era muito, muito longo e parecia que eu não chegaria a seu final.

Quando cheguei, Charlie estava ali parado! Ele vestia uma calça *jeans*, a camiseta de um grupo de rock que ele sempre usava e tênis. Estava feliz como quando era vivo, sempre rindo e brincando. Ele aparentava a mesma idade e gozava de boa saúde.

Então vi minha mãe e meu pai! Papai faleceu em 1966 e mamãe, em 1980 – pareciam exatamente os mesmos. Senti como se tivessem morrido e ido para o Céu!

Charlie me agarrou e disse: "Mamãe! O que você está fazendo aqui? Eu disse: "Eu vim para ficar com você e seus avós". Ele falou: "Ainda não é hora de você vir para cá".

Voltei-me para mamãe e papai e disse: "Eu vim para ficar com vocês". Eles disseram: "Não, você tem dois filhos em casa. Você tem um marido e uma neta e precisa ficar com eles. Você ainda não está pronta para vir para cá".

Insisti dizendo: "Quero ficar com vocês". Meus pais continuaram falando: "Não! Não, você não pode. Você tem de voltar. Estamos cuidando de Charlie e ele está em boas mãos". Eu não queria sair, mas de repente, estava voltando através do túnel e acordei. Foi uma experiência maravilhosa!

Ainda não era a minha hora de ficar com eles, mas algum dia, irei. Fiquei contente por vê-los e conversar com eles novamente. Eu sei que Charlie está em um bom lugar e que meus pais estão cuidando dele.

Quando ainda não é nossa hora exata de ir para o Céu, parece que a questão é inegociável. Apesar do desejo de Rosalind de ficar com os pais e o filho que já haviam partido, como muitas outras pessoas que experimentaram a quase-morte, ela foi fortemente advertida de que precisava voltar para completar suas responsabilidades com sua família na Terra.

Dottie, uma dona de casa de 44 anos, de Míchigan, fez um passeio glorioso por um reino espiritual:

> Em um sonho, flutuei pelo meio de um túnel longo e escuro, que parecia não ter fim e aparentava ser feito de pedra ou tijolos escuros.
> Havia uma luz muito brilhante, cálida, branca e com reflexos dourados no final do túnel. Alguma coisa me impelia adiante – eu tinha de ir para aquela luz! Eu sentia uma presença muito afetuosa e sabia que aquela luz não iria me ferir. Então, entrei na luz como se estivesse caminhando em uma neblina.
> Fui recebida por uma senhora que estendia as mãos na minha direção. Senti que era Maria, Nossa Senhora. Ela nunca disse quem era, mas eu sabia quem Ela era, e eu A amei. Ela segurou gentilmente na minha mão e eu pude sentir Seu calor e Seu amor.
> Fiquei aliviada e me senti muito tranqüila de estar com Ela. Ela usava um manto branco de tecido, tão claro que brilhava intensamente. Eu soube que Ela olhava por mim e me amava.
> Nossa Senhora foi a minha guia em um lindo jardim onde corria um riacho claro e imaculado. Toquei a água e ela era real. A grama e as árvores eram de um verde luminoso e havia flores de todos os tipos.
> Eu estava em um lugar parecido com um parque e podia ver grandes construções de cristal à distância. Havia uma luz brilhante que vinha de algum lugar, e todas as cores eram muito nítidas.
> Vi meu pai, meu padrasto e meu sogro, todos sentados à margem do rio. Eles me acenavam, dizendo: "Olá, Dottie!". Eles estavam pescando com vara de pesca e molinete – todos tinham sido pescadores durante a vida. Mas nunca se conheceram, enquanto estavam vivos aqui na Terra.
> Havia uma atmosfera muito tranqüila. Eu me senti muito feliz, calma e descansada. Enquanto estava lá, eu não queria ir embora. Todos estavam felizes e não vi ninguém trabalhando. Encontrei uma amiga que tinha

morrido havia muito tempo e ela disse: "Não se preocupe. Estou realmente feliz agora". E também vi minha priminha.
Nossa Senhora falou: "Está na hora de ir embora" e me conduziu de volta até a entrada do túnel. Percebi que Ela ficou até que percebesse que eu estava dentro da luz. Mas não me lembro do retorno através do túnel.
Senti que me confiaram um conhecimento que a maioria das pessoas não tem. Sempre fui uma pessoa muito religiosa, mas agora me sinto muito mais próxima de Deus.

Acompanhada com benevolência por Nossa Senhora, Dottie deve, com certeza, ter visitado o Céu. A luz radiante, o amor envolvente, a beleza indescritível e a sensação de reluzente vitalidade presentes nessa exposição geralmente são mencionados em relatos de experiências prolongadas de quase-morte. Também é muito interessante que os três homens que foram membros da mesma família, mas que nunca tinham se conhecido na Terra, se encontraram e se tornaram amigos depois de mortos. Talvez, algum dia, todos nós descobriremos que pertencemos a uma família espiritual muito maior.

O último relato é de Michelle, recepcionista de um quiroprático, na Califórnia. Ela teve esta alegre CPM, dois anos depois que sua filha de 11 anos, Ângela, morreu em um acidente de automóvel:

Uma noite, logo depois que adormeci, senti como se estivessem me puxando e que estava indo muito rapidamente através de um túnel. Vi uma luz na minha frente e fiquei assustada.
Ouvi uma voz que disse: "Não se preocupe. Não se assuste. Você não sofrerá nenhum mal. Você não vai morrer. Se quiser voltar, você pode. Se quiser ir em frente, você pode". Decidi seguir em frente e continuei indo rapidamente. Senti o vento em meu rosto e o cabelo esvoaçando. A sensação era de euforia. Olhei em volta e vi lindas árvores, céu azul, flores lindas e grama verde. As cores eram muito vibrantes e tudo era muito nítido. Eu até podia ouvir os pássaros cantando. Pensei: "Bem, onde quer que eu esteja, é maravilhoso!". Caminhei e vi algumas crianças. Quatro menininhas estavam sentadas sobre um cobertor, brincando e tomando chá. Fui até lá e perguntei: "Vocês conhecem minha filha, Ângela?" Tivemos uma comunicação telepática. Uma das meninas me disse que ela estava na casinha de brinquedo e apontou para mim onde era.
Caminhei até a casinha de brinquedo e olhei pela janela. Vi Ângela jogando baralho em uma mesa. Eu estava tão feliz! Bati na vidraça, pude ouvir e sentir o som.

Ângela olhou para cima, me viu e saiu. Nós nos abraçamos e comecei a murmurar: "Eu sinto muito pelo que aconteceu com você". Pensar em minha filha morrendo em um acidente de carro foi uma coisa muito difícil de lidar, por isso eu só chorava e chorava.

Ângela estava realmente adorável, calma e serena. Ela disse: "Você sabe, mamãe, está tudo bem. Não estou ferida. Estou bem. Você tem de parar de se preocupar comigo. Estou bem e feliz aqui".

Eu me acalmei e olhei para ela de verdade. Ela estava linda! Não tinha cicatrizes. Usava um vestido branco, acetinado e dourado. E quando ela se mexia, suas roupas pareciam brilhar.

Fiquei totalmente aliviada e senti que minha energia se esvaía. Ela disse: "Mamãe, eu sei que não pode ficar. Mas não vai levar muito tempo e nós estaremos juntas novamente. Você vai ver!"

Nós nos abraçamos e Ângela disse: "Você precisa voltar agora, mamãe". Retornei pelo mesmo caminho, de volta através do túnel. Quando cheguei, acordei.

Posso me lembrar daquela experiência com todos os detalhes. Foi maravilhoso! Mesmo tendo registrado por escrito, não preciso ler – ela está gravada em minha mente para sempre.

Assim como Michelle, inúmeras pessoas que passaram pelo processo de quase-morte fizeram uma viagem fora do corpo através de um túnel, viram uma luz muito brilhante e visitaram o reino dos Céus. Com freqüência, também se encontraram com entes queridos que se foram e seres celestiais, e seu extraordinário testemunho confortou e inspirou milhões de pessoas que responderam ao apelo da verdade espiritual em seus relatos de EQM.

Como você viu neste capítulo, nossa pesquisa revelou que não é preciso que a pessoa esteja próxima de sua morte para ter uma experiência fora do corpo, que envolva a viagem através do túnel e o encontro com familiares e amigos na luz. Os últimos cinco relatos de CPMs EFC demonstram que qualquer pessoa pode ter uma "experiência do túnel" mesmo estando em excelentes condições de saúde.

Ainda existe outro tipo de EQM que não inclui contato com ninguém. Uma mulher que entrevistamos, em boa saúde e totalmente acordada, estava em pé próxima da pia da cozinha. Ela saiu de seu corpo espontaneamente, viajou pelo túnel e encontrou uma luz muito brilhante que transformou a sua vida. Nossos registros contêm diversas experiências semelhantes que aconteceram quando os participantes estavam em alfa ou adormecidos.

Durante a nossa pesquisa sobre CPMs aprendemos que existe um largo espectro de "experiências do túnel" que as pessoas podem ter quando estão saudáveis. Elas geralmente envolvem a visão de uma luz brilhante e também podem ter encontros com entes queridos que já partiram ou com figuras religiosas e visitas ao plano espiritual. Estudos futuros dessas experiências do tipo EQM poderão fornecer evidências adicionais da vida após a morte.

Você já ouviu o telefone tocar e quando atendeu, ouviu a voz de um ente querido que já partiu? Isso pode acontecer enquanto a pessoa está dormindo ou acordada, e as CPMs por telefone serão amplamente discutidas no próximo capítulo.

capítulo 12
De pessoa para pessoa:
CPM por telefone

*Você vive na Terra apenas por um curto período
de tempo que você chama de encarnação e, depois,
deixa seu corpo como se fosse uma roupa usada
e vai repousar em seu verdadeiro lar espiritual.*

WHITE EAGLE

IMAGINE QUE você escutou o telefone tocar. Quando você atende, ouve a voz de um ente querido que já partiu e recebe uma breve mensagem. Ou você pode ter uma conversa. Chamamos essas experiências de CPM por telefone ou fenômeno das vozes eletrônicas, que podem acontecer quando você está dormindo profundamente ou está completamente acordado. Elas são as menos comuns dentre os 12 principais tipos de comunicação pós-morte.

O recebimento de uma chamada telefônica e a conversa com um familiar ou amigo falecido, enquanto você está dormindo, é semelhante a qualquer outra CPM durante o sono. A única diferença é que vocês estarão se falando por telefone em vez de ter um encontro face a face.

Uma CPM por telefone enquanto a pessoa está acordada tem algumas características interessantes. O telefone toca de verdade. Quando você pega o telefone e diz "Alô", você ouve um ente querido que já partiu do outro lado da linha. Pode parecer que a voz dele ou dela vem de muito longe, ou a voz pode soar forte e clara. Ao completar a ligação, você não vai ouvir a pessoa desligando. Por essa razão, não vai haver nenhum som de desligamento ou de linha. Em vez disso, o telefone estará silencioso, como se a linha tivesse sido cortada.

Os primeiros quatro relatos são exemplos de transcomunicação por telefone que ocorreram enquanto as pessoas que viveram a experiência estavam dormindo. Como não tinham nenhuma palavra que pudesse descrever esses acontecimentos incomuns, eles geralmente diziam que a sua experiência tinha acontecido dentro de um "sonho".

Alice é gerente de contas a pagar, em Massachussetts. Ela recebeu uma CPM por telefone de seu filho de 16 anos, Trey, morto por afogamento:

> Trey era um garoto que estava sempre levando pontos e coisas do tipo. Quando se afogou, eu não quis ir vê-lo no pronto-socorro. Ir lá e não poder fazer nada, eu não agüentaria. Depois, me senti muito mal e vivia dizendo: "Eu poderia ter ido para me despedir do meu filho".
> Logo depois de sua morte, o telefone tocou no meu sonho. Atendi e ouvi a voz de Trey. Ele disse apenas: "Mãe", bem rapidamente, como se alguma coisa tivesse acontecido. Era seu jeito típico de falar.
> Eu disse: "Trey, é você? Onde você está?". Ele respondeu: "Liguei para dizer que estou bem e que amo você". Ele falou mais devagar e mais calmamente do que era seu costume, mas com certeza era sua voz. Ele estava calmo, como se não quisesse me preocupar. Tudo parecia muito real. Então, o telefone ficou mudo.
> Trey teve de me dizer que estava bem, porque sabia como eu estava preocupada com ele. Esse sonho também me convenceu de que eu não ter me despedido não era um problema.

A maior parte das pessoas se arrepende depois, se não teve a chance de dizer adeus para um ente querido que estava morrendo. Assim como Alice, as pessoas também podem se sentir culpadas quando, mesmo tendo a oportunidade de estar presentes, sentiam-se emocionalmente incapacitadas de fazê-lo.

Nossos entes queridos que já se foram parecem entender com facilidade e aceitar as nossas limitações humanas. É evidente que eles querem que nos libertemos da culpa e da autocensura desnecessárias, ficando livres para seguir adiante com nossa vida. Mais uma vez, isto confirma a mensagem de amor curativa contida nas experiências de CPM.

Carole, uma hipnoterapeuta de 43 anos, de Míchigan, teve esta conversa telefônica, 12 semanas após a morte de sua mãe:

> Minha mãe morreu em uma explosão de gás. Foi muito repentino e não havia um corpo para ser velado. Por isso era muito difícil para mim compreender essa morte. Eu me pegava pensando que não era verdade. Simplesmente, eu não aceitava o fato de que ela tinha partido – estava em estado de negação total.

Enquanto eu dormia, o telefone tocou no meu sonho. Atendi e ouvi minha mãe dizendo: "Carole, é mamãe". Senti um choque quando ela disse aquilo. E eu sabia que era ela!
Comecei a chorar incontrolavelmente, dizendo: "Mamãe! Mamãe! Mamãe!". Não lembro com clareza de nossa conversa, mas acredito que ela disse: "Carole, estou do outro lado. Não estou mais no plano terrestre. Não vou voltar".
Quando acordei, meu travesseiro estava molhado, meu rosto estava molhado e minha camisola estava molhada. Eu me sentia emocionalmente esgotada, mas finalmente, estava em paz.
Esse telefonema me fez superar a situação. Finalmente, saí da negação e consegui viver o luto pela morte de minha mãe.

Quando um ente querido falece repentinamente e não é possível ver o corpo, geralmente temos dificuldade em aceitar a realidade da morte e podemos entrar em um limbo emocional. Isso é especialmente verdadeiro quando alguém se perde no mar, morre em um acidente coletivo, como a queda de um avião, ou durante a guerra.

Ter uma experiência de CPM depois desse tipo de morte é especialmente válido, pois leva a pessoa que está sofrendo a experiência a passar do estágio de negação do luto, progredindo para a sua total aceitação. Isso também é verdadeiro para aqueles que permanecem no estágio da raiva por um tempo prolongado, o que geralmente acontece quando um ente querido foi assassinado, cometeu suicídio ou foi morto por um motorista alcoolizado.

Sheila, 46 anos, é enfermeira em Iowa. Ela foi beneficiada por uma mensagem de apoio recebida sete meses depois que seu pai morreu de enfisema:

Meu marido e eu estávamos tendo muitos problemas e eu estava muito transtornada. Tinha passado por muitos maus-tratos psicológicos e queria sair do casamento. Mas, ainda não tinha conseguido – eu já vinha adiando essa decisão havia três ou quatro anos.
Quando meu pai morreu, senti que o único homem importante na minha vida tinha se ido. Meu marido nem sequer me deu um abraço para mostrar que sentia a morte de meu pai. Não havia nenhum apoio emocional e eu estava realmente em depressão.
Em um sonho, logo antes de acordar de manhã, recebi um telefonema. Quando coloquei o telefone no meu ouvido, meu pai estava na linha – com certeza era sua voz! Ele me disse: "Não se preocupe! Estarei com você o tempo que precisar. Seja o que for que você decida, estou aqui para você".

Eu precisava saber que meu pai me amava e que ficaria ao meu lado, não importando o que acontecesse. Essa foi uma afirmação que não obtive dele enquanto estava vivo.
Na manhã seguinte, senti uma paz maravilhosa, como nunca tinha sentido durante muitos anos. A agitação não estava mais lá. Era o momento da virada e, de repente, eu soube que poderia fazer o que tinha de ser feito.
Cerca de cinco meses depois, as coisas estavam finalmente caminhando e pedi o divórcio. Acho que não teria conseguido fazê-lo não fosse aquele telefonema de meu pai.

Observe que o pai de Sheila não lhe deu nenhum conselho específico, mas assegurou-a de seu apoio, independentemente do que ela decidisse fazer. Este é verdadeiramente um exemplo de amor incondicional. Se muitos de nós conseguíssemos expressar este "amor sem limites" ou "amor sem amarras", como diz Elisabeth Kübler-Ross, o mundo seria um lugar mais feliz e emocionalmente mais saudável.

Terry é agente de viagens na Flórida. Ela teve uma série de CPMs por telefone com a mãe, que morreu de câncer aos 76 anos:

Minha mãe tinha comprado dois sapatos novos, mas ainda não tinha conseguido usá-los quando adoeceu. Ela era uma pessoa muito parcimoniosa e econômica e, antes de sua morte, pediu que eu os devolvesse à loja e pegasse o dinheiro para mim. Porém, eu não atendi ao seu pedido.
Num período de seis semanas depois de sua morte, recebi três ligações telefônicas enquanto dormia. Todas as vezes que o telefone tocava enquanto eu dormia, e eu respondia, era a minha mãe!
Na primeira vez que ela falou comigo, perguntei como estava. Ela disse que estava tudo bem e eu disse a ela que sentia sua falta. Ela perguntou: "Você já devolveu os sapatos?". Aquilo parecia preocupá-la. Eu disse "Não" e comecei a chorar. Então, a ligação terminou quando ela disse: "Tenho de ir agora. Adeus".
Uma semana depois, recebi um segundo chamado, basicamente igual ao primeiro. Novamente, ela me perguntou se eu tinha devolvido os sapatos. Eu disse: "Não, ainda não. Mas vou fazer isso".
Na terceira vez que me chamou e me perguntou novamente sobre os sapatos, comecei a chorar. Então, ela disse: "Terry, se você não parar de chorar, eu não vou mais ligar para você". E eu nunca mais recebi uma ligação dela.
Duas semanas depois do terceiro telefonema, finalmente devolvi os sapatos e recebi o dinheiro de volta. Fiz isso porque sabia que era o que ela queria que eu fizesse.

Aparentemente, algumas pessoas têm necessidade de "deixar tudo em ordem", depois de sua morte. Em outros relatos de CPMs que registramos, entes queridos que se foram pediram que seus familiares devolvessem livros emprestados, documentos de pesquisa científica ou somas em dinheiro que tomaram emprestadas.

Muitas pessoas que passaram por essa experiência relataram que um ente querido que já partira informou o local exato onde o dinheiro, as ações e os documentos comerciais importantes e outros itens de valor semelhantes estavam escondidos. Relatos desse tipo serão vistos em um capítulo posterior.

Beverly, uma garçonete de 45 anos, de Louisiana, recebeu um pedido da mãe de seu namorado, Jane, que morreu por causa de problemas coronarianos. Mas Beverly não sabe se estava acordada ou adormecida no momento em que teve esta CPM:

> Isso aconteceu cerca de um mês depois de sua morte. Meu namorado, Roy, e eu estávamos morando juntos. Não tínhamos telefone no quarto, apenas na sala.
> Eu estava dormindo quando o telefone tocou e me acordou. Levantei, fui até a sala e atendi. A mãe de Roy, Jane, estava ao telefone! Ela perguntou: "Você poderia, por favor, cuidar do meu filho para mim?". Era um pedido carinhoso e quando ela propôs esse compromisso, respondi que sim.
> Depois, acordei na cama. Mas eu não tinha certeza se tinha realmente levantado da cama e atendido o telefone na sala ou se tudo tinha sido um sonho. Eu conhecia a mãe de Roy muito bem. Nós éramos amigas próximas e confidentes antes de sua morte. Roy era um homem dependente de várias maneiras e Jane estava me pedindo para dar apoio emocional ao seu filho, na sua ausência.
> Fiquei com Roy por mais três anos, quando saí do relacionamento. Senti alguma culpa porque não mantive a promessa que fizera a Jane. Embora tivesse prometido, eu tinha um compromisso mais importante comigo mesma.

Depois da morte, parece que muitas pessoas ficam bastante preocupadas com o bem-estar de seus entes queridos que ficaram. Às vezes, como no caso de Jane, eles podem voltar para pedir que alguém cuide de um membro específico da família, em seu lugar.

Todos os relatos restantes neste capítulo são exemplos de CPMs por telefone que aconteceram enquanto as pessoas que viveram a experiência estavam acordadas.

Ramona, uma dona de casa da Califórnia, ficou espantada com um chamado de seu marido, Stanley, que tinha 43 anos quando morreu de aneurisma:

Isto aconteceu nas semanas depois da morte de Stanley. Era manhã e eu estava arrumando a cozinha depois do café. O telefone tocou e eu atendi. Meu marido disse: "Oi, querida!". Era Stanley – era a sua voz!
A ligação estava muito boa, como se ele estivesse me chamando do trabalho. Isso foi tudo o que ele disse e o telefone ficou mudo – não ouvi nenhum ruído.
Por um instante, pensei que estava ficando maluca. Mas tenho certeza de que o telefone tocou. Eu estava com ele na mão e sei que ouvi a voz de meu marido!

Se um telefone tocar enquanto você estiver fazendo alguma tarefa de rotina e, quando atender, escutar a voz de um ente querido que já tenha feito a passagem, você pode ficar muito surpreso ou até chocado. É possível que, como fez Ramona, você questione a sua sanidade. No entanto, o que pode ser mais real do que estar segurando o telefone depois que a ligação terminou?

Mônica, de 52 anos, é proprietária de uma livraria em Missouri. Ela teve notícias de seu pai, de forma incomum, três meses depois que ele morreu devido a um ataque cardíaco:

Meu pai morreu em junho e isto aconteceu em setembro. Eu estava em casa e liguei para uma empresa, como de costume. A telefonista atendeu e pediu que eu esperasse. Nisso comecei a ouvir uma música de elevador.
De repente, a música parou e eu ouvi meu pai dizer: "Olá, querida!". Era assim que ele sempre me chamava. Então, ele disse: "Você sabe quem está falando?". Reconheci sua voz, mas não falei nada porque fiquei totalmente atordoada!
Passaram-se alguns segundos e ele disse: "Aqui é o seu pai". Sua voz era muito suave e soava exatamente como sempre. Parecia uma chamada de longa distância, mas não havia estática e a linha estava perfeitamente clara. Então, a telefonista voltou à linha e me disse que a pessoa com quem eu queria falar não estava e eu desliguei. Naturalmente, eu tentei ligar novamente para aquele número, para ver se alguma coisa acontecia, mas foi em vão.
Esta experiência única foi tão real que não posso questioná-la. Ela acabou com meu ceticismo sobre esse tipo de comunicação. Talvez meu pai tenha escolhido esse método para que eu não pudesse duvidar, de maneira alguma que isso tinha acontecido.

Como estas duas primeiras CPMs por telefone ilustram, algumas vezes a mensagem de um ente querido que já tenha partido é apenas dizer um grande "Olá", que confirma que ele ou ela ainda está vivo e bem, e se preocupa conosco. Parece ser esta a principal intenção de quase todas as CPMs, apesar de que algumas contêm sentimentos adicionais ou propósitos mais específicos.

Como a comunicação por telefone é uma atividade de rotina, nós não nos questionamos mais de ouvir a voz de alguém, sem também ver a pessoa com quem estamos conversando. Muitas pessoas afirmam que ouvir a voz de um ente querido falecido ao telefone é muito mais concreto do que receber uma mensagem por telepatia. O fato adicional da presença do aparelho telefônico geralmente fornece um maior grau de certeza sobre a realidade da experiência. Talvez, essa seja a razão pela qual nossos familiares e amigos que já se foram escolham nos contatar dessa maneira.

Ellyn, gerente de recursos humanos, em Nevada, teve esta CPM por telefone depois que a filha de 12 anos, Ashley, morreu de leucemia:

> Isto aconteceu mais de três anos após a morte de Ashley. Eu estava passando por um sério problema de saúde. Tinha recebido o diagnóstico de uma doença pulmonar e estava com medo de morrer também.
> Naquela noite, eu estava junto ao fogão, fazendo um espaguete, quando o telefone tocou. Atendi e ouvi uma vozinha dizendo: "Mamãe!". Pensei: "O quê? Quem está fazendo esta brincadeira de mau gosto comigo?". Então, perguntei: "Por favor, quem é?".
> Ela disse: "É a Ashley. O que você está fazendo, mamãe?". Eu disse "Ashley? Estou cozinhando". E ela disse: "Você está fazendo meu prato predileto. Você está fazendo espaguete!".
> Era a voz de Ashley – soava forte e saudável – e ninguém podia imitar a sua voz. Naquele momento, pensei que estava louca, mas ninguém sabia o que eu estava cozinhando para o jantar, porque decidi fazer espaguete no impulso do momento.
> Então, perguntei: "Ashley, você está bem?". E ela respondeu: "Mamãe, eu estou bem. Só liguei para dizer que você vai ficar bem". Então, o telefone ficou mudo. Sem sinal de linha. Nenhum ruído. Nada. Eu simplesmente fiquei ali sentada, com o telefone na mão, por um bom tempo.
> Seis meses depois, passei por uma cirurgia de pulmão. Há um mês atrás, fui ao médico. Minha contagem de glóbulos sanguíneos estava normal pela primeira vez em três anos e no próximo mês ele vai começar a retirar a medicação. Ashley tinha razão – ela disse que eu iria ficar bem!

Não é de admirar que Ellyn ficasse atordoada! Ela não apenas ouviu a voz de Ashley ao telefone, três anos após sua morte, como também não conseguia encontrar uma explicação racional de como seria possível que alguém soubesse que ela estava cozinhando espaguete naquele momento.

Sylvia, de Indiana, é dentista aposentada. Ela recebeu duas mensagens de seu filho Joe, de 36 anos, que fora assassinado:

> Isso aconteceu quatro ou cinco semanas depois da morte de Joe. Em algum momento, durante a noite, quando eu dormia profundamente, ouvi o telefone tocando. Atendi e percebi que estava sentada.
>
> Eu disse: "Alô?". E ouvi a resposta: "Alô, mamãe, sou eu!". Esta é a maneira como Joe começava a conversa quando nos ligava. Ele disse: "Por favor, pare de sofrer por mim. Por favor, pare de chorar. Eu quero que você saiba que estou feliz e em paz".
>
> Antes que eu pudesse dizer alguma coisa, ele já tinha ido – da mesma forma, o telefone ficou mudo. Foi como uma conversa telefônica normal, mas eu não ouvi o ruído de desligar. Eu estava completamente acordada naquele momento e sei que ouvi a voz de Joe. Mas, por um momento, não consegui acreditar.
>
> Finalmente, acordei meu marido e contei para ele, que me disse: "Você deve ter sonhado". Não quis contar para mais ninguém sobre isto, porque pensei que as pessoas poderiam rir de mim e dizer: "Ora, isso não pode ter acontecido!".
>
> Três semanas depois do primeiro telefonema, aconteceu de novo! O telefone tocou durante a noite. Atendi e me sentei na cama.
>
> Dessa vez Joe nem sequer se identificou, mas disse: "Mamãe, você não está me deixando ir. Você ainda está chorando e sofrendo. Por favor, pare, eu não consigo ficar em paz". Eu conseguia ouvi-lo com toda a clareza possível. Abri a boca para dizer alguma coisa, mas meu filho se fora e acabou.
>
> Eu quis ouvir Joe novamente. Esperei por alguma coisa e ainda não tive nenhuma comunicação nestes últimos dez anos. Mas, sei que não vai acontecer apenas porque eu quero.

Suponha que você é a pessoa que morreu. O que você gostaria que os seus entes queridos que ficaram soubessem? Como você se sentiria se eles estivessem infelizes e sofrendo profundamente por você? O que você diria se pudesse comunicar-se com eles?

Uma vez que percebemos que sobrevivemos à mudança que chamamos de morte, saberíamos que a vida continua e que a separação dos entes queridos é apenas temporária. Teríamos uma visão da vida e da morte, que aqueles que ainda estão na Terra apenas podem imaginar. Desse lugar privilegiado e com a certeza de que estaremos juntos no futuro, nos sentiríamos compelidos a dizer para eles: "Não sofra por mim. Por favor, deixe-me ir para a minha nova vida".

Penny é bancária aposentada da Flórida. Quando tinha apenas 16 anos de idade, sua mãe morreu, aos 35 anos, em uma sala de recuperação após uma cirurgia de emergência. Em conseqüência, Penny e as duas irmãs nunca tiveram a oportunidade de lhe dizer adeus:

> Numa noite, alguns meses depois, eu estava na cama, não estava dormindo – apenas deitada, pensando. Ouvi o telefone tocar, duas ou três vezes, por volta das 11h30. Pulei da cama e atendi. Do outro lado estava minha mãe!
> Ela disse: "Como vão vocês, meninas? Estou tão triste por não terem tido a chance de me dizer adeus. Meninas, comportem-se e cuidem uma das outras. Eu amo vocês e vou olhar por vocês".
> Parecia que ela estava feliz e desejava que seguíssemos adiante com nossa vida. Eu estava muito feliz por ter notícias dela. Ainda continuei pensando: "Isto não pode estar acontecendo. Eu sei que minha mãe está morta".
> Naquele momento, meu pai chegou até a porta e perguntou: "Com quem você estava conversando?". Eu disse: "Eu sei que você não vai acreditar, papai, mas eu estava conversando com a mamãe".
> Então, ele me disse: "Penny, você sabe que sua mãe morreu. Você deve estar perturbada ou você estava sonhando". Eu disse: "Não, papai, estou bem acordada".
> Ele chegou perto e tirou o telefone da minha mão. Do outro lado da linha, havia um silêncio absoluto, como se alguém estivesse ouvindo. Nos entreolhamos e eu disse: "Não entendo como isso aconteceu, mas sei porque mamãe queria dizer adeus".
> Mais tarde meu pai e eu nos sentamos e discutimos tudo isso. Ele disse que sabia que eu estava perturbada com a morte de minha mãe. Ele sentia que era difícil que eu aceitasse sua morte e pensava que talvez eu precisasse de ajuda profissional.
> Então, conversei com o pastor de nossa igreja e contei a ele minha experiência. Depois dessa conversa, ele disse para meu pai que acreditava que isso realmente tinha acontecido comigo, porque eu fui tão sincera, mental e emocionalmente. Depois disso, papai simplesmente não tocou mais no assunto.

Ninguém jamais irá me convencer de que não era minha mãe ao telefone naquela noite. Eu sempre soube que tinha de ouvir o meu coração e a minha própria consciência e disse: "Sim, isso realmente aconteceu comigo".

Penny estava com sorte quando o pastor de sua igreja a escutou com a mente aberta e aceitou a sua CPM por telefone. Mas, o mais importante, ela confiou em si mesma e nunca duvidou que a conversa que teve com sua mãe foi real. Uma das lições mais fortalecedoras que podemos aprender na vida é confiar na validade de nossas experiências intuitivas e, quando apropriado, agir de acordo com elas.

O último relato deste capítulo é de Hilda, que foi contatada por seu pai, de 82 anos, duas semanas após sua morte, de câncer. Por coincidência, ela trabalha atualmente como telefonista na Flórida:

Ficamos sem serviço telefônico por dois dias, porque estavam transformando uma rua de duas vias, atrás de nossa casa, em uma rodovia de quatro pistas. Uma equipe da companhia telefônica estivera em nosso quintal e todos os fios tinham sido desconectados, e estavam no chão.
Eu estava em casa, assistindo à televisão com minha filha Greta, de 17 anos, quando o telefone tocou. Temos três extensões na casa, e Greta atendeu ao telefone da cozinha – o único que tocou.
Ela ficou dizendo: "Alô? Alô?". Mas, tudo o que ouvia era um som de oceano – como quando você coloca uma concha grande sobre o ouvido. Então, ela desligou.
Aproximadamente dez minutos depois, o telefone tocou novamente – só naquele aparelho. Greta atendeu e disse "Alô?" e escutou o mesmo ruído.
Dez minutos depois, o telefone da cozinha tocou pela terceira vez e, dessa vez, eu atendi. No começo, escutei o mesmo ruído de ondas, mas em seguida comecei a ouvir uma voz chegando cada vez mais perto.
Escutei meu pai falando: "Hilda, Hilda, eu a amo". Ele só falava polonês e me disse quanto me amava.
Eu continuei chamando: "Papai! Papai! Papai! Eu também amo você". Mas, assim que ele falou, sua voz começou a se apagar e desapareceu. Ficou apenas o som de oceano e, em seguida, a linha estava muda.
Olhei para Greta e ela me perguntou: "Mamãe, alguma coisa errada? Você está branca como um lençol!". Eu disse: "Eu acabei de ouvir o seu avô falando comigo!"
Corri para fora e falei com o engenheiro encarregado da equipe da telefônica e perguntei: "O serviço telefônico voltou?". Ele respondeu que não. Os fios ainda estavam lá, e nenhum serviço seria possível até o dia seguinte.

Eu disse: "O senhor tem certeza? Acabei de receber uma ligação telefônica. Será que eles liberaram a chamada do escritório central?" O homem respondeu: "Não, senhora, não há a menor possibilidade". Ele me olhou de um modo estranho e percebi que era melhor eu voltar para a casa antes que ele pensasse que eu era louca.

Minha filha estava comigo quando o telefone tocou três vezes. Portanto, tenho uma testemunha de que recebi um telefonema de meu pai – quando o serviço telefônico não estava disponível. Eu não sei o que pensar disso, mas sei que não foi imaginação.

O que poderia fazer o telefone tocar três vezes, quando todos os fios estavam desligados e os telefones, segundo me disseram, estavam sem serviço? Este não é o único relato de uma CPM desconcertante por telefone. Uma mulher em Míchigan relatou que ouviu claramente a voz de sua mãe, que já se fora, em um telefone que tinha sido desligado da tomada por seu filho pequeno durante uma brincadeira!

Estas foram algumas das quase 50 CPMs por telefone que coletamos durante a nossa pesquisa. Sendo os telefones simples aparelhos elétricos, muitos de nossos entes queridos que já partiram parecem ter o poder de manipular a energia elétrica para conseguir esse tipo de comunicação. Outras pessoas descreveram que receberam mensagens de CPMs em suas secretárias eletrônicas, *pagers*, gravadores, rádios, televisões ou computadores. Porém, esses relatos não foram escolhidos para este livro porque não temos uma grande quantidade delas em nossos arquivos.

Você já observou algum acontecimento incomum, que ocorreu depois da morte de um ente querido? O próximo capítulo explora diferentes formas de CPMs envolvendo fenômenos físicos, que a pessoa que viveu a experiência interpretou como mensagens de seus familiares e amigos que já tenham partido.

capítulo 13
Substância material:
CPMs de fenômenos físicos

> *A morte não é o fim, é simplesmente a passagem da forma física para o plano espiritual, que é o nosso verdadeiro lar. É voltar para casa.*
> STEPHEN CHRISTOPHER

MUITAS PESSOAS entrevistadas relataram ter experimentado um acontecimento físico incomum após a morte de um familiar ou amigo. Elas consideram esses acontecimentos como mensagens desses entes queridos que se foram. Nós os chamamos de CPMs de fenômenos físicos, um tipo bastante comum de comunicação pós-morte.

Entre os exemplos de fenômenos pós-morte podemos citar: luzes que acendem e apagam; rádios, estéreos, televisores e outros equipamentos elétricos sendo ligados; objetos mecânicos sendo ativados; quadros e outros objetos que se movem sozinhos, e uma longa lista de eventos similares.

No início estávamos muito céticos sobre estes relatos. Parecia que sempre que uma porta abrisse ou fechasse sozinha, ou uma persiana rolasse, abrindo sem ser tocada, alguém invariavelmente diria: "Vovó morreu dois meses atrás. Isso deve ser o jeito dela de nos avisar que ainda está por perto".

Porém, a qualidade dos relatos que continuamos a receber tornou impossível rejeitar todos eles como meras coincidências ou invenções de mentes superimaginativas. Por fim, nos convencemos de que alguns fenômenos físicos são autênticos contatos pós-morte.

Todas as CPMs de fenômenos físicos relatados neste capítulo ocorreram enquanto as pessoas que passavam pela experiência estavam completamente acordadas. Os primeiros sete relatos envolvem luzes e outros aparelhos sendo ligados e desligados.

Gloria, de 45 anos, é diretora de um abrigo para doentes terminais no Maine. Ela teve esta visita completamente inesperada na mesma noite em que seu paciente, Duane, morreu devido a complicações relacionadas à Aids:

> Apaguei a luz para ir dormir e comecei a sentir que havia alguém ali. No mesmo instante, soube que era Duane! Foi uma experiência de completo reconhecimento.
> Naquele momento de choque, prendi a respiração. Assim que fiz isso, uma luz se acendeu, depois apagou – depois novamente, acendeu e apagou! Não era luz piscando, era como se alguém estivesse mexendo no interruptor. Então percebi que se tratava de uma brincadeira de Duane e que a mensagem era que ele estava bem.
> Isso aconteceu! O que experimentei foi tão real para mim como entrar e sair do meu carro.

Gloria não só percebeu a luz ser ligada e desligada, mas também a presença de Duane e reconheceu o seu bom humor. Luzes e outros aparelhos elétricos podem parar de funcionar em qualquer momento, devido a falta de energia, um curto circuito ou um fusível queimado. Mas não há razão para que as luzes se liguem sozinhas quanto o interruptor está desligado.

Dorothy, de 37 anos, é recepcionista de um consultório médico da Virgínia. Ela vivenciou uma série de divertidas CPMs, logo depois da morte de seu pai, em conseqüência de um câncer:

> Uma noite, estava na cama lendo um livro. Eu disse: "Muito bem, papai, se realmente existe vida depois da morte, mostre para mim". E a luz do meu quarto se apagou!
> Pensei: "Certo, eu pedi por isso". Então, eu disse: "Está bem, papai, se você ainda está aí, deixe-me saber", e a luz acendeu.
> Alguma noites depois, eu estava deitada pensando no meu pai novamente. E a luz se apagou outra vez! Isso aconteceu em duas ou três noites, toda vez que eu pensava nele. Ou a luz apagava, se estivesse acesa, ou acendia, se estivesse apagada. Eu sabia então que papai estava realmente lá!

Dorothy e seu pai presumivelmente conseguiram comunicação contínua de duas mãos quando ele respondeu a seus pensamentos, ligando e desligando a luz de seu quarto diversas vezes. Poucas pessoas nos contaram sobre CPMs que envolviam luminárias que acendem ao toque. Elas estabeleciam um código mental com o ente querido que se fora, que respondia às suas perguntas piscando a luz uma vez para "sim" e duas para "não", ou vice-versa.

Carole, de 43 anos, é hipnoterapeuta no Centro-oeste. Em um momento propício, ela teve esta resposta de seu pai, 13 anos após sua morte, em conseqüência de um câncer. Uma CPM por telefone com sua mãe foi descrita no Capítulo 12:

> Meu irmão, Kenny, que morava sozinho em Las Vegas, encontrava-se gravemente enfermo, e a expectativa era de que não sobreviveria àquela noite. Por não saber se estaria vivo quando eu lá chegasse, estava em dúvida se deveria ir ou não. Eu tinha de decidir imediatamente.
> Estava sentada numa cadeira, chorando, e pedi a Deus: "Por favor, ajude-me a tomar essa decisão. Devo ficar ou ir?". De repente, pude ver meu falecido pai. Ele apareceu brevemente, e tão rápido quanto surgiu, ele se foi.
> Então, o abajur sobre a mesa piscou três vezes. E ouvi meu pai dizer, por telepatia: "Você tem de ir e mandar seu irmão ir para a luz. Ele está com muito medo de morrer".
> Eu disse: "Acho que isso é uma resposta! Eu vou". Imediatamente, me pus em marcha, joguei minhas coisas dentro da mala e saí para o aeroporto.

Como o pai de Carole queria que ela ajudasse seu irmão moribundo a ir "para a luz", ele claramente fez que o abajur piscasse três vezes para salientar seu pedido. Carole confiou completamente na orientação de seu pai e estava ao lado de seu irmão quando ele morreu.

Rebecca, de 48 anos, consultora de saúde mental de Alberta, teve este contato, seis meses após a morte da avó, em decorrência de falência cardíaca:

> Já era bem tarde e meu marido e eu fizemos nossa rotina habitual. Olhamos as crianças, trancamos as portas da frente e de trás, desligamos todas as luzes e fomos dormir.
> Alguma coisa me acordou de um sono profundo e sem sonhos. Sentei e percebi que minha avó estava sentada ao pé de minha cama! Eu sentia mais a sua presença do que realmente a via, entretanto, podia ver que ela sorria para mim.
> Acordei meu marido e disse: "Minha avó está aqui! Olhe, ela está sentada perto dos meus pés". Ele não conseguia ver nada e disse que eu estava louca. Então, ouvimos alguma coisa na sala. Entreolhamo-nos, levantamos e fomos naquela direção. O som estava ligado e todas as luzes da sala estavam acesas! A luz da sala de jantar também estava ligada. Até a luz da cozinha e do forno estavam acesas. Nós estávamos realmente ficando loucos!

Quando passamos pela porta de trás, ela estava destrancada e a luz de fora estava acesa. Então, decidimos descer para a sala familiar, no subsolo. A televisão estava ligada e todas as luzes também acesas!
Meu marido andou ao redor da casa e encontrou a luz da porta da frente acesa. Não havia nada que pudesse ser ligado que não estivesse ligado. Tudo estava funcionando – tudo!
Daquele momento em diante, tive uma sensação de paz em relação à minha avó. No fundo do meu coração eu sabia que ela tinha voltado para nos dizer adeus. Sei que ela nunca está distante – está apenas em outro plano.

Não foi nada sutil essa extravagante exposição de fenômenos físicos! Aparentemente, quando a avó percebeu que o marido de Rebecca era um descrente fervoroso, instantaneamente produziu uma demonstração elétrica tão espetacular, que nem mesmo ele poderia negar.

Katherine é uma enfermeira de 47 anos de New Jersey. Ela teve motivos para alegrar-se muito tempo depois que seu marido, Steve, morreu devido a um ataque cardíaco fulminante, a bordo de seu barco a vela:

Cinco anos depois da morte de meu marido, eu ainda sentia muita falta dele. Estava deitada em meu quarto, com uma luz suave e ouvindo música.
Eu disse: "Steve, eu gostaria muito de saber se você está bem. Mas, não me assuste nem faça nenhuma coisa maluca. Eu apenas preciso saber que você está bem, onde quer que esteja".
Havia um rádio-comunicador que ele mantinha no barco. Estava no meu quarto havia quase um ano. Você tinha de apertar um botão para que ele funcionasse.
De repente, o rádio ligou sozinho! Ele tocou, tocou, até que eu desliguei. Foi assim que eu soube que Steve estava bem.

Algumas pessoas querem ter uma CPM, mas têm medo de realmente ver ou ouvir um ente querido falecido, enquanto estão acordadas. Assim, elas geralmente pedem por uma forma indireta de contato, como fez Katherine e freqüentemente seus pedidos são atendidos de uma maneira não assustadora.

Alexis é analista de sistemas em Washington. Ela e o marido presenciaram estes fenômenos físicos aproximadamente três semanas depois que sua filha, Jeanne, morreu de câncer, aos 31 anos:

Eram cerca de 11h30 e meu marido Rick e eu estávamos na cama. Ele estava dormindo e eu folheava uma revista. De repente, a lâmpada

halogênica, ao lado da cama, piscou. Depois, uma segunda vez, quase apagou e acendeu. Lâmpadas halogênicas nunca piscam – jamais!
Parei de ler e ouvi música tocando. A música até acordou Rick, que disse: "Tem um carro lá fora com o rádio ligado ou coisa assim?". Eu sorri, pensando: "Não, não é isso". Saí da cama e desci para a sala.
Nosso som estava tocando a canção *"How do you talk to an angel"* [Como falar com um anjo]. Não é possível que aquele aparelho de som pudesse ter se ligado sozinho! Meu marido é muito minucioso e verifica tudo à noite. Eu soube então que tudo isso tinha alguma coisa a ver com Jeanne. Era tranqüilizador saber que ela estava se comunicando conosco dessa forma.
Mais tarde, perguntei para Rick: "Você teria acreditado em mim se não tivesse ouvido também a música tocando em nosso som?". Ele disse: "Sim, eu teria, mas é provável que ninguém mais acredite em nós!".

Experimentar fenômenos físicos incomuns definitivamente amplia nossa mente, porque esses acontecimentos incontestavelmente desafiam as leis conhecidas da física. Como a ciência vem provando continuamente, o que hoje é desconhecido, poderá ser compreendido e se tornar lugar-comum no futuro.

Até que isso aconteça, teremos sempre maior confiança se tivermos uma testemunha presente durante uma CPM, alguém que compartilhe da mesma vivência e que possa validar sua realidade para nós. Assim, é menos provável que nos questionemos, ao nos defrontar com o ceticismo alheio.

Laurie é terapeuta corporal na Virgínia. Bert, o pai de uma de suas amigas mais próximas, manteve sua palavra depois de sua morte aos 67 anos em decorrência de um derrame cerebral:

Antes de morrer, Bert deu sinais de que estava com muito medo de fazer a transição. Então, nós conversamos longamente sobre isso e, aos poucos, ele se libertou de seu medo.
Em seguida, pedi para que me pusesse a par, após sua passagem, se tudo era como tínhamos discutido. Fiz este pedido, não só por mim, mas também por minha mãe, que também tinha muito medo da morte.
Durante algum tempo, toquei para Bert a fita da música do filme *Entre dois amores*, que passou a ser a sua favorita. Ele prometeu que essa música iria voltar para mim de um jeito que eu saberia que não era minha imaginação.
Duas semanas após sua partida, minha mãe veio me visitar. De repente, de manhã bem cedo, eu estava no *hall* do segundo andar da casa. Minha mãe também tinha saído de seu quarto.

Ficamos nos olhando e nos perguntando: "O que é isso que está acontecendo?". Subitamente percebemos que o aparelho de som, no andar de baixo, estava ligado no último volume! E estava tocando a música de *Entre dois amores!* Não havia mais ninguém na casa que pudesse ter ligado o som. E minha mãe tinha verificado tudo antes de dormir.

Bert esperou até que eu e minha mãe estivéssemos juntas e, desde então, todos os seus medos da morte terminaram.

Continuamos a admirar a criatividade demonstrada em muitas CPMs. Bert planejou uma maneira original de cumprir o seu pacto. A execução musical não apenas forneceu um sinal físico convincente para Laurie, mas também deu à sua mãe a prova exata de que precisava para superar o seu medo da morte.

Os próximos cinco relatos são exemplos de CPMs que envolvem aparelhos mecânicos e outros objetos.

Ester é enfermeira na Flórida. Ela teve esta agradável experiência três meses depois que seu marido, Victor, morreu de câncer aos 66 anos:

Tenho de lhes contar sobre esta caixinha de música. Minha filha mais velha me deu de presente, anos atrás, depois de uma de suas viagens à Europa. A caixinha deveria tocar o "Tema de Lara", do filme *Doutor Jivago*, mas ficou sem funcionar por muito tempo. Mesmo dando corda, a música não tocava quando eu erguia a tampa.

Um dia, eu estava descansando à tarde. Acordei depois de meia hora, porque ouvi a caixinha de música tocando – e a tampa estava fechada! Eu me senti muito tranquila e pensei: "Querido, se você está por aqui, esta é uma bela forma de me avisar". A caixinha tocou até acabar a corda.

Eu olhei a letra da música e a última parte falava de encontrar alguém novamente um dia. Pensei: "Isso é realmente ótimo. Gostei disso!"

Nós tínhamos conversado bastante durante a fase final da doença de Victor, e eu disse: "Se houver alguma maneira de você me mostrar que existe algo além desta vida, eu gostaria de saber". Ele era definitivamente descrente desse tipo de coisa.

Então me senti muito bem com esta comunicação. Podemos considerá-la como o cumprimento de um trato.

Várias pessoas relataram ter ouvido uma caixinha de música começar a tocar de repente, inclusive algumas que não estavam funcionando antes. Cada vez que isso acontecia, elas intuitivamente sentiam que a caixinha tinha sido ativada por um ente querido que se fora.

Mayellen é advogada no Centro-oeste. Ela e o marido compartilharam este evento significativo com outras quatro pessoas, após a morte de sua filha Bonnie, de 26 anos:

> No nosso 30º aniversário, meu marido Rob e eu renovamos nossos votos matrimoniais com uma linda cerimônia em nossa igreja. Quando voltamos para casa, Rob e nossa filha Bonnie fizeram uma festa surpresa para mim. Nunca saberei como conseguiram!
> Cinco meses depois, Bonnie foi assassinada na Flórida.
> No aniversário seguinte, minha irmã, minha melhor amiga e seus respectivos maridos nos convidaram para jantar fora. Todos sabiam que, no ano anterior, esta tinha sido uma ocasião especial para nós.
> Havia um pequeno relógio na parede, que Bonnie tinha deixado conosco, quando se mudou para a Flórida. Quando entramos na casa, mais ou menos às 23h45, aquele relógio estava tiquetaqueando loucamente, sem parar!
> Todos simplesmente ficaram parados, olhando para o relógio de Bonnie. Estávamos estarrecidos porque ele não estava funcionando – nunca tínhamos lhe dado corda nem sequer tocado nele!

Uma característica comum das CPMs de fenômenos físicos é a escolha do momento perfeito para acontecer, e muitos envolvem relógios de parede ou de pulso. É evidente que os entes queridos que partiram, intencionalmente, criam acontecimentos em um momento específico, propiciando que sejam percebidos pelas pessoas que estão vivendo a experiência e que tenham um significado pessoal para eles.

Cecília é uma dona de casa de 44 anos, de Newfoundland. Ela teve esta tocante comunicação depois que sua filha Holly, de oito anos, faleceu de leucemia:

> Holly ficou doente por 19 meses e estive com ela dia e noite. Todas as noites ela me acordava para tomar um lanche à meia-noite.
> Uma noite, duas semanas antes de sua morte, ela disse: "Mamãe, em vez de um lanche à meia-noite, porque hoje não tomamos uma bebida? Posso tomar um *Baby Duck*?"
> Concordei e todas as noites depois desse dia, Holly me acordava à meia-noite para beber seu *Baby Duck*, que é uma bebida espumante.
> Quando aquela garrafa terminou, um amigo trouxe-lhe uma nova. Holly tentou abri-la, mexendo no papel e no arame, mas estava muito fraca. Perguntei a ela: "Você quer que a mamãe abra para você?". Ela respondeu: "Não, eu mesma vou abri-la quando estiver suficientemente forte".

No dia seguinte, Holly morreu e a garrafa fechada foi colocada sobre a cristaleira que tínhamos na sala.
Três dias depois, exatamente à meia-noite, ouvimos um barulho. Quando olhamos para a garrafa de *Baby Duck*, a rolha tinha estourado, atingido o teto e caído ao lado dela. A garrafa não tinha sido sacudida e não havia calor excessivo na casa para que isso acontecesse.
Então, senti a presença de Holly e soube que ela estava lá conosco. Percebi que ela estava me dizendo: "Sim, agora estou forte o suficiente! Abri a garrafa de *Baby Duck* sozinha!".

Baby Duck é um vinho espumante suave, produzido no Canadá. Assim como alguns champanhes americanos, a garrafa é selada com uma rolha plástica, presa por um arame, coberto por um papel alumínio. Seria praticamente impossível que uma garrafa dessas se abrisse sozinha. Como Holly queria que sua família soubesse que sua saúde e força estavam totalmente restauradas depois de sua morte, ela aparentemente encontrou uma maneira de abrir a garrafa, exatamente como tinha prometido para sua mãe.

James é professor de música na universidade, em Missouri. Ele teve este momento afetuoso com sua esposa, Christina, que morreu em conseqüência de câncer aos 43 anos:

Na noite após o funeral de Christina, acordei por volta de quatro horas da manhã e fui para a cozinha fazer um café. Havia alguns copos sobre o balcão, próximo da cafeteira.
De repente, um daqueles copos tilintou três vezes, bem alto e regular – alto o bastante para assustar. Fiquei parado e, então, balancei o corpo, jogando o peso de uma perna para outra, para ver se com isto alguma coisa na cozinha se moveria, tocaria ou faria algum ruído. Mas nada aconteceu.
Simultaneamente, senti uma grande ternura e tive uma comunicação da Christina: "Obrigada, meu amor. Estou bem agora". Então, soube que ela estava bem e livre da dor e da tristeza.
Acho que Christina quis mostrar reconhecimento pela atenção verdadeiramente carinhosa que lhe dediquei durante vários anos. Isso demonstrava para mim que sua mente ainda funcionava bem. Ela podia pensar, fazer coisas acontecerem e ainda mantinha seu senso de humor.
Gostei do fato de que essa experiência utilizasse o som – porque sou músico e Christina também era. Tenho absoluta certeza de que não foi uma alucinação e que realmente aconteceu. Isso me deu uma sensação de grande paz, admiração e prazer.

A personalidade amistosa de Christina e seu senso de humor ficaram claros para James, quando ela criou um som musical ou uma "nota de amor" para chamar sua atenção. A breve mensagem sonora de Christina confirmou para James que ela estava perfeitamente bem.

Madeline é uma dona de casa de Delaware. Junto com seu marido Alec e sua amiga Lilly, observou uma manifestação física gratificante, dois anos depois que sua filha Sue, de 36 anos, morreu de pancreatite:

> Quando Sue morreu, fui conversar com meu pastor e perguntei: "Por que Deus levou minha filha?" Ele disse: "Madeline, Deus não levou sua filha. Ele a recebeu".
> Dois anos depois, eu estava na cozinha pegando café para minha amiga Lilly. Na sala, temos uma fotografia, 12x18, em preto e branco de Sue e sua irmã mais velha, quando eram crianças.
> Ao entrar na sala, olhei para a foto e vi que estava incandescente. Havia uma luz amarelada em torno do rosto de Sue, como a auréola nas pinturas dos santos. Era lindo!
> Fiquei tão atordoada que gritei: "Meu Deus!" Lilly se voltou e também viu! Meu marido, Alec, veio correndo do corredor e também viu a fotografia brilhando. Nós três vimos!
> Era um dia cinza e o Sol não tinha aparecido. Então, Alec começou a olhar em volta para ver se alguma outra coisa poderia estar provocando aquela irradiação, mas não encontrou nada. O brilho durou três ou quatro minutos.
> Acho que a luz veio de Deus e Sue para me mostrar que ela estava bem. Era como se Sue estivesse dizendo: "Não se preocupe mais comigo. Agora, eu estou olhando por vocês".
> Quando encontrei meu pastor novamente, ele disse: "Se você acha que tem de contar essa história, conte-a, porque você viu um milagre".

A luz tem um papel impressionante em vários tipos de CPMs. Assim como a luz irradiante freqüentemente é vista circundando nossos entes queridos que partiram, algumas vezes, pode ser observada emanando de objetos físicos.

Nos cinco relatos restantes deste capítulo constam uma variedade de itens, que se movimentaram ou apareceram espontaneamente.

Íris é uma nutricionista aposentada de Nova York. Depois de 38 anos de casamento, ela recebeu uma ajuda de seu marido, Jacob, que morreu de câncer aos 76 anos:

Depois da morte de meu marido, um de meus vizinhos me ligou para dizer que estávamos devendo o imposto local do mês de dezembro. Jacob sempre cuidou do pagamento dos impostos. Ele era contador e tinha um escritório em casa, onde mantinha todos os seus papéis e arquivos legais. Ele conservava registros cuidadosos e não deixava ninguém tocá-los.
Dessa forma, eu não tinha idéia de onde procurar pela cobrança do imposto ou do que deveria procurar. Passei o dia todo procurando e não consegui achar. Estava bastante frustrada e zangada! Ali estava eu, tendo de cuidar de alguma coisa sobre a qual eu nada sabia!
Parei no meio do escritório e comecei a chorar. Gritei: "Como você pôde fazer isto comigo, Jacob? Porque você se foi? Como você pôde me deixar com tudo isso para fazer?"
De repente, enquanto eu estava ali parada, o caderno de anotações de Jacob se abriu! Era bem grosso, de capa dura, estava fechado sobre sua mesa e eu o vi se abrir! Eu não podia acreditar no que tinha acabado de ver!
Então, me aproximei e olhei. O livro estava aberto em uma página de dezembro e lá estava a conta do imposto! Eu apenas disse: "Obrigada, Jacob".

Como muitos maridos se encarregam das finanças da família, suas viúvas geralmente ficam atrapalhadas quando têm de assumir essa responsabilidade. Jacob não só mostrou para Íris onde ele tinha arquivado a conta do imposto, mas também revelou seu sistema para pagamento de contas a vencer.

Joan é dona de casa na Flórida. Ela ficou viúva quando seu marido, Frank, morreu aos 56 anos de falência renal:

Meu marido Frank sempre estava na cozinha porque amava cozinhar. Antes de morrer, me disse: "Se algum dia eu voltar, você vai me encontrar na cozinha".
Antes do enterro de meu marido, meu filho e eu estávamos conversando na cozinha. Tenho um copo medidor, feito de estanho, que Frank gostava de usar para beber água, porque ele mantinha a temperatura fria.
De repente, aquele copo, que estava pendurado, saiu voando entre nós e caiu no chão. Meu filho e eu nos entreolhamos e eu disse: "Papai está aqui!". Sei que era Frank, porque o copo não poderia sair do gancho sozinho!

Uma CPM pode ser tão espetacular que nossa mente não consegue acreditar no que nossos olhos estão vendo. Se o filho de Joan não tivesse testemunhado esse acontecimento desconcertante, ela poderia ter duvidado de seus sentidos e questionado sua sanidade.

Patti, uma funcionária do serviço postal do Estado do Kansas, teve esta estimulante CPM, depois da morte de sua mãe, aos 46 anos, de síndrome de dificuldade respiratória do adulto:

> Minha irmã Rachel e eu fomos para a casa de mamãe, para pegar as roupas para o seu funeral. Nossos maridos vieram conosco e ficaram na cozinha, no andar de baixo.
> Estávamos no quarto de mamãe, no andar de cima e, de repente, ambas sentimos sua presença, como uma sensação eletrizante. Naquele exato momento, o espelho emoldurado e pesado, que tinha cerca de um 1,30 metro de altura por 60 centímetros de largura, saiu voando da parede! Ele veio direto de cima da cômoda e caiu deitado no carpete.
> Rachel e eu corremos para baixo, onde estavam nossos maridos e dissemos: "Mamãe está no quarto!". Quando contamos o acontecido, eles tentaram nos acalmar, dizendo que existia uma explicação lógica para isso.
> Então, fomos juntos para o andar de cima e meu marido, Len, que era carpinteiro, verificou o espelho. O arame atrás da moldura era bem forte e estava intacto. Então, ele verificou o prego – ele estava firme na parede!
> Len ficou bem confuso e disse que não havia uma explicação lógica para o que tinha acontecido. Mas minha irmã e eu sabíamos que era mamãe que estava tentando se comunicar!

Não podemos explicar como um ente querido falecido pode fazer um copo de estanho voar pelo ar na cozinha, ou como um espelho pesado faz a mesma coisa no quarto. Mas uma coisa podemos afirmar: as pessoas que presenciaram essas CPMs de fenômenos físicos não vão esquecê-las por um bom tempo!

Glenda é dona de casa de Ohio. Ela foi espiritualmente tocada por uma série de acontecimentos, quatro meses depois que seu filho Randy, de 19 anos, se afogou:

> Era um dia de chuva e eu estava passando roupa em um dos quartos do andar superior da casa. Quando estava passando uma camisa de Randy, comecei a chorar.
> Perto, havia uma pequena cesta com tampa, sobre uma cadeira. Quando olhei, uma foto de meu filho estava sobre a cesta! Não sei como a foto foi parar ali. Sei que não estava lá antes, porque eu tinha acabado de mexer na cesta e não havia nada ali.

Era uma foto de Randy aos nove anos de idade. Ele não costumava sorrir para fotos – às vezes, dava um pequeno sorriso. Mas, nessa foto, ele estava rindo. Na verdade é a única foto que tenho dele rindo.
A princípio, me espantei porque não via aquela foto havia muito tempo. Depois, me acalmei porque senti que Randy estava tentando me dizer que estava feliz. Então, coloquei essa foto sobre a mesa ao lado de minha cama.
Alguns dias depois, quando estava pegando dinheiro, a mesma foto estava na minha carteira! A mesma foto! Dessa vez eu a deixei lá.
E depois, algumas semanas mais tarde, a foto estava sobre a minha penteadeira! Novamente, a mesma foto! E quando verifiquei, ela não estava mais na minha carteira.
Parece que isto acontecia sempre que eu estava realmente deprimida, quando estava passando por um momento verdadeiramente ruim. Senti que Randy estava tentando me dizer que estava bem.

A princípio, uma série de CPMs pode dar a impressão de que se trata de acontecimentos casuais, não relacionados. Mas em geral, se refletirmos, poderemos determinar um padrão e perceber que as comunicações ocorreram exatamente quando mais precisávamos do apoio emocional que elas trouxeram.

O último relato deste capítulo é de Mildred, uma corretora de imóveis aposentada da Flórida. Ela relatou estes incidentes carinhosos depois da morte de seu marido Albert, aos 70 anos, de câncer:

Uma vez, quando Albert ainda estava vivo, estávamos conversando e brincando um com o outro. Eu disse: "Se você morrer primeiro que eu, volte e faça algo que eu possa reconhecer que é você".
Tínhamos dois pequenos cachorros de cerâmica. Eles ficavam no batente da janela da cozinha. Todos que nos conheciam sabiam que quando estávamos chateados um com o outro, separávamos os cãezinhos. E sempre que estávamos felizes, eles estavam se beijando, aconchegados. Até as crianças, quando chegavam em casa, iam até a janela da cozinha para ver como os cãezinhos estavam.
Alguns dias depois da morte de Albert, eu estava na pia da cozinha, olhando para o peitoril da janela. O cachorrinho de Albert estava caído. Como moro sozinha, pensei: "Eu me pergunto como ele caiu". Então, peguei o cachorro e o coloquei de volta com o rosto colado no outro. E não pensei mais nisso.
Três dias depois o cachorrinho estava de costas, se afastando do meu. Estavam cerca de 15 centímetros distantes um do outro! Então, compreendi que Albert queria que eu soubesse que ele tinha de me deixar.

Isso realmente aconteceu! Mas, algumas vezes você tem medo de contar essas coisas para as pessoas, temendo que elas pensem que você é maluca!

Albert escolheu um método muito conhecido e confiável de enviar sua mensagem. A forma habitual de comunicação não verbal do casal possibilitou que Mildred facilmente compreendesse o que Albert queria dizer: "Agora é minha hora de dizer adeus".

Estes foram alguns dos melhores relatos de CPMs de fenômenos físicos que ouvimos. Eles descrevem algumas das muitas formas imaginativas que nossos entes queridos usam para se comunicar conosco depois da morte.

Você já quis receber um sinal para se assegurar de que um entre querido continua a existir? O próximo capítulo contém uma variedade de CPMs simbólicas, que as pessoas experimentaram espontaneamente, ou em resposta a suas preces.

… # capítulo 14
Borboletas e arco-íris:
CPMs simbólicas

Peça e receberá, procura e achará, bata e a porta se abrirá.
JESUS DE NAZARÉ

MUITAS PESSOAS relataram ter recebido um sinal que afirmava que um familiar ou amigo falecido tinha sobrevivido à morte física e continuava a viver em outra dimensão da existência. Chamamos isso de CPM simbólica ou sinais de CPM. Trata-se de um tipo relativamente comum de comunicação pós-morte.

Algumas pessoas recebem um sinal espontaneamente, como um presente, enquanto outras pedem ou rezam para recebê-lo. Dependendo de seu sistema de crenças, elas podem pedir o sinal aos seus entes queridos, a Deus ou ao "universo".

As CPMs simbólicas típicas envolvem borboletas, arcos-íris, flores e muitas espécies diferentes de pássaros e outros animais, e inúmeros objetos inanimados. Quer o sinal apareça imediatamente ou após dias ou semanas, a maioria das pessoas o reconhece intuitivamente e sente que ele foi destinado exatamente para elas.

Os sinais de CPM trazem esperança para as pessoas em luto, especialmente para pais desolados e viúvas. Mas, por serem uma forma simbólica de comunicação, o receptor precisa interpretar sua própria experiência e atribuir-lhe um significado.

Nos primeiros quatro relatos de CPMs simbólicas, as pessoas que viveram a experiência receberam uma borboleta como seu sinal pessoal.

Caroline é secretária em Illinois. Ela teve esta experiência informativa depois que sua filha de 24 anos, Lindsey, morreu atingida por um motorista alcoolizado, enquanto andava de bicicleta:

Depois do missa católica para minha filha, saímos para o cemitério. Enquanto o padre fazia as últimas orações, uma grande borboleta branca pousou sobre o esquife branco de Lindsey e ali permaneceu por todo o tempo.
Quando o funeral terminou, Irmã Therese me abraçou e disse: "Caroline, você também viu a borboleta branca? Uma borboleta é um símbolo da ressurreição!". Eu não conhecia este significado antes e isto me acalmou.

A borboleta é o sinal de CPM mais freqüentemente mencionado. É um símbolo espiritual para a vida depois da morte devido à sua metamorfose ou transformação, de uma lagarta que se arrasta no chão para uma criatura linda, quase etérea, que voa pelo ar. Ela também se tornou um símbolo para o crescimento pessoal e para o renascimento espiritual.

Margot, de 31 anos, é caixa em uma loja de antiguidades em Washington. Ela teve esta fascinante CPM depois que seu tio morreu de câncer:

Estávamos no funeral de meu tio Teddy, em nossa igreja católica. Eu estava rezando durante a missa e pensando nele. De repente, esta borboleta veio flutuando pela nave da igreja e parou próxima de nós. Era uma borboleta realmente bonita, laranja e marrom.
Ela flutuou em torno de nós, depois voltou e foi para o lugar onde minha irmã estava tocando piano. Deu um rodopio, foi para cima do esquife e subiu para o altar. Depois, a borboleta se foi.
Foi maravilhoso! Um milagre! Durante todo o tempo que freqüentei aquela igreja, essa foi a primeira vez que vi uma borboleta ali dentro. De todas as igrejas do mundo, quantas tinham borboletas dentro delas naquele momento?

Elisabeth Kübler-Ross fala dos inúmeros desenhos de borboletas que viu nos barracões dos campos de concentração na Europa. Esses símbolos permanentes da esperança foram gravados nas paredes de madeira por crianças e adultos corajosos durante o Holocausto.

Hoje, pinturas de borboletas podem ser encontradas em quase todos os asilos para pessoas próximas da morte. Esse símbolo também é muito utilizado pelos terapeutas que trabalham com a dor da perda, centros espíritas e grupos de apoio para pessoas enlutadas.

Fran é uma contadora aposentada de Ohio. Ela ficou muito feliz com este encontro, cinco meses após a morte de seu neto Johnny, de 17 anos, por complicações decorrentes de espinha bífida:

> Eu estava sentada à mesa da cozinha olhando a tempestade pela vidraça. Uma grande borboleta monarca voou para o centro da vidraça. Ao vê-la ali flutuando, me veio uma estranha sensação.
> Chamei meu marido e ele veio até a porta. A borboleta voltou e voou para um grande vaso de flores no final do deque. Ela flutuou em torno das flores, enquanto ficamos parados, observando-a, por vários minutos.
> Senti que meu neto estava ali. Mentalmente, eu disse: "Johnny, se você realmente está aqui, por favor, mande a borboleta para a porta mais uma vez".
> Imediatamente, a borboleta voou para o centro da vidraça, bem na frente do meu rosto. Flutuou ali por mais alguns segundos. Então, recebi uma mensagem telepática de Johnny dizendo: "Estou vivo e estou bem". As palavras eram claras.
> Essa experiência me deixou com o sentimento de que verei meu neto novamente – de que existe vida depois da morte e que o amor é eterno.

Uma CPM simbólica pode ser diferenciada de um evento comum por uma combinação de tempo, cenário e algum comportamento não característico da borboleta. Mas, em geral, as pessoas que vivem esta situação precisam se basear na própria intuição para identificar o significado dessas experiências subjetivas.

Al é um policial aposentado que vive atualmente na Flórida. Ele teve este contato inesquecível dez meses depois que sua filha, Diana, morreu em um acidente de automóvel, aos 17 anos:

> No dia quatro de julho, estávamos em nossa casa de verão na Pensilvânia. Éramos eu, minha esposa, seus tios e um sobrinho. Estávamos sentados em espreguiçadeiras, no deque, do lado de fora da casa, e eu estava fumando um charuto.
> Havia uma borboleta voando por ali. Olhei para ela e no mesmo momento pensei em minha filha Diana. Pensei: "Se for você, Diana, desça e venha me dizer". E ela fez isso!
> Imediatamente, a borboleta pousou no meu dedo! Ficou andando para cima e para baixo sobre meu dedo, depois sobre minha mão, de lá para cá. Eu conseguia ver o movimento de suas pequenas antenas. Não pude acreditar! Minha mulher me deu uma olhadela – acho que ela sabia no que eu estava pensando.
> Terminei o charuto e me levantei. A borboleta ficou bem ali na minha mão. Caminhei até a casa, fui até a pia da cozinha e bebi um copo de água. A borboleta continuava comigo – eu não conseguia acreditar!

Eu disse: "Bem, tenho de tomar banho. Você tem de sair". Abri a porta e fui até o deque. Impulsionei a borboleta com o dedo e ela voou. Fiquei olhando-a voar para longe, pelo quintal.

Era inacreditável! Uma borboleta nunca tinha pousado em mim antes. Depois, fui tomar banho e chorei.

Eu realmente não sabia que a borboleta tinha um significado para a organização *The Compassionate Friends* até que fui à sua conferência anual alguns anos depois. Durante a abertura da cerimônia, eu me dei conta: "Meu Deus! O símbolo da organização é uma borboleta!".

Fundada em 1969, a *The Compassionate Friends* (TCF) tem mais de 650 centros nos Estados Unidos e Canadá. É a maior organização de auto-ajuda do mundo para pessoas enlutadas, que perderam seus filhos, irmãos, irmãs e avós. Apresentamos mais informações sobre a TCF e outras organizações que atendem a doentes terminais e pessoas enlutadas, na seção *Recursos,* no final do livro.

June dá aulas de ciências em uma escola primária de Illinois. Ela e seu marido Lyle interagiram com um parente próximo da borboleta, depois da morte de seu filho Chad, aos 16 anos, de ataque cardíaco:

June: Duas semanas depois da morte de Chad, eu estava na cozinha, quando meu marido chamou: "June, venha aqui fora!". Eu saí, e ali, no meio do dia, vi aquela grande mariposa. Ela era de uma cor verde amarelada e tinha cerca de 12 centímetros. Nunca tinha visto uma mariposa tão deslumbrante!

Lyle: Encontrei a mariposa no quintal. Eu a peguei, coloquei sobre minha mão e ela não fugiu. Eu nunca tinha visto uma mariposa agir assim antes. Depois eu a coloquei sobre o galho de um arbusto.

June: Chamamos nossos filhos, Cory e Clay, para que viessem ver também. Ficamos todos olhando a mariposa durante um tempo e, finalmente, ela voou para longe.

Mais tarde, procurei por ela em um livro sobre borboletas e mariposas e fiquei espantado! Era uma mariposa-lua. O hobby de Chad era astronomia e ele queria ser astrofísico. A família da mariposa-lua pertence à família *saturniidae* e sobre a escrivaninha de Chad existe uma pintura de Saturno!

Por isso, todos nós acreditamos que Chad nos enviou esse sinal para que soubéssemos que ele está em uma nova vida.

Os sinais de CPM geralmente contêm múltiplos níveis de significados. A curiosidade de June a levou a investigar com mais profundidade e descobrir muito mais do que a mensagem de seu filho aparentava à primeira vista.

Os três próximos relatos mencionam a segunda forma mais comum de sinais de CPM, os arcos-íris.

Ellie é processadora de dados em Míchigan. Ela recebeu um presente esplêndido, cinco meses depois que seu filho Don, de 26 anos, morreu em um acidente de automóvel. Seu relato de uma outra CPM está no Capítulo 11:

> No meu aniversário, em dezembro, eu dirigia de casa para o trabalho. Era um dia frio e cinza e eu estava meio triste por Don não estar mais conosco. Estava descendo a rua e olhei para cima por acaso. No céu, as nuvens cinzentas tinham se separado um pouco e formavam um círculo perfeito. Dentro do círculo vi as faixas coloridas de um arco-íris.
>
> Com certeza, não é comum ver um arco-íris em dezembro, em Míchigan. Percebi imediatamente que Don mandou o arco-íris para meu aniversário. Era o presente de meu filho para mim! Eu falei alto: "Obrigada, Don! Recebi sua mensagem!".

Como sabemos, mesmo nos dias mais nublados, o Sol ainda brilha por trás das nuvens escuras. Mas, quando estamos tristes, é importante lembrar que um arco-íris reluzente também está lá, talvez bem acima de nossa cabeça!

Mindy é funcionária dos correios em Wisconsin. Sua filha Kimberley morreu de síndrome da morte súbita na infância, quando tinha sete meses:

> Antes no nascimento de Kimberly, pintei um grande mural com o Sol e um arco-íris no seu quarto, cuja decoração tinha o arco-íris como tema. E muitos dos presentes que ela recebeu também tinham referências ao arco-íris. Kimberly era nossa criança arco-íris!
>
> Desde que morreu, nas datas de aniversário de sua morte e de seu nascimento, sempre aparecia um arco-íris. Sol ou chuva, o Sol aparecia e surgia um grande arco-íris no céu! Esse era o jeito de Kimberly vir até nós e nos certificar de que existe vida depois da morte.
>
> No ano passado, do aniversário de sua morte, fomos até a sua sepultura. Quando estávamos saindo do cemitério, apareceu um grande arco-íris no céu, do lado leste. Ficamos arrepiados, com lágrimas nos olhos – mas também sorrimos!

O arco-íris é um dos símbolos mais antigos de esperança e vida eterna da humanidade. Não surpreende, portanto, que muitas pessoas enlutadas relatem ter visto um arco-íris magnífico, em várias datas de aniversário, depois da morte de seus entes queridos.

Belinda é bancária no Território Yukon, no Canadá. Ela teve esta CPM simbólica, depois que seu marido Lou morreu de câncer aos 65 anos:

> Tive três filhos, todos se casaram e me deram oito netos. Lou sempre quis ter uma netinha de olhos azuis e cabelos ruivos. Apesar de meus três filhos e eu sermos ruivos, nenhum de nossos netos herdou essa característica.
> Uma semana antes da morte de meu marido, nossa filha mais nova, Shelley ligou e contou para ele que sua gravidez estava confirmada e que o bebê teria o nome dele. Lou ficou muito alegre e me deu dinheiro para que eu comprasse um presente para o bebê, sabendo que poderia não estar vivo quando a criança nascesse. Poucos dias depois, Lou entrou em coma e morreu.
> Oito meses depois nasceu uma netinha ruiva de olhos azuis, igual à mãe. Quando recebi a ligação, fui para o hospital, mas estava aborrecida e chorando porque Lou não estava conosco para ver seu bebê.
> Quando estava próximo do hospital, surgiu um arco-íris sobre ele! Senti que o arco-íris era um sinal de Deus que Lou sabia que lá estava a netinha ruiva de olhos azuis, que ele tanto desejava. Era um milagre!

Mesmo oito meses depois, Belinda intuitivamente reconheceu que o arco-íris ligava seu querido marido à sua netinha recém-nascida. Enquanto muitas pessoas acreditam que o sinal da CPM é uma comunicação direta de seu ente querido falecido, outras o consideram um presente de Deus, em nome da pessoa que morreu.

Walter, corretor de imóveis de 58 anos do Arizona, teve este momento transcendente depois que sua esposa Arlene morreu de câncer:

> Era um dia chuvoso, totalmente nublado. Nenhum pedaço de céu estava visível. Espalhei as cinzas de Arlene em torno de um pinheiro alto, em White Mountains, e fiz uma oração. Depois, voltei para meu carro, que estava a uns dez metros dali, e rezei novamente.
> Enquanto eu estava parado, um raio de luz claro e dourado surgiu através das nuvens e brilhou ao redor da base da árvore. Ele iluminou apenas o ponto onde estavam as cinzas de Arlene e mais nada.
> Foi uma experiência maravilhosa – era realmente inacreditável! Agradeci a Deus. Eu soube que Deus estava me dizendo que Arlene estava ao lado Dele novamente.

Assim como Walter, várias pessoas relataram ter sido surpreendidas por um feixe de luz brilhando sobre um objeto ou lugar específico. Alguns destes relatos descrevem um raio de luz dourado iluminando um caixão durante um funeral ou destacando um túmulo no cemitério.

Com freqüência, as flores também têm um papel simbólico importante nas CPMs, como veremos nos três próximos relatos.

Joanne é secretária em Missouri. Ela recebeu um sinal consolador depois que seu filho Matthew, de 28 anos, se suicidou:

> Logo depois do funeral de Matthew, retirei um lindo crisântemo de seu caixão. Os crisântemos duram bastante, por isso levei para casa, arrumei em um vaso e coloquei no peitoril da janela da cozinha.
> Duas semanas depois, o crisântemo tinha morrido. Lembro que pensei: "Eu não agüento me separar dele". E me censurei por não conseguir sequer jogar a flor fora. Mas, em todo caso, coloquei uma água nova para o crisântemo.
> No dia seguinte, o crisântemo estava vivo novamente! Tomei aquilo como um sinal de Matthew me dizendo que estava bem.

As flores são bastante populares, não apenas por sua beleza natural, mas também por suas poderosas propriedades de cura espiritual e emocional. Nesse caso, um crisântemo revitalizado se tornou um símbolo da vida depois da morte para Joanne.

Raymond é um designer industrial de 59 anos, de Illinois. Ele enviuvou quando sua esposa, Cynthia, morreu de câncer:

> Cynthia e eu tínhamos um cacto-do-natal que tinha uma aparência triste. Nunca tinha florescido ou demonstrado sinal algum de vida. Brincando, nós o chamávamos de "A planta da Cynthia".
> Depois da morte de minha esposa, viajei e retornei para casa no seu aniversário. Quando abri a casa e fui olhar as plantas, vi que o cacto-de-natal estava repleto de flores!
> Geralmente o cacto-de-natal floresce na época das férias. Mas o aniversário de Cynthia é em 14 de junho!

As CPMs simbólicas podem ser vistas como saudações não verbais de nossos entes queridos que partiram. É como se eles dissessem: "Olá, estou no Céu! Estou bem, amo vocês e estou olhando por vocês".

Darlene é uma professora especializada de Massachusetts. Ela se emocionou com um sinal de confirmação de vida de seu marido Martin, que morreu de um ataque cardíaco aos 40 anos:

Martin era uma pessoa que não conhecia nada de trabalho ao ar livre ou jardinagem. Ele conseguia cortar a grama, apesar de uma vez ter cortado o próprio fio do cortador elétrico.

Uma tarde, cerca de seis anos antes de sua morte, Martin entrou em casa segurando um graveto. Ele disse: "Darlene, isto vai se transformar em uma ameixeira florida". Eu respondi: "Você deve estar brincando!".

Ele plantou o graveto bem na frente da janela da cozinha. Algumas vezes conversava com ele, e veja só, a árvore começou a crescer. Tornou-se uma linda e grande ameixeira, mas nunca brotou nem floresceu.

Martin morreu no dia de Ação de Graças. Na manhã de Páscoa seguinte, levantei, fui para a cozinha e olhei pela janela. Caí para trás! Havia milhares de flores cor de rosa-choque na árvore de Martin! Era magnífico!

Meu marido nunca acreditou na vida depois da morte ou em Deus. Então, achei interessante que isso tivesse acontecido em um domingo de Páscoa. Não há dúvida de que a ameixeira em flor simboliza seu novo nascimento.

As pessoas que passam por essas experiências as consideram sinais de que seus entes queridos falecidos estão bem, enquanto os céticos acreditam que são apenas coincidências. Se a realidade está no olho do observador, talvez os dois pontos de vista estejam certos.

Os três próximos relatos demonstram como várias espécies de aves e mamíferos também podem ter um papel importante como sinais de CPM.

Pamela, de 43 anos, é bibliotecária na Virgínia. Ela vivenciou uma despedida comovente de seu pai, que morreu de derrame cerebral:

Depois da morte de meu pai, levamos suas cinzas para Red River Gorge, em Kentucky. O parque é cheio de azevinhos, sempre-verdes e louros da montanha. Tocamos uma de suas músicas preferidas e jogamos suas cinzas do topo de uma montanha.

Naquele momento, três falcões-de-rabo-vermelho subiram do desfiladeiro. Voavam diretamente para o alto, lado a lado, quase em formação. Quando chegaram bem em cima de nós, eles se separaram formando uma Trindade. Uma ave voou para a esquerda, a outra para a direita e a terceira continuou indo para cima. Foi espantoso!

Fazia anos que eu caminhava por aqueles desfiladeiros, mas nunca tinha visto três falcões-de-rabo-vermelho juntos. Para mim, foi um sinal de meu pai. Era sua saudação final, o último "Adeus! Fiquem bem!".

Ouvimos muitos relatos de CPMs simbólicas que envolviam pássaros. Outros relatos mencionavam gaios azuis, gansos canadenses, cardeais, corvos, rolas, águias, beija-flores, águias-pescadoras, corujas, pombos e melros.

Mary Kate é contadora em Washington. Seu marido Stewart morreu de leucemia aos 48 anos:

> O sonho de infância de Stewart era ter seu próprio avião e depois que descobrimos que estava com leucemia, compramos um. Os cinco anos que estivemos com esse avião foram os mais felizes de sua vida. Stewart adorava voar e a liberdade que tinha no ar, e amava o livro *Fernão Capelo Gaivota*. Cerca de três semanas depois de sua morte, eu estava planejando voltar ao trabalho pela primeira vez – e estava apreensiva com isso! Estava sentada à mesa da sala de jantar, chorando e chorando.
> Então, olhei para o nosso deque. A maior gaivota que eu já tinha visto na vida estava empoleirada bem na quina da cerca, olhando para mim como se dissesse: "Você consegue!".
> Moro a cerca de 500 quilômetros da costa e nunca tinha visto uma gaivota no meu quintal ou no meu deque – nunca! Então, peguei o carro e a gaivota me seguiu por todo o caminho para o trabalho!
> Durante um bom tempo, enquanto ia para o trabalho, eu olhava para cima e via essa gaivota me seguindo. Era muito claro para mim que esse pássaro tinha sido enviado do Céu para elevar meu ânimo e me dar coragem para prosseguir.
> Senti que Stewart estava ali naquele momento, olhando por mim. Isso me fez compreender que ele estava bem, que não estava mais sofrendo e que era livre para voar pelos céus, como fazia quando estava aqui.

O livro *Fernão Capelo Gaivota*, de Richard Bach, levou milhares de leitores a considerar a possibilidade de que sua vida era eterna. Depois que Fernão Capelo morreu e entrou em um novo mundo, encontrou um professor que o encorajou a trabalhar suas lições de bondade e amor.

Phillip é gerente de hotel e mora na Flórida. Ele teve estas duas excepcionais experiências, depois que seu filho Gregory morreu de leucemia aos 27 anos:

> Quando Gregory e sua irmã eram pequenos, nós os levamos de férias para Key West, na Flórida. Durante essa viagem, Gregory teve a oportunidade de nadar com um golfinho na área de recreação. Esta foi a maior emoção que teve na sua infância.

Ao longo de sua vida, Gregory amou a natureza, a água e, claro, os golfinhos. Na verdade, amava tudo da vida. Antes de sua morte, ele pediu que suas cinzas fossem jogadas na corrente do Golfo, ao pôr-do-Sol, para que pudessem viajar pelo mundo.

Depois da morte de Gregory, saímos uma manhã de barco, com um amigo e sua esposa. Também nos acompanharam a nossa filha e um amigo que sabia recitar o *kadish*, uma prece judaica para os mortos.

Saímos de Miami Beach e levamos cerca de uma hora e meia para chegar até a corrente do Golfo. Exatamente ao pôr-do-Sol, meu amigo recitou o *kadish* e minha mulher jogou as cinzas de Gregory na água.

Antes mesmo que a reza tivesse terminado, um cardume de seis a oito golfinhos se aproximou do barco. Os golfinhos ficaram conosco, nadaram dos dois lados do barco e nos escoltaram praticamente por todo caminho de volta até a praia. Mas este não foi o fim da história.

Alguns anos depois, minha esposa e eu fomos para uma conferência regional da *The Compassionate Friends*, em Clearwater, na Flórida. Ao final da conferência, todos amarraram uma mensagem de amor para seu filho querido em um balão de gás hélio.

Todos nós nos voltamos para o Golfo do México e soltamos o balão às três horas. Pedi a Gregory que encontrasse uma forma de nos enviar uma mensagem, dizendo que nos amava.

Assim que soltamos o balão, um único golfinho nadou em nossa direção, a uns dez ou doze metros da praia. Desapareceu por um momento, e então, deslizou para longe.

Essas duas experiências me ofereceram momentos deliciosos para lembrar e guardar para sempre no meu coração.

É o comportamento extraordinário de muitos tipos de animais que é tão notável nestes maravilhosos relatos de CPM simbólica. Tais sinais são inequívocos para aqueles que viveram essas experiências, porque eles refletem dramaticamente a afinidade de entes queridos que se foram com um pássaro ou mamífero em especial.

Com exceção do último relato, cada um dos sinais de CPM apareceu espontaneamente para as pessoas, nenhum tinha sido solicitado antes. Posteriormente, muitos tiveram uma experiência de CPM simbólica muito semelhante aos exemplos que já foram apresentados. Os relatos restantes deste capítulo são de pessoas que solicitaram especificamente um sinal de Deus ou de seu ente querido falecido.

Lucy, uma bibliotecária de New Jersey, ficou de luto quando seu filho Steven, de nove anos, morreu vítima de um acidente de automóvel:

Na noite anterior ao aniversário de um mês da morte de Steven, eu estava arrumando seu quarto, dizendo: "Dê um sinal para mamãe! Dê um sinal!".
No dia seguinte eu estava novamente em seu quarto. Três semanas antes de sua morte, eu tinha comprado um gatinho para Steven, e ele estava sobre sua escrivaninha. Eu não queria que nada dali fosse tocado, queria que o quarto de Steven ficasse exatamente como ele tinha deixado.
Então, o gatinho derrubou uma garrafa pintada por Steven! Rapidamente, espantei o gato e ergui a garrafa, colocando meu dedo indicador na sua boca. Senti um papel dentro, puxei para fora e abri. Steven tinha escrito com caneta marca-texto: "Te amo, mamãe!!!".
Fiquei tão feliz por ter tido um sinal! Eu me senti tão extasiada, que ria e chorava ao mesmo tempo.

As ações do gatinho naquele exato momento foram essenciais para Lucy encontrar a mensagem escrita por seu falecido filho. Foi uma "coincidência" ou o gatinho foi induzido a participar de um plano maior?

Claudia é professora de ensino médio em Kentucky. Ela reconheceu imediatamente o sinal de sua filha de 12 anos, Jodi, que morreu atropelada por um carro enquanto andava de bicicleta:

Isso aconteceu duas semanas antes do primeiro aniversário da morte de minha filha. Eu pedi: "Deus, por favor, faça com que Jodi me dê um sinal! O senhor tem *zilhões* de pessoas aí em cima. Tudo o que peço é que uma menininha mande um sinal para sua mãe, mostrando que está bem". Repeti o pedido várias vezes durante o dia e nada aconteceu.
À noite, eu tinha de ir a um encontro na igreja. Quando estava dando marcha-ré, por acaso, olhei para baixo. Vi um lápis no meio-fio da estrada e alguma coisa me disse para pegá-lo. Então, parei o carro, peguei o lápis e olhei para ele. Sobre ele, estava escrito: "Estou bem".
Eu não tenho dúvida de que Jodi fez isso – era uma mensagem sua. Jodi estava sempre desenhando e penso que o lápis era algo que ela sabia que poderia identificá-la.
Isso realmente me ajudou a superar o primeiro aniversário. Por alguns dias, andei saltitando!

Peg é uma babá que vive na Pensilvânia. Suas preces foram ouvidas por seu filho de 17 anos, Skip, morto em um acidente de automóvel provocado por um motorista alcoolizado:

> Skip sempre dava rosas para as pessoas. Sempre que acontecia alguma coisa especial, ele dava uma rosa. Todas as segundas-feiras ele presenteava sua namorada com rosas, desde que se conheceram numa segunda-feira. Se fosse meu aniversário ou se ele quisesse me agradar, traria uma rosa para mim.
> Um mês depois de sua morte, eu estava conversando com ele e dizendo: "Por favor, Skip, me dê um sinal de que você está bem".
> Mais tarde, minhas três irmãs estavam comigo quando passei no cemitério. Eu disse: "Gostaria que Skip nos deixasse saber que está bem". Uma de minhas irmãs disse: "Ele fará isso na hora certa". Em seguida, fomos para a igreja e durante o culto fiquei pedindo que ele me desse um sinal.
> Quando saímos e fomos até o carro, vi uma rosa presa no limpador de pára-brisas! Era uma rosa vermelha de cabo longo. Soube imediatamente que era de Skip. Eu simplesmente sabia! Minhas irmãs começaram a chorar porque também perceberam que aquela rosa era de meu filho.
> Eu ainda tenho esta rosa e ela continua tão vermelha como no dia em que foi colocada ali para mim!

O poder de um pedido feito do fundo do coração é verdadeiramente notável. Quando pedimos com sinceridade, nós demonstramos nossa franqueza, boa vontade e facilidade em receber uma CPM e outros presentes do mundo espiritual.

Andrea é supervisora de uma estação de tratamento de água, na Flórida. Seu filho, Douglas, morreu em um acidente de motocicleta, aos 25 anos:

> Douglas amava cervos. Ele usava um lindo broche com um cervo no seu chapéu. E, alguns dias antes do seu acidente, comprei, como presente de aniversário, uma cabeça de cervo de ouro, para que ele usasse com sua corrente de ouro.
> Oito dias depois do acidente, tentei voltar ao trabalho, achando que isso poderia me ajudar. Quando estava dirigindo, comecei a chorar muito. Saí da estrada e disse: "Deus, por favor, dê um sinal de que meu filho, meu bebê, não sofreu naquela noite, que ele não conheceu a dor".
> Quando olhei para cima, a uns dez metros, vi uma linda fêmea de cervo com seu pequeno filhote. Eles estavam parados ali, olhando diretamente para mim. Eles não fugiram enquanto eu os observava. Apenas caminharam para longe até saírem do meu campo de visão. Eu disse: "Obrigada, Deus, por me deixar saber que Douglas está bem".
> Isso me aconteceu várias vezes. Era só eu começar a chorar muito e me sentir arrasada, e um cervo aparece. E, então, eu sempre me sentia em paz e reconfortada.

Não passa uma semana sem que eu veja um cervo. Na verdade, eu vi três hoje!

Assim como Andrea, muitas pessoas tiveram uma série de CPMs simbólicas envolvendo um sinal da natureza. Outras relataram ter encontrado diferentes objetos inanimados. Em cada caso, o sinal particular tinha uma associação pessoal com seus entes queridos falecidos.

Sunny é dona de casa e vive no Texas. Uma série surpreendente de acontecimentos começou três semanas após a morte de seu filho Sean, aos nove anos, em um acidente na escola:

> Um dia, eu estava chorando e falando com Sean, pedindo que ele me enviasse um sinal de que ainda estava conosco. Depois de ficar sentada por um tempo, senti vontade de levantar e ir até o seu quarto.
> Eu só queria abrir a gaveta e tocar suas roupas, para, quem sabe, me sentir um pouco melhor. Mas, fui compelida a puxar a gaveta até o fim e olhar atrás dela. Foi quando encontrei uma moeda de dez centavos! Aquilo me impressionou: "Isso é uma mensagem sua, Sean! É você se mostrando!".
> Quando vi aquela moeda, lembrei de uma brincadeira que nós dois fazíamos. Eu costumava dar dois dólares para Sean toda semana se ele mantivesse seu quarto limpo e fizesse o que eu tinha pedido. Sempre que eu lhe dava dos dois dólares, eu dizia: "Isto é por ser um bom filho".
> Então, Sean ia até a lata de suco congelado que ele tinha decorado, onde costumava guardar moedas. Ele pegava uma moeda de dez centavos e dava para mim dizendo: "Esta é para você, mamãe! É a sua recompensa por ser uma boa mãe!". Então, quando vi aquela moeda, me senti muito bem, porque percebi que essa era a mensagem de Sean para mim.
> Eu nunca tinha encontrado uma moeda de dez centavos em toda minha vida. Depois dessa, comecei a achar uma porção de moedas, a maioria no trabalho, e também em datas como dia dos namorados e no dia das mães.
> Eu encontrava moedas de dez centavos sempre que estava realmente precisando delas – no restaurante, no estacionamento, na frente da *pet shop*, caminhando com nossos cães à noite, no hospital, quando meu marido foi operado, no museu, na pizzaria e no trem. Uma vez até encontrei duas moedas de dez centavos!

Desde que Sunny recebeu seu primeiro sinal de CPM, dez anos atrás, ela e seu marido continuaram a achar as "moedas de Sean" em toda parte. Hoje eles têm um total de 640 moedas de dez centavos.

O último relato deste capítulo foi narrado por Kathleen, uma professora de pré-escola de Illinois. Ela pediu por um sinal depois que seu filho de sete anos, Marc, morreu de leucemia:

> Minha melhor amiga viu um arco-íris muito tempo depois que seu filho morreu e sempre achou que eles tinham um significado especial. Eu me sentia feliz por ela, mas também com um pouco de inveja. Eu lembro que pensava: "Todos recebem esses sinais. Porque isso nunca acontece comigo?".
> Então decidi assistir a uma conferência nacional da *The Compassionate Friends*. Um dos membros fez um esplêndido vitral, que foi rifado para arrecadar fundos. Tinha duas borboletas e era muito colorido. Passei por ele várias vezes durante a conferência e pensei que tínhamos um lugar perfeito para pendurá-lo em nossa casa.
> Quando comprei minha rifa, disse para Marc na minha cabeça: "Todos estes anos ouvi histórias de pessoas que receberam sinais ou mensagens de seus filhos. Se você for me passar alguma mensagem, esta é uma boa ocasião para fazê-lo".
> Não me lembro de ter feito pedido algum para Marc antes – foi muito espontâneo. Assim, comprei dez números e cerca de 800 foram vendidos.
> O sorteio foi na noite de sábado. No momento em que estavam anunciando o número sorteado, pensei: "Meu Deus, eu vou ganhar! Marc realmente fez isso acontecer!". Fui sorteada. Foi muito forte!
> Em casa, nós chamamos nosso vitral com borboletas de "o presente de Marc para nós".

A CPM simbólica de Kathleen prova que nunca é tarde para pedir por um sinal, assim como ela fez, oito anos após a morte de seu filho. Independente do tempo transcorrido desde que sua partida, nossos entes queridos continuam a nos certificar de que morrer é apenas uma transição para outra forma de ser ou nível de consciência.

Isso completa nossa apresentação dos 12 tipos mais importantes de experiências de comunicação pós-morte. Todos os relatos restantes deste livro consistem de várias combinações desses tipos.

O próximo capítulo aborda três tópicos: relatos de CPMs "assustadoras", a questão do suicídio e níveis inferiores de vida após a morte.

… capítulo 15
Exceções à regra:
CPMs "assustadoras" e outras

> *Há muitas moradas na Casa do Pai, assim como há muitas séries na escola. O período de tempo que passamos na Terra é apenas uma série da vida. Não passa de um começo.*
>
> ROBERT A. RUSSEL

ESTE CAPÍTULO explora três assuntos sobre os quais somos freqüentemente questionados durante nossos *workshops*: CPMs aterrorizantes, a questão do suicídio e níveis inferiores de vida pós-morte.

Relatos de CPMs aterrorizantes

Quase todas as CPMs são eventos positivos, alegres e animadores que geralmente aceleram o crescimento espiritual. Mas por uma série de motivos, algumas pessoas podem sentir medo quando elas ocorrem.

Muitos nunca ouviram falar de CPMs, então, se eles tiverem uma vivência, podem achar que estão ficando loucos ou perdendo o juízo. Isto é verdade especialmente se eles acabaram de perder alguém próximo ou não possuem um sistema de apoio que aceite a possibilidade de comunicações pós-morte.

Outros, que já estão familiarizados com as CPMs, podem ter medos irracionais ou crenças supersticiosas em relação a tais experiências que podem fazê-los ficar com medo quando uma delas ocorrer. Sua reação emocional pode geralmente ser atribuída ao folclore cultural e à forma negativa com que esses eventos são normalmente retratados em filmes, televisão e livros.

Adultos que tiveram uma CPM podem ter dificuldade em alinhá-la com sua filosofia pessoal ou crenças religiosas. E crianças pequenas podem ficar confusas quando tentam relatar tais experiências para os pais, que não acreditam nelas.

Baseado em nossa pesquisa, não é o conteúdo de uma CPM que provoca medo, mas sim a reação de quem a experimentou. Como os seguintes exemplos claramente ilustram, as intenções dos entes queridos falecidos nestes relatos são tão positivas quanto nos outros casos de CPMs descritos neste livro.

Suzanne é gerente de um escritório na Flórida. Ela tinha 18 anos e não estava preparada para este encontro, dez meses depois que sua avó morreu de diabete, aos 64 anos:

> Eu ia me casar e todos preparavam a casa para minha festa de casamento. Eu estava muito cansada e eles sugeriram que eu subisse e me deitasse um pouco.
> Eu estava deitada lá, olhando para o nada e pensando em como eu sentia falta da minha avó no meu casamento. Sempre contei com a presença dela na ocasião e ela disse que sempre estaria ao meu lado.
> De repente, o rosto e os ombros da minha avó apareceram à minha esquerda! Ela parecia ser de carne e osso, tão real quanto qualquer um. Ela sorriu com brilho nos olhos e disse brincando: "Não se preocupe, querida, eu estarei lá".
> Foi um choque! Infelizmente, isso me tocou muito, fiquei com muito medo. "Fiquei totalmente apavorada!" Gritei e comecei a chorar descontrolada, saí correndo do quarto e desci as escadas. Estava totalmente descontrolada! Minha mãe ouviu toda a agitação e me esperava embaixo da escada, mas eu não conseguia nem falar.
> Depois, quando eu contei a ela sobre a minha experiência, ela deu uns tapinhas no meu braço e me abraçou forte, dizendo: "Que graça, querida".

Sem dúvida, o nervosismo da noiva diante do casamento fez Suzanne ficar mais sensível do que o normal durante essa visita inesperada. A resposta imediata de sua avó ao seu desejo certamente dá validade ao ditado "Cuidado com o que você pede, porque você pode conseguir!".

Charlotte é uma enfermeira de 43 anos de New Jersey. Ela é viúva, o marido Glen morreu de câncer:

> Na noite em que Glen morreu, eu precisava falar com alguém. Então eu sentei na sala de estar e telefonei para a minha amiga, Joni, que morava na casa ao lado.

Enquanto eu falava com ela ao telefone, vi Glen parado bem na minha frente, a apenas alguns centímetros! Ele parecia estar presente em carne e osso e eu não conseguia ver através dele. Mas ele não tinha a mesma aparência de quando estava doente – parecia estar totalmente saudável!

Glen se abaixou e pôs sua mão em meu joelho e disse, "Charlotte, sou eu. Estou bem. Tudo está bem. Não sinto mais dor. Estou ótimo!".

Bom, tudo o que eu fiz foi gritar! Ele me assustou muito! E quanto mais eu gritava, mais ele dizia "Está tudo bem, Charlotte. Calma. Está tudo bem. Você não precisa se preocupar comigo. Eu estou bem!". Foi assim, e então Glen simplesmente se evaporou.

Eu fiquei imóvel, sentada na cadeira – tomada pela minha descrença! Joni ficou imaginando o que podia ter acontecido, então ela veio e nós conversamos e, aos poucos, me acalmei.

Ainda que Charlotte tenha ficado chocada quando viu Glen e sentiu seu toque, ele provavelmente estava igualmente despreparado para a reação histérica dela. Embora possamos nos espantar, ou mesmo nos surpreender durante uma CPM, especialmente pela súbita aparição parcial ou completa, não é a intenção de nossos entes queridos falecidos nos assustar.

Melissa é uma assistente médica certificada em Maryland. Dustin, seu filho de seis anos de idade, foi atropelado por um automóvel quando andava de bicicleta e morreu devido à seriedade da batida na cabeça:

> Cerca de um mês após a morte do meu filho, eu estava deitada na cama. De repente, vi Dustin, diante dos meus olhos, sentado em uma ladeira. As cores eram muito reais. O céu tinha um tom de azul que eu nunca tinha visto ainda. Sei que o vento soprava porque a grama alta ondulava.
>
> Vi o corpo inteiro de Dustin – era o meu filho! Suas pernas estavam encolhidas com os braços ao lado. Ele vestia *shorts* de cor azul e camiseta e parecia gozar de boa saúde.
>
> Mas eu só via o rosto de Dustin de perfil. Ele olhava para alguma coisa, mas eu não consegui ver o que era. Ele tinha uma aparência curiosa como se estivesse tentando entender algo.
>
> Essa visão durou cerca de dez minutos. Lembro-me de abrir e fechar os olhos, mas ela não tremeu – apenas ficou lá.
>
> Então fiquei com medo! Lembro que o meu coração estava acelerado, batia centenas de vezes por minuto. Eu tinha medo de que Dustin se

virasse para mim e eu visse como ele ficou após o acidente. Então rezei para que a visão fosse embora e ela sumiu lentamente.
O que poderia ter acontecido não aconteceu porque meu medo espantou a visão.

A ansiedade de Melissa durante sua visão de CPM é compreensível. Se ela tivesse mais informações, ela saberia que todas as crianças falecidas são curadas e estão completas em sua nova vida.

Hope, uma enfermeira de 35 anos de New Jersey, entrou em pânico quando seu pai apareceu para ela seis anos após ter morrido de ataque cardíaco:

Quando eu estava acordando de um cochilo, olhei na direção da porta. Meu pai estava lá, com uma mão no quadril e a outra no batente da porta! Ele vestia o seu terno preto com uma camisa branca e uma gravata preta.
Fiquei com muito medo, porque eu sabia que ele estava morto! Eu não conseguia parar de tremer e, além do mais, tentava gritar, mas não saía nenhum som.
Então meu pai disse em sua voz normal, "Não tenha medo. Não estou aqui para machucá-la. Eu nunca vi meu genro ou meus netos antes. Eu só queria conhecê-los e ver você também". Ele sorria e estudava o meu rosto com uma expressão carinhosa.
Mas acho que ele percebeu que eu estava com medo, porque quando eu olhei de novo, ele desapareceu bem diante dos meus olhos.
Sei agora que meu pai não voltou para me machucar. Mas todas as vezes que penso nisso, fico nervosa. Foi tão real!

Muitas pessoas que entrevistamos tinham crenças supersticiosas que arruinaram suas CPMs. Por exemplo, algumas acreditavam que se elas vissem alguém que já se foi, elas ou algum outro membro da família morreria em breve. E outros concluíram automaticamente que um ente querido voltou para machucá-los de alguma forma.

Robert é professor na Flórida. Seu filho de 12 anos, Robbie, morreu de ferimentos decorrentes de uma queda:

Aconteceu mais de um ano depois que meu filho morreu – era por volta das dez da noite. Eu tinha acabado de limpar a casa e estava me preparando para me mudar no dia seguinte. Eu estava na cozinha quando ouvi um barulho nos fundos da casa.

Fui para o corredor e vi Robbie sentado sobre um baú de metal! A parte de cima fazia barulho quando alguém sentava em cima dele – e foi esse o som que eu ouvira.

Robbie usava *jeans* vermelhos e uma camisa xadrez. Ele tinha cabelo bem longo e loiro, que brilhava. Ele parecia ótimo – parecia mesmo!

Ele acenou para mim e disse, "Oi, pai! Não se preocupe. Tudo está bem". Ele falou com uma voz bem clara e estava bem animado. Era como se Robbie não tivesse morrido – ele realmente estava lá! Eu fiquei muito surpreso.

Não sei como aconteceu, mas quando olhei de novo, Robbie não estava mais lá. Então fiquei muito assustado porque sabia que meu filho estava morto e não podia estar lá. Meu senso racional disse que havia algo errado comigo.

Fui para fora e pensei, "Não pode ser! Sei que o meu filho está morto! Ele está morto faz mais de um ano agora". Mas Robbie parecia tão vivo! Ele estava do mesmo jeito que estava na véspera de sua morte.

Por um lado, eu me sentia bem – por outro lado, eu estava com medo. Então voltei para casa e fui na direção do baú, mas não havia nada lá. Pensei: "Isso é loucura! Se eu disser às pessoas o que aconteceu, elas vão achar que eu sou esquisito".

Meses se passaram antes que eu mencionasse essa experiência para alguém, incluindo minha esposa. Mas eu a repassava em minha mente constantemente. Eu continuava dizendo a mim mesmo que eu havia criado aquilo a partir das emoções guardadas dentro de mim – e que aquilo não havia acontecido de verdade.

Vivi essa experiência por um longo tempo. Agora estou convencido de que foi um acontecimento real e não apenas uma criação da minha imaginação. Percebi que foi um momento maravilhoso para mim. Foram apenas alguns segundos, mas foram alguns dos segundos mais importantes da minha vida.

Muitos homens questionam sua sanidade após uma experiência de CPM e hesitam em compartilhá-la com alguém. De fato, eles geralmente a rejeitam totalmente simplesmente porque ela não se enquadra no seu conceito de realidade. Por outro lado, mulheres, em geral, são mais abertas e receptivas a receber experiências espirituais. Em geral, estão mais dispostas a confiar na intuição e não exigem provas científicas para o que sabem que é verdade.

Felizmente, a maioria das pessoas que entrevistamos que inicialmente teve uma CPM "aterrorizadora" teve CPMs positivas no futuro, depois que aprenderam mais a respeito delas e superaram as ansiedades.

A questão do suicídio

Ficamos profundamente preocupados que algumas pessoas que estão lendo este livro possam ter sentimentos suicidas. E elas podem concluir por todas as entusiasmadas descrições de experiências de CPM que leram que podem escapar de seus problemas emocionais tirando a própria vida. Se você é uma dessas pessoas, por favor, reflita sobre o restante deste capítulo com muito cuidado e então leia o Capítulo 20, "Graça salvadora".

Baseados em nossa pesquisa, se você cometer suicídio para evitar seus problemas mundanos e sua dor emocional, após sua morte você pode esperar sofrer conseqüências diferentes das experimentadas pelas pessoas que morreram por outras causas. Você não só trará todas as suas lições incompletas junto com você, mas sua morte também criará sofrimento adicional a você mesmo e a seus familiares.

Marlene, 38 anos, é técnica de uma rede de notícias em Maryland. Seu namorado, Wes, teve um rude despertar após cometer suicídio impulsivamente:

> Cerca de um mês depois, Wes apareceu para mim em um sonho que era totalmente real. Mas não era apenas um sonho – era uma experiência real. Ele estava cercado por névoa em um lugar deserto. Era um local solitário, escuro e triste. Ele vestia uma camiseta esfarrapada e uma bermuda.
> Wes estava desesperado e resignado. Com certeza, ele não estava em paz. Ele disse: "Eu fui condenado". Eu perguntei: "A quê?". Ele disse: "Eu fui condenado à vida eterna!".
> Wes era uma pessoa perdida, e eu entendi. Ele não achou a paz que procurava e senti tristeza e dores imensas. Eu disse que rezaria por ele.
> Acordei percebendo que o suicídio não traz nenhum bem porque você ainda estará vivo. Não é possível escapar. Nada será melhor após a morte. Você precisa viver a sua vida e ser responsável por ela.
> Você é sempre responsável por suas ações, esteja aqui ou lá. Se abdicar de suas lições tirando a própria vida, não se pode esperar que a morte tire a dor ou mude a lições que você tem de aprender.

É impossível acabar com sua própria vida. O suicídio não é uma saída para o nada. Ele não leva a um estado de esquecimento ou a um vazio que acabará com toda a sua dor emocional. A única coisa em que você será bem-sucedido será em destruir seu corpo físico. Todos os seus problemas, o seu senso de derrota e as lições incompletas serão levadas para sua nova vida. Em resumo, não importa aonde for, você sempre está acompanhado de si mesmo.

Leeanne, executiva bancária da Geórgia, teve uma CPM durante o sono com seu irmão de 30 anos, Chet, que tirou a própria vida depois da perda repentina de sua empresa:

> Chet não era uma pessoa cronicamente deprimida. Ele adorava o trabalho que fazia e o sucesso de seus negócios era tudo para ele.
> Seu suicídio foi tão inesperado! Foi horrível! Meus pais não conseguiam agüentar. Eu era a filha mais velha e tive de organizar o funeral e tudo mais. Talvez seis meses depois, ele apareceu a mim em um sonho e nos falamos cara a cara. Ele estava extremamente triste pelo que havia feito para a família.
> Lembro-me de que Chet tinha uma expressão melancólica e confusa no rosto. Ele sentia muito pelo nosso sofrimento – porque todos nós passávamos por aquela dor. Ele não queria fazer a gente passar por tudo aquilo. Ele parecia confuso e tomado pelo remorso. Ele inclinava a cabeça e a balançava, como se não pudesse acreditar no que havia feito.
> Aquilo foi mais do que um sonho e, depois que acordei, eu tremia. Eu me senti triste pelo meu irmão porque percebi que aquilo não era o que ele queria.

Se você comete suicídio, criará sofrimento para você e para os outros. Como Chet, você estará totalmente ciente e possivelmente até sentirá toda a dor, toda a tristeza, toda a culpa e toda a raiva das pessoas que você deixou para trás. Nenhum remorso ou quantidade de desculpas será capaz de compensar o legado de sofrimento que você impôs aos seus parentes, amigos, colegas de trabalho e, principalmente, a seus filhos. Dizer "sinto muito" não vai compensar o que você fez.

Derrick é repórter-fotográfico no Texas. Seu irmão, Kirk, tinha 21 anos quando se suicidou:

> Era a primeira véspera de Natal depois que meu irmão se suicidou. Eu tinha ido para a cama e dormi talvez três ou quatro horas. Lembro de ter sido acordado e sabia que Kirk estava no quarto – eu podia senti-lo fisicamente.
> Fiquei realmente assustado por alguns segundos, então pude ver Kirk, ao lado, à minha esquerda. Eu sabia que era ele! Seu rosto estava escuro e sombreado, mas ele parecia ser de carne e osso, totalmente real.
> Eu disse que estava feliz em vê-lo e que queria falar com ele. Mas tudo o que Kirk disse foi: "Sinto muito. Sinto muito por ter feito aquilo. Eu não

queria magoar ninguém. Sinto muito". Comecei a entrar em pânico porque não queria que ele me deixasse depois de um encontro tão curto, tão breve. Então ele se foi.

Depois, vaguei pela casa sem nenhum sentimento e com milhões de sentimentos ao mesmo tempo. Kirk podia se desculpar milhares de vezes por nos deixar em um inferno, e isso não melhoraria a situação.

Os sobreviventes de um suicídio têm de suportar muita dor. Eles sentem toda a tristeza normal que as pessoas experimentam ao perder alguém querido, além de sentimentos de rejeição e abandono. E eles devem lidar com questões adicionais como culpa, responsabilidade pelo fato e a pergunta sem resposta "Por quê?".

No entanto, há muitas motivações para se cometer suicídio. Por exemplo, algumas pessoas decidem tirar a própria vida quando estão sofrendo a dor incessante de uma doença terminal. Outros, com doença mental, longa depressão clínica ou uma dor física crônica, também podem decidir por acabar com a vida prematuramente. De acordo com nossa pesquisa de CPM, parece que essas pessoas são poupadas de sofrer as conseqüências espirituais negativas que aguardam aqueles que gozavam de boa saúde física mas cometeram suicídio na tentativa de escapar de seus problemas emocionais.

Rhonda é secretária de um médico em Nevada. Ela tinha apenas 21 anos quando teve uma CPM durante o sono com Hank, um amigo da família que tinha 45 anos ao morrer:

> Na noite anterior à morte de Hank, ele reuniu a família dele e a minha. Fui a única que não estava presente. Ele disse a eles sobre seu câncer terminal – ninguém sabia disso antes. Ele contou que planejava tirar a própria vida e no dia seguinte ele cometeu suicídio.
>
> Quatro dias depois, Hank veio a mim em um sonho. Houve uma batida na porta e, quando a abri, lá estava ele. Ele estava bem saudável, não estava nada doente. Parecia completamente normal, vestia uma camisa branca, gravata e calças pretas.
>
> Hank tinha uma expressão alegre no rosto e disse: "Está tudo bem. Fiz isso porque estava morrendo e não poderia mais suportar a dor. Você e sua família ficarão bem. Tudo ficará bem para todos vocês. Continue levando a sua vida. Eu a amo". Este foi o fim do sonho e acordei.

Você notou que o humor e a aparência de Hank eram muito diferentes daqueles que cometeram suicídio nos relatos anteriores? Sua motivação para tirar a vida também foi diferente, já que ele estava com uma doença terminal, com uma forma muito dolorosa de câncer e não buscava meramente um escape para um problema emocional temporário. Algumas experiências de CPM parecidas serão relatadas nos capítulos seguintes deste livro.

Como a vida de todos tem grande importância espiritual, pessoalmente, não aprovamos suicídio em nenhuma circunstância. Por favor, busque conselho profissional imediato se você tem pensamentos suicidas.

Níveis mais baixos de vida após a morte

"Todo mundo vai para o paraíso ao morrer?" Essa pergunta às vezes é feita durante os nossos *workshops*. A resposta parece ser "Não, nem todos, e certamente não imediatamente. Alguns podem demorar um logo tempo, pelos padrões terrenos, para chegar lá".

A maioria das pessoas leva vida bem decente. Elas estão dispostas a enfrentar as lições na vida, cometem erros, aprendem com eles e se comprometem a melhorar no futuro. Evidentemente, elas serão prontamente aceitas no paraíso após a morte, como os relatos neste livro demonstram.

Pelo que sabemos, nenhum dos entrevistados foi contatado por alguém que cometeu crimes horrendos ou atrocidades, portanto a nossa pesquisa de CPM não revelou nada novo sobre esse estado de existência. No entanto, algumas pessoas que passaram por experiências de quase-morte e de experiências fora do corpo informaram que visitaram regiões de vida pós-morte, que se assemelham ao inferno, onde viram incontáveis almas humanas.

Entre esses dois extremos, há muitos que falham em se reabilitar diante do sofrimento que causaram aos outros antes de morrer. Em seguida à sua morte, parece que eles ficam temporariamente restritos a níveis mais baixos de existência, não por punição, mas para cura e crescimento espirituais. Parece que eles recebem oportunidades constantes para avançar até níveis mais altos da dimensão espiritual quando experimentam remorso profundo, arrependimento sincero e reabilitação verdadeira.

Joel é um representante de vendas de 43 anos da Flórida. Ele teve uma série de encontros com seu pai, que morreu de câncer:

> Durante os últimos anos da vida de meu pai, ele se tornou alcoólatra de novo. Ele provocou muita destruição na família e, francamente, foi quase um alívio quando ele morreu.
>
> Após a sua morte, com freqüência eu sentia sua presença ao meu redor. Eu não podia vê-lo ou me comunicar com ele, mas podia sentir sua agonia.

Oito anos depois, comecei a meditar e novamente meu pai começou a se fazer presente para mim; ele buscava perdão. Ele não conseguia se mudar para onde deveria prosseguir por causa do horror que provocara antes de partir.
Ele suplicou para que eu pedisse a todos da família que o perdoassem. Parece que eu era o único que sabia o que ele estava passando.
Então comecei a contar a vários membros da família – minha mãe, minha irmã, a esposa dele – de seu pedido de perdão. Foi surpreendente para mim como todos aceitaram o que eu disse e como eles começaram a perdoá-lo. E quando também fui capaz de perdoar o meu pai, um peso saiu da minha consciência.
Então, de repente, era como se ele estivesse aliviado e não estava mais presente. Fiquei muito feliz por meu pai.

Nós nos tornamos os beneficiários primários ao perdoarmos alguém. Com o perdão, nós nos libertamos da prisão do ressentimento, da raiva, da amargura, do ódio e do desejo de vingança. Isso nos permitirá receber a bênção espiritual definitiva, a dádiva da paz interior.
Wanda, de 37 anos, trabalha na indústria imobiliária na Flórida. Ela teve esta CPM com o marido, Norm, que se suicidou:

Um ano após o falecimento do meu marido, tive um sonho muito realista. Norm estava em um lugar com outras pessoas. Não era um local muito animado – era escuro e meio depressivo. Lembro-me de me sentir desconfortável e de não ter uma sensação agradável ao vê-lo.
Eu me aproximei dele e perguntei: "Onde você está? O que está fazendo aqui?". Ele me disse que estava em um local de espera e que teria de ficar lá pelo tempo que sua vida na Terra tivesse durado.
Depois que isso aconteceu, me senti bem melhor porque eu sabia que Norm estava bem. Ele não estava feliz e não estava triste, mas pelo menos estava em um lugar seguro.

É provável que Wanda teve uma CPM fora do corpo durante a qual ela experimentou a atmosfera emocional de um "local de espera" em um nível mais baixo de vida após a morte. Estes parecem ser centros para a cura espiritual que ajuda as pessoas a trabalhar nas lições que deixaram incompletas ao deixarem a vida na terra prematuramente.
Catherine, 35 anos, é dona de casa na Pensilvânia. Após seu sogro morrer de câncer, ele apareceu para lhe pedir ajuda:

Eu tive esse sonho uns quatro meses depois de Pop falecer. Sua figura era muito clara, mesmo não havendo luz nenhuma. Havia escuridão em volta dele – como se você tivesse recortado uma foto e colocado sobre papel preto.

Pop andava para a frente e para trás de modo agitado. Ele parecia muito perturbado e estava muito triste. Ele nem percebeu minha presença no começo. Ele só andava com as mãos para trás, olhando para baixo.

Finalmente eu disse: "Qual é o problema, Pop?". Ele se virou e olhou diretamente para o meu rosto com um olhar morto. Ele disse: "Eu não gosto de onde estou. Não gosto nem um pouco. Fiz o que fiz porque precisava. Eu tinha filhos para sustentar. Mas não queria que isso acontecesse".

Eu disse: "Não há nada que eu possa fazer por você". Ele disse: "Oh, sim, há sim! Você pode rezar por mim!". Eu disse: "Tudo bem, eu vou rezar por você". Então ele disse: "Diga a todos para rezarem por mim!". Quando ele estava desaparecendo, parecia aliviado e repetiu: "Não se esqueça. Diga a todos para rezarem por mim!".

Acordei imediatamente e contei tudo ao meu marido. Perguntei o que Pop tinha feito para lhe provocar tanto arrependimento. Meu marido me contou que quando Pop era jovem e tentava sustentar os filhos, ele fizera algumas coisas que eram ilegais. Eu não sabia de nada daquilo.

Quando meu marido contou isso para seus irmãos e irmãs, todos rezaram pelo pai. E eu me senti compelida a rezar por ele também.

Ocasionalmente, nossos entes queridos que se foram vão pedir que rezemos por eles. Isso afirma que nossas preces contribuem notadamente para o bem-estar espiritual deles e acelera o seu avanço nos níveis mais altos da vida pós-morte, corroborando o que várias religiões do mundo afirmam.

Todos os relatos deste capítulo são representativos de outros semelhantes em nossos arquivos.

Você foi contatado por um ente querido falecido antes de saber sobre a sua morte? O próximo capítulo mostra relatos de pessoas que tiveram uma experiência de CPM antes de serem informadas de que a pessoa havia morrido.

capítulo 16
Sincronia é tudo:
CPMs antes dos fatos

> *A vida é eterna... A morte é apenas uma transição inevitável que cada alma faz ao deixar seu corpo físico. É um estado mais livre, que não limita a alma ao tempo e ao espaço.*
>
> BETTY BETHARDS

ESTE É O PRIMEIRO de seis capítulos que apresentarão provas convincentes de que experiências de comunicação pós-morte são genuínas. Quando você tiver acabado de ler todos esses relatos, poderá concordar que as CPMs realmente não são alucinações, fantasias ou lembranças causadas pela dor da perda. Nem são projeções do subconsciente ou produtos de uma imaginação fértil.

Talvez você se convença de que as pessoas neste livro, assim como milhões de outras, tiveram comunicação direta com um amigo ou membro da família falecido, exatamente como têm afirmado. E de que existe uma nova vida após a morte que aguarda a todos.

Este capítulo contém relatos inéditos de pessoas que foram contatadas por um ente querido que partiu, antes que soubessem do ocorrido, ou seja, primeiro tiveram uma experiência de CPM e posteriormente foram informados da perda de seu parente ou amigo.

No caso de uma morte súbita e inesperada, você apenas se afligiria quando recebesse a notícia da partida do ente querido. Então, por que você teria uma alucinação induzida pelo sofrimento antes mesmo de este falecer?

Nestes cinco relatos iniciais, as pessoas queridas que se foram fizeram contato logo após a morte.

Melinda, agora uma dona de casa de Washington, teve este encontro totalmente inesperado com seu amigo, Tom:

> Tom e eu crescemos juntos. Éramos vizinhos, mas eu não o via desde que ele abraçou o sacerdócio. Depois que me mudei para o Texas, perdi totalmente o contato com ele e com sua família.
> Uma noite, cerca de dez anos depois, acordei de um sono profundo. Vi Tom parado ao pé da minha cama vestindo um uniforme da Marinha! Quando vi o uniforme, não pude acreditar, pois pensava que ele era um padre católico! Ele falou: "Adeus, Melinda. Estou partindo agora". E desapareceu.
> Quando meu marido acordou, contei a ele o que tinha acontecido. Mas ele disse que tinha sido apenas um sonho.
> Três dias depois, recebi uma carta da minha mãe, contando que Tom tinha morrido em combate. Também descobri que ele era capelão da Marinha!

Este é um exemplo excelente de uma CPM ocorrida antes de a pessoa saber do fato, sendo também um relato muito convincente. Como Melinda não recebia notícias de Tom havia mais de dez anos, ela não sabia que ele tinha se tornado um oficial da Marinha. Então, seguramente não haveria motivo para que ela tivesse uma alucinação com a aparição de Tom em seu uniforme de capelão três dias antes que ela soubesse da sua morte.

Debi é professora na Virgínia. Ela tinha apenas 19 anos quando teve este encontro com seu amigo, Gary:

> Gary e eu éramos amigos e tínhamos um amor platônico um pelo outro. Eu estava na faculdade e não o via fazia algum tempo. Ele já tinha se formado e morava numa cidade a uns 400 quilômetros. Quando estávamos juntos, conversávamos muito sobre religião, pois ambos vivíamos muito conflito entre o modo como tínhamos sido criados e o que sentíamos no nosso íntimo.
> Uma noite tive um sonho muito vívido no qual Gary veio e se sentou na beirada da minha cama. Ele estava extremamente feliz e em paz. Estava na sua melhor forma, com uma aparência radiante – estava envolto num halo de luz branca.
> Gary parecia ler meus pensamentos. Disse quanto me amava e quanto compreendia o meu amor por ele. Então me contou: "Não importa o que aconteça, você tem de seguir em frente, pois está no caminho certo". Senti como se estivéssemos juntos, e então ele se foi.
> Na manhã seguinte acordei bastante perturbada, pois não entendia o sonho. Mas, de qualquer modo, fui para as minhas aulas.
> Nessa tarde, ao chegar em casa, comecei a preparar o jantar e liguei a TV. Ouvi no noticiário das 18 horas que Gary havia sido morto num terrível acidente automobilístico na noite anterior!

Assim como Debi, muitas pessoas ainda não estão familiarizadas com as CPMs, e talvez não as reconheçam quando as têm. Isso é especialmente verdadeiro se não estão sofrendo a dor da perda na hora do acontecimento. Mesmo que ela não tenha percebido que Gary estava se despedindo, a experiência de Debi serviu ao valioso propósito de prepará-la para receber a notícia de seu falecimento súbito.

Francine, uma enfermeira de 42 anos da Flórida, ficou perplexa com a visita de seu paciente, Roland:

> Eu trabalhava em uma unidade de cuidados especiais. Alguns dos pacientes eram bem ativos e não se encontravam acamados, e Roland era um deles. Nós desenvolvemos um entrosamento especial. Percebi que ele precisava se sentir útil, então eu lhe confiava pequenas tarefas, e ele sempre pareceu ávido por cumpri-las.
> Uma manhã, por volta de 6h15, eu estava me aprontando para ir trabalhar. Sentei-me à beira da cama para calçar os sapatos. Virei a cabeça e tive uma tênue visão de Roland parado ao pé da cama, sorrindo! Reconheci o seu rosto na hora. Ele aparentava estar feliz e relaxado.
> Pensei estar enlouquecendo! Sorri de volta e ele se foi. Eu meio que ri, e disse para o meu marido: "Estou ficando maluca. Nem estou no trabalho e já vi um dos pacientes aqui".
> Fui trabalhar e, ao chegar, me contaram que Roland tinha morrido de ataque cardíaco durante a noite. Tive a impressão de que ele tinha vindo para que eu soubesse que ele estava bem.

Francine também não tinha familiaridade com ocorrências de CPM e não sabia que estava experimentando uma quando de repente Roland apareceu para ela. Assim, é natural que ela tenha duvidado de sua sanidade mental quando ele surgiu em seu quarto. É bem provável que Roland se importasse com Francine tanto quanto ela com ele, assim talvez ele tivesse vindo agradecer a amizade especial e dizer adeus.

Sue Ellen é dona de casa na Flórida. Seu pai enviou uma mensagem pessoal quando ela tinha 24 anos:

> Eu estava deitada no sofá. De repente, tive uma visão bem clara do meu pai! Estava claro que estava lá comigo – eu podia ver a sua face sorridente.
> Ouvi-o dizendo: "Está tudo bem, querida. É lindo aqui! Estou contente de verdade, então não se preocupe". Então ele riu e disse: "Agora não vou ter de pagar toda a mobília que sua mãe e sua irmã compraram". É claro que eu não tinha noção do que ele queria dizer.

Quase ao mesmo tempo, o telefone tocou. Eu podia ouvir meu marido dizendo: "Oh, meu Deus!". Ele ficou sabendo que meu pai tinha acabado de morrer de ataque cardíaco. Meu pai tinha apenas 53 anos e gozava de saúde perfeita!
Depois disso, recebemos uma carta dizendo que a minha mãe e a minha irmã tinham saído e comprado um monte de móveis para a casa pouco antes de meu pai falecer. Mas o seguro dele pagou tudo! Isso confirmou que a minha experiência foi real.
Acredito que o meu pai apareceu para mim porque ele queria ser o primeiro a me contar da sua morte.

Para Sue Ellen, a sincronia foi perfeita, assim como em várias CPMs. Ela chegou bem na hora de suavizar o choque que a filha teria quando soubesse da sua partida inesperada. Ele também deu uma pequena informação sobre a nova mobília, talvez prevendo que Sue Ellen pediria mais detalhes para a sua família. E quando ela o fez, eles confirmaram tudo o que seu pai havia dito, validando assim a veracidade de seu relato.

Clare é contadora certificada de Oregon. Ela teve esta experiência intrigante com seu amigo Hugh, de 56 anos:

Hugh e eu nos conhecíamos e trabalhamos juntos por 15 anos. Ele era uma pessoa muito especial para mim, na compreensão e amizade.
Estava acordando cedo numa manhã de segunda-feira, quando Hugh me apareceu. Ele me beliscou para chamar a minha atenção! Eu o vi! Ele estava perto da minha cama, usando uma camisa branca, com as mangas arregaçadas. Seu humor e expressão eram sombrios, como se ele tivesse perdido tudo. Hugh falou: "Desculpe-me, Clare. Não consegui". Ele continuou: "Adeus", como se fosse para sempre. E então desapareceu. Sentei na beira da cama refletindo sobre a mensagem. Fiquei pensando, "Qual é?"
Aí meu rádio-relógio ligou com as primeiras notícias da manhã. Eles anunciaram que o hidroavião de Hugh havia caído no rio Colúmbia no dia anterior. Ele não conseguiu alcançar a terra firme e se afogou.

Hugh teve a perspicácia de visitar Clare antes que ela soubesse de sua morte por uma fonte impessoal. Sua consideração pelos sentimentos dela se reflete nessa sincronia perfeita.

Esta CPM demonstra que nem todos ficam completamente felizes depois de ter partido. Alguns que tiveram uma morte súbita podem, de início, se sentir desnorteados, zangados, tristes ou enganados ao deixar a vida física. E, para aqueles que estão certos de que não existe alguma forma de vida depois desta, a confusão é o sentimento dominante. Tais pessoas podem ficar desorientadas depois de morrer e supor que estão vivendo um sonho estranho, do qual logo despertarão, são e salvos em suas próprias camas.

Nos próximos quatro relatos, a hora do contato da CPM é virtualmente simultânea à da morte do ente querido.

Lillian é uma dona de casa de 57 anos da Colúmbia Britânica. Ela recebeu de seu marido, Arthur, algumas notícias na hora certa:

> Meu esposo tinha sofrido um ataque cardíaco generalizado e estava hospitalizado. Quando retornei à nossa casa, estava sentada sozinha na nossa sala, à 1h56 da manhã. De repente, pude ouvir claramente a voz de Arthur dentro da minha cabeça!
> Ele disse: "Preciso ir. Tenho outras coisas para fazer. Minha missão aqui na Terra terminou. A sua missão ainda não está completa". Então eu soube que o hospital logo me ligaria para contar que Arthur tinha falecido.
> Aproximadamente 15 minutos depois, o telefone tocou. Era a enfermeira da UTI me informando que a situação do meu marido tinha piorado, que é o que eles geralmente dizem quando alguém morre.
> As crianças estavam em casa, então os acordei e fomos todos para o hospital. A enfermeira me encontrou fora da UTI, e eu falei: "Sim, querida, eu sei que o meu marido se foi". Ela ficou surpresa quando afirmei a hora exata que estava na certidão de óbito – 1h56 da manhã.

A hora de uma CPM antes da notícia pode coincidir exatamente com a hora da morte da pessoa querida. Isso acrescentará um novo elemento de credibilidade à experiência que outros não poderão negar ou descartar com facilidade.

Vicky tem 53 anos e é gerente de um escritório em Ohio. Com certeza, ela nunca esperava ser contatada pelo seu avô:

> Recordo-me de ter acordado, e, quase que instantaneamente, dessa luz azul esbranquiçada brilhante pairando perto do teto. Era uma grande forma oval, cerca de 1,20 metro de altura por 90 centímetros de largura.
> Enquanto eu a olhava, recebi uma mensagem por telepatia, de que era meu avô materno, que tinha acabado de fazer a passagem para o outro plano. Eu me lembro de pensar que aquilo era realmente estranho, pois eu nem tinha idéia de que ele estava doente. Na verdade, eu não era próxima desse homem. Ele era um pouco rude e quase não se relacionava com os outros membros da família.

A luz permaneceu por um tempo, e depois que ela se foi, olhei para o relógio e vi que marcava 2h17 da manhã. Voltei a dormir.
Na manhã seguinte, minha irmã bateu à minha porta. Eu sabia a razão de sua vinda, e disse: "Você veio me contar que o vovô morreu, não é?". Ela parecia confusa, e disse: "Mamãe nos ligou dizendo que ele morreu de um ataque cardíaco por volta das 2h30 da manhã". Eu respondi: "Não, eram 2h17" e falei o que tinha acontecido.

Claramente, Vicky não se encontrava em um estado de angústia antecipatório ou preparatório quando foi visitada por seu avô emocionalmente distante. De fato, nada havia em seu relacionamento que a induziria a ter alucinações ou fantasias acerca dessa experiência. Entretanto, não é incomum que algumas pessoas "façam a ronda" depois de sua morte, no seu esforço de se despedir de vários parentes e amigos.

Loretta, 38 anos, é dona de um hospital veterinário no Arizona. Ela ficou muito agradecida pela gentileza de sua sogra, Yvonne:

> Yvonne precisava de assistência médica integral. Eu então deixei o trabalho para cuidar dela. Após três meses juntas, ela começou a me amar como a uma filha, e eu vim a amá-la como a uma mãe. Logo veio a internação em um hospital.
> No dia seguinte, por volta das oito da manhã, estava na minha cama. De repente, ouvi Yvonne chamando por mim! Não pude acreditar! Ouvi pela segunda vez, mais alto e mais nítido. Ela chamava: "Loretta!".
> Sentei e vi perfeitamente minha sogra ao pé da minha cama! A primeira coisa que chamou a minha atenção foi seu cabelo louro. Com a radiação e a quimioterapia, ela tinha ficado completamente careca, e usava perucas. Eu estava tão impressionada! Ela usava uma camisola de puro branco, muito simples, como uma túnica de coral.
> Yvonne disse o meu nome pela terceira vez e eu respondi: "Sim?". Ela falou: "Quero me despedir agora. Eu a amo". Depois não havia mais nada, a não ser um fio de fumaça branca no lugar de sua aparição. Eu soube imediatamente que ela tinha falecido.
> Várias semanas depois, recebemos o certificado de óbito. A hora da morte marcava 8h02 da manhã – o dia e a hora exatos que ela viera a mim!

Que honra maior nossos entes queridos podem nos conceder do que nos trazer pessoalmente uma mensagem de amor tão logo façam a passagem? Ouvir diretamente deles, antes que a notícia chegue, satisfaz muitas das nossas necessidades emocionais. E mais, isso nos assegura de que eles sobreviveram à morte física, e estão curados e íntegros ao ingressar numa nova vida, o que nos poupa de qualquer preocupação que talvez pudéssemos ter em relação a eles.

Dominic é um médico de 38 anos da Flórida. Ele recebeu um recado importante quando ele e um colega se isolaram num sítio para estudar para as provas finais:

> Enquanto eu e meu amigo estávamos estudando, senti o cheiro forte e claro de um remédio que minha mãe ministrava à minha avó – cânfora e álcool. Esse remédio caseiro era usado em compressas frias na testa, aplicadas quando ela se sentia fraca.
> No sítio, com certeza, não tínhamos nem álcool nem cânfora. Mas o cheiro era tão forte que eu disse para o meu amigo que acreditava que minha avó tinha acabado de falecer. Ele meio que me ignorou, mas marquei a hora em que tinha acontecido – 10h10 da manhã.
> Logo depois, senti a calma presença da minha avó. Percebi que algo extraordinário estava acontecendo! A sensação era que ela estava dizendo: "Adeus. Não se preocupe. Está tudo bem".
> Minha avó sofria do mal de Alzheimer. Esteve confusa nos últimos meses de sua vida. Mas quando senti a sua presença, ela era a pessoa que eu conhecera antes da doença. Ela me deixou com uma sensação de alívio, serenidade e paz.
> Quando fui para casa naquele dia, minha mãe esperava por mim. Ela falou: "Sua avó piorou muito". Eu respondi: "Não se preocupe. Eu sei o que aconteceu. Ela morreu às 10h10 desta manhã". E então minha mãe confirmou que minha avó tinha falecido nessa hora mesmo.

Quando a avó de Dominic o visitou, ele recebeu uma valiosa lição, que quase nenhuma escola de medicina ocidental nos dá. Ele aprendeu que sua avó é um ser eterno que simplesmente descartou seu corpo terreno como se fosse um traje velho e gasto. Imagine um mundo no qual todos as pessoas que cuidam de enfermos tivessem essa sabedoria.

Esta CPM também ilustra que quando alguém sofre de Alzheimer ou outra doença degenerativa, só o corpo físico é afetado; o corpo espiritual permanece são.

Isso explica por que a avó de Dominic podia estar curada logo depois da morte, apesar de estar seriamente incapacitada antes de fazer a transição.

Os próximos quatro relatos são exemplos de uma CPM antes de o contatado saber do fato mesmo quando as pessoas envolvidas estão separadas por uma grande distância.

Brian, um quiroprático de Washington, foi brindado com uma visita inesperada de seu avô, que tinha 74 anos e vivia em Nova York:

> Eu estava na casa de uns amigos na Califórnia. Anoitecia, e eu estava deitado no sofá numa sala escura, assistindo à TV.
> Entre dez e onze horas, senti a presença de meu avô. Depois a imagem do seu rosto apareceu diante de mim – ele estava lá na sala! Eu soube imediatamente que ele tinha vindo para me contar que tinha morrido.
> Ele comunicou telepaticamente que estava triste por não ter tido sua festa de aniversário de 75 anos. Era um evento que ele estava tentando organizar e com o qual estava muito preocupado. Depois de me dizer isso, sua imagem desapareceu.
> Na manhã seguinte recebi um telefonema do meu pai. Meu avô tinha falecido de parada cardíaca entre uma e duas da manhã em Nova York. Este era o horário do Leste, que equivalia a dez e onze horas da noite na Califórnia.

Ao contrário do que muitos acreditam, nem o tempo nem o espaço constituem barreiras ou limitações para os nossos entes queridos que se vão, como demonstra esta comunicação de Brian com seu avô. Não importa a distância envolvida, nem os fusos horários, o instante da morte e da CPM será sempre o mesmo.

Fay, psicoterapeuta de 57 anos do Novo México, recebeu uma prova de sua tia Marion, que morava no Missouri:

> Tia Marion e eu sempre tivemos uma forte ligação, mesmo eu vivendo na Califórnia e ela no Missouri. Quando ela teve o diagnóstico de câncer, voei para Missouri e fiquei bastante tempo com ela.
> Freqüentemente conversávamos sobre o que eu tinha aprendido acerca da morte e do ato de morrer, e falei para ela da importância de ir em direção à luz quando morremos.
> Uma manhã, acordei, e estava nesse estado de semivigília. Ouvi a voz de tia Marion tão claramente como se eu estivesse no quarto do hospital. Ela disse: "Só gostaria que você soubesse que você estava certa. Eu vejo a luz! Faz-me sentir inteiramente aquecida. Parto agora, e quero que saiba que eu a amo".
> Abri os olhos, olhei para os lados e pensei: "Que coisa incrível! Foi um sonho ou imaginação?" Fiquei intrigada, e quando meu marido acordou, contei para ele.

Mais tarde, nesse dia, recebi um telefonema avisando que minha tia havia falecido naquela manhã. Tenho certeza de que se eu pedir uma cópia do certificado de óbito, comprovarei que ela se foi na hora em que ouvi a sua voz.
Eu sabia que ela estava doente, mas não tinha idéia de que ela morreria tão cedo. Pelo menos sei que tia Marion foi em direção à luz!

Quase universalmente, os professores espirituais ensinam seus alunos a "ir em direção à luz" quando morrem. Eles nos contam que no momento da morte veremos uma luz celestial brilhante, branca ou branco-dourada. Quando nos movemos em direção a essa luz cheia de amor e misericórdia, podemos supor que seremos guiados ao nosso verdadeiro lar celestial.
Kris, de 29 anos, é universitário da Flórida. Ele ficou surpreso ao ver seu avô, que tinha 73 anos e vivia na Alemanha:

Fui criado por meu avô até vir para os Estados Unidos. Quando tive de partir da Alemanha, sentei perto dele no sofá e segurei suas mãos. Eu sabia que ele tinha câncer e não ficaria muito tempo conosco.
Dois meses depois, na noite de cinco de fevereiro, na Flórida, eu dormia, e acordei exatamente às três da manhã. Foi a coisa mais estranha do mundo! Meu avô estava sentado do lado direito da minha cama, olhando para mim e sorrindo. Fiquei todo arrepiado, é claro, mas não estava assustado. Na verdade, eu estava bem calmo e relaxado.
Ele vestia uma camisa de manga curta azul-clara, seu relógio de prata e seus óculos. Ele apareceu como era aos 60 anos. Estava muito nítido e sólido. Aparentava estar feliz e saudável, como se tivesse acabado de sair de um consultório médico com um resultado favorável.
Vovô sempre foi um homem muito firme, um disciplinador. Mas nesse instante ele estava feliz por me ver, e eu não podia fazer nada de errado. Parecia que ele me aprovava, como se tivesse orgulho de mim, e tudo estivesse bem. Eu compartilhei da sua paz.
Fechei meus olhos por um instante, e quando olhei de novo, não havia nada lá. Tudo estava bem, então peguei no sono novamente.
Mais tarde, liguei para minha mãe na Alemanha. Ela me contou que vovô tinha partido às nove da manhã, que foi a hora exata da sua aparição. O horário na Alemanha é seis horas à frente do que nos EUA.

Este é outro exemplo de alguém não só inteiramente curado, mas com uma aparência mais jovem, mais feliz e mais livre também! E esta comunicação não-verbal com seu neto transmitiu mais amor e aprovação do que havia expressado antes.

Sherry, uma auditora médica de 52 anos de Washington, teve este encontro com seu avô, que vivia em Massachusetts:

> Nossa família decidiu mudar da Califórnia para Minnesota para ter mais tranqüilidade. Eu e minhas duas filhas fomos antes do meu marido e do meu filho. Ficamos em um *camping* em Minnesota. Eu não tinha informado ninguém da minha família, portanto ninguém sabia onde estávamos.
>
> Naquela noite, houve uma tempestade, então não pudemos dormir na nossa barraca – tivemos de ficar na perua. Eu não consegui dormir, pois era uma daquelas tempestades terríveis de Minnesota, com raios, trovões e chuva pesada.
>
> Olhei pelo pára-brisa, e vi meu avô! Podia vê-lo nitidamente, vestindo uma camisa xadrez e suspensórios. Ao seu redor brilhava uma luz esbranquiçada, como se estivesse sob um holofote. Seus olhos piscavam, como se fosse uma brincadeira entre nós.
>
> Eu disse: "Que faz por aqui? Saia da chuva!". Vovô sorriu e afirmou: "Não. Estou bem. Só queria vê-la e dizer adeus". Eu podia ouvi-lo como se estivesse dentro do carro comigo. E então desapareceu.
>
> Um mês depois, nos mudamos para uma casa com telefone. Liguei para minha mãe em Massachusetts e contei onde estávamos. Ela falou, "Infelizmente tenho más notícias para você. Vovô faleceu". Eu respondi: "Eu sei" e relatei o dia e a hora de sua morte. Ela disse: "Você está certa! Como soube?". Falei: "Bom, ele apareceu e se despediu".
>
> Ainda não consigo entender como vovô me achou no bosque de Minnesota segundos depois de falecer – está além da minha compreensão!

Talvez nossos entes queridos que partiram sejam capazes de nos achar a qualquer hora e em qualquer lugar, por mera intuição, e viajar instantaneamente no seu corpo espiritual, se assim lhes for oportuno, para estar conosco. Estas são duas das inúmeras habilidades que todos teremos ao alcançar níveis mais altos da vida pós-morte.

Uma CPM antes de recebermos a notícia pode, algumas vezes, nos preparar para eventos inesperados. Marilyn, auxiliar de enfermagem da Flórida, tinha apenas 17 anos quando ficou confusa com esta experiência com sua avó:

> Quando minha mãe se casou novamente, meu padrasto me adotou. Eu e a mãe dele ficamos muito próximas. Ela nunca quis que eu me sentisse uma

estranha. Infelizmente, ela tinha câncer na coluna que lhe causava muita dor, e a fazia andar curvada.
Certa noite, fui cedo para a cama e me deixei levar pelo sono. De repente, o quarto inteiro se iluminou e vovó estava ali! Ela estava ereta!
Estava sob uma treliça com rosas maravilhosas ao seu redor. Havia névoa aos seus pés e um céu azul muito vívido, com nuvens brancas de algodão.
Vovó falou: "Marilyn, conte para a sua mãe que agora estou em paz. Diga que ela tem de compreender como morri. Estou aqui com nossos entes queridos. Algum dia você compartilhará conosco deste amor e desta alegria".
Perguntei: "Vovó, o quê você está fazendo aí?". Ela respondeu: "Estou em paz, Marilyn. Conte para a sua mãe. Peça para ela entender as minhas mensagens". Mas eu não sabia o que ela queria dizer!
Comecei a chorar, e mamãe veio correndo e disse: "Qual é o problema?". Eu respondi: "Você precisa ligar para a vovó!". Ela perguntou: "Por quê? São 22h15. Ela já deve ter ido para a cama!". Eu repeti: "Você tem que ligar para ela. Aconteceu alguma coisa!".
Mamãe ligou para a casa da minha avó. Quem atendeu foi uma outra neta, Lucy, que estava aos soluços. Dez minutos antes, Lucy viu as luzes da casa acesas e resolveu entrar um pouco. Ela encontrou vovó morta no quarto!
O triste é que minha avó tinha se suicidado. Ela estava com tanta dor devido ao câncer, que não pôde mais suportar. Ela tinha separado as roupas para o próprio enterro – o vestido, os sapatos, tudo. E deixou mensagens escritas pedindo que todos a perdoassem.

A avó de Marilyn cometeu suicídio porque não pôde mais suportar a dor do câncer de coluna. Mas parece que ela não sofreu nenhuma conseqüência negativa, dadas as circunstâncias.

Pode-se entender que a maioria das pessoas que sofre de uma doença terminal teme uma possível dor física. Ficar numa casa de repouso pode ser de grande ajuda, pois os funcionários são altamente treinados em todo o tipo de controle da dor. Se você ou alguém conhecer uma pessoa com uma doença terminal, recomendamos que procurem uma instituição local, onde poderão ficar a par do apoio físico, emocional e espiritual, que seus programas oferecem aos pacientes e seus familiares.

O último relato é de Christine, uma corretora de imóveis de 37 anos da Flórida. Foi-lhe concedida a bênção da compaixão no exato momento em que ela realmente precisava:

Heather, nossa filha de 14 anos, estava passando a noite na casa de uma amiga. Meu marido e eu fomos para a cama às 23 horas.

Eu estava dormindo quando o telefone tocou e me acordou por volta da uma. A telefonista da polícia outro lado da linha disse: "Senhora Baker, a polícia está na sua porta. A senhora poderia atendê-los?". Eu respondi: "Tudo bem" e desliguei o telefone e me sentei na beira da cama. Pensava: "Será que eu deixei as luzes do carro acesas ou algo assim?".

Coloquei meu robe e abotoava-o enquanto atravessava a porta do quarto. No corredor, pude ver Heather e seu avô, de quem ela era muito próxima. Mas já fazia seis anos que ele tinha falecido!

Eles pairavam no ar, e ele tinha o braço ao seu redor. Eles estavam bem sólidos, e eu podia vê-los bem claramente, como se fosse dia. Fiquei impressionada! Balancei a cabeça e pensei: "Por que estou vendo papai e Heather?".

Aí meu pai falou: "Ela está bem, Baby. Estou com ela. Ela está muito bem!". Era meu sogro, e sempre me chamava de "Baby". Era a sua voz – eu podia ouvi-lo. Papai sorria para mim e estava muito calmo. Ambos estavam muito felizes. Espantada, balancei minha cabeça de novo.

Ao abrir a porta, a polícia estava lá, e pediram que eu me sentasse. Eu disse: "Diga o que houve de errado. Me conte, por favor!". Eles então disseram que Heather tinha morrido em um trágico acidente de carro.

Mais tarde, compreendi que papai estava suavizando o choque para mim, e eu sabia que Heather devia estar com ele. Esse fato me ajudou a aceitar a perda da minha única filha.

A sincronia da experiência de Christine foi absolutamente perfeita. Ela se certificou de que sua amada filha estava ilesa e inteira, tendo sido acolhida imediatamente e estava a salvo nos braços carinhosos de seu querido avô.

Estas são uma amostra dos inúmeros relatos de nossos arquivos de CPMs ocorridos antes de a pessoa saber dos fatos. Elas fornecem provas convincentes contrárias à hipótese psicológica mais comum, de que a comunicação pós-morte é apenas uma mera fantasia provocada pela dor da perda. Uma vez que nenhum dos que tiveram as experiências relatadas neste capítulo sabia da morte da pessoa querida antes de ter o contato, eles não estavam angustiados quando tiveram a CPM. Dessa forma, não teriam razão alguma para ter alucinações desse tipo de experiência.

Uma CPM só ocorre logo depois da morte do ente querido? O próximo capítulo examina comunicações pós-morte que ocorreram cinco ou mais anos depois.

capítulo 17
Espere o inesperado:
CPMs anos depois

> *Minha mãe e minha irmã devem estar muito felizes por estar em casa com Deus. E eu tenho certeza de que seu amor e suas preces me acompanharão para sempre. Quando eu voltar para Deus, pois a morte nada é senão o retorno a Deus, o laço de amor ficará incólume por toda a eternidade.*
>
> MADRE TERESA

A MAIOR PARTE das comunicações pós-morte ocorre no ano seguinte ao falecimento do ente querido. Muitas outras têm lugar, com freqüência decrescente, entre o segundo e o quinto ano.

Este capítulo contém relatos de CPMs que ocorreram cinco anos ou mais depois que o parente ou amigo querido se foi. Embora não sejam tão incomuns, são poucas as pessoas que as percebem, talvez devido à escassez de pesquisas profundas neste campo.

Qualquer dos 12 tipos de CPMs pode ocorrer cinco, 20, 30 ou mais anos depois do momento da passagem. Os estímulos e as mensagens por trás deles geralmente têm um propósito mais específico do que o dos contatos mais recentes.

Este capítulo fornece provas de que os que partiram ainda sentem que têm uma ligação com você, mesmo passados vários anos da sua morte. É evidente que eles conhecem a sua rotina diária e o observam com amor e compaixão. E eles podem tentar se comunicar com você por inúmeras razões, especialmente para guiar ou prevenir contra perigos.

Os relatos de CPMs deste capítulo estão organizados de acordo com o tempo que ocorreram depois do falecimento da pessoa amada.

Donna é uma terapeuta de dependentes químicos que mora no Maine. Ela teve um contato com seu pai cinco anos após sua morte, de alcoolismo crônico, aos 52 anos:

> Uma noite me sentei, bem acordada, e meu pai estava ao pé da minha cama! Ele era uma figura incandescente, brilhante, de cerca de 1,80 metro. Era semi-sólido e estava com boa saúde. Eu reconheci os traços do seu rosto – suas maçãs altas e seu nariz grande, com um pequeno bigode.
> Tinha uma expressão de tristeza e de arrependimento. Ouvi uma voz que vinha de fora quando ele disse: "Donna, me desculpe. Apenas me desculpe". Ele permaneceu por um breve instante e se foi.
> Eu sabia que meu pai estava se desculpando pelo abuso e incesto que sofri. Quando ele pronunciou essas palavras, toda a minha raiva e ódio sumiram, e um maravilhoso sentimento de alegria tomou conta de mim. Eu estava em paz pela primeira vez em anos – era uma sensação total de paz.
> O pedido de desculpas de meu pai mudou toda a minha vida – mudou mesmo! Aquela era uma época em que as pessoas não comentavam sobre incesto, pois o assunto ainda era tabu. Mas a partir desse ponto, passei a falar sobre isso e iniciei meu próprio processo de cura. Tive de começar a falar para me tornar uma sobrevivente!
> Vinte anos se passaram, e me tornei uma pessoa diferente daquela que seria, não fosse aquela experiência. Hoje sou capaz de olhar para o meu pai com amor, compaixão e compreensão. Sou agora uma sobrevivente do incesto!

Compreensivelmente, uma mulher que foi vítima de abuso sexual talvez não considere bem-vinda a visita daquele que a traiu e infligiu tanto horror em sua vida. Mas, neste caso, Donna estava aberta às desculpas de seu pai, e seu breve encontro provou ser um ponto decisivo no caminho para se tornar uma sobrevivente de incesto.

Este relato também indica que alguém que causou tanto sofrimento enquanto estava na Terra ainda pode evoluir espiritualmente após a morte. A vontade de seu pai de aceitar a responsabilidade pelo que fez e seu arrependimento e remorso sinceros foram os primeiros passos necessários para o seu longo processo de reabilitação.

Jim é editor na Flórida. Ele tinha 21 anos quando teve este emocionante encontro com seu pai, morto havia seis anos, de um ataque cardíaco:

Minha família possuía um chalé de madeira perto do rio em Míchigan. Sempre adorei aquele lugar e as trutas que lá pescávamos. Foi o melhor lugar da minha infância.

Logo depois de ser dispensado do Exército, no meio de fevereiro, fui sozinho ao chalé. Haviam limpado a estrada, mas a neve se acumulava a uma altura de mais de um metro nos campos e matas. A cabana ficava a cerca de 1,5 quilômetro da estrada.

Saí do carro à uma da manhã e comecei a atravessar o campo. Sob o luar, eu conseguia ver o nosso chalé à margem do rio. Dei dois ou três passos, e a camada de neve dura se rompeu e afundei até os joelhos na neve fofa. Lutei para conseguir subir de volta e continuar.

Senti uma presença ali comigo. Numa das vezes que caí, ouvi nitidamente uma voz dizer: "Seja bem-vindo". Eu podia sentir o meu pai, uma percepção visual, como se a imagem dele pairasse entre mim e o chalé. Ele tinha um ar feliz, que me fez sentir muito bem!

De repente comecei a andar em cima da neve firme e não caí mais. Entrei no chalé e acendi a lareira e a salamandra.

Era uma noite maravilhosa. Meu pai estava comigo e eu sentia a sua presença. Ele estava feliz por eu estar lá. Comecei a chorar e me senti tocado a fundo por ele, provavelmente muito mais do que jamais o fora durante sua vida terrena.

Foi um encontro muito espiritual, que lembrarei pelo resto da minha vida.

Muitos pais e filhos sentem dificuldade em expressar seu sentimento de amor mútuo enquanto ambos ainda estão vivos no plano físico. Uma experiência de CPM vai presenteá-los com uma oportunidade de finalmente alcançar um nível de comunicação emocional e espiritual mais profundo.

Lenora, uma professora e treinadora de equitação do Arizona, teve esta CPM intrigante nove anos depois de seu pai morrer de câncer, aos 47 anos:

Era o dia do meu casamento. Eu estava andando pela nave central com meu padrasto. Dei uma olhada à minha direita, pois um raio de luz chamou a minha atenção. Ao me aproximar, a luz se transformou na forma de um homem. Sabia que era meu pai!

Quando cheguei ao lugar onde ele estava sentado, ele virou e olhou para mim.

Havia uma luz suave e difusa ao seu redor. Seus olhos brilhavam e ele sorria. Ele então piscou e deu um tipo de sinal de aprovação.

Fiquei tão impressionada! Estava mesmo muito difícil de segurar as lágrimas, pois eu tinha vontade de correr para ele e abraçá-lo. Quando voltei a olhar, ele tinha sumido.
Fiquei realmente feliz por ver o meu pai. Era como se ele não quisesse perder o casamento da sua filhinha. Eu não poderia pedir um presente melhor!

Temos provas abundantes que nossos entes queridos falecidos muitas vezes estão presentes para celebrar conosco eventos especiais da nossa vida. Tais visitas não só confirmam sua aprovação e seu amor, como também expressam sua bênção espiritual.
Adeline, uma dona de casa da Carolina do Norte, recebeu uma mensagem cerca de nove anos depois da morte, aos 40, de seu tio Ned:

Tio Ned era um alcoólatra contumaz e nunca parava num lugar. Minha família temia que ele não tivesse pedido perdão a Deus pelos seus pecados antes de partir.
Uma noite, eu estava sozinha em casa, lendo na cama. Quando apaguei a luz da cabeceira e olhei para o pé da cama, lá estava meu tio Ned! Estava bem de saúde e parecia bem sólido.
O nome da minha mãe é Millie, e o nome da irmã dela é Belle. Tio Ned estava muito calmo e disse, "Conte a Millie e a Belle que estou bem agora. E fale para elas pararem de se preocupar comigo". E então foi desaparecendo.
Fiquei tão intrigada que não pude pregar os olhos naquela noite. De manhã cedinho, peguei o carro e fui contar para elas o ocorrido. Uma vez lá, perdi a coragem, pois minha mãe e tia Belle são demasiado ortodoxas em suas crenças.
Durante todo o dia, algo me impelia a contar para elas. Mas eu temia que ambas assinassem os papéis e me internassem no hospício. Assim, voltei para casa naquela tarde.
Na manhã seguinte, retornei. Ao chegar, tia Belle saiu do seu quarto e falou: "Estou tão contente por você estar aqui. Você vai entender isso. Sua mãe pensa que eu tive um sonho, mas sei que estava acordada!".
Ela continuou: "Na noite passada eu estava na cama lendo minha *Bíblia*. Desliguei a luz e estava me preparando para rezar. De repente, Ned apareceu ao pé da minha cama! Ele olhou para mim e falou: 'Belle, quero que você e Millie parem de se preocupar comigo. Estou bem agora'".
Senti arrepios quando tia Belle me contou isso. Afirmei: "Mamãe, tia Belle não teve um sonho! O mesmo aconteceu comigo! Estive tentando falar para vocês pararem de se preocupar com o tio Ned. Ele está bem. Parem de

segurá-lo por aqui. Deixem-no partir e fazer o trabalho de Deus". E então elas choraram, choraram sem parar.

Tio Ned sofria do não tratamento de alcoolismo crônico, que certamente destruiu grande parte da sua vida adulta e do seu relacionamento com os outros. Existem relatos da existência, no reino espiritual, de inúmeros centros de tratamento para pessoas que sofrem desse mal. Ali, com a ajuda dos cuidados de espíritos devotados, nossos entes queridos que se foram estão prontos para passar por uma recuperação emocional, mental e espiritual e finalmente conquistar a integridade que não tinham na Terra.

Roberta é uma dona de casa da Califórnia. Ela ficou de luto quando seu filho de quatro anos, Timothy, foi atropelado e morto por um carro. Ela foi abençoada com este encontro dez anos depois:

> Eu estava sentada na frente da igreja porque fazia parte do coral. Eu nem sequer estava pensando em Timothy – estava apenas ouvindo o orador.
> De repente, senti esse abraço caloroso, envolvente, que parecia tomar todo o meu ser. Era definitivamente um abraço – ao meu redor e através de mim – era interno e externo – um sentimento cálido.
> Sem dúvida era Timothy! Veio-me como um pensamento intuitivo. Era uma sensação de estar com ele, como se estivesse sentindo a sua presença. Não era nada que você sentiria com uma criança de quatro anos. Essa pessoa que eu podia perceber era muito madura, mas ainda assim meu filho.
> Senti que era uma expressão de sua aprovação e de seu amor, que naquela hora eu estava pronta para recebê-lo, e ele conseguiu fazer com que eu o sentisse.
> Desde que isso ocorreu, eu me senti ainda mais próxima de Timothy. Foi uma confirmação do nosso relacionamento, da nossa proximidade. Uma comunicação espiritual, mas sem palavras.
> Este sentimento não acabou – é uma impressão permanente. Sinto o meu filho e com ele tenho um relacionamento eterno.

Alguns pais que passaram pela perda de um filho pequeno imaginam se eles conseguirão reconhecer seu filho ou filha muitos anos depois. Eles formulam perguntas como: "Será que o meu filho ainda será uma criança, ou continuará a se desenvolver no Céu? Ele vai saber que somos a mamãe e o papai? Ainda nos amará?". A CPM de Roberta nos auxilia a responder a essas questões. Embora Roberta não tenha visto seu filho nem ouvido a sua voz, ela imediatamente reconheceu sua essência espiritual única, mesmo decorridos dez anos da sua morte. A visita de Timothy também deu à sua mãe a certeza de que seu amor e afeição por ela na verdade cresceram enquanto ele se desenvolvia espiritualmente.

Dana é uma programadora de computadores em Maryland, cuja filha, Kristen, morreu aos 14 anos de uma doença cardíaca. Foi confortada pela sua sogra, Joanna, falecida 12 anos antes:

> Umas duas semanas após o falecimento de Kristen, concluí que ela estava no Céu. Mas comecei a me preocupar com quem tomaria conta dela, pois não tinha nenhum parente realmente próximo que tivesse falecido.
> Tive então um sonho com minha falecida sogra. Eu podia ver seu rosto, e era como se eu pudesse estender minha mão e tocá-la. Embora não me lembre do movimento dos seus lábios, Joanna falou: "Não se preocupe, Dana. Vou cuidar de Kristen". E desapareceu.
> Posso honestamente afirmar que esta foi a primeira vez que sonhei com a minha sogra. Isso me fez sentir muito bem. Eu me senti aliviada por saber que havia alguém para cuidar da minha filha.

Nossa pesquisa de CPM releva que a unidade familiar tem grande valor no reino celestial. Essa afinidade parece incluir não só nossa inteira família biológica, indo desde nossos bisavós aos nossos bisnetos, estendendo-se aos nossos parentes por matrimônio e amigos muito próximos também. Sem sombra de dúvidas, o amor é a força que nos conecta e nos une uns aos outros, formando um verdadeiro "círculo familiar" tanto aqui na Terra como pela eternidade.

Shannon é uma dona de casa de 29 anos da Flórida. Sua angústia diminuiu com a visita de seu avô, que morreu 12 anos antes de um ataque cardíaco:

> Meu filho, Bradley, nasceu prematuro, motivo pelo qual teve vários problemas médicos. Os médicos tinham certeza de que ele não conseguiria sobreviver.
> Eu estava na capela do hospital rezando em voz alta para Deus: "Eu preciso de ajuda! Não quero que meu filho morra!". Então senti a mão de meu falecido avô no meu ombro direito e senti o cheiro do seu cachimbo. Foi como se ele estivesse realmente sentado perto de mim.
> Vovô Mac tinha uma mistura que ele próprio fazia, que cheirava a castanhas doces. Nunca senti esse aroma, a não ser em sua casa. Ele me deu uma sensação de calma e tranqüilidade, e então eu soube que meu avô não deixaria que nada acontecesse com Bradley.

> Depois de uns 45 minutos, algo me disse para subir e ver meu filho. Eu falei: "Obrigada, vovô", e o cheiro do seu cachimbo desapareceu.
> Os médicos disseram: "É inacreditável! Seu bebê teve uma mudança completa! Seus sinais vitais estão estáveis e sua pressão sanguínea está boa".
> Eu não agüentei e chorei. Eu sabia que vovô Mac o tinha protegido.
> Bradley teve uma recuperação miraculosa! Embora ele tenha sua audição comprometida, ele é um menino de cinco anos muito esperto. É muito curioso, muito perspicaz e muito articulado ao usar a linguagem de sinais.
> Ele nunca tinha visto uma fotografia do meu avô. Mas, há dois anos, quando lhe mostrei uma, ele imediatamente sinalizou: "Vovô Mac!". Eu não sei como o garoto sabia, mas ele sabia!

Orações por ajuda podem ser respondidas por caminhos inesperados. De acordo com a nossa pesquisa, um parente ou amigo falecido pode ser enviado como mensageiro a fim de nos confortar em tempos de crise.

Talvez Vovô Mac tivesse visitado Bradley por várias vezes através dos anos. Isso pode explicar como um menino pequeno podia identificar uma fotografia de um bisavô que nunca tinha conhecido.

Victoria é uma dona de casa em Manitoba, no Canadá. Ela e seu marido compartilharam esta maravilhosa CPM simbólica 15 anos depois que sua filha, Gail, morreu em um acidente de carro, aos 19 anos:

> Ano passado fomos ao piquenique do *The Compassionate Friends*. Era um dia claro e ensolarado, sem nenhuma nuvem no céu.
> Ao término do piquenique, soltamos balões de gás hélio, e ao nosso prendemos um bilhete para Gail, de todos nós. A última linha dizia: "Desejando muitos arcos-íris, querida". E ele subiu à atmosfera.
> Quando estávamos saindo do parque, olhamos para o claro céu azul e havia um arco-íris de ponta a ponta no horizonte. Meu marido e eu olhamos um para o outro e eu falei: "Gail recebeu nossa mensagem e está nos respondendo!".
> O parque fica a uns 35 quilômetros da nossa casa, e aquele arco-íris nos acompanhou por todo o caminho! Quando alcançamos a cidade, meu marido falou "Olhe só, amor!". Ele tinha se transformado num estonteante arco-íris duplo! Ficamos parados ao lado do carro, de mãos dadas, só olhando o céu.

Um sentimento que pais angustiados sempre expressam é: "Se seus pais morrem, você perde parte do seu passado; se seu cônjuge morre, você perde parte do seu presente; se seu filho morre, você perde parte do seu futuro". Quando perde um filho ou filha, os pais também choram pela perda de todas as esperanças e sonhos que projetaram para os seus filhos.

Glendalee, uma dona de casa de 57 anos da Geórgia, percebeu que seu pai olhava por ela 15 anos depois de sua morte por ataque cardíaco:

> Eu estava dirigindo minha caminhonete pela estrada. Havia uma ferrovia à minha direita e ruas laterais dando para a estrada à esquerda. Quando me aproximava dos limites da cidade, ouvi alguém dizer: "Pare o carro!". Eu me assustei, mas não parei.
> Um instante depois, alguém disse de novo: "Glendalee, pare o carro!". Então eu soube que era papai e me assustei. Parecia que ele estava sentado bem ao meu lado. Ele então me chamou por um nome que sempre tinha usado por toda a minha vida. Ele falou "Baby, pare!" e eu pisei fundo no breque!
> Enquanto isso, um carro veio de uma rua à minha esquerda, passou voando bem na minha frente! Depois derrapou no lixo perto da ferrovia e parou. Foi uma sensação amedrontadora!
> O carro tinha saído completamente de controle. Ele não me acertou por uns cinco centímetros.
> Se o meu pai não tivesse pedido para eu parar, o carro teria batido do lado do motorista da minha caminhonete, e eu teria morrido!

Este é um exemplo de CPM de proteção. Nestes relatos, a pessoa recebe um aviso de um acidente iminente, uma atividade criminal ou outra forma de perigo que pode ameaçar sua vida.

Jacqueline, uma recepcionista de Washington, teve esta experiência comovente com seu pai, 18 anos após sua morte, de câncer, aos 71 anos de idade:

> Meu marido e eu ganhamos de presente de casamento uma caixa de música, mas ela nunca funcionou. Nosso vizinho comprou-a para nós porque era muito bonita. O homem da loja afirmou que nunca tocaria, pois estava quebrada, e só tinha sido colada de volta.
> No nosso primeiro aniversário de casamento, estávamos sentados à nossa mesa de jantar. De repente, a caixa de música começou a tocar "a valsa do Chefão" do filme *O Poderoso Chefão*.
> E aí vi meu pai! Claro como o dia, parado ao meu lado! Ele parecia mais jovem, com o cabelo escuro, como ele os tinha aos 35 ou 40 anos de idade. Ele sorria de orelha a orelha. Ele ficou ali por um instante e depois desapareceu, e eu comecei a chorar.

E desse dia em diante, a caixa de música continua a tocar, como se nunca tivesse sido quebrada!

Provavelmente, existem muitas ocasiões que nos passam despercebidas, em que nossos queridos falecidos estão por perto, reiterando seu apoio amoroso. Se aprendermos a meditar, poderemos desenvolver nossos sentidos intuitivos melhor e assim detectar sua presença com mais facilidade.

Connie, de 45 anos, é dona de uma loja no Missouri. Ela recebeu um incentivo de seu pai, que morreu há 19 anos de câncer:

> Recebi o diagnóstico de uma doença da vesícula e estava me preparando para uma cirurgia. Estava ficando cada vez mais ansiosa com a aproximação da data.
> Cerca de quatro ou cinco dias antes, fui dormir bem nervosa e apreensiva com a coisa toda. Enquanto dormia, meu pai veio a mim em sonho. Ele vestia um robe longo de cetim branco e estava sereno e calmo de verdade.
> Ele me tranqüilizou dizendo: "Vá em frente com a cirurgia. Você vai ficar bem. Você vai se sair bem. Vá em frente e faça a operação". E aí desapareceu. Quando acordei, me senti calma e segura com a cirurgia. Nem senti mais medo depois disso. E passei muito bem pela intervenção!

As pesquisas de CPM e outras fontes afirmam que nossos entes queridos que se foram têm uma vida própria completa, e tentarão nos contatar apenas se tiverem algo realmente importante para nos comunicar. Presumivelmente, têm coisas melhores a fazer do que bisbilhotar nossa vida ou se intrometerem fortuitamente em nossos assuntos cotidianos.

Jenny trabalha com serviço de limpeza na Flórida. Seu pai morreu quando ela tinha apenas 12 anos, e ela teve essa CPM extra-corpórea decorridos cerca de 20 anos:

> Quando meu pai morreu, fiquei muito triste. Levou muito tempo, e eu achei que já tinha superado. Mas então, passados uns 20 e tantos anos, uma noite fui dormir, como sempre.
> De repente, eu estava num lugar diferente. Não sei onde era – eu apenas surgi lá. Meu pai estava parado num local iluminado, cercado de névoa. Ele era bastante sólido e real, e aparentava boa saúde. As cores eram nítidas e firmes.
> Fui caminhando em direção a ele e, repentinamente, todos aqueles sentimentos brotaram de mim. Eu estava com raiva! Eu estava brava! Naquele

momento eu o detestava, dizia: "Por que você me deixou?" e batia no seu peito.

Ele me soltou por um par de minutos e depois me abraçou – eu realmente podia sentir seus braços em volta de mim. Ele então falou comigo calmamente, com muito carinho e amor. Ele disse: "Estou aqui agora, e é hora de termos uma conversa".

Meu pai me contou que tinha sido sua hora de partir. Ele afirmou: "Me senti tão melhor ao morrer!". Ele tinha falecido de um câncer de pulmão e tinha sofrido por muitos anos. Ele estava muito feliz por ter partido e muito contente com o que estava fazendo agora.

Ele me fez entender que tinha sido a hora certa de ele partir e que ele estava triste por eu ter ficado tão magoada e brava. E nos despedimos.

Despertei imediatamente e me senti tão bem – melhor que nos últimos 20 anos! Senti-me livre, como se um peso enorme tivesse sido tirado de mim. Acho que era a raiva que eu guardava, sem sequer saber, pois a tinha trancado bem no fundo do meu ser. Finalmente consegui dizer ao meu pai quanto o amava e me despedi.

A experiência de Jenny reflete a importância da sincronia numa CPM dessa natureza. Aparentemente, nossas pessoas queridas que partiram podem enxergar dentro do nosso coração e determinar quando estamos prontos de verdade para libertar nossas emoções represadas por tantos anos. Só então estaremos receptivos a esses encontros que fazem cessar as nossas mágoas.

Marla, de 56 anos, é síndica de um condomínio no Noroeste. Ele recebeu esta mensagem de gratidão de seu marido, Jack, 21 anos após sua morte de ataque cardíaco:

Antes de falecer, meu marido e eu estávamos com o processo de divórcio em andamento, devido ao seu problema com a bebida e abuso verbal. Eu esperava que a situação mudasse e achava que ficaríamos juntos novamente, pois tínhamos quatro filhos.

Eu também carregava um sentimento de culpa, pois estava partindo o coração de Jack. Mas o seu alcoolismo fazia o mesmo! Eu sempre o amei e tinha ternas lembranças, mesmo depois da sua morte.

Vinte e um anos depois, Jack surgiu para mim em um sonho. Era muito bonito e muito vívido – era tão real para mim. Ele tinha um sorriso muito, muito grande no rosto, e falou: "Eu lhe agradeço por amar a mim e aos nossos filhos. Estou bem agora. Tudo está bem. Obrigado por seu amor. Eu a amo".

Despertei imediatamente, recordando o sorriso largo no seu rosto querido. Experimentei uma incrível sensação de paz e um grande sorriso no meu rosto também.
Uma aura de felicidade me acompanhou por uns três dias. Fez-me sentir tão bem! Senti que Jack tinha alcançado um lugar em sua nova vida onde finalmente estava em paz.

O relato de Marla atesta novamente o profundo desenvolvimento e melhora que nossos entes queridos que se foram podem atingir, aplicando a sabedoria de seus guias espirituais. CPMs como a dela demonstram que, se assim o desejarmos, tempo e morte podem ser percebidos não como um obstáculo para resolver emocionalmente nossos relacionamentos interrompidos.

Laurence, de 58 anos, é aposentado da Guarda Florestal dos EUA e mora na Geórgia. Ele ficou grato com a calorosa saudação de seu pai, 27 anos após seu falecimento de câncer:

Estávamos em junho, e eu trabalhava nos fundos, no jardim, cuidando dos feijões e dos tomates, esse tipo de coisa. Então fiz uma pausa e parei sob uma árvore.
De repente, meu pai estava lá bem ao meu lado! Seu rosto, seus ombros e seu cabelo escuro ondulado eram quase imperceptíveis, mas ele tinha uma presença muito, muito forte. Eu soube imediatamente quem era.
Fiquei bem quieto. Então ouvi meu pai dizer claramente: "Estou orgulhoso de você".
Eu tinha acabado de concluir umas coisas em que estava trabalhando havia dez ou 15 anos, e achei que ele estivesse se referindo a isso.
Ele ficou um pouco mais, talvez uns 20 ou 30 segundos, e explicou: "Tenho que ir agora". E aí desapareceu tão subitamente quanto tinha surgido. Foi um encontro rápido, muito forte. Nossa! Isso me deixou agitado!

Duas das afirmações que os filhos têm saudade de ouvir os pais dizerem com profunda convicção são: "Eu o amo!" e "Tenho orgulho de você!". Como atesta a CPM anterior e também a próxima, nunca é tarde demais para obter o reconhecimento e a aprovação de uma mãe ou de um pai.

Ted é um eletricista de 41 anos da Flórida. Ele teve esta alegre reconciliação, após 30 anos da morte de seu pai, de ataque cardíaco:

Meu pai faleceu antes do meu décimo aniversário. Minha relação com ele nunca foi muito estreita. Eu não me recordo de ouvi-lo dizer que me

amava. Isso me incomodou por quase toda a minha vida, embora eu não percebesse quanto. Cresci acreditando que não era amado – mesmo que as pessoas à minha volta me assegurassem que eu o era, principalmente minha mulher e os meus filhos.
Eu não estava pedindo aquilo, não estava pensando nele, não estava procurando nada naquele momento. Mas havia um ano, tive um sonho no qual o espírito do meu pai apareceu para mim. Ele estava sentado à mesa, e não havia mais ninguém. Ele parecia estar muito calmo e amoroso.
Tive uma sensação de total aceitação, como se fôssemos grandes amigos de longa data que não se encontravam fazia anos. Meu pai não era a pessoa que eu tinha conhecido quando estava vivo – ele estava totalmente diferente – estava muito carinhoso!
Pareceu-me conversarmos por um tempo – poderiam ter sido segundos, ou poderiam ter passado horas. Eu não me recordo de nada que falamos, exceto o fato de ele dizer que me amava.
Quando acordei, tive uma sensação de liberdade – como se um peso que estivesse carregando fosse tirado de mim. Eu chorava, mas não sentia tristeza – era uma alegria imensa!
Agora sei que o meu pai me amava de verdade, mesmo que não conseguisse expressar esse amor. Antes, eu sentia muito ódio por ele, muita raiva. Mas isso passou – desapareceu completamente. Agora tenho certeza de que o meu pai realmente me ama e ainda me acompanha.

O fato de o pai de Ted retornar tantos anos após sua morte, para remediar o relacionamento com seu filho, indica que nossos entes queridos que já fizeram a passagem continuam a se preocupar conosco profundamente. Esse relato confirma novamente que a vida na dimensão espiritual fornece muitas oportunidades de um crescimento pessoal contínuo. Como Ted declarou sobre seu pai com veemência: "Ele estava totalmente diferente – estava muito carinhoso".

Marion é uma corretora de 71 anos, da Flórida. Sorte dela o pai aparecer para alertá-la de um perigo, 33 anos depois de falecer de um aneurisma:

Numa tarde, estava lendo na minha cama. Repentinamente, ouvi a voz do meu pai dizer com pressa: "Saia dessa cama! Saia dessa cama!"
Dei um pulo e fiquei lá tremendo. Fui para a sala e me sentei, pensando no que estava acontecendo.
Não se passaram nem três minutos quando ouvi um baralho horrível de algo se partindo. Minha casa inteira estremecia, e os objetos balançavam nos armários e caíam das prateleiras!

Fui para fora e vi que um galho pesado da árvore do meu vizinho tinha caído no meu telhado! Não havia vento nem tempestade – era uma noite calma. Entrei de novo e fui para o meu quarto. Vi três buracos enormes no teto e um galho grande e grosso se projetando sobre a minha cama. A cama inteira estava coberta de serragem e gesso e escombros – bem onde eu estava deitada!

É reconfortante perceber que os nossos entes amados continuam a olhar por nós e nos proteger, mesmo passados muitos anos da sua morte. Talvez eles estejam auxiliando os nossos anjos da guarda nessa missão.

Nitidamente, as pessoas que experimentam esses episódios não estavam num estado de angústia ao ter as CPMs. Por conseguinte, é altamente improvável que tivessem fantasiado os encontros com os entes queridos que se foram depois de tantos anos. Isso oferece mais provas de que essas ocorrências são comunicações autênticas com parentes e amigos que se foram.

Pode uma CPM revelar uma informação da qual você não tinha conhecimento prévio?

No próximo capítulo apresentaremos exemplos de que podemos receber uma prova material dos nossos entes queridos que partiram.

capítulo 18
Comprovação:
CPMs evidenciais

Eu creio que o Espírito continua, que é imortal, e que devemos procurar nossos espíritos ancestrais para que nos guiem.
Susan L. Taylor

ESTE CAPÍTULO contém algumas das mais fascinantes e variadas experiências de CPM dos nossos arquivos. Esses relatos demonstram que os nossos entes queridos que se foram ainda se interessam pela nossa vida, e estão dispostos a nos fornecer informações e conselhos valiosos quando precisamos. Uma vez que você sempre é dono da sua própria vontade, você pode escolher entre aceitar ou rejeitar a orientação por eles dada.

Uma experiência de CPM é irrefutável ou comprobatória quando você tem conhecimento de algo que não sabia ou não tinha meios de saber anteriormente. Você, por exemplo, pode ficar sabendo da localização de um objeto perdido e depois confirmar a precisão da orientação seguindo-a e encontrando esse item perdido. Por sua vez, esse processo assegura que sua experiência foi uma genuína comunicação pós-morte de um parente ou amigo que já fez a passagem.

Como vários relatos deste capítulo ilustram, toda sorte de informação comprobatória pode ser enviada pelos nossos entes amados que se foram. Entretanto, a verdadeira intenção de ajudar dessa maneira parece ser convencê-lo de que existe uma vida após a morte, e que eles continuam sua existência e nos protegem com terno carinho.

Os dois primeiros relatos são de pessoas que estavam procurando por itens valiosos de cuja existência tinham conhecimento mas eram incapazes de achar por si mesmos.

Ruth, uma dona de casa da Flórida, teve esta experiência incontestável com sua mãe, que morreu de ataque cardíaco quando tinha 64 anos. No Capítulo 3, é descrita uma experiência auditiva que ela teve com seu neto:

> Um dia, provavelmente um mês depois da morte da minha mãe, meu pai disse: "Sabe, sua mãe tinha cinco mil dólares em economias escondidos em algum lugar do quarto". Então respondi: "Vamos achá-los!".
> Começamos a procurar, e devemos ter trabalhado por duas horas. Procuramos em cada gaveta, cada caixa, cada armário. Olhamos até debaixo dos colchões. Olhamos em todo lugar que podíamos do quarto.
> Finalmente me joguei numa das camas, e meu pai se sentou na outra. Falei: "Pai, eles não estão aqui. Eles estão em outro quarto".
> Aí então – nesse instante – ouvi minha mãe rir. E ela disse: "Oh, seus tolos! Estão no fundo falso da mala de roupas". Estava na minha cabeça, mas era a voz dela, bem distinta.
> Levantei-me de imediato e entrei no *closet*. Contei: "Mamãe acabou de me contar que eles estão no fundo falso da mala de roupas". Peguei-a e, a bem da verdade, havia um fundo falso e, ao levantá-lo, ali estava o dinheiro – cinco mil dólares!
> Papai olhou para mim enquanto eu pegava o dinheiro e afirmou: "Ruth, estou lhe dizendo, sua mãe está aqui!".

A maior parte das pessoas acredita que terá bastante tempo para colocar seus assuntos pessoais em ordem antes de morrer. Mas se falecerem inesperadamente, sem revelar a localização de todos os seus valiosos pertences, pode acontecer de os membros da família nunca os acharem. Neste caso, se Ruth não tivesse sido contatada pela sua falecida mãe, ela e o seu pai poderiam ter jogado a mala fora, sem nunca terem percebido que ela continha as economias guardadas.

Muriel trabalha com vendas em Idaho. Sua sogra, vovó Davis, que morreu de um derrame aos 89 anos, ajudou na solução de um mistério:

> Quando vovô Davis faleceu, minha sogra, vovó Davis, ficou sozinha. Toda a sua família vivia longe dela. O meu cunhado ia visitá-la e arrumar as coisas do seu pai – suas armas e seu equipamento de caça e pesca – e deixá-los na porta dos fundos.
> Mas de modo algum conseguiu achar a arma que era o orgulho especial do vovô. Era um velho rifle do Exército, que tinha uma coronha entalhada à mão. Fora entalhada para o vovô por um sobrinho que era um artista

bastante renomado. Meu marido adora armas e tinha uma atração fora do normal por aquela em particular.
Com a morte de vovó Davis, todos procuraram e procuraram por aquela arma velha, mas ninguém conseguiu achá-la. Estávamos todos tão ocupados em tirar as coisas da casa que fiquei exausta e dormi por umas duas horas.
Nesse ínterim, vovó Davis apareceu para mim. Ela estava ao pé da cama e tinha a mesma aparência de sempre. Ela me confidenciou que o rifle estava entre o colchão e a estrutura da cama onde eu estava deitada. Senti que ela queria que o meu marido ficasse com a arma.
Despertei e chamei o meu marido para dentro do quarto. Puxei o colchão para cima e mostrei para ele onde o rifle estava. Ele ficou tão intrigado e surpreso, que me perguntou como é que eu sabia. Eu disse: "Vovó Davis contou-me onde estava!".

Mesmo que uma relíquia de família esteja para ser entregue a uma pessoa em particular, algumas vezes o dono pode escondê-la de todos, inclusive do próprio herdeiro. A informação recebida de um ente amado que se foi pode relevar o paradeiro de um item de valor sentimental e desta forma assegurar que será passado para o herdeiro legítimo.

Nos dois próximos contatos, as pessoas que vivenciaram a situação foram capazes de achar um objeto de valor do qual nem sequer sabiam da existência antes de ter a CPM.

Bess é uma compositora e escritora que mora na Flórida. Ela teve um contato com seu pai, algumas semanas depois de ele falecer de câncer. Ela narra:

Sempre consegui prover a minha família, mas tinha perdido o emprego, e as vagas eram muito, muito escassas. Estava divorciada e as crianças e eu não tínhamos o que comer. Nós realmente passávamos fome.
Eu estava deitada no sofá e o meu pai apareceu para mim. Estava verdadeiramente preocupado comigo e com as crianças, e tinha um ar sério.
Ele me disse: "Bess, se você for até a minha casa e olhar dentro daquela velha arca que guardei por tantos anos, você vai encontrar algum dinheiro. Não é muito, mas vai ajudar você e as crianças a ter o que comer hoje". Era realmente a sua voz – eu podia ouvi-lo falar.
Papai parecia um pouco mais jovem, e aparentava boa saúde. Dei um pulo, e ele sumiu tão depressa quanto surgiu.
Nessa tarde fui para a casa dele e olhei todas as coisas que ele tinha na arca. Como previsto, encontrei dez dólares dentro de um envelope branco. Então eu soube que papai estava realmente cuidando de nós!

CPMs evidenciais são validadas de modo circular. Por exemplo, Bess não saberia procurar pelo dinheiro num lugar tão estranho. Somente seu falecido pai tinha essa informação. Ao seguir suas instruções e achar o dinheiro, Bess provou a si mesma que sua experiência de CPM foi verdadeira. Mais importante de tudo, este processo trouxe a confirmação de que seu pai continua a existir e tem uma preocupação constante com o bem-estar de sua filha e de seus netos.

Gretchen, uma dona de casa de 63 anos da Pensilvânia, teve uma visão inesperada depois de sua mãe falecer de aneurisma:

> Minha mãe deixou uma valise em minha casa antes de morrer. Depois que ela se foi, sua presença em casa era muito forte, e eu sentia que ela me guiava para essa valise.
> Encontrei uma faixa de sarongue da minha mãe e comecei o enrolá-la para jogar na lata de lixo. Mas estava pesada, e eu não conseguia dobrar com facilidade.
> Num instante, tive uma visão – era uma tela mental no olho da minha mente – de como minha mãe costumava costurar um bolso dentro de seu cinto para levar seu dinheiro em segurança.
> Pasmem, por entre as pregas da faixa, minha mãe havia costurado um bolso! Ela tinha seguido tão bem a estampa, que eu nunca perceberia que havia alguma coisa lá!
> Chamei a minha filha e sentamos na cama. Nós ouvimos o riso alegre de mamãe quando tiramos o dinheiro de dentro de um envelope do bolso da faixa. Ele continha 36 notas novinhas de 100 – um total de 3.600 dólares!

Com a atual incidência criminal, muitas pessoas acham necessário esconder seus valores em lugares estranhos e improváveis. Mas é melhor não contar com uma CPM a fim de achar um tesouro perdido de nossos amados que partem. Em vez disso, ganharíamos mais ao examinarmos detalhadamente seus pertences rotineiros.

Nesses três relatos, as pessoas receberam informação da qual não tinham conhecimento anterior.

Denise era telefonista na Flórida. Ela teve esta CPM num estado de sono com seu marido, Louis, que faleceu aos 53 anos:

> Louis foi soldado de carreira por 28 anos. Ele tinha acabado de voltar de uma missão no Vietnã, quando morreu subitamente de pneumonia uma semana depois.

Uma noite, uns nove meses depois de seu falecimento, eu estava dormindo e sabia que Louis falava comigo. Ele ria e ria – estava tão feliz! Ele disse: "Ei, Dee, você nunca vai imaginar quem está aqui em cima! Ele não mudou nada!". Então perguntei: "Quem é?".
Louis falou: "Não posso acreditar! Padre Antônio está aqui! Quando perguntei o que ele fazia aqui, respondeu: 'O que o faz pensar que é o único que alcança este lugar?'". Padre Antônio tinha esse tipo de humor, e ele e Louis eram mesmo bons companheiros. Depois acordei.
No dia seguinte, recebi um telefonema de outro padre, um amigo querido. Ele afirmou: "Tenho notícias muito ruins para lhe contar". Respondi: "Oh, eu já sei. Padre Antônio faleceu". Ele me perguntou: "Como você pôde saber? Ele morreu na noite passada!". Eu contei: "Louis me contou num sonho".

Durante o curso de uma CPM podemos ficar a par de algo que não sabíamos antes e que não podemos verificar de imediato. Mais tarde, quando essas notícias provam ser verdadeiras, elas vêm a confirmar que nossas experiência são reais.

Tricia é estilista na Flórida. Ela tinha 18 anos quando tentou contar à sua família que tinha visto sua mãe, que morreu de câncer:

Logo depois que mamãe faleceu, eu estava no quarto. De repente, senti uma presença. Eu tinha um pequeno abajur, e então rolei na cama para acendê-lo.
Vi minha mãe parada lá! Ela vestia um vestido de veludo azul que eu nunca tinha visto antes. Quando ela morreu de câncer, pesava apenas uns 26 quilos. Mas quando eu a vi, ela estava linda, saudável e feliz!
Eu me recordo de pular e gritar! Então corri para o outro quarto para contar para à minha família que minha mãe não tinha morrido. Eles acharam que eu estava histérica e tendo alucinações. Finalmente, eles me acalmaram, e comecei a pensar que talvez eles tivessem razão.
Um tempo depois, minha tia e eu estávamos arrumando o enxoval da minha mãe. Encontrei um vestido de veludo azul e arregalei os olhos. Minha tia perguntou: "Algum problema?". Eu respondi: "Este é o vestido que minha mãe usava quando a vi!". Minha tia disse: "Este é o vestido que sua mãe fez para o casamento. Como ela não tinha dinheiro suficiente para comprar um vestido de casamento, ela própria costurou este de veludo azul".

Mais uma vez, um relato de CPM ilustra a importância de confiarmos nas nossas experiências intuitivas. Depois de Tricia enfrentar tanto desencorajamento por parte da sua família, vale a pena notar que um detalhe aparentemente sem importância, como o vestido que sua mãe usava, convenceu-a mais tarde de que sua experiência fora autêntica.

Jeanette, de 41 anos, é uma executiva de New Hampshire. Ela se encontrou num dilema um ano após seu pai morrer de uma doença crônica:

> Minha irmã, Debbie, estava envolvida com drogas. Ela morava em Minnesota, e eu em New Hampshire. Ela me ligava e dizia que seu bebê estava sem comida. Ela me pedia por isto e aquilo, e eu sempre lhe enviava dinheiro. Eu estava ficando louca, pois sabia o que ela fazia de verdade com o dinheiro.
> Numa noite, Debbie me ligou completamente drogada. Ela pediu 500 dólares! Eu desejava ajudar, mas não queria mais lhe dar dinheiro. Eu não sabia mais o que fazer!
> Estava tão aborrecida que fui para a cama chorando. Eu disse: "Por favor, papai, venha me ver. Eu não sei o que fazer. Você tem de me ajudar!".
> Meu pai me apareceu no sono e ele estava sorrindo. Eu me recordo de dizer: "Papai, isso não é motivo de riso!". Ele falou: "Mas você tem a solução. Você vai saber ao acordar". E então me abraçou e me segurou por um longo tempo.
> Na manhã seguinte percebi: "Oh, eu sei! Vou pedir para minha irmã me enviar todas as contas dela. Eu mesma as pagarei". A solução estava bem ali! Eu sabia que tinha sido o meu pai, mas ele deixou que eu acreditasse que a idéia tinha sido minha. Eu nunca teria pensado nisso – nunca mesmo!
> Debbie me enviou as contas e eu as paguei. Então, ela ficou tão brava comigo, que nunca pediu de novo.

Uma CPM pode fornecer uma saída criativa para um problema antigo, como foi dada a Jeanette uma solução efetiva para o problema de abuso de drogas de sua irmã. Sua estratégia também pode ser aplicada com sucesso em pessoas viciadas em álcool, jogo, ou outros, ou aqueles que têm dificuldade em gerenciar suas finanças pessoais.

Em cada um dos próximos quatro relatos, as pessoas que tiveram a experiência receberam informação que beneficiaria outros.

Lydia, de 70 anos, é enfermeira aposentada da Flórida. Seu cunhado, Graham, mandou uma mensagem precisa depois de falecer de insuficiência cardíaca:

> Graham faleceu quando tinha 89 anos. Acho que seu coração simplesmente parou. Tive esta experiência antes de saber que ele tinha morrido.

Senti sua presença na minha cozinha. Ele me disse: "Diga a Vera (que é minha irmã) para dar uma boa olhada em volta da mesa da sala. Tirar as gavetas e olhar atrás".
Escrevi uma carta para Vera e expliquei-lhe a minha experiência. Então, mais tarde, minha sobrinha me ligou. Ela me contou que elas examinaram a escrivaninha e encontraram cerca de três mil dólares em notas de 50 que ele tinha escondido!
Obviamente, Graham queria que Vera achasse o dinheiro antes que fosse acidentalmente jogado fora. Durante toda a sua vida seu interesse principal pareceu ser o dinheiro, mas acho que ele estava mais preocupado com a segurança da sua mulher.

Quantas heranças foram descartadas porque ninguém sabia da sua existência? Mas este relato contém um legado muito maior que encontrar três mil dólares. Graham deu um presente inestimável a essas três pessoas – sua cunhada, sua mulher e sua filha: o conhecimento de que a vida é eterna e que ele continua a existir e a se preocupar com elas depois de sua morte.

Kitty, uma dona de casa de 65 anos do Alabama, fez um favor a Leland, um amigo da família, morto em um acidente:

Leland era nosso amigo, e a casa que compramos era dele. Ele era carteiro e morreu numa manhã em seu caminhão de correio.
Na manhã seguinte, ele apareceu em meu quarto! Enquanto estava lá, ele me disse para contar a Frances, sua mulher, que tinha uma apólice de seguro da qual ela não tinha conhecimento. Contou: "Está no nosso quarto, na gaveta de cima do cofre, debaixo dos papéis. Conte a Frances onde está". E então desapareceu.
Meu marido, Cliff, entrou no quarto, e eu narrei o acontecido. Ele disse: "Bom, vamos ligar e contar a Frances". Argumentei: "Ela vai pensar que estou louca!".
Então meu marido desceu e disse para o irmão de Leland, Reed, dar uma olhada na gaveta de cima do cofre, debaixo dos papéis – ali ele poderia achar uma apólice de seguro. Mas Cliff não contou o que tinha acontecido.
Como previsto, eles procuraram, e lá estava uma apólice de seguro exatamente como Leland havia me dito! Reed ligou e agradeceu meu marido, mas nunca lhes confidenciamos como ficamos sabendo. Eles não teriam entendido.

Kitty e seu marido provaram que vale a pena correr o risco de entregar uma mensagem de CPM, tendo encontrado um modo inteligente de fazê-lo. Sem perceber, você também já pode ter recebido uma mensagem de uma pessoa querida que se foi, por intermédio de um vizinho camarada.

Becky, assistente jurídica e escritora de 36 anos da Virgínia, foi membro do *staff* de uma Casa Ronald McDonald. Lá, ela ajudava uma menina afro-americana de dez anos, Amira, que estava morrendo de tumor ósseo:

> Dois meses depois de Amira falecer, sonhei que estava com ela em um parque. Era um dia maravilhoso, ensolarado. Amira vestia um traje cerimonial africano violeta e branco, com turbante e tudo mais.
> Estava extasiada por me ver: parecia rir e puxar seu vestido, dizendo: "Olhe, tenho a minha perna de novo!". Sua perna direita tinha sido amputada antes de sua morte. Amira estava radiante! Ela queria mostrar ao mundo que estava inteira de novo.
> Amira me pediu para contar à sua mãe que estava feliz e aprendendo várias coisas novas. Falou que nos veríamos de novo algum dia. Então acenou em despedida, e esse foi o fim da experiência.
> Telefonei para sua mãe e relatei o meu sonho. Contei o que sua filha estava vestindo. Aparentemente, Amira tinha um traje exatamente igual àquele em sua casa, que eu nunca tinha visto. Era um vestido cerimonial violeta e branco da África, que alguém tinha lhe dado. Sua mãe afirmou que tinha sido o preferido de Amira!

Algumas CPMs são validadas apenas quando compartilhadas com outras pessoas. Quando Becky passou a mensagem para a mãe de Amira, como prometera, compreendeu o significado da roupa maravilhosa que sua jovem amiga vestia. Isso, por sua vez, provou a Becky que sua experiência tinha sido verdadeira. E sua descrição do vestido proporcionou à mãe de Amira uma confiança ainda maior na CPM de Becky.

Debra é uma psicóloga de 48 anos da Flórida. Ela ajudou seu avô com uns trabalhos inacabados depois de ele falecer subitamente de ataque cardíaco:

> Depois de minha mãe ligar e contar que meu avô tinha morrido, fiquei deitada na cama para orar por ele e dizer adeus. Com os olhos fechados, recebi dele uma mensagem telepática que era muito forte e muito específica.
> Vovô disse: "Em meu apartamento, há um bufê. Na gaveta esquerda de cima, há um pacote oficial amarelo. Ele contém uma lista de títulos e ações. Alguns precisam ser vendidos imediatamente. É imperativo que seu pai receba esta informação!".

Ele estava muito ansioso e enérgico ao transmitir essa notícia. Não havia ternura – ele era todo negócios. Isso condizia bem com meu avô.
Eu me levantei e partilhei minha experiência com minha mãe. Uns dias depois, descobri que meu pai tinha ido ao apartamento do vovô e procurado no bufê. O bloco de papéis estava exatamente onde vovô disse que estaria. Continha uma lista de ações, justo como me havia contado.
Não sei o que meu pai fez com esses títulos e ações – nunca falamos a esse respeito. A única coisa que meu pai disse foi: "Deve haver alguma coisa além, Debra, pois você não tinha como saber daquela lista".

Pode ser que Debra tivesse alcançado um estado semimeditativo enquanto rezava por seu avô. Este pode ser um método muito eficaz de obter uma experiência de CPM e será discutida posteriormente no último capítulo.
Cada um dos relatos restantes contém provas materiais mais complexas.
Kelly é enfermeira no Sudoeste. Recebeu uma informação detalhada de seu filho Cody, de dois anos de idade, apenas seis semanas depois de ele falecer de um tiro acidental, ao brincar com o revólver do seu pai:

Cody me apareceu num sonho. Ele parecia feliz e saudável. Eu o via como uma criança, mas ele parecia mais velho. Falava comigo e se relacionava como se fosse adulto.
Relatou haver um problema na sua lápide – que estava no túmulo de uma menininha que tinha morrido duas semanas antes dele. E me contou que seu nome estava escrito de trás para frente.
No dia seguinte, fui ao cemitério, e não havia nenhuma lápide onde Cody tinha sido enterrado. Chamei a empresa responsável e perguntei quando eles iam colocar a pedra no túmulo do meu filho. Eles responderam que já tinham colocado duas semanas atrás.
Fui ao administrador do cemitério e indaguei sobre as lápides mais recentes. Ele me levou a um túmulo, e lá estava a lápide de Cody.
Eu o interroguei sobre o túmulo. Ele olhou em seu mapa e disse que era de uma menininha que tinha falecido no dia primeiro de outubro. Cody tinha morrido no dia 14 de outubro.
Todas as outras lápides estavam em uma direção, mas esta estava virada na direção contrária. Para Cody, pode ter parecido que seu nome estava ao contrário!
Finalmente, a empresa veio ao cemitério e colocou a lápide corretamente no túmulo de Cody.

É absolutamente incrível que uma criança pequena conseguisse comunicar uma mensagem tão complicada. Entretanto, quando sua mãe descobriu os enganos cometidos no cemitério, todas as afirmações de Cody revelaram-se precisas.

Lucille é uma governanta de 39 anos da Flórida. Uma experiência de CPM inspirou-a a iniciar um processo de autodescoberta:

> Numa noite, um homem apareceu ao pé da minha cama. Fiquei apavorada, pois não conseguia reconhecê-lo. Ele disse: "Mary, sua mãe a ama". Fui adotada e "Mary" foi o nome que recebi ao nascer. Meus pais adotivos mudaram o meu nome para "Lucille".
> Ele continuou: "Sua mãe está à sua procura. Comece a procurá-la. Encontre sua mãe! Eu a amo".
> Eu me recordo de perguntar quem ele era pouco antes de ele desaparecer. E ele falou: "Você vai descobrir". Depois, ele se foi. Eu ainda estava assustada, mas tinha lágrimas de felicidade. Eu estava feliz por saber que minha mãe natural estava à minha procura.
> Isso me incentivou a procurar minha mãe biológica. Eu estava sempre sonhando em encontrá-la, mas não queria magoar meus pais adotivos.
> Então fui para um clube de adotados, e encontrei minha mãe com apenas um telefonema! Ela perguntou: "Como você me achou?". Falei que um homem mais velho tinha vindo ao pé da minha cama. Descrevi-o, e ela disse: "Esse é o seu avô!".
> Fiquei sabendo que, quando meu avô estava morrendo, ele pediu à minha mãe: "Encontre sua filha. Encontre o seu bebê".
> Ele queria descansar em paz, sabendo que ficaríamos juntas novamente. Minha mãe e eu concordamos em nos encontrar no dia seguinte.
> Ao nos vermos, ela me mostrou uma fotografia do meu avô, e aquele era o homem que tinha aparecido ao pé da minha cama. O terno que vovô vestia na fotografia era o mesmo que tinha quando apareceu para mim. Então eu soube que a minha experiência era verdadeira!

Parece que nossos entes queridos que partiram podem ver muito além das nossas perspectivas terrenas limitadas e enxergar possibilidades que não se apresentam claras no momento. A nossa disposição em seguir sua orientação carinhosa pode abrir portas e criar oportunidades que nunca sonhamos existir.

Ann Marie, de 39 anos, é secretária e contadora em Oklahoma. Ela ficou inconsolável quando sua filha, Brittany, nasceu morta:

Eu já estava no final da gestação e naquela semana entrava e saía do trabalho de parto. Fui ao consultório do médico, e ele não conseguiu ouvir os batimentos cardíacos. Quando fui para o hospital, Brittany foi dada como morta. Ela era minha filha única. Eu tinha esperado por ela por dez anos, e tive dificuldade em aceitar a sua passagem. Eu imaginava quem estaria cuidando dela, e se ela estava bem e a salvo.

Este sonho ocorreu uns três meses após Brittany falecer. A primeira coisa de que me recordo, é uma luz brilhante. Havia várias pessoas e estavam cantando.

De repente, vi uma senhora segurando minha filha. Brittany aparentava ter pelo menos seis ou nove meses de idade. Ela ergueu seus braços para mim e chamou: "Mamãe!".

Eu não reconheci a mulher que a segurava. Era uma senhora de idade, corpulenta e o seu cabelo estava trançado. Perguntei-lhe quem era, e ela respondeu que era minha avó Robinson. Então minha experiência acabou.

Mais tarde, conversei com a minha mãe, e contei o que tinha acontecido. Minha avó Robinson tinha falecido quando eu tinha uns dois ou três anos de idade. Eu nunca a conheci e nunca tinha visto um retrato dela.

Em seguida, minha tia veio fazer uma visita e trouxe algumas fotografias de família para que eu as visse. Achei vovó Robinson na hora! Ela estava exatamente do jeito que eu a tinha visto umas duas semanas antes – o mesmo vestido, o mesmo tamanho, o mesmo cabelo. Eu nunca tinha visto esse retrato antes!

Esta foi a maneira de Deus me dizer que minha filha estava bem. Sempre considerei isso como um presente de Deus para mim.

Aparentemente, a escolha da aparência física e roupa de vovó Robinson não foi coincidência. Esta CPM sugere que ela sabia que essa fotografia mais tarde possibilitaria à sua neta confirmar a sua identidade.

O relato final deste capítulo foi divulgado por Mitchell, detetive particular de 45 anos de Vermont. Ele teve um encontro bastante convincente com seu pai, 26 anos depois de este morrer de pneumonia:

Na manhã de 14 de março de 1989, às 2h34 da manhã, fui acordado de um sono profundo e vi meu pai parado ao pé da minha cama. Meu pai e eu nos comunicamos por telepatia.

Ele parecia tão real como no último dia que o vi! Perguntei: "Você está bem, pai?". Ele respondeu: "Sim, filho". Perguntei mais uma vez: "Tem certeza de que está bem?". Ele respondeu aquiescendo com a cabeça.

Durante anos fiquei confuso e magoado por meu pai ter partido quando eu tinha 18 anos. Sua morte súbita por pneumonia me deixou com muitas perguntas sem resposta.

Então questionei: "Por que você morreu e me deixou sozinho? Por que você não se despediu?". Meu pai disse: "Filho, você tinha de crescer para se tornar forte e independente, e enfrentar a vida e os desafios que se apresentariam. Eu sentia que estava atrapalhando esse processo".

Eu disse: "Pai, eu o amo". Meu pai começou a se virar e afirmou: "Sim, filho, eu sei". Perguntei: "Aonde você está indo? Por que está me deixando novamente?". Ele explicou: "Meu filho, preciso ir agora". Ele parou por um breve instante, se voltou, me olhou com um sorriso maravilhoso e disse: "Conte os dias". E então desapareceu de vista.

Vários dias depois da minha experiência, comecei a pensar sobre o meu pai e tentei analisar suas palavras: "Conte os dias". Me veio um pensamento sobre o número de dias que meu pai tinha vivido na Terra.

Então liguei meu computador e procurei a data de nascimento do meu pai no calendário. Contei os dias que ele tinha vivido na Terra até a sua morte. O total foi de 16.305 dias.

Meu pai faleceu aos 44 anos, e eu também tinha 44 anos. Comecei então a pensar se tinha vivido mais que meu pai. De brincadeira, comecei a contar os dias desde a data do meu nascimento até a manhã em que tive a visão. A soma total foi 16.305 dias, a mesma quantidade de dias que meu pai tinha vivido!

Havia muito tempo eu tinha pedido um sinal e, cara, meu pai me mostrou! Eu me senti muito amado. Isso me deu segurança de que ele definitivamente continua a viver após a morte. Não tenho mais medo de morrer, pois sei que existe algo além.

Somente ao usar a intuição Mitchell descobriu o significado da pista misteriosa que recebeu de seu pai. Esta foi uma tarefa ideal para atrair sua natureza analítica e forneceu uma informação crucial relativa à similaridade da vida dos dois homens.

Estas foram amostras dos vários relatos evidenciais dos nossos arquivos. Os que mais se beneficiam desse tipo de CPM são os que as têm. Quando eles têm conhecimento de alguma coisa que não sabiam nem tinham como saber antes, eles recebem uma prova indiscutível de que foram contatados por alguém que faleceu. Estes relatos também fornecem uma comprovação convincente de que as CPMs são comunicações reais com os entes queridos que se foram, como atestam as duas mil pessoas que foram entrevistadas.

Você pode receber de uma CPM mais que apenas informação e orientação? Você está sendo assistido e cuidado de alguma outra forma? O próximo capítulo ilustra que muitas pessoas têm sido protegidas pela intervenção pontual de um amado que se foi.

capítulo 19
Entrega especial:
CPMs para proteção

> *O corpo é apenas uma roupa. Quantas vezes
> na vida temos de trocar de roupa e mesmo assim
> você não diz que mudou. Da mesma forma, ao se
> desfazer do corpo, ao morrer, você não muda.
> Você é exatamente o mesmo, uma alma
> imortal, um filho de Deus.*
>
> Paramahansa Yogananda

QUASE TODAS AS CPMs são inspiradas pelo amor e interesse contínuo que seus familiares e amigos que partiram têm por você. Portanto, é compreensível que, de tempos em tempos, eles tentem protegê-lo, especialmente se você estiver vivenciando um perigo físico iminente ou alguma outra ameaça ao seu bem-estar.

Este capítulo contém relatos de pessoas cuja vida foi protegida, e talvez até salva, pela intervenção de uma pessoa amada que já partiu, isto é, eles vivenciaram uma CPM no momento exato em que essa assistência carinhosa era necessária, e foram salvaguardadas durante uma situação grave ou talvez fatal.

Em cada caso, eles receberam avisos que os protegeram de acidentes de carro e de outros tipos de ataques de criminosos, de incêndios, de lesões no trabalho, de problemas de saúde não diagnosticados e de emergências envolvendo bebês e crianças pequenas.

Não existe evidência pessoal mais forte de que uma CPM é real do que ter sua vida realmente protegida ou salva por ela. E imagine quanto seus familiares e amigos que se foram devem se sentir realizados quando sua intervenção é bem-sucedida.

Com exceção dos dois relatos finais, as CPMs neste capítulo foram organizadas considerando o tempo decorrido desde a morte do ente querido.

Wilma, de 54 anos, é proprietária de uma loja de varejo no Kansas. Por sorte, ela teve esta CPM com seu pai um mês após sua morte por ataque cardíaco:

> Meu marido tinha quebrado a perna. Somos agricultores, temos filhos e fiquei com muito trabalho por fazer. Uma noite, depois do jantar, fui correndo até a cidade para fazer compras. Estava sozinha no carro e tinha milhões de coisas na cabeça.
> Estava descendo uma colina a todo o vapor, quando meu pai disse: "Wilma, rápido! Vire aqui!". Era como se ele estivesse bem ali ao meu lado e sua voz era tão clara como se estivesse ao lado!
> Virei a esquina e andei cerca de um quilômetro para o sul, depois de volta para o leste e mais uns 1.500 metros para o norte, pensando todo o tempo: "O que estou fazendo? Estou com pressa e saindo quase quatro quilômetros fora do meu caminho!". Não tinha sentido e eu me sentia como uma idiota!
> Mais tarde, quando estava voltando, vi a esposa de um dos meus vizinhos. Pensei que ela estava tendo problemas com o carro e parei. Ela disse: "Fiquei tão aliviada quando vi que você virou! A ponte caiu!".
> Sobre a ponte plana de madeira pendiam duas árvores frondosas e vários arbustos. Ela tinha caído completamente, sem deixar vestígios. Eu sei que só teria percebido depois de estar sobre ela!
> Eu estava a apenas 400 metros da ponte quando meu pai me disse para voltar. Eu deveria estar a uns 100 quilômetros por hora quanto chegasse àquele espaço vazio! Se meu pai não tivesse me avisado, provavelmente eu estaria morta!

O interessante é que o pai de Wilma a orientou para que desse a volta na ponte sem revelar seus motivos. Esse método sutil e indireto é usado muitas vezes nas CPMs de proteção, quando há tempo suficiente para desviar a pessoa do perigo, sem alarmá-la excessivamente.

Patie, de 33 anos, é corretora de seguros no Estado de Nebraska. Ela descobriu que seu pai ainda estava interessado na sua segurança cinco meses depois de sua morte decorrente do mal de Parkinson:

> Eu estava dirigindo do trabalho para casa em meio a um trânsito intenso. Estávamos indo por uma rodovia interestadual, a 80 quilômetros por hora, os carros muito próximos um do outro. Eu estava afundada no banco, com apenas um dedo sobre a direção, e minha mente divagava.
> De repente, escutei a voz do meu pai na minha cabeça, que me dizia severamente: "Sente direito! Ponha as duas mãos na direção! Afivele o

cinto de segurança porque um pneu vai estourar!". Eu o escutava com muita clareza.

Eu me sentei direito, coloquei rapidamente o cinto de segurança e as duas mãos na direção. Andei provavelmente uns 500 metros, quando "buuumm!", o pneu explodiu em tiras! Mas eu estava preparada e consegui puxar o carro para o acostamento com segurança.

Odeio pensar no que poderia ter acontecido se eu não estivesse preparada para aquele estouro de pneu!

O pai de Pattie usou uma abordagem mais direta, repreendendo-a para prepará-la para uma emergência iminente. Nos relatos restantes deste capítulo, você vai perceber um contraste marcante entre as várias formas como as pessoas são alertadas por um ente querido falecido.

Alicia, de 39 anos, é enfermeira na Califórnia. Sua mãe forneceu orientações vitais nove meses após morrer de câncer:

> Acordei durante a noite e, quando olhei, minha mãe estava parada na porta! Seu rosto expressava urgência e preocupação, indicando que alguma coisa estava muito, muito errada.
>
> Ela entrou no quarto de minha filha e saiu. Ela gesticulou para que eu fosse até lá e depois simplesmente desapareceu.
>
> Levantei e fui até o quarto de minha filha. Quando cheguei ao berço, vi que ela não estava respirando e seus lábios estavam azuis! Tiffany tinha apenas nove meses e, naquela noite, tinha ido para a cama com uma mamadeira. Ela tinha mordido o bico de borracha e estava sufocando! Mas, felizmente, consegui tirar o pedaço de borracha de sua garganta.
>
> Se eu não tivesse ido ao quarto de minha filha naquele momento, ela provavelmente estaria morta! Eu não tenho dúvidas de que minha mãe veio para me dar um aviso.

Quantas outras tragédias teriam sido evitadas se as pessoas fossem abertas e receptivas para as experiências de CPM e confiassem nelas? Ao longo de nossa pesquisa, conversamos com várias pessoas que infelizmente não agiram segundo a orientação que receberam, e mais tarde se arrependeram amargamente. Recomendamos a todos, especialmente aos pais de crianças pequenas, que respondam imediatamente aos seus sentimentos intuitivos e às CPMs.

Jeff, de 23 anos, é técnico em telefonia na Flórida. Ele teve este encontro que salvou sua vida depois da morte de seu amigo Phil aos 19 anos:

Phil morreu no dia de Ação de Graças. Ele adormeceu na direção de seu carro e atingiu um poste telefônico.

Aproximadamente dois anos após o acidente, eu estava a caminho de casa. Era cerca de meia-noite e meia e eu tinha trabalhado o dia inteiro. Eu estava dirigindo por umas curvas em esse e adormeci.

De repente, ouvi um grito: "Acorde!". Meus olhos se abriram e olhei para o banco de passageiros. Phil estava sentado ali, sorrindo! Ele estava brilhando – a luz irradiava de seu corpo – e eu podia enxergar através dele. Fiquei verdadeiramente espantado ao vê-lo.

Depois, olhei para a frente exatamente quando estava entrando em uma outra curva em esse. Eu estava me aproximando dela a uns 70 quilômetros por hora e indo diretamente para um lago. Virei apenas o suficiente para fazer a curva e parei o carro.

Essa experiência foi total e completamente bizarra! Eu não esperava por nada parecido – aquilo me chacoalhou! Phil me salvou de ter a mesma experiência que ele teve. Ele salvou a minha vida!

Algumas pessoas, mortas em um tipo específico de acidente, parecem ter o desejo, ou talvez a missão, de proteger seus entes queridos de uma morte semelhante. Talvez sua intervenção seja uma forma de corrigir a maneira como cuidaram de sua própria vida, enquanto estavam fisicamente vivos: com uma certa indiferença e pouco cuidado.

Ella é professora de música na Virgínia e foi resgatada de uma situação perigosa pelo seu marido Rusty três anos após sua morte em um acidente de pára-quedas aos 29 anos:

Eu estava pilotando meu avião para Colúmbia, Carolina do Sul. Meu bebê estava dormindo no banco de trás. Entrei em uma nevasca e estava em situação de emergência. O motor não estava funcionando bem e era necessário aterrissar em cinco minutos. Mas eu não conseguia encontrar um aeroporto!

Eu estava a apenas 150 metros de altura e me mantinha firme. De repente, senti Rusty me agarrando e dizendo: "Olhe pela janela do assento direito. Venha até aqui e olhe!". Eu disse: "Está bem! Está bem!". Tive de rastejar até o assento direito sem sacudir as asas.

Olhei pela janela e pensei: "Não há nada aí fora". Rusty gritou para mim novamente: "Atrás de você, bem atrás de você!". Olhei abaixo da parte traseira do avião e mal pude enxergar o aeroporto. Eu tinha passado por ele!

Quando aterrissei na pista, o avião deslizou sobre ela. Não houve nenhuma ondulação ou impacto. Estacionei, abri a porta e saí – meus joelhos tremiam. Nesse momento, desmoronei!

Pode ser extremamente difícil encontrar um aeroporto pequeno voando a uma altitude tão baixa e com mau tempo. Sem a ajuda de Rusty, Ella teria tido de fazer um pouso forçado.

Noreen, enfermeira em Wisconsin, teve uma CPM notável com sua mãe, que morreu aos 83 anos:

> Eu estava junto ao fogão, preparando um pudim. A casa estava quieta porque as crianças ainda não tinham chegado. De repente, percebi que estava conversando com minha mãe, que tinha partido havia três anos.
> Ela estava parada bem na minha frente, usando um conhecido vestido xadrez azul e branco. Ela pediu que eu dissesse para Louise, minha irmã, para ir ao médico imediatamente – era imperativo que ela fizesse isso. Mamãe disse: "Estou lhe dizendo isso, porque você será capaz de convencer sua irmã a fazê-lo".
> Liguei imediatamente para Louise no trabalho. Eu disse: "Mamãe acabou de me falar que você precisa ir ao médico já! Por favor, faça isso. Deve ser importante!". Minha irmã disse: "Eu estou bem, com exceção da minha garganta, que está arranhando".
> Após ir ao médico, Louise foi imediatamente hospitalizada para fazer exames. Descobriram que ela tinha uma úlcera no esôfago, em um estágio próximo ao câncer.
> Quando o médico perguntou para Louise por que ela o tinha procurado, ela disse: "Minha mãe pediu". Mas não contou a ele que mamãe já estava morta havia três anos!

Algumas vezes, um ente querido que já partiu parece não ser capaz de fazer contato direto com a pessoa que está em risco. Nesses casos, ele poderá se comunicar com um parente ou amigo, que passará prontamente a mensagem urgente.

Bernice é escritora no Noroeste. Seu filho Gene lhe deu alguns conselhos importantes, três anos depois de ter se suicidado aos 32 anos. Gene era um paciente terminal e sofria da doença de Hodgkin:

> O capitão do Golden Odyssey nos enviou um convite para um cruzeiro pelo Mediterrâneo na primavera de 1977. Meu marido queria ir e me pediu para fazer as reservas.

Na manhã seguinte, eu me arrumei para ir à agência de viagem. Quando me dirigia para o carro, ouvi meu filho Gene dizer: "Mamãe, você não deve pegar aquele avião para Atenas".
A voz de meu filho era calma, mas me fez sentir que eu não deveria ir. Então, dei meia-volta e entrei em casa. À noite, contei para meu marido o que tinha acontecido. Ele aceitou e nós não fizemos as reservas.
Na noite em que deveríamos ter tomado o vôo de Los Angeles para Atenas, eu me sentei na sala e fiquei triste por não termos ido.
No dia seguinte, o mesmo avião decolou de Tenerife, nas Ilhas Canárias e colidiu com uma aeronave da KLM. Foi o maior acidente aéreo da história – 581 pessoas morreram!

Esse relato sugere que nossos entes queridos que partiram têm conhecimento antecipado de alguns eventos humanos e, se for o caso, podem nos alertar de situações de ameaça de vida. Talvez eles estejam nos dizendo indiretamente que ainda não é a nossa hora de morrer, como freqüentemente acontece nas experiências de quase-morte. As implicações dessa teoria são de amplo alcance, porque elas sustentam a crença de que cada um de nós tem um objetivo espiritual para sua vida e tempo suficiente para realizá-lo.

Andrew, de 42 anos, agora é engenheiro em Washington. Ele teve esta CPM auditiva com sua mãe três anos depois de sua morte de insuficiência cardíaca:

Eu estava indo de casa para o trabalho. O trânsito estava bom e eu estava descendo a via expressa de Chicago, a mais ou menos de 80 a 100 quilômetros por hora. Havia um caminhão na minha frente e eu estava me preparando para ultrapassá-lo.
De repente, ouvi uma voz chamando "Andy!". Parecia urgente – a voz era alta e clara. Dei uma olhada em volta e não vi ninguém.
Depois, ouvi a voz novamente. Então, tirei o pé do acelerador e diminui a velocidade. Olhei em volta novamente, mas ainda não vi ninguém.
Quando me voltei e olhei para a frente, vi que o caminhão estava tombando para a esquerda. Automaticamente pisei no breque, enquanto o caminhão caía sobre sua lateral e derrapava na rodovia.
Se eu não tivesse ouvido a voz e diminuído a velocidade, eu estaria bem ao lado do caminhão quando ele tombou! Era um veículo de 16 metros e eu não teria conseguido ultrapassá-lo a tempo. Eu estaria debaixo dele!
Depois, quando estava pensando no acontecido, compreendi que tinha escutado a voz de minha mãe. É obvio que ela estava ali para me proteger, cuidando de mim como uma estrela-guia.

Um número considerável de comunicações pós-morte para proteção envolve a probabilidade de acidentes de automóvel. Isso não surpreende, se pensarmos na quantidade de pessoas que possivelmente correm este risco ao viajar de automóvel ou caminhão, ou principalmente quando estão pilotando uma motocicleta.

Marsha, de 35 anos, é proprietária de uma gráfica em Missouri. Sua vida foi salva por seu amigo Josh cinco anos depois de sua morte, quando seu caminhão foi atingido por um trem:

> Uma noite, eu estava com pressa, dirigindo da casa de meus pais para minha casa. Cheguei ao cruzamento ferroviário no momento em que os portões se fecharam. Pensei: "Que ótimo! Agora vou ficar aqui 20 minutos sentada!".
>
> Esperei por uns bons três minutos e nada do trem. Finalmente, decidi que deveria ser um daqueles pequenos e irritantes carros de manutenção, que algumas vezes fazem os portões subirem e descerem repetidas vezes.
>
> Então, olhei na direção de onde eles geralmente vinham e não vi nada. O rádio estava bem alto e eu também não estava escutando nada. Então, comecei a dar a volta pelos portões.
>
> Eu tinha acabado de passar pelo primeiro portão quando vi a luz! Um trem estava bem ali, a não mais que cinco ou dez metros de mim! O farol parecia tão grande quanto o meu carro! O tempo parou – eu congelei e não conseguia me mover! Fiquei sentada olhando o trem se aproximando.
>
> Então, ouvi Josh gritando para mim bem alto e claro: "Mova este carro!". Eu sabia que era ele – eu reconheci sua voz. Parecia que ele gritava do banco do passageiro. Mas eu não atendi.
>
> Nisso, senti uma pisada no meu pé que estava sobre o acelerador! Eu realmente senti uma pressão sobre meu pé e o acelerador afundou! Ouvi o guinchar dos pneus e meu caminhão se projetou para a frente!
>
> Olhei pelo retrovisor e vi o trem passando ruidosamente. Eu falei alto: "Obrigada, Josh!". Nisso, comecei a tremer e estacionei por alguns minutos.
>
> No dia seguinte eu estava com grande hematoma sobre meu pé direito!

Assim como Josh morreu quando um trem atingiu seu caminhão, o mesmo teria acontecido com Marsha se não tivesse tido a ajuda do amigo. Apesar da evidência física depois de uma CPM não ser comum, o hematoma de Marsha não é único. Algo semelhante foi relatado por uma mulher que escorregou e começou a cair, e mais tarde descobriu hematomas nos braços, no lugar onde seu falecido marido a tinha segurado por trás.

Vivian, uma dona de casa da Califórnia, não hesitou em seguir a orientação de seu pai, seis anos depois de sua morte por um ataque cardíaco, aos 72 anos:

> Era de manhã e eu estava pronta para levantar e começar o meu dia. Foi quando ouvi a voz de meu pai dizendo: "Vivian, sua mãe está em sérios apuros!". Perguntei: "De que tipo, papai?". Ele disse: "Financeiro". Eu conseguia ouvi-lo como se ele estivesse falando alto. Eu acreditava que se meu pai estava dizendo, é porque era verdade.
> Eu sabia que o jovem vizinho de minha mãe era muito atencioso com ela. Bud tinha 20 e poucos anos e minha mãe mais de 70.
> Chamei minha mãe e perguntei se Bud tinha lhe pedido dinheiro em algum momento. Ela ficou furiosa comigo! Então, chamei minha irmã e começamos a verificar a conta bancária de mamãe.
> Descobrimos que Bud estava falsificando seus cheques. Ela dava um cheque de cinco dólares para ele, que acrescentava mais um ou dois zeros, transformando os cinco dólares em 50 ou 500! Ou ela estava lhe dando cheques sem assinatura e ele assinava o nome dela. Ele já tinha tirado cerca de 4.500 dólares da minha mãe!
> Chamei a polícia e descobri que Bud estava em liberdade condicional e já tinha tido problemas anteriormente. Então, ele foi levado para a delegacia e voltou para a prisão.

Algumas vezes, as CPMs nos alertam de diversas atividades criminosas que poderiam nos ameaçar física ou financeiramente. Enquanto a mãe de Vivian foi vítima de um trapaceiro comum, outras pessoas relataram ter sido protegidas de crimes mais violentos.

Jan é enfermeira pediátrica no Arizona. Ela recebeu instruções muito específicas de seu marido Ronny, que tinha 20 anos quando morreu em um acidente de automóvel:

> Isso aconteceu cerca de oito anos depois da morte de meu marido. Nosso filho Wally ficou muito doente. Ele estava sob cuidados médicos, mas não melhorava.
> Acordei no meio da noite e senti a presença de meu falecido marido aos pés de minha cama. Por telepatia, Ronny disse: "Leve Wally ao dentista ou ele morrerá!". Depois que teve certeza de que eu tinha entendido sua mensagem, ele se foi.
> No dia seguinte, chamei um dentista e ele examinou Wally. Ele diagnosticou que meu filho estava com uma infecção sistêmica em decorrência

dos danos sofridos em vários dentes, em um acidente. Wally se recuperou completamente depois de ter recebido os cuidados apropriados.

A precisão das mensagens que as pessoas recebem durante as CPMs é realmente surpreendente. Quantos pais iriam considerar a possibilidade de levar seu filho doente ao dentista para um tratamento médico, quando o médico não é capaz de diagnosticar a causa da enfermidade?
Rosemarie, de 42 anos, é assistente administrativa na Carolina do Norte. Ela recebeu uma ordem precisa, 11 anos depois que sua avó morreu de câncer. Outra experiência que ela teve logo depois da morte de sua avó aparece no capítulo sobre as CPMs durante o sono.

> Eu tinha começado um novo trabalho. Uma manhã, quando estava me sentando à minha mesa, ouvi minha avó dizer: "Vá para casa!". Olhei para o relógio e ainda eram apenas dez horas. Pensei comigo mesma: "Não posso ir para casa porque ainda não é hora do almoço. Eu não posso simplesmente sair agora!".
> Passado um minuto, ela disse novamente: "Vá para casa!". Mas desta vez ela falou mais alto. Ela ficou repetindo isso durante uns cinco minutos. Minha avó não saía de perto de mim! Então, peguei a bolsa e fui para casa rapidamente!
> Minha filha Michelle, de 10 anos, estava de férias e sozinha em casa. Ela me encontrou na porta e disse: "Mamãe, eu estava tentando falar com você. Eles disseram que você tinha saído. Um homem estava tentando entrar pela porta de trás!".
> Michele tinha corrido para seu quarto e estava escondida, até que me ouviu chegando pela porta da frente. Ela estava morrendo de medo e tremendo! Aparentemente, o homem tinha fugido quando ouviu o carro chegando.
> Imediatamente, peguei o carro e desci a rua. Vi o homem, chamei a polícia e dei sua descrição. Mais tarde, eles o pegaram e ele foi preso.

Algumas CPMs de proteção são tão urgentes que precisam de nossa atenção imediata. Aparentemente, nossos entes queridos que partiram têm uma visão geral de nossa vida e podem detectar uma situação de emergência, que não estamos percebendo. É vital aprendermos a confiar em seus avisos e agirmos de imediato. Isso pode salvar a vida de uma pessoa, até mesmo a nossa.
Audrey, uma consultora de negócios da Flórida, evitou um acontecimento ruim 13 anos depois que sua avó morreu de câncer aos 80 anos:

Eu estava morando sozinha em um pequeno apartamento no Queens, em Nova York. O apartamento ficava no quarto andar e minhas janelas davam para a saída de incêndio. Eu tinha medo de que alguém pudesse entrar por uma dessas janelas. Mas era uma noite quente de verão e meu ar-condicionado não estava funcionando. Então, tive de abrir as janelas.
Fui dormir e em torno das quatro horas da manhã, ouvi minha avó dizendo: "Levante e feche as janelas!". Ela não falava baixo ou suavemente – ela parecia um sargento!
Pulei da cama e fechei as janelas. Ao fazê-lo, meu ombro atingiu uma escultura de madeira, que caiu no chão. Pensei: "Meu Deus! A pobre mulher do andar de baixo. Ela vai ficar aborrecida comigo!". Em seguida, voltei a dormir.
Na manhã seguinte, fui às compras. Quando virei a esquina, encontrei com minha vizinha de baixo. Eu disse a ela: "Peço mil desculpas. Na noite passada, deixei alguma coisa cair".
Ela disse: "Não, não! Foi bom você ter me acordado. Havia um homem na saída de incêndio! Ele poderia ter entrado no meu apartamento!".

Uma CPM pode proteger outras pessoas além daquela que viveu a experiência. Esta intervenção foi diferente porque um ente querido que partiu, ciente um perigo potencial, deu um aviso que desencadeou uma série de acontecimentos, e acabou por proteger a vida de duas mulheres.

Catharine, de 48 anos, é dona de casa em New Brunswick. Ela foi alertada sobre uma emergência por sua avó, que morreu de uma doença cardíaca:

Perto das 2h30 da madrugada, ouvi alguém chamar o meu nome: "Catharine!". Acordei e senti um cheiro de fumaça. Apressei-me em colocar os óculos e fui para a janela. Percebi uma cor alaranjada através da cortina, e pensei: "É muito cedo para o Sol nascer".
Saí da cama e abri a cortina. O celeiro estava pegando fogo! E o fogo já estava atingindo os fundos de nossa casa! Tudo o que eu via pelas janelas eram chamas!
Gritei para os meus filhos: "A casa está pegando fogo! Levantem, rápido! Temos de sair!". Meu filho mais velho agarrou um extintor de incêndio e correu para fora, de roupa de baixo, tentando apagar as chamas. Mas ele disse que não adiantava mais. Saímos com a roupa do corpo. Nada se salvou.
Alguns dias depois, me lembrei de quem tinha me chamado naquela noite. A voz era de minha avó, morta havia 20 anos.

Muitas das CPMs de proteção são curtas e assertivas, trazendo apenas a informação essencial. Algumas vezes ouvimos apenas nosso nome ou apelido sendo chamado apenas para atrair nossa atenção ou nos advertir do perigo.

Ed é um ferramenteiro aposentado do Arizona. Ele tinha 44 anos quando sua mãe, morta havia 27 anos em decorrência de uma pneumonia, interrompeu seu trabalho:

> Eu era contramestre em uma oficina em Los Angeles, onde operava uma máquina de cortar envelopes. Nesse dia, eu tinha colocado a matriz sobre uma resma de papel e a estava comprimindo sob uma prensa, para fazer o corte. Nisso, percebi que o molde estava muito próximo da borda do papel e poderia escorregar.
>
> Então, comecei a estender a mão por baixo da prensa para ajeitar o molde e ouvi alguém dizer: "Edmund, não!". Minha mãe era a única pessoa que me chamava de Edmund. No trabalho sempre me chamaram por Ed.
>
> Olhei para a direita e lá estava minha mãe! Ela estava parada olhando para mim. Ela estava sólida, mas eu a via apenas da cintura para cima. Em volta dela havia uma aura muito brilhante.
>
> Mamãe parecia preocupada comigo e me olhava assustada. Foi quando olhei para a máquina e me dei conta de que se eu tivesse feito o que pretendia, meus dois braços teriam sido esmagados na altura do cotovelo, sob o peso de quase 22 toneladas!
>
> Olhei novamente para minha mãe, mas ela tinha ido embora. Quando percebi o que teria feito se minha mãe não tivesse me avisado, comecei a tremer tanto que tive de descansar por um bom tempo para me acalmar.

Imagine o sentimento de gratidão de Ed depois desta CPM. Em um momento de graça, ele foi protegido de uma lesão muito grave e se lembrou que, tantos anos após sua morte, sua mãe ainda fazia parte de sua vida.

Florence é uma dona de casa de 61 anos da Flórida. Ela recebeu um aviso de seu pai não apenas uma, mas duas vezes, muito tempo depois de sua morte por uma doença cardíaca:

> Isto aconteceu oito anos depois da morte de meu pai. Meu carro tinha passado por uma revisão na concessionária, e meu filho de dez anos e eu estávamos indo para casa. Normalmente, eu iria pela via expressa New York State, a 120 quilômetros por hora. Porém, por um momento, senti que meu pai estava no banco de trás do carro. Senti sua presença carinhosa com muita intensidade.

Meu pai disse: "Por favor, quero que você vá para casa usando as estradas vicinais. Não ande a mais do que 20 quilômetros por hora. Vá bem devagar para que eu possa apreciar as plantas". O *hobby* de meu pai era a jardinagem. O dia estava lindo e todas as flores da primavera estavam florescendo.

Quando eu estava a uns três quarteirões de casa, pensei que um pneu tinha furado. Saí do carro e olhei, mas todos os pneus pareciam estar em ordem. Voltei novamente para o carro.

Quando comecei a andar, um senhor caminhando na calçada, muito nervoso e excitado, me chamou, dizendo: "Por favor, não se mova! Suas rodas estão soltas!".

Estávamos a poucos quarteirões do posto de gasolina. Meu filho correu até lá e voltou com um guincho. Eles descobriram que tinha sido feito o revezamento das rodas, mas que elas não tinham sido fixadas corretamente, quando foram recolocadas nos eixos. Todas as rodas estavam soltas!

Mais tarde, percebi que se eu tivesse ido pela via expressa a 120 quilômetros por hora, alguma roda poderia ter se soltado! Um acidente grave poderia ter acontecido, envolvendo muitas outras pessoas além de mim. Com certeza, meu pai nos salvou de uma catástrofe!

Este é outro exemplo da aplicação de uma técnica evasiva para evitar que a pessoa se assuste. O mesmo método foi usado na próxima CPM de Florence, que é o último relato deste capítulo:

Dezesseis anos depois da morte de meu pai, eu estava em Nova York, a caminho de uma visita a um amigo no Hospital de Nova York. Eu estava descendo uma rua, me aproximando de uma casa de pedras, que estava sendo demolida.

Meus olhos se dirigiram para um trabalhador sobre o telhado, que segurava uma marreta pesada. Mas eu ignorei aquilo e continuei a andar.

Então, senti a presença de meu pai e ouvi que ele dizia: "Pare! Olhe o degrau!". Os degraus da frente eram do mesmo tipo que os de nossa casa na parte de baixo de Manhattan, quando eu era pequena.

Ele acrescentou: "Pense na maneira que eu costumava balançá-la nos joelhos quando você era criança. Pare!". Dessa vez, foi uma ordem muito assertiva e parei. Algumas pessoas vinham andando atrás de mim, e, quando parei, impedi que elas fossem em frente.

Então, de repente, a parte pesada de metal do martelo do trabalhador caiu bem aos meus pés e quebrou o concreto da calçada! As duas crianças que

estavam atrás de mim gritaram! Fiquei assustada quando percebi que meu crânio poderia ter sido rachado ao meio!
Um senhor que vinha atrás de mim, disse: "Meu Deus, por que você parou? Não havia razão para isso!". Eu disse: "Eu tive a impressão de que meu falecido pai estava comigo e pediu que eu parasse". Ele respondeu: "Bem, seu pai certamente salvou sua vida e talvez a vida das duas menininhas que estavam atrás de você!".

Como no caso anterior, o pai de Florence, de uma maneira inteligente, desviou sua filha de uma séria ameaça física, sem alarmá-la indevidamente. Nas duas ocasiões, mais de uma pessoa foi beneficiada por sua orientação.

Proteger a vida de uma pessoa da dor, de um trágico acidente ou até da própria morte é uma extraordinária expressão de amor. Com certeza, uma intervenção como esta cumpre a promessa feita por um ente querido de que "estará sempre ao nosso lado".

É possível que algumas pessoas possam ser persuadidas por um ente querido que se foi a não cometer suicídio? O próximo capítulo apresenta CPMs que salvaram adultos e crianças de tirar a própria viva.

capítulo 20
Uma graça que salva:
CPM para intervir contra um suicídio

Abençoados os que choram, pois serão consolados.
Jesus de Nazaré

É NATURAL, NO decorrer da vida, que se lamente uma série de perdas que evocam sentimentos muito dolorosos de tristeza, depressão e medo. Infelizmente, em caso de se deixar levar conscientemente para baixo, sentir-se envolvido pelo desespero a ponto de sentir desamparo e perder as esperanças, pode-se chegar a pensar em tirar a própria vida.

Nesses momentos, um familiar ou amigo falecido pode retornar para convencer a pessoa que o suicídio não é uma alternativa apropriada ou aceitável. Ele ou ela podem fazer lembrar que "aquilo também passará" e afirmar com paixão que vale a pena viver.

Estas intervenções em suicídios são uma forma especializada de CPMs de proteção, usadas em momentos críticos, para alguém que realmente precisa de um estímulo. Parecem experiências comuns, mas quem já passou por isso tem certeza de que algum parente ou amigo já falecido foi diretamente responsável por lhe salvar a vida.

Esta é a categoria mais profunda de experiências de CPMs em nossos arquivos. Estes relatos poderosos podem servir para dar aquele empurrãozinho para cima e inspirar alguém que esteja pensando em suicídio, impedindo que a pessoa aja de acordo com esse sentimento autodestrutivo.

Nos primeiros quatro relatos, as pessoas que viveram a experiência passavam por depressão profunda que os levou a pensar em suicídio como meio de eliminar a dor emocional.

Danielle é uma garota de 16 anos, aluna do colegial em Nova York e contou esta importante experiência de CPM mais de três anos após a morte de sua avó devido ao câncer:

> Naquele verão, eu estava com 13 anos e muito deprimida. Sentada na cama, chorava e pensava em me suicidar. Chamava a minha avó: "Preciso de ajuda agora! Preciso de você agora!".
> Ela apareceu ao meu lado, bem nos pés da cama! Na verdade, parecia um anjo, naquela bela túnica branca. Vi um bonito tom de cor pastel ao seu redor. Essas cores sempre me lembravam Deus e o paraíso.
> Ela disse: "Tudo vai ficar bem. Reze antes de dormir. Eu a amo!". Foi um estímulo e tanto e, quando me tranqüilizou, senti um calor agradável pelo corpo todo.
> Respondi que a amava e agradeci. Meu instinto me dizia que tudo ficaria bem. Rezei e adormeci.
> Desde então, me sinto muito bem comigo mesma. Fiquei mais forte mental e emocionalmente por causa da minha avó.

Selecionamos uma experiência com uma jovem como primeiro relato deste capítulo para enfatizar o aumento alarmante de suicídios entre adolescentes em nossa sociedade. Muitos adolescentes tentam o suicídio para escapar dos sentimentos de depressão e desvalorização, seguindo tragicamente o dito popular: "O suicídio é uma solução permanente para um problema temporário".

Marcie, de 30 anos, é vendedora de uma loja em Washington. Estava com 18 anos quando foi reconfortada pelo pai amoroso e carinhoso, decorridos cerca de cinco anos de seu suicídio:

> Eu estava passando por uma fase realmente difícil emocionalmente. Estava muito, muito deprimida, para baixo, talvez do mesmo jeito que meu pai se sentiu antes de tirar a própria vida. Sentia-me tão só, queria muito estar com ele.
> Certo dia, estava sentada no chão, chorando sem controle; de repente, senti como se alguém me abraçasse, mas não havia mais ninguém no quarto. Ouvi então um barulho metálico no piso de madeira. Cheguei perto e lá estava: uma medalhinha, que continha o Pai-Nosso estampado. Sorri e disse: "Obrigada, pai!". Eu havia presenteado meu pai com essa mesma medalhinha antes de ele morrer, para que a carregasse no bolso e soubesse que eu sempre pensava nele.

Lá no fundo, acredito que meu pai queria me mostrar que ainda estava ao meu lado, que ainda se importava. Sinto que ele colocou a medalhinha lá para que eu soubesse que não estava sozinha.

Marcie era uma adolescente na época e a depressão profunda poderia tranqüilamente levá-la a seguir os passos do pai. Já que ensinamos por meio dos exemplos, a lição do suicídio poderia se tornar, lamentavelmente, um legado familiar que poderia passar para as gerações seguintes. Uma vez que um ente querido tenha tirado a própria vida como meio de escapar do sofrimento, essa opção pode também parecer atraente para outros membros da família, especialmente as crianças.

Holly, de 34 anos, é contadora na Colúmbia Britânica. Conseguiu recuperar a vontade de viver durante uma série de encontros com seu pai, 13 anos após sua morte, por ataque cardíaco.

Na época, estava com 32 anos, atravessando uma fase extremamente difícil de minha vida. Tinha decidido que não valia a pena continuar. Cheguei a um ponto em que tentava decidir o modo mais rápido e fácil de sair dessa.
Costumava chorar muito ao ir deitar. Numa das noites, tive a sensação física de um abraço, mas ignorei e não dei importância. Entretanto, o fato tornou a ocorrer durante três, quatro noites. Cheguei a um ponto em que esperava que o abraço acontecesse pois queria saber se era apenas a minha imaginação.
Então, certa noite, enquanto estava na cama com os olhos fechados, o rosto de meu pai me apareceu! Estava do mesmo jeito que eu lembrava da última vez que o vi. Ele me disse: "Não faça isso! Existe um propósito maior para a sua vida. Deve parar imediatamente de pensar assim, está no caminho errado, deve mudar de idéia".
Jamais tivera uma experiência anterior como esta. Foi um choque e tanto! Perguntei: "É você mesmo? É o meu pai? O que está acontecendo?". Senti então a mão dele pegando na minha e ele disse: "Estou aqui e vim ajudá-la".
Agora, sempre que preciso de motivação, apenas fecho os olhos e consigo ouvir meu pai me dizendo: "Vamos lá! Você consegue!".

Às vezes, é necessário passar bem perto do suicídio para descobrir que a vida é um dom precioso que não deve ser desperdiçado. No início, a intervenção amorosa do pai e sua poderosa mensagem deram a Holly o apoio de que precisava. Mais tarde, sua própria mudança de expectativa foi o fator decisivo para a opção pela vida em vez da morte.

Walt é ator, escritor e motorista de caminhão de 42 anos de idade da Flórida. Passou por uma renovação espiritual três anos após a morte do avô por enfisema.

> Eu trabalhava em condições estressantes para um jornal. Fiquei muito deprimido e pensava em suicídio.
> Certa noite, pensei que estava acordado quando meu avô entrou e sentou-se em minha cama – até senti a cama se mexer. Colocou a mão em minha perna e eu realmente senti o seu toque! Ele estava feliz como eu jamais tinha visto, vestia um terno verde-oliva.
> O meu avô disse: "Qual é o problema, Walt? Você não é assim: sempre foi alegre e confiante". Era a voz de meu avô – tinha um sotaque da Nova Inglaterra. Fiquei surpreso por ele estar ali, ele estava morto! Quando percebi que era o meu avô, despertei por completo, mas ele já tinha ido.
> Senti-me assim: "Puxa! Meu avô se deu ao trabalho de vir do lado de lá para me dar uma força!". Ninguém dos vivos ao meu redor se dera ao trabalho. Senti que ele se importava comigo, alguém se importava com o meu bem-estar.
> Sabia que meu avô viera porque me amava. E me amava o bastante a ponto de se comunicar quando eu realmente precisei de alguém. Ele me lembrou a respeito de uma atitude que eu já tinha esquecido, e sua vinda deu uma reviravolta na minha vida, voltei ao jeito que eu costumava ser.

Se nos deixamos ficar tão isolados e estressados quanto o Walt, corremos o risco de sermos vítimas de nossos medos e negativismo. Esse relato demonstra o poder suave da CPM em acabar com nossos pensamentos de autodestruição, inspirando uma vida saudável. Que presente maior pode um ente querido, que já se foi, nos dar do que atravessar o tempo e o espaço para nos lembrar do enorme valor de nossa existência?

Os próximos três relatos envolvem pessoas com tendências suicidas devido a relacionamentos desfeitos.

Sally, de 33 anos, é enfermeira na Califórnia. Sua vida passou por uma mudança radical 15 meses depois do falecimento da mãe:

> Eu já vinha fazendo e parando tratamentos para depressão desde os 18 anos. A depressão clínica e o alcoolismo se fazem presentes em minha família, principalmente entre as mulheres.
> Minha irmã, Peggy, tratou da depressão desde os 16 anos. Era alcoólatra e morreu de *overdose* aos 21 anos dos remédios prescritos. Minha mãe,

alcoólatra em recuperação, passou a vida toda deprimida e finalmente, aos 50, cometeu suicídio.

Depois de ter terminado com o meu namorado, me senti totalmente perdida, não podia continuar com a dor que sentia. Estava em depressão profunda e decidi que queria morrer. Assim, tomei muita bebida alcoólica, me despedi de meus gatos e escrevi uma nota para a minha família antes de adormecer.

Um pouco antes de acordar, pela manhã, sonhei que a minha mãe me ligou. Reconheci sua voz quando disse: "Sally, não faça isso, não faça isso!". Seu tom amoroso era de súplica. Foi tudo o que disse, mas como foi poderoso!

Usei essa experiência para mudar totalmente a minha vida. Levantei imediatamente e me inscrevi num programa de reabilitação para alcoólatras. Agora, decorrido um ano, tenho uma atitude positiva em relação à vida, e sei quanto ela pode ser boa.

O legado de um suicídio quase fez outra vítima. Quando a depressão e o alcoolismo estão presentes numa família, seus membros correm um risco maior de autodestruição. A CPM de Sally e sua coragem para mudar propiciaram-lhe condições para que quebrasse o padrão de mortes da família.

Michael, de 30 anos, é gerente de uma loja de bebidas na Geórgia, que encontrou um novo propósito na vida quando sua avó se comunicou com ele:

Minha namorada tinha me deixado e, nas três semanas seguintes, estava muito deprimido. Pensei em suicídio, estava no fundo do poço. Tentava decidir o que fazer, estava tão cansado de me sentir deprimido, tudo era tão doloroso!

Naquela noite, tive este sonho um pouco antes de acordar. Estava sozinho num lugar vazio, era como um salão, sem começo nem fim, sem portas nem janelas. Era um vazio total. Minha avó se aproximou de mim, colocou as mãos ao meu redor e me beijou na bochecha. Disse: "Sua vida tem grande valor, não desista da vida por causa de outra pessoa! Há muitas coisas pelas quais vale a pena viver, você tem muito a fazer. Saia e seja você mesmo. Você vai amar novamente, então viva e divirta-se!".

Acordei me sentindo muito melhor do que me sentira nas últimas três semanas. Esta experiência me fez tão bem! Não sentia mais aquela dor interior.

Jamais encontrara minha avó antes, só vira fotos – umas duas fotos dela, mas sabia das suas realizações e sabia como morrera: cometera suicídio, uns 40 anos atrás!

Não valia a pena tirar a própria vida, pelo sofrimento que eu mesmo passaria e causaria àqueles ao meu redor. Minha avó veio a mim porque eu precisava que alguém me dissesse aquilo. Sabia o que sua morte causara à minha mãe e a meu pai.
De certa maneira, ela dissera: "Não faça o que fiz! Goze a vida, ela vale a pena. Aproveite as oportunidades quando aparecerem. Se eu tivesse a oportunidade de fazer tudo de novo, não teria me suicidado".

Quem saberia mais a respeito da importância da vida física do que a avó de Michael, que tirara a própria vida havia 40 anos? É muito significativo o fato de muitas pessoas que cometeram suicídio voltarem para motivar outros a tomar decisões mais sábias.

Deirdre, de 31 anos, especialista em informática da Virgínia, conta que aos 21 anos recebeu uma motivação para viver da avó de seu namorado, que se suicidara seis meses antes, após uma luta acirrada contra o câncer.

Fiquei muito deprimida quanto ao relacionamento com meu namorado, Terry. Comecei a me questionar sobre o sentido da vida, sentia certa dificuldade em lidar com pensamentos e sentimentos confusos.
Estava na cama, me sentindo no fundo do poço – emocionalmente, estava abaixo de zero. Chorei incontrolavelmente, pensando em me matar. Chorei e chorei até não poder mais.
Por volta das cinco da manhã, uma luz azul-bebê apareceu no *hall* e se movimentou para dentro de meu quarto. Tinha um formato oval, com mais ou menos um metro de altura e uns 30 centímetros de largura, pairava a um metro acima do solo.
Fechei os olhos e a avó de Terry começou a conversar comigo, em minha mente. Era exatamente igual às conversas que costumávamos ter enquanto estivera viva.
Disse que a minha família e a de Terry não entenderiam a razão do meu suicídio e que a vida era preciosa demais para ser tirada. Assegurou que eu era amada e que sentiriam muita falta de mim. Disse ainda que o suicídio não era a resposta: ela mesma errara, mas eu não deveria repetir seu erro.
Era como se ela me tomasse, me envolvendo totalmente. Senti um calor interior que jamais sentira antes; ela me passou força interior: podia fazer qualquer coisa que quisesse naquele momento. Então, a luz desapareceu.

A perda de um relacionamento amoroso não é jamais uma causa justificável para cometer suicídio, apesar de toda a dor que possamos sentir naquele momento. O suicídio é a negação de nossa identidade espiritual e do propósito de estarmos aqui. É a rejeição total de nosso futuro e das pessoas, das experiências e lições que a vida nos reserva.

A história de Deirdre teve outro resultado positivo: a reconciliação das diferenças com Terry e o casamento, há mais de dez anos.

Nos próximos dois relatos, as pessoas passavam por sérias dificuldades conjugais, que os levaram a pensar em suicídio como uma solução para os problemas.

Katharine, joalheira de 43 anos da Flórida, foi severamente repreendida uns 19 anos após o falecimento de sua tia-avó Mildred por velhice.

> Eu era uma estudante de 24 anos e morava Londres. Casada havia dois, descobri que meu marido estava tendo um caso. Fiquei acabada! Estava em dúvida se continuava os meus estudos, e a situação toda me deixou extremamente deprimida.
>
> Fui até a estação de metrô, senti que não valia a pena viver. Pensei que seria tão rápido e fácil me atirar na frente de um vagão! Lembro de chegar mais perto da borda da plataforma, ouvir o trem se aproximando e eu me preparando para saltar.
>
> De repente, alguém deu um tapinha em meu ombro esquerdo e ouvi-o dizer claramente, com a voz aguda e severa: "Filha, pense em sua mãe!". Então, tive uma visão rápida do rosto de minha tia Mildred, apenas da cabeça e dos ombros, me olhando com a cara feia, me repreendendo.
>
> Naquele momento, um velho trem saiu do túnel e pensei: "Meu Deus, que besteira!". Subi as escadas da estação correndo e tomei um ônibus para casa.
>
> Estava estarrecida por ter sido tão estúpida. Minha mãe acabara de passar por uma séria cirurgia e minha morte a teria deprimido consideravelmente. Fiquei tão envergonhada por ter pensado em me matar, que jamais pensarei nisso novamente!

Sentimentos intensos de rejeição, abandono e solidão são comuns durante o rompimento de um casamento e podem levar a pensamentos precipitados de suicídio. Entretanto, quando estamos imersos na própria dor, raramente consideramos como nossa morte afetará aqueles que amamos. Nesses momentos, estar centrado em nós mesmo pode facilmente nos levar a esquecer que somos um ser espiritual que tem um propósito especial ou uma missão de vida.

Tony é um guarda-florestal de 46 anos da Flórida que passou por diversas intervenções por parte de seu pai, que faleceu de ataque cardíaco.

Uns dois meses após a morte de meu pai, eu estava separado, mas não divorciado, de minha mulher. Naquela época, eu passava por grave depressão e tinha idéias suicidas.

A depressão fora transmitida hereditariamente, é comum em minha família. Meu tio cometeu suicídio; meu pai se fora e meu tio também, então pensei como seria estar com eles. Estava pensando em me matar com um revólver que tinha.

Várias vezes, no meio da noite, no decorrer de um período de três meses, meu pai chamou meu nome: "Tony! Tony!". Era exatamente a sua voz! E todas as vezes, senti o cheiro de sua colônia pós-barba, *Mennen*, que era mais ou menos a marca registrada de meu pai. Sentia-me como se tivesse recebido uma visita, mas nunca o vira de verdade.

A cada vez, exatamente naquele instante, um sentimento de calma se apossava de mim, como se tudo estivesse bem. Era como se ele quisesse me dizer: "Ainda estou ao seu lado, se tiver problemas!".

Essas experiências me fizeram mudar de idéia, pois entendi que estava sendo insensato. Meu pai me cutucou, era tudo o que precisava. Vendi meu revólver e passei a levar a vida de modo mais positivo. Voltei a freqüentar a escola, passei a ir à igreja todos os domingos. Hoje em dia, trabalho ativamente na congregação e ajudo no ministério com as pessoas em luto.

Sentimos compaixão por uma criança pequena quando seu pai ou mãe falecem, mas podemos deixar passar o fato de que quando um adulto perde o pai ou a mãe, também se torna um filho enlutado. Alguns problemas podem ser diferentes, mas o sentimento de perda e de pesar pode ser igualmente opressivo.

Do mesmo modo que Tony, muitas pessoas podem estar angustiadas por mais de uma perda ao mesmo tempo e, nesse momento, ficarem mais propensas a sentimentos de desespero, que podem levá-las a pensamentos de suicídio. Entretanto, não podemos contar com uma CPM para autoproteção. A nossa única barreira verdadeira contra o suicídio é o compromisso incontestável com a vida até esta se completar naturalmente.

Nos dois próximos relatos, as pessoas que passaram pela experiência de CPM lutavam contra a dor da viuvez.

Bobbie é uma oficial subalterna da Força Aérea na Virgínia. Seu marido, Scotty, também era um oficial subalterno da Força Aérea antes de morrer de tumor cerebral.

Eu estava tão desesperada com a morte de Scotty e a perda de todos os nossos sonhos... Senti que fôramos ambos enganados; era como se eu tivesse sido cortada pela metade e não havia remédio no mundo que pudesse eliminar a dor. Algumas vezes a idéia de suicídio atravessou minha mente, pois a dor era muito grande.

Às vezes, em meio a um ataque realmente sério de choro, eu sentia Scotty dizendo: "Está tudo bem. Chore, é bom pra você!". Sentia sua preocupação amorosa e, geralmente, após parar de chorar, podia literalmente sentir seu abraço.

Quando, no entanto, a idéia de suicídio cruzava a minha mente, a atitude mudava para crítica séria. Ele dizia: "Isto não resolverá o problema, não a livrará da sua dor!". Quando estava no fundo do poço, dizia: "Levante o traseiro e se mexa! Não fique aí sentada chorando e se lamentando com autopiedade! Não fique sentada sem fazer nada!".

Eu discutia com ele: "É fácil para você dizer isso, está morto!". E a resposta vinha: "E daí? Você está viva! Por que não age como se fizesse parte do mundo dos vivos e não dos mortos?".

Scotty dizia sempre que a vida era para ser vivida. Acredito que essas experiências sejam exemplos dele ficando ao meu lado quando eu mais precisei. Agora, que estou ficando melhor e encaro a vida a sós, sou capaz de deixá-lo ir.

Aparentemente, Scotty foi capaz de distinguir entre a dor normal de Bobbie e suas emoções suicidas. Assim, sabiamente soube dosar o equilíbrio entre o carinho estimulante e o amor severo, de acordo com as suas necessidades.

A angústia profunda é um processo natural e saudável após a perda de um ente amado. Se os nossos pensamentos se voltam para sentimentos de autodestruição, precisamos lembrar, como Scotty disse, que o suicídio não resolverá os problemas ou retirará a nossa dor emocional. Uma escolha muito melhor é se juntar a um grupo de apoio para pessoas em luto ou obter ajuda profissional.

Leigh reside em Mississípi e ficou viúva quando seu marido Ralph morreu de ataque cardíaco aos 50 anos. Ela conta:

Por volta de um ano após a morte de Ralph, eu estava deitada no sofá, chorando. Separamo-nos algumas vezes no decorrer do ano em que morreu e pensei que a sua morte fosse culpa minha. Achei que o fato de tê-lo deixado o estressou mais e talvez tivesse provocado a sua morte.

Eu havia decidido o que faria – tinha tudo planejado. Após a morte de Ralph, meu médico sugeriu que eu tomasse calmantes e remédios para dormir. Tinha grande quantidade deles comigo. Entretanto, antes de levar a cabo a decisão, fui até uma funerária e deixei tudo combinado para o meu funeral, até quem carregaria o caixão e o que queria vestir.

Já tinha escrito algumas cartas para uma amiga e para minha enteada, me desculpando por ter-me suicidado e para outra amiga especificando o que queria que fizesse com o cachorro e o gato que tinha na época. Estavam todas sobre a mesa, ao meu lado.

Eu tinha tomado cerveja, estava tentando ficar bêbada o bastante para fazê-lo. Chorava muito, soluçando, quando ouvi a voz de Ralph, distintamente, dizendo algo do tipo: "Não é assim que se faz. Não faça isto! Agüente! Tudo há de ficar bem!". Então, ele disse que me amava.

Não me importo se ninguém acredita em mim, mas aquela era a voz de Ralph Taylor, e esta é a verdade de Deus! Era tão real, era como se sentisse sua respiração em meu ouvido!

Imediatamente, saltei e acendi as luzes, olhei ao redor, em cada quarto da casa. Interrompi meus planos naquele instante e rasguei as cartas.

Embora ainda pensasse em suicídio por mais ou menos um ano, não tomei essa decisão.

De todos os suicídios planejados sobre os quais ouvimos, o de Leigh estava mais perto de ser levado a cabo quando experimentou a CPM. Mas e se Ralph não interferisse no momento correto? Hoje, decorridos 11 anos, Leigh é feliz como uma bem-sucedida enfermeira certificada.

Os três relatos seguintes são de pais em luto, que sentiam que a vida não valia a pena após a morte de seus filhos.

Sandra é enfermeira em Saskatchewan, Canadá. Seu filho, Greg, voltou após a morte em um acidente de automóvel, aos 16 anos:

Aconteceu exatamente no dia que se completavam três meses da morte de Greg. Eu não conseguia agüentar mais – tinha de estar com meu filho. Planejava em como acabar com a minha vida. Fui para a cama e, em minhas preces, pedi ao Senhor que me permitisse ficar com o Greg.

Mais tarde, naquela noite, acordei, pois senti algo caloroso em minha bochecha direita, como um beijo. Então, senti o aroma forte da colônia *Polo*, de Greg. A mensagem que recebi foi: "Mãe, estou bem, agüenta aí!".

Fiquei lá deitada, sem acreditar! Continuei a sentir o cheiro do perfume, que permaneceu mais uns dois minutos, então desapareceu.

Na manhã seguinte, entrei em contato com meu pastor. Ele disse que Deus permitira que Greg voltasse para me dizer que precisavam de mim por aqui e que ele estava bem.

Após essa experiência, meus pensamentos sobre o suicídio terminaram – aquele foi o ponto de virada para a minha lenta recuperação, pois eu sabia que meu filho estava bem.

A morte de um filho é denominada "a pior tragédia da vida". Muitos pais, recentemente enlutados, estão tão tomados pela dor, que podem encarar o suicídio como um modo instantâneo de se reunir com o filho ou filha que se foi.
Kate é uma dona-de-casa de Nova York. Uma comunicação indireta salvou-lhe a vida após o falecimento de seu filho Darryl, de 19 anos.

Enquanto servia como fuzileiro naval, Darryl desenvolveu leucemia e passou 11 meses entrando e saindo de hospitais antes de morrer. Fiquei extremamente deprimida com a sua morte. Fiquei economizando comprimidos, pensando que não poderia agüentar mais. Acumulei comprimidos suficientes para matar um elefante!
Não tinha nenhuma crença religiosa, mas muitas vezes pedira um sinal. Queria desesperadamente acreditar que meu filho ainda existia.
Certa tarde, meu marido tirava uma soneca. Quando levantou, disse: "Sonhei com o Darryl!". Perguntei: "O que aconteceu?". "Nada de especial, apenas nos abraçamos". Aí eu perguntei: "Ele disse alguma coisa?". "Sim, ele disse que valia a pena viver!".
Fiquei tão impressionada e tão feliz por receber notícias de Darryl! Era o meu sinal de que ele estava bem. Finalmente, tinha a esperança de que havia algo além da vida. Assim, peguei todos os meus comprimidos e os joguei no vaso sanitário!
A experiência de meu marido me deu a esperança de que eu precisava e a vontade de prosseguir, apesar da dor. Senti que Deus se debruçou e me tirou de minha tristeza dando início ao processo de cura.

A sincronia e o poder curativo das mensagens pós-morte, mesmo as feitas por meio de terceiros, são surpreendentes! Cada vez mais, indicam que vivemos num universo espiritual com muito mais amor e compaixão que imaginávamos.
O relato final nos é dado por Gwen, artista de Maryland, que experimentou uma CPM fora do corpo com o filho de 22 anos, Christopher, que morrera num acidente de moto, ao quebrar o pescoço.

No dia seguinte ao enterro de Christopher, eu me sentia tão mal, estava em um estado lamentável. No dia seguinte, enquanto todos estivessem fora, tomaria soníferos para poder estar com meu filho. Era assim que eu me sentia.

Naquela noite, tive um sonho. Estava num lugar repleto de luz, havia uma música suave tocando – nunca ouvira tais instrumentos ou tal música, era muito bonita! Ao meu lado, havia uma mesa que se estendia até onde a vista alcançava e estava coberta com uma toalha branca. Sobre a mesa, havia pratos de ouro, cheios de comida. Tudo estava bem arrumado, como se veria num cruzeiro marítimo.

Havia muitas pessoas, caminhando lentamente ao redor. Alguns se serviam de comida, todos pareciam muito felizes. Todos vestiam trajes longos de cores variadas. Era uma cena tão tranqüila, bonita e alegre!

Então, ouvi o Christopher dizer "Mãe!" e, quando me virei, lá estava ele em pé! Vestia um traje comprido branco com uma grande cruz dourada em seu peito. Ele emanava uma luz brilhante e parecia muito feliz. A alegria de estar de novo com meu filho era enorme!

Christopher pegou um grande prato de comida e me estendeu, dizendo: "Mãe, isto é para você!". Parecia muito orgulhoso por estar me dando esta comida. Então sorriu e girou a cabeça para os dois lados para me mostrar que seu pescoço não estava mais quebrado.

Acordei tendo absoluta certeza, no meu coração, de que estivera com meu filho. Imediatamente, joguei os comprimidos fora. Christopher salvou-me a vida, juro! Vou acreditar nisto até o dia em que morrer. E sei que, quando chegar a minha hora, ele estará lá me esperando.

Sempre que me sinto deprimida, lembro de minha experiência e isto me faz sentir melhor novamente.

Gwen foi verdadeiramente abençoada por ter tido esse momento de graça com o filho. É provável que o encontro com seu filho tenha ocorrido no paraíso, onde festejavam a alegria da vida eterna.

As implicações das intervenções contra o suicídio vão longe. Todos aqueles deste capítulo que passaram pelas experiências e milhares de outros ainda vivem hoje por acreditar que foram contatados por um ente querido falecido e decidiram seguir suas mensagens salvadoras. Ainda assim, quantos outros, que também tiveram pensamentos suicidas, tiveram tais experiências de CPM, mas as descartaram por alguma razão e decidiram assim mesmo tirar a própria vida?

Imagine a alegria que nossos parentes e amigos falecidos devem sentir quando são capazes de salvar nossa vida por meio de suas intervenções. Eles nos dizem que a vida física é um presente, uma oportunidade valiosíssima para aprender nossas lições espirituais de amor incondicional. E enfatizam que os mesmos ensinamentos que escolhemos rejeitar durante a nossa existência terrena terão ainda de serem aprendidos, embora com maior dificuldade, após a nossa morte.

Será que as CPMs são experiências exclusivamente pessoais ou podem ser compartilhadas? O próximo capítulo nos traz relatórios de duas ou mais pessoas que foram contatadas por pessoas queridas, que já se foram, em momentos e em locais quando estavam em companhias de outros.

capítulo 21
Confirmação:
CPMs com testemunhas

*Acredito que a morte seja uma tremenda aventura:
um portal para uma nova vida, na qual se têm mais poderes,
alegrias mais profundas e horizontes maravilhosos.*

DOUTOR LESLIE D. WEATHERHEAD

QUASE TODOS OS contatos pós-morte acontecem com apenas uma pessoa por vez, não importando se ele ou ela estão sozinhos ou cercados de outras pessoas. Em algumas ocasiões, entretanto, duas ou mais pessoas que estão juntas no mesmo lugar, ao mesmo tempo, percebem simultaneamente o ente querido falecido. Esse fenômeno é denominado de CPM com testemunha ou CPM compartilhada.

As descrições desses encontros compartilhados podem ser quase idênticos ou bastante diferentes, dependendo da percepção individual da pessoa que passou pela experiência. A importância de ter uma CPM na presença de uma testemunha é que se recebe uma confirmação direta e imediata de outra pessoa que a sua experiência é autêntica. Tal validação é especialmente importante caso a pessoa esteja duvidando de seus sentidos ou questionando sua sanidade naquele momento.

Relatos de CPMs compartilhadas fornecem evidência crível que as comunicações pós-morte são experiências genuínas com pessoas queridas que faleceram e não produto de imaginação hiperativa. Esses encontros compartilhados fornecem testemunho que as CPMs são eventos objetivos e reais percebidos por duas ou mais pessoas e aos quais respondem independentemente uma da outra.

Nos primeiros quatro relatos, as pessoas testemunharam CPMs idênticas, que contaram imediatamente uma para a outra.

Christina é recepcionista em um restaurante em Michigan. Seus filhos Jon, de dez anos e Kelsey, de sete, foram assassinados pelo pai, que tirou a própria vida em seguida.

Decorridos uns três meses da morte de Jon e Kelsey, minha mãe e eu estávamos num vôo de Detroit para a Flórida para participar da conferência nacional dos *The Compassionate Friends*, em Tampa.
Eu estava no assento da janela, ao lado de minha mãe, angustiada e chorando. Enquanto passávamos no meio das nuvens, estava muito ensolarado, parecia o paraíso. Naquele momento, me senti muito próxima de meus filhos. De repente, minha mãe disse: "Christina, olhe acima de sua cabeça!" Quando levantei os olhos, havia um arco-íris perfeito em miniatura acima de minha cabeça! Parecia exatamente igual a um arco-íris normal, que se veria ao ar livre e ia de orelha a orelha, a um metro acima de mim. O arco-íris era tão maravilhoso! Permaneceu lá pôr uns bons cinco minutos.
Minha mãe e eu choramos, pois aquilo foi definitivamente um sinal! Ficamos convencidas de que o arco-íris era um tributo simbólico de meus filhos, pois minha filhota, Kelsey, costumava desenhar arco-íris o tempo inteiro. Sentimos que os dois, Jon e Kelsey, nos mandaram uma mensagem de que tudo estava bem.

Naquele momento, a mãe de Christina foi a testemunha que viu primeiro o belo e pequeno arco-íris, chamando a atenção da filha. Esse presente especial, de seus filhos mortos, foi cronometrado e profético pois a participação na conferência se tornou o ponto de partida para sair de sua dor pela perda.

Lloyd é químico aposentado em Vermont. Participou entusiasticamente desta saudação da mãe de uma amiga, Anne, que morrera de parada cardíaca aos 80 anos.

A filha de Anne, Shirley, nossa amiga May e eu voltávamos para casa do enterro de Anne. Quando entramos na cozinha, Shirley disse: "Sabem, é engraçado, sinto como se minha mãe estivesse aqui!".
De repente, a cozinha se encheu de um aroma, como se milhões de rosas estivessem desabrochando ao mesmo tempo. Nós três ficamos parados, pasmos! Estava tudo parado, eu só conseguia sentir aquele momento. Foi glorioso! Era um sentimento muito reconfortante.
Mas não há rosas em Vermont em setembro! Por ser desconfiado por natureza, saí procurando pelo cheiro, olhei em todos os lugares. Simplesmente não havia lugar algum de onde aquele aroma maravilhoso que nos

rodeou poderia ter vindo. Após alguns minutos, o aroma gradualmente se desvaneceu.
Conversamos entre nós para verificar se a experiência tinha sido a mesma para todos. Com certeza, todos sentimos o mesmo aroma na mesma hora!
A Shirley comentou: "Assim que entramos, pensei – espero que tenhamos feito tudo o que minha mãe queria". Achamos que a resposta foi dada, foi como se Anne dissesse: "Tudo bem, Shirley, e aqui vai um presente para todos vocês, por terem sido tão bons comigo".
Esta é a minha história. Sou basicamente um cientista e procuro respostas; não consegui encontrar nenhuma outra explicação plausível e que me convencesse intelectualmente. Depois disso, aceitei em meu íntimo: "Sim, aconteceu".

Pelo fato de as três pessoas terem sentido simultaneamente o aroma de rosas na cozinha, cada uma foi capaz de confirmar a experiência da outra. Na verdade, dos 12 tipos de CPMs, a sensitiva e a olfativa são as mais comumente compartilhadas.

Emma trabalha como terapeuta no Alasca. Ela e o marido, Gerald, pranteavam a perda do filho de 19 anos, Stan, num acidente de automóvel.

Durante os dias que se seguiram ao enterro, meu marido, Gerald, e eu tivemos sentimentos que não compartilhamos um com o outro, por não saber ao certo o que eram.
Lá pelo quarto dia, meu marido me disse: "Sinto como se algo me impelisse, preciso ir ao cemitério". Era exatamente o que eu sentia, mas era como se eu tivesse medo, pois significava que tudo isso era verdade.
Gerald e eu nos olhamos e entramos imediatamente no carro. Dirigimos até o cemitério, uns 40 quilômetros do local em que morávamos.
Caminhamos em direção ao túmulo de Stan e quando chegamos perto, senti como se os braços de meu filho me enlaçassem. Um sentimento de amor chegou até mim. Olhei para Gerald e disse: "Stan está aqui, posso senti-lo, sentir o seu amor". Era exatamente o que se passava comigo naquele instante.
Nos abraçamos, meu marido e eu, e foi como se nosso filho nos abraçasse. O sentimento de amor era tão grande, era como se nos permeasse.
Ficamos tão gratos por ter sentido aquilo. Em nosso íntimo, sabíamos que era um abraço de nosso filho e que ele estava se despedindo. Acredito que Stan tinha voltado para que soubéssemos que nos amava tanto quanto o amávamos.

Sei que nosso filho não se foi – sei que ele ainda vive. Esta experiência me fez ter toda certeza disso.

Esta experiência nos mostra o valor de ouvirmos alguém contar da sua CPM no momento em que ela ocorre. Por Gerald ter tido coragem suficiente para admitir que sentia a presença do filho, Emma recebeu a confirmação imediata de que a sua própria experiência com Stan era real e não apenas resultado de sua dor.

Tammy é operadora de computador em Washington. Ela conseguiu um novo alento quando sua filha de nove semanas de idade, Melanie, morreu vítima de síndrome da morte súbita infantil.

> A morte de Melanie me arrasou: fiquei tão amarga, com tanta raiva. Não conseguia acreditar no que acontecera. Não conseguia entender o porquê – era simplesmente injusto! Além disso, estava com medo de que ela não pudesse ir para o Céu porque seu batismo iria se realizar no dia nove de junho, e ela falecera no dia seis de junho.
>
> Enterramos a Melanie no dia oito de junho. Quando voltamos do cemitério, fui a primeira a entrar em casa. Assim que abri a porta, a casa passou a cheirar a rosas – um aroma muito forte. Eu não disse nada, por temer que os outros pudessem dizer que eu estava enlouquecendo.
>
> Quando os outros entraram, umas dez pessoas, todos começaram a perceber o mesmo aroma! Alguém comentou: "Nossa, a Melanie está aqui! A casa está cheirando a rosas!". Apenas uma pessoa não conseguia sentir o cheiro, e ela jamais vira Melanie viva. O perfume permaneceu por alguns segundos e depois desapareceu.
>
> Esta experiência fortaleceu o sentimento de que meu bebê querido estava bem, com Deus, no paraíso.

Uma testemunha independente falou primeiro, confirmando o mesmo aroma que Tammy sentira. É significativo o fato de apenas as dez pessoas que tinham conhecido Melanie viva compartilhassem a experiência olfativa, enquanto a única pessoa que não vira o bebê antes, não foi capaz de perceber a fragrância de rosas.

Muitos pais que sofrem com a dor da perda de bebês antes de estes terem sido batizados temem que seus filhos não sejam admitidos no paraíso. Esta história e outras em nossos arquivos sugerem que essas preocupações são infundadas.

Em cada uma das próximas quatro experiências, duas pessoas participaram da mesma CPM, mas não se aperceberam disso até que comentassem uma com a outra, após o final desta.

Lauren é terapeuta behaviorista da Flórida. Seu irmão, Donald, de 53 anos, cometeu suicídio.

> Donald tinha um problema na parte lombar inferior e mancava, seu corpo estava sempre contorcido. Passara por duas cirurgias e sofrera muito com dores terríveis durante os três anos que antecederam sua morte.
> Durante a missa do funeral, olhei pela janela e vi Donald andando em direção à igreja! Seu corpo não era sólido, podia ver as árvores através dele. Parecia um pouco mais jovem e parecia inteiro – não mancava mais! Vestia uma camisa xadrez da qual gostava e calças compridas. Parecia estar em paz e feliz, como se estivesse saindo a passeio: se aproximou da janela, como se me chamasse para ir com ele. Então ele simplesmente desapareceu.
> Após a missa, minha cunhada me perguntou: "Você viu o Donald?". Fiquei muito surpresa, e respondi que sim. Ela completou: "Eu também!".
> Este foi provavelmente o modo pelo qual meu irmão se despediu. A experiência causou grande impacto, que naturalmente diminuiu a minha dor.

Como saber se não somos os únicos a ter uma CPM se não nos arriscamos e contamos a alguém a respeito? Felizmente, tanto Lauren quanto Joyce tiveram a coragem de contar imediatamente que haviam visto Donald. Talvez outros presentes à missa também o tivessem visto, mas relutaram em admitir o fato.

Blair, de 45 anos, um executivo da Flórida, obteve uma confirmação vinda de uma fonte inesperada, após ter um encontro com o pai, que faleceu após uma série de derrames.

> Eu estava com um sentimento de autopiedade muito grande, me sentia muito solitária no mundo. Lembro de ficar sentada na cadeira em meu quarto do hotel, rezando pelo meu pai na noite antes de seu enterro. Havia outras duas pessoas comigo no quarto: meu filho, de cinco anos, e uma amiga, que estava lá para dar apoio.
> Enquanto eu rezava, as luzes do quarto pareceram diminuir de intensidade e, de repente, lá estava meu pai! Parecia muito, muito sólido. Embora estivesse com 80 e tantos anos quando faleceu, naquele momento parecia estar com uns 60.
> Havia cores irradiando dele e ao seu redor – uma combinação de branco azulado, rosa e dourado. Ficou lá parado e me disse: "Seja forte e cuide de sua mãe. Lembre-se que eu a amo. Adeus". A expressão facial dele se suavizou bastante quando disse: "Lembre-se de que eu a amo". Durou apenas alguns segundos, então ele se foi.

Meu filho pequeno, que estava na cama, levantou. Pensei que estivesse dormindo. Correu em meu encontro e disse: "Vovô! Vovô!". Respondi: "Vovô se foi". Ele argumentou: "Não! Meu vovô estava bem aqui!". Então, ele também o viu!

Nossa pesquisa mostra que crianças pequenas são muito mais abertas e receptivas a CPMs do que adultos; portanto, é melhor não discutir com uma criança que insiste que viu, ouviu, ou talvez até mesmo conversou com alguém querido que tenha morrido, pois isso o levaria a duvidar de toda sua experiência intuitiva futura.

Wells, psicoterapeuta de 42 anos da Flórida, estava presente quando sua amiga, Jean, fez uma visita amável, após seu falecimento por câncer.

Como psicoterapeuta, trabalho duro para permanecer psicologicamente firme. Estou no ramo de negócios em que se ajudam as pessoas a ficar assim ou a retomar tal rumo. Tento não me perder em fantasias.
Certa noite, uns três meses após a morte de Jean, eu estava num grupo de apoio. Alice, uma amiga de Jean, estava muito empenhada no trabalho. Estava passando por uma fase de intensa dor emocional e lutava consigo mesma para encarar alguns problemas.
Enquanto ouvia Alice, senti o cabelo na nuca ficar literalmente em pé! De repente, havia uma presença em minha sala. Ergui os olhos e vi Jean sentada no chão, ao lado de Alice. Fiquei assustado.
Jean estava com uma expressão preocupada, daquelas que se tem por preocupação com um amigo que esteja realmente sofrendo, passando por problemas. Ouvia atentamente o que Alice dizia.
Pensei que era muito apropriado, dada a intensidade da dor de Alice, que Jean aparecesse para se certificar de que as coisas estavam caminhando bem. Ela estava lá por causa de Alice. Ficou sentada apenas, escutando. Mudou a postura algumas vezes e então partiu.
Quando acabou a sessão, uma das pessoas, outro amigo íntimo de Jean, ficou para trás. Nós nos olhamos e perguntei: "Alguma coisa lhe aconteceu hoje?", e ele concordou que sim.
Comparamos nossas histórias e descobrimos que ele também havia visto Jean e sentido a sua presença na mesma hora que eu. Ele a tinha visto sentada no mesmo local que eu.
Ver Jean foi uma experiência totalmente espontânea e sei que aconteceu. Foi uma experiência tão poderosa! Nunca sonhei ou imaginei algo assim.

Wells e o amigo não testemunharam apenas mutuamente a CPM. Eles ainda tiveram o privilégio de observar a demonstração de amor de Jean por Alice. Quantas vezes um ente querido falecido retorna para nos ajudar em caso de precisarmos de apoio emocional e espiritual? Talvez com muito maior freqüência do que imaginamos!

Leslie, de 39 anos, faz trabalho voluntário na Virgínia. Teve esta alegre reunião com o seu pai, quatro meses após ele ter morrido de câncer.

Acabara de ir para cama e desligara a luz, quando vi meu pai parado na soleira da porta! Todas as luzes da casa estavam apagadas, ainda assim eu conseguia vê-lo claramente, pois havia um brilho ao seu redor.
Pensei: "Realmente, é o papai! É ele mesmo". Fiquei tão animada, que sentei e chamei: "Papai!". Queria ir até lá e tocá-lo, comecei a levantar da cama. Ele sorriu e disse: "Não, você não pode me tocar agora". Comecei a chorar e pedir: "Deixe-me chegar perto". Ele respondeu: "Você não pode fazer isto, mas queria que soubesse que estou bem, que tudo está bem. Estou sempre com você".
Após uma pausa, completou: "Tenho de ir agora e ver a sua mãe e Curtis". Curtis é o meu filho e ele e minha mãe estavam no quarto ao lado. Levantei e segui meu pai até o corredor, mas ele desapareceu – simplesmente sumiu no ar.
Então, voltei para cama e continuei a dizer a mim mesma: "Esta tristeza é só sua, papai não esteve aqui realmente". Finalmente, adormeci, depois de me virar bastante na cama.
Na manhã seguinte saí da cama e Curtis, que estava com três anos, quase quatro na época, saiu para o corredor e contou: "Mamãe, eu vi o vovô ontem à noite". Fiquei boquiaberta e perguntei: "É mesmo?". Ele confirmou: "É, ele entrou no quarto e ficou em pé ao lado de minha cama".
Como um menino de três anos poderia inventar tal história? Eu questionei: "Você não estava dormindo?". Ele negou: "Não, mamãe, eu estava com os olhos abertos. Eu estava acordado, eu vi o vovô!".
Então entendi que o papai realmente devia ter estado aqui. Não havia como negar o que acontecera. Foi uma experiência formidável para mim, pois aprendi que o amor continua a existir.

Novamente, uma criança validou a experiência de sua mãe e a convenceu de que fora real. Essa experiência é um pouco diferente das típicas CPMs compartilhadas porque o pai de Leslie a visitou primeiro e então foi visitar o neto num outro quarto.

Quando duas ou mais pessoas participam de uma CPM juntas, não necessariamente têm experiências idênticas. Tais variações podem ser atribuídas a uma combinação de suas habilidades intuitivas, receptividade e percepção individual. As próximas quatro descrições são de pessoas que compartilharam a CPM ao mesmo tempo e no mesmo lugar, mas cujas experiências pessoais foram significativamente diferentes.

Ginny é a higienista oral, na Geórgia, que conseguiu confirmar uma CPM estimulante com os filhos, Mike, que se afogou aos 17 anos e Philip, que morreu ao nascer 13 anos antes.

> Três semanas após a morte de Mike, eu estava num batismo na igreja. De repente, senti uma mão passando nos meus ombros, da direita para a esquerda e ouvi a voz de Mike dizendo: "Mãe, eu estou aqui". Eu sabia que era ele, mas pensei que estava enlouquecendo.
> Mais ou menos ao mesmo tempo, senti uma mão firme no meu ombro esquerdo. Então, uma voz que eu jamais ouvira antes, um pouco mais madura do que a de Mike disse: "Nós dois estamos aqui, mamãe". Pensei: "Meu Deus, estou totalmente pirada, acho melhor eu me internar!".
> Olhei em direção à minha filha de 14 anos, Mandy, sentada ao meu lado, e ela olhou para mim. Seu rosto estava molhado de lágrimas; disse: "Mãe, você está sentindo o Mike?". Contou que não o ouvira ou o vira, mas sentira a sua presença.
> Essa era a confirmação de que eu não imaginara nada. Meus dois filhos me tocaram e conversaram comigo de verdade. Acredito nisso do fundo do coração!

Quando Ginny estava pronta para descartar a sua experiência como produto da imaginação, sua filha foi capaz de confirmar que foi algo factual e, mais importante, essa mãe angustiada soube que seus dois filhos, que nunca se conheceram na vida física na Terra, encontraram um ao outro na dimensão espiritual.

Deanna, uma terapeuta de 35 anos da Flórida estava junto com a mãe algumas horas após seu irmão, Charley, ter morrido num acidente de motocicleta, aos 32 anos.

> Por volta das seis horas da manhã seguinte, minha mãe e eu estávamos sentadas na cozinha, falando a respeito de meu irmão. Minha mãe olhou para mim e disse: "Sei que Charley está aqui. Acabei de senti-lo tocando a minha bochecha!". Então minha mãe colocou a mão na bochecha como se tivesse sido beijada.

Então, vi Charley em pé na minha frente, rindo e sorrindo. Estava meio transparente, mas pude ver que vestia uma camiseta pólo listada, shorts e suas sandálias. Ele me olhava com uma expressão marota – aquele seu sorriso tímido – com as mãos nos bolsos.
Ouvi-o dizendo: "Por favor, diga a todos quanto eu os amo. E, principalmente, diga à mamãe que eu a amo".
Então pediu que ficássemos próximos aos seus filhos, que estavam com três e cinco anos na época. Completou: "As crianças os amam muito, eu os confio a vocês. Por favor, tomem conta deles por mim. Eles precisarão de todos vocês".
Lembro que senti como se meu coração se abrisse e uma torrente de emoção fluísse de mim para o meu irmão. Então, ele se foi.

Esse é um excelente exemplo de duas pessoas tendo experiências pessoais separadas e distintas durante uma CPM compartilhada. Enquanto a mãe de Charley sentia a mão do filho tocando com carinho a sua bochecha, sua irmã, Deanna, o via e recebia telepaticamente uma importante mensagem.

Lois, uma dona de casa de Nebraska, testemunhou um momento estimulante logo após a morte do marido, Ray, aos 33, de derrame. Uma experiência anterior dela consta entre as CPMs auditivas.

Quando meu marido Ray faleceu, nossos quatro filhos tinham entre oito e 13 anos. Os três mais velhos sabiam que o pai não estava bem e entenderam o que aconteceu. Jesse, o filho mais novo, de oito anos, entretanto, estava assustado e desorientado.
Ray foi sempre muito atencioso com os meninos, conversando com eles a respeito de tudo o que acontecia. Quando ia acampar, discutia os problemas com eles; passava muito tempo ao lado deles.
Duas manhãs após a morte de Ray, eu estava andando pelo corredor de casa. Quando me aproximei do quarto principal, vi Jesse sentado na beira da nossa cama com seu pai! Ray estava abraçando nosso filho e conversando com ele, parecia algo tão natural quanto sempre fora. Ray parecia calmo e tranqüilizador.
Além disso, ele estava consciente de que eu me encontrava ali. Olhou em minha direção e pareceu sorrir, então fez um gesto para que eu voltasse ao corredor. Então, voltei para trás do canto e esperei por uns 15 minutos.
Jesse finalmente saiu do quarto. Aparentemente, Ray lhe explicara o que acontecera e ele parecia se sentir muito melhor. Jesse contou: "Papai me

contou que ele se foi e que não voltará; que não é preciso se preocupar com ele. Tudo ficará bem". Jesse parecia muito mais feliz do que antes.

O fato de isso ter acontecido não me surpreendeu muito. Depois disso, nosso filho foi capaz de aceitar a morte do pai e ir em frente.

Por ter testemunhado a conversa íntima de seu filho com seu marido morto, Lois foi capaz de dar apoio imediato quando este compartilhou espontaneamente sua experiência com ela. Infelizmente, com grande freqüência em nossa sociedade, as pessoas duvidam das crianças quando elas se arriscam a contar suas CPMs.

Andrea e seu ex-marido, Oliver, são pais que sofrem a dor do luto na Flórida. Foram muito confortados quando o filho de 25 anos, Douglas, morreu em um acidente de motocicleta. Outro relato de Andrea aparece no capítulo das CPMs simbólicas.

Douglas era nosso filho único, e seu pai, Oliver, e eu estávamos divorciados desde que ele tinha 12 anos. Após a missa, fiquei realmente muito deprimida. Enquanto Oliver segurava-me a mão, choramos dentro do carro funerário, a caminho do cemitério.
De repente, uma calma tão profunda se apossou de mim que parei de chorar. Era o Douglas! Estava ajoelhado diante de nós e tinha a mão direita em meu joelho e a esquerda no joelho do pai. Eu podia sentir a pressão e o calor em minha perna.
Era como se eu pudesse tocá-lo, mas não o fiz. Estava vestindo as roupas que eu separara para o enterro: uma camisa azul-clara e calça bege cru.
Havia tanta paz nele, que me passou a mesma paz, o mesmo consolo. Vi uma luz ao seu redor, uma luz suave, um brilho branco. Sorria e estava contente, em paz.
Eu disse ao Oliver: "Douglas está aqui! Eu o estou vendo!". Olhei para o Oliver e ele para mim e seus olhos se encheram de lágrimas. Endireitou a cabeça e respondeu: "Eu sei, Andrea, também o estou sentindo. Douglas está aqui!".
Então nosso filho olhou para nós e disse: "Estou bem. Mãe, eu a amo. Eu o amo, pai". Foi telepático e muito claro. Então, aos poucos, ele se foi.
Que sentimento bonito e quanta paz senti durante o resto da cerimônia no cemitério! Sabia que Douglas estava bem e não chorei mais.
Jamais esquecerei aquela experiência. Posso fechar os olhos e ainda vê-lo perfeitamente. Sei que existe vida após a morte – meu filho me provou isso!

Douglas demonstrou uma sincronia perfeita ao contatar seus pais no dia em que eles mais precisavam. Embora Andrea tivesse visto, ouvido o filho e até mesmo sentido seu toque, Oliver também se sentiu consolado quando sentiu a presença do filho. Que diferença faria em nosso processo de superação da perda se cada um de nós pudesse passar por tal experiência de afirmação de vida logo após a morte de um ente querido!

Muitos animais têm sentimentos físicos que se estendem bem além do limite da capacidade humana. Isso ocorre especialmente com gatos e cachorros, cuja vista, audição e olfato são muito mais precisos. Portanto, não é de se surpreender que animais sejam capazes de detectar a presença de nossos mortos queridos muito mais facilmente do que nós. Nas próximas três descrições, os animais de estimação foram testemunhas da ocorrência de CPMs.

René, de 39 anos, é secretária de advogado nas Ilhas Virgens norte-americanas. Não foi a única a perceber o pai, que voltou após morrer de câncer.

> Um mês após meu pai ter morrido, certa noite eu estava a bordo de um veleiro, sozinha com minha cachorra, Heidi. Estava lendo um livro quando, de repente, tive um sentimento forte de que meu pai estava ali. Era uma sensação carinhosa, de amor e de muita paz.
> Eu não conseguia vê-lo, mas senti muito forte sua presença. Intuí que ele viera para me dizer que estava bem e que me amava mais do que tudo no mundo. De alguma maneira, ele conseguiu passar todos esses sentimentos maravilhosos para mim. Meu pai estava se despedindo, e a sensação era de libertação.
> Com certeza, isso não foi fruto de minha imaginação, pois durante todo o tempo, Heidi ficou correndo e olhando na direção em que, aparentemente, meu pai se encontrava. Ela parecia empolgada e alegre, latindo e abanando o rabo, como se pudesse vê-lo. Então, ela pulou e sentou-se ao meu lado.

Embora René pudesse sentir a presença do pai falecido e também seu estado emocional, Heidi pode tê-lo realmente visto. O comportamento incomum da cachorra confirmou a CPM de René e desfez quaisquer dúvidas que ela pudesse ter a respeito da realidade.

Tina é professora vocacional em Washington. Ela se envolveu em um episódio cômico um ano após seu irmão Rudy, de 47 anos, ter morrido num acidente na fábrica em que trabalhava.

> Eu estava na cozinha, limpando. De repente, nossa gata saiu correndo da sala. Seu pêlo estava ouriçado, ela estava sibilando e corria tão rápido, que

parecia não conseguir tração no chão plastificado, era como se corresse sem sair do lugar.
Ao mesmo tempo, nosso cachorrinho saiu da mesma sala, latindo e chorando, com o pêlo em pé! Era como se pedissem para que eu olhasse e quando o fiz, vi meu irmão Rudy sentado na cadeira de balanço! Ele sorriu para mim.
Fiquei tão feliz em vê-lo! Vestia jeans e uma camisa vermelha xadrez, sentado da mesma maneira que ficara tantas e tantas vezes enquanto vivo. Tive uma sensação de calma e a certeza de que Rudy estava bem. Então ele desapareceu diante dos meus olhos.
Até ter essa experiência, sempre fora uma pessoa cética. Não acreditava que algo assim pudesse acontecer. Se não fosse pela reação dos animais, pensaria que minha imaginação estava criando coisas.

Nesse relato e no próximo, os animais parecem reagir com medo quando vêem ou sentem a presença de um ser humano morto. Talvez tenham se assustado com a chegada repentina deste ou com algum aspecto de sua aparência.
Jackie, de 47 anos, é analista de sistemas sênior no Tennessee. Ela vivenciou este encontro com o tio Leonard quatro dias após sua morte, de câncer, juntamente com o marido Dwight e seus dois animais de estimação.

Meu marido e eu assistíamos à TV na cozinha quando, de repente, nosso gato saiu correndo de lá e nosso pastor alemão parou num canto e começou a tremer. Dwight olhou em minha direção e comentou: "Temos visitas!".
Podíamos ambos sentir a presença de meu tio. Era como se conectar com um fio de alta-tensão, havia descarga elétrica no ar. Dwight e eu sabíamos que ele estava lá e falamos com ele. Dissemos que estava tudo bem e que ele podia ir.
Sabíamos que o tio queria saber se estávamos bem. Mais do que nos assegurar de que estava bem, queria saber como estávamos. Sua presença durou uns 20 minutos e, então, sentimos que a descarga no ar diminuía. Naquele momento, o cachorro se ergueu e se aproximou de nós e o gato voltou à cozinha.

Os animais de estimação com freqüência percebem a presença de uma pessoa falecida antes que seu donos o façam, o que faz deles testemunhas muito confiáveis e objetivas. Em outro relato, uma senhora contou que viu seu grande cão em pé nas patas traseiras, aparentemente se apoiando com as dianteiras no seu falecido pai, a quem ela não viu, embora tivesse sentido sua presença.

Muitas pessoas nos perguntam se os animais mortos voltam alguma vez para visitar seus donos. Sim, eles fazem isto! Ouvimos várias histórias de CPMs envolvendo animais, incluindo cães, gatos, um coelho e até mesmo um cavalo. Se compilarmos histórias suficientes, ficaremos felizes em devotar um capítulo inteiro para este assunto em nosso próximo livro.

Em diversas ocasiões, pudemos entrevistar duas pessoas que compartilharam a mesma CPM. Como notarão nos dois relatos finais deste capítulo, o testemunho de uma pessoa é, em essência, totalmente igual ao outro.

Benjamin, de 21 anos, trabalha numa editora em Iowa. Ele e a esposa, Mollie, de 20 anos, contaram uma CPM virtualmente idêntica com a mãe dele, decorridos apenas alguns dias de sua morte por câncer. Mollie relata:

> Na noite do enterro de minha sogra, meu marido Ben e eu fomos até a casa dela com a família e ficamos até tarde.
> Quando voltamos para o carro, olhei para a porta da frente e vi a mãe dele, parada à porta, acenando para se despedir! Parecia normal, com a mesma aparência de sempre, era ela com certeza! Parecia estar em paz, muito saudável e mais jovem.
> Antigamente, quando a visitávamos, ela normalmente saía à porta, para se despedir de nós, portanto, era exatamente da forma que costumava fazer. Olhei para o Ben e perguntei: "Você chegou a...?". Ele começou a chorar muito. Entendi que havíamos ambos presenciado sua mãe ao mesmo tempo, mas Ben não estava em condição de falar. Ela desapareceu assim que olhei para ele.
> Acredito que a razão pela qual eu pude ver a mãe de Ben foi para confirmar que a sua visão não era fruto de sua imaginação.

Esta é a versão de Benjamin:

> No dia do funeral de minha mãe, minha esposa Mollie e eu visitamos minha prima e seu marido na casa de minha mãe. Ficamos lá até bem tarde, depois entramos em nosso carro. Quando coloquei a chave no contato, olhei para cima.
> Uns nove metros adiante, vi a minha mãe em pé na soleira da porta, atrás da porta de vidro da cozinha. Ficava sempre lá, por carinho e cortesia, para se assegurar de que tínhamos entrado em segurança no carro. Era o que fazia sempre – repetira a mesma ação milhares de vezes.
> A porta de dentro estava aberta, portanto a luz de dentro da casa iluminava minha mãe por trás, enquanto a luz da soleira a iluminava pela

frente. E ela estava lá acenando para nós. Parecia estar saudável e bastante sólida. Parecia aliviada, menos cansada, menos estressada. Tive a clara impressão de que era uma mensagem do tipo "não se preocupe".
Imediatamente, tive uma sensação física muito forte, quase como se estivesse grudado ao chão, como se uma onda passasse por cima e através de mim, dos pés à cabeça. Pareceu uma eternidade, ao mesmo tempo que parecia ter levado meio segundo. Tentei falar, mas não consegui.
No mesmo instante, Mollie disse: "Ben, acabei de ver a sua mãe na soleira da porta!". Abaixei a cabeça e respondi: "E eu também!" e comecei a chorar. Foi a primeira vez que derramei lágrimas pela morte de minha mãe. Jamais solucei tanto em toda a minha vida! Senti alívio, uma sensação de despedida até o reencontro.

A CPM de Benjamin permitiu que ele liberasse a dor pela perda e soltasse as lágrimas contidas. Mas mais importante do que isso, pelo fato da Mollie estar presente e ter também visto a sua mãe, ela foi capaz de fornecer uma confirmação imediata de que sua vivência fora autêntica. Se estivesse sozinho naquele momento, poderia ter rejeitado tal momento sagrado como uma simples reação ao estresse causado pela morte recente da mãe.

As histórias deste capítulo demonstram claramente que as CPMs compartilhadas ou com testemunhas são vivências objetivas, e não subjetivas. Ou seja, o familiar ou amigo falecido tinha uma realidade objetiva percebida simultaneamente por duas ou mais pessoas, que estavam juntas, ao mesmo tempo e no mesmo lugar. O testemunho independente fornece a mais convincente evidência de que as comunicações pós-morte são contatos genuínos dos entes queridos falecidos, exatamente como vivenciados pelos dois mil homens, mulheres e crianças que participaram de nossa pesquisa.

No próximo capítulo há uma coletânea de relatos mais longos que estão entre "as melhores dentre as melhores" comunicações pós-morte de nossos arquivos. Convidamos que os leia com os olhos do coração e os ouça com os ouvidos da alma.

capítulo 22
Pérolas das CPMs:
as melhores dentre as melhores

> *A morte é uma transição... Joni Eareckson Tada voltará a caminhar e a correr novamente. Helen Keller voltará a enxergar e a ouvir. O garoto que faleceu de câncer voltará a apresentar bochechas róseas e um corpo forte. O homem acometido de artrite conseguirá ficar ereto. A mulher desfigurada num terrível acidente de carro exibirá um rosto sem nenhuma mácula.*
>
> DOUTOR BILLY GRAHAM

GUARDAMOS AS melhores histórias para o final. Cada relato de CPM deste capítulo lembra uma pérola perfeita, lustrosa, que brilha com sua própria luz interior e, ao ser colocada junto com as outras numa fieira, revela uma magnífico colar de incomparável valor.

Todo os que experimentaram as vivências ganharam força do ente querido falecido por meio do contato, que produziu uma cura emocional e espiritual duradoura. Cada relato é um pequeno conto completo que não requer comentário adicional algum.

Histórias profundamente comoventes como estas freqüentemente farão brotar lágrimas de alegria em nossos olhos. Elas iluminaram nosso caminho com inspiração e transformaram nossa pesquisa em um "trabalho celestial" durante os sete anos que conduzimos nossas entrevistas. Sentimo-nos honrados com o fato de tantas pessoas nos confiarem suas experiências tão íntimas e sagradas.

Você pode querer ler este capítulo vagarosamente para saborear cada CPM por completo. Todas as histórias contêm um poder de cura acima e além das meras palavras impressas. Permita que a essência espiritual lhe revigore e eleve, pois cada uma contém uma pérola de grande sabedoria que pode lhe falar direto ao coração.

Laura trabalha há seis anos numa faculdade comunitária em Washington. Ficou desolada quando seu filho de seis semanas de vida, Anthony, morreu de síndrome de morte súbita infantil.

> Fora um ano traumático. Minha mãe morreu em março e eu estava sentindo dificuldade em assimilar sua perda. Foi um inverno difícil. Na época, vivia em Montana e meu marido eu ficamos separados durante as seis semanas de vida de Anthony.
> Eu nem mesmo sabia, naquele tempo, o que a síndrome de morte súbita infantil era. Jamais me fora explicado, nem mesmo após a morte de meu bebê. Eu me sentia no vácuo, era como um pesadelo.
> Parte de meu desespero se devia ao fato de Anthony não ter sido batizado. Alguém plantara uma semente em minha mente, que todos os bebês que não fossem batizados arderiam para sempre no inferno. Eu agonizava em relação a isso, era horrível. Fiquei atordoada, a culpa era maior do que poderia suportar.
> Quando voltei do cemitério para casa após seu enterro, fui para o meu quarto e apaguei as luzes. Sentei na cama e permaneci durante um bom tempo com a mente livre de qualquer pensamento.
> Vi-me em um lugar muito tranqüilo, era como se estivesse sobre uma jangada em água parada. A água era transparente como um espelho e comecei a sentir paz. Então, belos raios de luz me iluminaram e uma escada se fez visível.
> De repente, Cristo apareceu em uma forma e tamanho surpreendentes! Por ter freqüentado a igreja a vida toda, me tornei muito próxima a Deus e a Cristo, então sabia que era Ele. Era sólido e real, era magnífico! Tinha cabelos longos e vestia uma túnica branca e comprida.
> Jesus começou a descer os degraus, chegando até o final deles. Ele me estendeu Sua mão, Anthony estava deitado dentro dela. Ele estava lá por inteiro, era o meu bebê!
> A mensagem que captei foi: "Anthony estava bem, está em casa, está seguro". Agora eu sabia que Anthony estava com Jesus! Eles foram ficando transparentes até desaparecerem.
> Isso respondeu à grande questão que me dilacerava, aliviou minha agonia por não tê-lo batizado. Desde então, nunca mais me preocupei em saber onde Anthony estava, sei que ele está num lugar especial com Jesus.

Stewart é um instrutor-projetista do Sudeste. Teve muita dificuldade em aceitar a morte de seu filho de dois anos de idade, Danny:

> Danny estava com a fralda molhada quando sentou sobre a grade de ventilação de metal no piso de nossa sala de estar. Tocou uma lâmpada que estava em curto, completando, assim o circuito e foi eletrocutado.
> Fui chamado no serviço e fui rapidamente ao hospital. Na sala de emergência, me pediram para esperar num pequeno quarto privativo. Desde que o trouxeram ao hospital, tentaram de tudo com o maior esforço, mas nada dera resultado.
> Uma enfermeira entrou e pude perceber preocupação em seu rosto. Era sua tarefa me dar a notícia de que Danny morrera. Quando ela saiu da sala, eu me deixei abater numa onda incontrolável de choro que jamais tivera na vida.
> Finalmente, consegui me recompor e a enfermeira me perguntou se eu gostaria de ver o meu filho. Foram muito delicados comigo. Fui até o pronto-socorro e me deixaram sozinho com o corpo de meu pequeno filhinho. Estava totalmente perfeito, a não ser por um pequeno ferimento na cabeça. O sentimento de finalização era devastador.
> Eu queria agir, fazer alguma coisa! Eu o queria de volta! Tive esta idéia: "Isso não tem que terminar desta forma! Sei de muitas vezes em que as pessoas foram consideradas mortas e foram revividas, já ouvi essas histórias! Não precisa ser assim! Não preciso aceitar isto! Vou chamar Danny de volta!".
> Exatamente nesse momento, uma impressão intuitiva surgiu em minha mente, de que Danny falava comigo: "Papai, não faça isto, estou bem, está tudo bem!". Era tão claro quanto se fosse uma voz de palavras, mas a fala era mais madura do que poderia se esperar de um menino de dois anos de idade.
> Fiquei parado um momento. Não entendi como tudo poderia estar "bem", pois para mim não estava nada bem! Entretanto, aceitei a comunicação como verdadeira. Pensei: "Bem, Danny é quem sabe. É o seu corpo, se ele diz que está tudo bem, então está tudo bem". E me acalmei depois disso.
> Sei que se não fosse por aquela comunicação, a dor teria sido muito mais difícil de agüentar. Aquilo me acalmou, trouxe certa paz, a paz que era possível sentir num momento como aquele.

Johanna é professora de pré-escola em Massachusetts. Ela e a família têm razão para celebrar os oito anos após a morte de sua filha, Margaret, de 20 anos, num acidente de carro.

Meu marido e eu planejávamos ir à Nova York no feriado da Páscoa. Queríamos visitar nossa filha, Robyn, que estudava na Universidade de Nova York e ainda ir à missa de Páscoa na Catedral de St. Patrick, que seria celebrada pelo cardeal. Pedimos a Robyn para verificar se precisaríamos de entradas. Ela disse ter ligado e se informado que não eram necessárias.

O domingo de Páscoa em Nova York estava incrivelmente agradável e brilhante, então caminhamos do nosso hotel até a Catedral. Ao nos aproximarmos, vimos uma multidão – não dava nem mesmo para ter idéia quantas pessoas havia!

Caminhei até o policial mais próximo e perguntei se precisaria de entradas para assistir à missa das 10h15, e ele respondeu: "Entradas? É claro que precisa de entradas! As pessoas conseguiram as entradas há meses. Não há como entrar nesta missa sem elas!". É claro que nos sentimos muito desanimados.

Por volta de um minuto mais tarde, um homem apareceu da multidão e me disse: "Pegue as minhas entradas" e me entregou um envelope, desaparecendo tão rápido quanto aparecera. O povo em volta ficou espantado.

Abri o envelope para espiar e lá estavam quatro entradas! Uma era branca e as outras três amarelas.

Colocamo-nos ao lado da igreja e esperamos por volta de meia hora. Finalmente, deixaram que nos aproximássemos da porta principal. A entrada branca era para se sentar no centro da Catedral.

Usamos as entradas amarelas e fomos acompanhados pela nave até nossos assentos, no compartimento 39. E, ao nosso lado à direita se encontrava o altar da Santa Margaret!

A alegria tomou conta de mim pois senti que nossa filha, Margaret, nos enviara uma mensagem excepcionalmente poderosa na Páscoa, dizendo: "Há vida após a morte, há o paraíso, e eu os verei novamente!".

Randall é professor universitário na Califórnia. Seu ponto de vista em relação à vida se alterou permanentemente duas semanas após a morte de seu filho, Timothy, de quatro anos, num acidente de carro:

Todos os dias eram uma sucessão de terrível ansiedade, depressão e choque. Eu lutava entre um estado de negação e o medo de aceitar a realidade de que meu filho se fora. Não conseguia lidar com a idéia de que ele não estaria mais aqui conosco.

Voltei ao serviço tão rápido quanto possível após o enterro. Todo dia, quando ia para casa, temia entrar no quintal, sabendo que ele não estava lá e que teria de encarar a realidade.

Certo dia, quando cheguei a casa, entrei e me acomodei numa cadeira ao lado da lareira, voltada para a porta principal. Sei que estava acordado. Então, Timothy entrou, através da porta! A porta não se abriu, ele simplesmente passou pela porta!
Parecia ser bastante tangível, muito real. Parecia exatamente o mesmo de antes da morte, mas estava vestido de branco e tinha uma aura brilhante. Estava muito contente, bem feliz! Estava banhado em luz, uma luz que parecia iluminar a área toda. Não era um halo, uma luz branca brilhante parecia emanar dele.
Timothy se aproximou e parou diante de mim, dizendo: "Não voltarei. Fui embora e você deve saber disto". Foi bastante enfático. O tom da voz e a inflexão eram reais.
Inclinei-me para a frente na cadeira e Timothy falou: "Estou bem, está tudo bem" e desapareceu – simplesmente sumiu de onde estava.
A partir daí, não houve mais negação. Sabia que meu filho se fora e que não voltaria. Embora não pudesse mais vê-lo, conseguia encarar a realidade, pois Timothy me provara que, de fato, estava vivo.
A tristeza continuava lá, assim como a dor, mas também havia um sentimento de alegria e esperança que se misturavam à tristeza. E comecei a me curar.

Mary Lou é uma terapeuta espiritual, de 57 anos de idade, de Dakota do Sul, que foi capaz de conseguir resolver muitos problemas antigos ao ter esta experiência profunda, decorridos 21 anos da morte de seu pai de câncer:

Meus seis filhos vieram todos para casa neste verão com os respectivos maridos/esposas e filhos. Certa noite, ficamos conversando ao redor da mesa da cozinha. Por volta da meia-noite, eu estava cansada e subi para o quarto, mas eles avisaram que ficariam conversando um pouco mais.
Fui dormir e, por volta das 2h30 da manhã, senti um dedo tamborilando no alto da cabeça. Sabia que era meu pai, pois quando vivo, era assim que ele costumava fazer para me chamar a atenção. Sentei-me e imediatamente ouvi a sua voz, internamente: "Desça até a cozinha! Desça até a cozinha!". Foi o que fiz.
Fiquei à porta da cozinha ouvindo meus filhos falando sobre sua infância. Senti a presença de meu pai, sabia que estava comigo. Meus filhos diziam que com certeza tinham esperança de que seus filhos se sentiam seguros, bem tratados e amados. Entrei de repente e disse: "Espero, com certeza, que vocês todos sabiam, quando pequenos, que eu os amava!".

Houve silêncio – um silêncio total. Alguns dos rostos ficaram vermelhos. Pensei: "Muito bem, pai. Foi essa a razão pela qual eu deveria estar aqui embaixo". Se meu pai não estivesse lá, provavelmente eu teria ficado arrasada. Subi imediatamente e fui para a cama.
De manhã, ainda meio dormindo, ouvi meu pai dizer: "Está na hora de deixar de se sentir culpada! Durante anos a fio, carregou esta culpa por não ter se saído tão bem quanto gostaria em relação aos seus filhos. O que mais poderia ter feito?".
Então, vi algumas das cenas da época em que meus filhos eram pequenos. Meu marido, um alcoólatra em recuperação, apareceu bêbado após ter se mantido sóbrio durante dez anos. Daquele dia em diante, a situação só piorou: perdeu o emprego por estar bebendo muito e eu acabei trabalhando naquela fabriqueta para poder dar o que comer às crianças.
Três de meus filhos tiveram fibrose cística e fiquei com câncer de mama. Não sobrava muita energia no final de cada dia, mas consegui me manter de algum modo. Assim mesmo, ainda me sentia culpada por não estar sempre disponível para meus filhos. A culpa é tão traiçoeira, não havia me dado conta do quanto ela esteve arraigada em mim durante todos aqueles anos.
Fui lembrada pelo meu pai de que os três filhos com fibrose cística ainda estão vivos e passam bem e que o meu mais novo está para receber seu segundo diploma. E que meu ex-marido hoje em dia anda sóbrio.
Então, meu pai disse: "Você é uma pessoa boa, já era na época e continua sendo. Livre-se da culpa! Você fez o melhor que pôde!".
Foi um alívio e tanto! Eu me curara! Consegui me livrar totalmente da culpa e não a sinto mais. Esta experiência maravilhosa ajudou para que todos nos curássemos.
De manhã, alguns filhos se desculparam, dizendo: "Mãe, não tínhamos a intenção de ferir seus sentimentos!". Respondi: "Não se preocupem! Foi a melhor coisa que jamais me aconteceu!". Em seguida, lhes contei sobre a experiência com meu pai e tivemos a oportunidade de discutirmos o assunto juntos.

Beatrice é líder comunitária em Oregon. Ficou com uma questão pendente, tal como muitas crianças têm, quando sua mãe morreu inesperadamente de câncer aos 67 anos:

Enquanto eu crescia, minha mãe era uma senhora de personalidade forte. Não era tão carinhosa comigo quanto com a minha irmã e sempre me

questionei a respeito. Com freqüência, se mostrava irritada comigo e, às vezes, me fazia chorar muito. Quando ela morreu de repente, me senti muito mal e pensei: "Ah, não! Agora não poderei jamais falar novamente com a minha mãe".
Aproximadamente um mês mais tarde, acordei de repente e me sentei. Minha mãe estava aos pés da minha cama! Era muito real e parecia bem sólida! Estava muito bem e aparentava ter uns 30 anos. Estava tão bonita e tão jovem, com um rosto realmente lindo.
Estava extremamente feliz. Seus braços esticados demonstravam completa alegria. Sorria para mim com todo o amor que poderia me passar. Disse: "Eu realmente a amava, e gostaria que você soubesse disso!". Era muito, muito amor. Foi uma reconciliação e tanto!

Neil é mensageiro aposentado no Mississípi. Seu filho, Ken, de 19 anos, morreu de repente certa noite durante o sono, de arritmia cardíaca.

Durante mais ou menos um ano e meio, não conseguia libertar Ken, não conseguia acreditar que ele se fora! Pensava que se, de alguma forma, conseguisse segurá-lo, poderia trazê-lo de volta.
Sempre plantei flores bonitas no túmulo de meu filho e as mantive regadas. Certo dia, estava no cemitério arrancando as ervas daninhas. Me encontrava de joelhos quando, do nada, a voz de Ken chegou até mim. Estava alegre e bem contente.
Ouvia-o de fora, tão alto e claro, como se estivesse lá do lado, e senti a sua presença. Eu me ergui e olhei ao redor, mas não havia ninguém mais no cemitério.
Ken disse: "Pai, sou eu! Gostaria que você me libertasse, para que eu pudesse desfrutar do lugar em que estou. Você e mamãe sempre me ensinaram e me colocaram em contato com Deus. Agora, você está me mantendo afastado Dele e de aproveitar o paraíso. Não consigo alcançar a satisfação que Deus me reservou, pois você está me segurando. Ficaria muito satisfeito se pudesse me libertar e me deixar aproveitar tudo por aqui". Contou-me que estava perfeito à vista do Senhor e descreveu quanto era bonito e pacífico o lugar onde estava.
Desandei a chorar, pois não conseguia acreditar. Então percebi: "Quem sou eu para mantê-lo afastado daquilo que o Senhor tem reservado para ele?". Assim, eu disse: "Está bem, Ken, então assim será; meu filho, eu o libertarei e o deixarei partir". Não estou dizendo que foi fácil, mas sabia que era a coisa certa a fazer.

Antes, quase odiei a Deus. Depois, fiquei sentado lá, chorando e pedindo perdão a Deus. Assim que o fiz, todo aquele peso que sentia em meu coração desapareceu, era como se um grande peso fosse tirado. Toda a dor se foi e senti tanta paz em meu coração! Isto reafirmou minha fé e, desde então, me aproximei muito mais de Deus do que jamais estive.

Quando Ken se aproximou de mim, tudo mudou, tudo entrou em perspectiva. Daquele dia em diante, tudo melhorou. Ainda dói, mas não como antes. Agora posso olhar a foto de Ken e dizer "Filho, eu o amo!" e continuar com as tarefas do dia.

Emily, gerente de escritório em Nova York, estava profundamente preocupada com o irmão, Leon, depois de ele morrer aos 49 anos de câncer:

Leon não era uma pessoa religiosa e, quando estava morrendo de câncer, decidi que tentaria fazê-lo aceitar Jesus antes de seu falecimento. A presença de Deus fazia muita diferença em minha vida e eu queria que meu irmão também estivesse com Ele.

Mas quando Leon morreu, ele ainda não aceitara o Senhor e aquilo me preocupava muito. Eu tinha tanto medo de que estivesse no inferno, eu não podia aceitar aquilo. Orei muito a respeito e contei a todos a respeito de minha preocupação. Havia muitas, muitas outras pessoas orando pelo meu irmão e todo dia eu pedia por algum sinal que me mostrasse que Leon finalmente estava com Jesus.

Uns cinco meses mais tarde, certa tarde eu guiava para casa, vindo da casa de minha irmã. Chovia forte e havia raios e trovões. De repente, a tempestade começou a passar e as nuvens se abriram. Um raio forte de Sol passou pelas nuvens e quando olhei para cima, à direita, lá estava meu irmão com o Senhor!

Eles estavam do tamanho normal, muito, muito reais e sólidos, distintos e tridimensionais. Estavam muito juntos, ombro a ombro e eu só conseguia ver a parte superior deles. Leon olhava para mim e o Senhor trajava uma túnica e olhava em sua direção. Ambos sorriam. Meu irmão parecia mais jovem do que na época de sua morte e muito saudável. Não havia necessidade de se dizer nada – Leon estava com o Senhor e era tudo o que eu queria saber.

Aquilo era tão formidável! Fiquei tão aliviada de finalmente ter recebido minha resposta, estava tão agradecida. O alívio era tão grande pois finalmente soube que Leon estava em paz, com Jesus.

Eu acreditava que, uma vez morto, não se podia ser salvo. Sugiro que qualquer um que acredite no mesmo que eu acreditava não desista de suas

orações. Acredito que minhas preces tornaram possível que meu irmão finalmente ficasse com o Senhor.
Ganhei muito com essa experiência, e a minha própria jornada ao lado do Senhor se tornou mais firme. Tudo se torna possível por meio do Senhor; eu já acreditava nisso antes, mas agora sei que não há nada impossível.

Valerie é gerente de um escritório em Massachusetts. Foi chamada a ajudar outra pessoa após a morte de seu filho único, John, aos 18 anos de idade, de fibrose cística:

> Continuei a visitar o cemitério embora sentisse sempre que John não estava lá. Entretanto, poder ir lá de vez em quando e refletir era uma válvula de escape para mim.
> Nunca interagi com outras pessoas no cemitério, só ia lá para depositar uma flor. Geralmente, me ocupava com meus próprios pensamentos. Mas daquela vez, em particular, senti que John falava comigo.
> De repente, chegou até mim, dizendo: "Mãe, alguém precisa de você". Este sentimento intenso continuou a me acompanhar, algo me afastava de seu túmulo.
> Era John e ele continuava dizendo: "Mãe, você não precisa ficar aqui. Há alguém que precisa de você". Foi algo muito breve, telepático, e eu estava sendo afastada e guiada.
> Afastando-me do túmulo de meu filho, deparei com um homem ajoelhado ao lado de outro túmulo. Guiada por John, comentei: "Com licença, tenho certeza de que está plantando as flores aqui, pois alguém que lhe é querido faleceu".
> O homem virou-se, se ergueu e respondeu: "Sim, é meu filho". Olhando-me questionou: "Quem é você?". Respondi: "Desculpe por importuná-lo, mas vi as bonitas flores e quis apenas cumprimentá-lo, sinto muito".
> Ainda sentia John parado por perto. Havia algum outro espírito ao seu lado, mas não sabia quem era até que o homem começasse a falar de seu filho. Contou: "Meu filho, Troy, foi assassinado. Sofria de distrofia muscular e usava muletas para caminhar. Era muito inteligente e esperto".
> O pai explicou a raiva e a dor que sentia pela morte do filho. Falou muito tempo a respeito dos homens que mataram o seu menino. Estava muito angustiado por não estar com o filho quando este faleceu. Finalmente, colocou os braços em meus ombros e começou a chorar.
> Então ouvi John dizer: "É por isto que você está aqui, mãe! Tem que lhe dizer que quando aqueles homens estavam estrangulando seu filho, durante o

assassinato, Troy deixou seu corpo. Não houve sofrimento. A dor desapareceu. Mãe, as únicas pessoas que sofrem são as que estão aqui embaixo, que estão vivas. Vocês são os sofredores! Troy está conosco agora e está bem. E ele tem pena daqueles que o mataram".
Repeti tudo o que John me dissera. O homem me encarou, perguntando: "Como sabe tudo isto?". Então eu compartilhei com ele as outras experiências que John me proporcionara, demonstrando que havia vida após a morte. O pai de Troy ficou tão embevecido que me abraçou e me beijou.
John estava certo! Alguém precisava de mim – alguém precisava de nós dois. Fiquei muito feliz por ser capaz de ajudar aquele pai angustiado.

Cynthia é assistente social clínica na Flórida, que passou por uma experiência indutora logo após a morte, por falência hepática, de seu filho de oito anos, Aaron, que tinha grave retardo mental:

Aaron era meu filho único. Meu relacionamento com ele era mais intenso, pois, em toda a vida, ele nunca foi capaz de fazer algo por si só.
Dois ou três meses após a sua morte, eu estava tentando adormecer, quando meu marido pediu-me que lhe massageasse as costas, pois trabalhara duro naquele dia e estava extremamente cansado. Entretanto, eu não queria fazê-lo por estar um pouco brava com ele. Na verdade, na época, estava com raiva de todos. Então, respondi: "Não!".
Deitada, ouvi uma vozinha me dizer: "Faça isso, mamãe!". Sentei-me na cama, pois foi tão claro! Sabia exatamente a quem pertencia aquela voz: era do Aaron! Fiquei chocada, pois ele jamais aprendera a falar! Então, massageei as costas de meu marido.
Por causa dessa massagem, percebi que precisava ouvir mais e ser mais compreensiva em relação ao que meu marido estava passando. Precisava ajudá-lo em sua dor e seu sentimento de perda.

Scott, de 18 anos, é estudante do último ano do ensino médio em Ohio. Seu amigo, Marty, faleceu de um problema cardíaco congênito aos 17 anos:

Há uns dois anos eu andava mal, usando drogas, não me preocupava comigo mesmo, nem com ninguém ao meu redor. Após minha tentativa de suicídio, fui para o hospital para colocar a cabeça no lugar.
Quando obtive alta, Marty me deu um grande apoio, desde o primeiro dia. Ficou ao meu lado para se assegurar de que eu continuaria na linha. Após a sua morte, porém, sofri muito e comecei a entrar no buraco novamente.

Uns três meses mais tarde, certa noite eu estava deitado no sofá da sala, no escuro. Olhei o relógio e eram 2h05. De repente, vi Marty a uns três metros de distância! Eu podia vê-lo como se fosse de dia!
Vestia uma camiseta branca e calça jeans. Sentei, chocado, enquanto ele me olhava e sorria. Eu não conseguia acreditar no que via! Uma parte de mim sentia medo, mas a alegria em vê-lo era tanta que levantei.
Marty se aproximou. Tudo ao nosso redor estava iluminado, embora eu não soubesse de onde vinha tanta luz. Ele me disse: "Não fique triste, combinado? Estou feliz. Continue a levar a sua vida! Não se mantenha preso a mim, é bom se lembrar de mim, mas continue a viver".
Quando Marty estava vivo, não era de sorrir muito, mas desta vez, ele sorriu. Parecia que estava em paz consigo mesmo e mais feliz. Abracei-o e pude sentir o seu cheiro e o calor de seu corpo – era Marty! Pude até mesmo sentir sua respiração enquanto falava, foi muito estranho! Então, sentei e fechei meus olhos. A última coisa de que lembro foi adormecer.
Esta experiência me colocou para cima novamente, me mudou por completo. Sabia que ele estava bem e feliz. Agora, podia ficar em paz comigo mesmo. Marty podia estar morto, mas está sempre ao meu lado – sei disto. Sinto-o dizendo: "Estou aqui. Estarei sempre ao seu lado".
Agora, tenho um amigo que está na mesma posição que eu quando Marty estava vivo. Faço por ele o que Marty fez por mim, ele já conseguiu sair totalmente das drogas. Talvez algum dia meu amigo também faça por alguém o que fiz por ele.

Arlene, uma dona de casa em Illinois, teve esta reunião espiritual decorridos quase dois anos do assassinato do filho de 27 anos, Russ:

Meu marido e eu nos tornamos líderes de um grupo chamado Pais de Filhos Assassinados. Estávamos muito envolvidos com outros pais na mesma situação.
Muitas vezes, durante nossas reuniões, eu dizia: "A primeira coisa que perguntarei a Deus quando vê-Lo, será: 'Por quê? Por quê estes jovens bons e decentes tiveram de ser assassinados? Por quê permite tal coisa?'. O mesmo vale para muitos pais, eles estão sempre se perguntando: 'Por quê?'".
Certa noite, sonhei que tinha ido para o Céu. O Senhor estava lá. Era superenvolvente – Ele era tudo! Minha primeira pergunta foi: "Por quê? Por que permitiu que Russ fosse assassinado?".
O Senhor respondeu: "Arlene, lá está o seu filho. Vá até lá e deixe-o recepcioná-la". Então olhei para o lado e o vi!

Russ estava em pé com os braços esticados em minha direção. Estava esfuziante em túnica branca, tão branca quanto neve brilhante. Havia uma expressão de felicidade em seu rosto como jamais vira em vida. Estava radiante!
Corri em sua direção, nos enlaçamos num abraço. Eu só queria abraçá-lo e apertá-lo. Meu filho me disse: "Mãe, seja bem-vinda a este lugar!". Então, com os braços ao redor da cintura um do outro, nos encaminhamos para este lugar com árvores verdejantes e céu azul. Não trocamos palavras e esqueci a minha pergunta: "Por quê?". Apenas poder ficar lá com ele já era alegria suficiente.
Ao subirmos uma colina, senti que veria algo maravilhoso do outro lado. Entretanto, não cheguei a ver, pois acordei.
Desde aquela experiência, não me preocupei mais com a questão do "Por quê?". Acredito que Deus tenha me dito que não é importante a maneira que morremos e que não devemos nos preocupar com os "Por quês?". O que realmente importa é que vivamos da melhor maneira possível com aquilo que nos foi dado pelo Senhor.

Rob é mecânico autônomo no Meio-oeste, que teve sua vida profundamente abalada quando sua filha de 26 anos, Bonnie, foi morta:

Bonnie fora assassinada e eu me sentia repleto de autopiedade e ódio. Senti como se Deus nem a justiça existissem. Estava obcecado pela vontade de matar aquele cara, aquele homem que assassinara minha filha. Era o dia do funeral de Bonnie. Voltamos para casa e havia muita gente por lá. Eu precisava sair, então fui para o quintal dos fundos.
De repente, senti fortemente a presença de Bonnie. Era como se, ao me virar, pudesse vê-la. Então, um pensamento surgiu em minha mente, era quase como ouvir a voz de minha filha.
Ouvi-a suplicando: "Papai, por favor! Você deve rezar por ele!". Respondi-lhe: "Você não sabe o que está me pedindo. Não consigo! Sempre acreditei que rezar por alguém era como perdoá-lo. Não consigo me forçar a fazê-lo!".
Então Bonnie disse: "Não é por ele, pai. É por você!". Sua súplica era que eu o fizesse por minha causa, para manter minha sanidade. Senti como se implorasse, por causa da maneira que me encontrava, teria matado alguém ou enlouquecido. Logo, ela se foi.
Fiquei lá tentando encontrar lógica naquilo. Não tinha dúvida alguma de que aquilo foi uma comunicação entre minha filha e mim – era inquestionável.

Entrei. Minha esposa estava no quarto com uma senhora que conhecemos. Cumprimentei as duas e contei: "Bonnie acabou de me dizer para que rezasse. Tenho que rezar por ele". Assim, oramos todos a oração da serenidade. Cerca de seis a oito meses mais tarde, estava a ponto de vestir uma camisa-de-força, pois constantemente me via pensando em modos de matá-lo. Finalmente, certa noite, em completo desespero, fui até o túmulo de Bonnie. Estava lá, tentando colocar as idéias em ordem. De repente, esta idéia surgiu em minha mente, passou através de mim.
Ouvi Bonnie dizendo: "Não estou aqui, papai. Não estou aqui dentro da Terra. Por favor, não se preocupe. Estou bem". Estava muito forte, calma, amorosa, como uma avó sábia conversando com seu neto.
Continuou: "Vá para casa e ajude a mamãe. Levante o traseiro e se mova! É assim que as coisas acontecem. E lembre-se: reze por ele!". Bonnie tentava me ajudar, evitando que eu me esfacelasse. Então, tornou a desaparecer.
Depois disso, alguns amigos que estavam no 12º passo dos Alcoólicos Anônimos me ajudaram. E a minha esposa também auxiliou. Foi o começo da retomada da minha vida.
Finalmente, o desejo de matar me deixou e eu me recuso a voltar novamente a viver naquela atmosfera de vingança.

Jennifer é dona de casa e mãe enlutada de Wisconsin. Ficou tomada pela dor pela morte de seu filho, Allan, de 21 meses, devido à pneumonia:

Após a morte de Allan, pensava nele todos os dias, todos os dias que ele se fora. Dez meses mais tarde, quando entrei em trabalho de parto do meu bebê, Gerry, ainda pensava no meu Allan. Mesmo ao levar o Gerry para casa, não me sentia feliz.
Certo dia, estava sentada numa cadeira com Gerry no colo. Este se mostrava mal-humorado, não parava de se mexer e chorar, então eu o embalava. Segurava com a mão esquerda e dava-lhe tapinhas nas costas, mas nada adiantava.
Naquele momento, senti uma pressão sobre minha perna direita. Lá estava Allan, em pé, com os bracinhos cruzados sobre a minha perna, sorrindo para mim. Ele disse: "Cante para o bebê, mamãe. Cante!".
Comecei a cantar com os lábios fechados, embora não quisesse fazê-lo. O bebê se aquietou. Quando a pressão sobre a perna se desfez, parei de cantar. Logo voltei a sentir a pressão na perna e, da mesma forma, Allan estava de volta! Repetiu: "Cante para o bebê, mamãe!". Assim, comecei a cantar para Gerry e Allan partiu.

Aquele ano todo, me perguntei se Allan estava alegre, onde estaria, se estava bem. Foi então que ele voltou para que eu soubesse que ele estava feliz. Também me senti mais alegre. Desde então, canto para o Gerry.

Dianna é instrutora de equitação de crianças e adultos deficientes na Pensilvânia. Ficou inconsolável quando sua filha, Lisa, de quatro anos, morreu de causa desconhecida.

Decorridos alguns dias do enterro de Lisa, eu me encontrava acordada na cama de manhã cedo, me perguntando como poderia encarar o dia. Percebi uma névoa, uma neblina densa dourada, no canto esquerdo do quarto. Aos poucos, foi tomando forma de um homem sentado numa cadeira. O quadro todo tomava o espaço do teto ao chão.
Era do tamanho de um homem real e usava sandálias e uma túnica branca amarrada à cintura com um cordão de cânhamo marrom. Sabia que era Jesus. Tinha cabelos longos, negros e grisalhos e tinha a cor de todos os homens. Era todo colorido.
Alguns aspectos Seus lembravam traços orientais, outros pareciam escandinavos, outros ainda, africanos. Ele era global, universal. Não conseguia enxergar através Dele, mas Ele não era tridimensional.
Pude ver minha filha, sentada de lado, em Seu joelho. Lisa vestia um vestido longo branco e olhava para cima, para Seu rosto e havia um sorriso enlevado no rosto. Luz e alegria emanavam de seus olhos e rosto, e havia energia fluindo entre ambos.
Jesus olhou diretamente em minha direção e quando Ele me perguntou: "Você gostaria de tê-la de volta se pudesse?", por eu ter visto algo tão lindo e glorioso, não poderia querer fazer nada para interferir. Lembro de ter pensado: "Como poderia querer Lisa de volta se a vejo tão feliz do jeito que está?".
De repente, a porta do meu quarto se abriu e meus dois filhos entraram correndo. A cena toda de Jesus e Lisa desapareceu, o lindo quadro simplesmente sumiu.
Fiquei paralisada após a morte de Lisa e esta experiência me deu a força necessária para fazer o que deveria ser feito.
Sou muito grata por ter tido a permissão de ver e que há outros mundos além do físico. A morte deixou de ser uma experiência amedrontadora e dolorosa, pois soube que o espírito de Lisa ainda existe.

Samuel é funcionário público aposentado do Alabama. Ficou com o coração partido devido à morte de seu neto Dennis, de 19 anos:

Dennis e eu éramos muito, muito próximos. Lembro desde quando começou a engatinhar e eu o carregava para cima e para baixo em meus braços. Ele me seguia por toda parte. Às vezes penso que eu me importava demais com ele. Amava os outros netos, mas Dennis era a minha vida.

Foi uma criança muito carinhosa, não era de fazer feio, não era do seu feitio, simplesmente não era sua maneira de ser; era quietão, nunca o ouvi xingar. Chegou a me criticar por fumar e beber.

Dennis se envolveu com a polícia, foi pego por cometer um pequeno delito – estava de posse de alguns livros que não lhe pertenciam. Disseram que foi posto na cadeia e que tentou se enforcar, o que não foi, com certeza, o que fez. Foi encontrado e levado ao hospital, por volta das duas da manhã. Mais ou menos às quatro da mesma manhã, teve um ataque cardíaco e morreu. Aquilo me doeu tanto!

Talvez uns dois ou três meses mais tarde, tive um sonho em que Dennis se encontrava bem em minha frente, caminhando em minha direção, tão real quanto sempre.

Agarrei e o abracei com toda força, e ele retribuiu. As palavras exatas que me disse foram: "Vovô, não quero que você e mamãe se preocupem comigo. Ninguém deve se preocupar comigo, pois estou bem". Ouvi sua voz, soava exatamente igual à voz de Dennis.

Eu segurava-lhe a mão e, no instante seguinte, acordei. Fiquei quase em estado de choque, era tudo tão simples! Até eu ter aquele sonho, sentia que preferiria estar morto.

Aquilo parece que me fez relaxar, voltei a ter um pouco mais de vontade de viver. Agora, sinto que as coisas vão melhorar e que posso continuar. Deve haver uma vida após a morte, já que passei por aquela experiência tão clara!

Carlita é professora de uma escola elementar no Novo México. Ela teve esta extraordinária CPM e experiência fora do corpo com a filha, Serena, que perdera no 5º mês de gravidez, e com Carlos, seu filho natimorto 14 meses mais tarde:

Durante uns seis meses após ter perdido meu filho, senti um pesar muito profundo. Não entendia o por quê, por que eu? Me sentia tão mal, estava muito próxima de querer acabar com tudo.

Certa noite, tive um sonho, estava onde achava que deveria ser o paraíso. Era uma bonita pastagem, repleta de lindas flores. Um anjo se aproximou e disse que tinha algo muito especial para mim.

O anjo carregava no colo um bebê de seis meses de vida e, pela mão direita, segurava uma garotinha que parecia estar aprendendo a andar. A menina

era minúscula, mas podia falar: "Mamãe, sou a Serena e este é meu irmãozinho, Carlos. Estamos bem, estamos felizes. Nós a amamos muito, não queremos mais ver você triste. Um dia, estaremos todos juntos".
Ambos vestiam túnicas brancas. Serena tinha pequeninas sandálias brancas nos pés e Carlos estava descalço. Ao seu redor havia aquele brilho branco maravilhoso, perfeito, que emanava do coração deles.
Perguntei ao anjo: "Posso me aproximar deles?" e o anjo assentiu com um movimento da cabeça. Era como se o anjo fosse sua babá temporária.
Lembro de ter sentado na grama e colocado Carlos no colo e ter Serena ao lado. Chorei, eu os amava muito. Queria apenas que as crianças soubessem quanto eu as amava e que seu pai as amava também.
Queria ficar quanto tempo pudesse vendo as crianças. Podia abraçá-los e beijá-los mais uma vez. Logo após, se afastaram com o anjo e senti esta paz interior quando acordei.
O mais maravilhoso foi descobrir que as crianças pareciam tanto comigo quanto com meu marido. Serena se parecia mais com o seu pai e Carlos se parecia comigo.

Dave, de 42 anos, vive em Ohio. Sentiu-se encorajado após a morte de sua avó, de ataque cardíaco, aos 83 anos:

Baba, minha avó, era do tipo de católicos da velha guarda, que freqüentava a igreja todo dia. Era muito espiritualizada e orava muito: cinco terços por dia.
Aos 14 anos de idade, entrei para o seminário para me tornar padre. Minha avó era quem mais me incentivava, tinha tanto orgulho e estava tão feliz que eu me tornaria padre!
Mas, nove anos mais tarde, deixei o seminário, então o sonho de Baba não se realizou. Embora desapontada, ela continuou a me amar e a se importar comigo, até falecer no ano seguinte.
Dois anos mais tarde, aos 26 anos, voltei a sentir o chamado para o ministério e estava pronto para voltar e continuar meus estudos para o sacerdócio. Dois ou três dias antes do reingresso no seminário, tive o sonho mais vívido de minha vida.
Vi-me transportado para a casa em que a minha avó vivera e vi Baba no canto da sala. Sua aparência exterior era igual à que eu recordava: o cabelo preso num birote, um pequeno vestido de seda e o costumeiro avental por cima.
Ao caminhar em minha direção, sofreu grande transformação, como se a sua pele se tornasse translúcida, a luz fluía de seu corpo. A sua aparência

exterior modificou-se, mostrando uma entidade muito bonita, jovem e vibrante, cheia de luz.
Baba abraçou-me. Jamais esquecerei aquele abraço, por ter sido tão caloroso. Sussurrou em meu ouvido: "David, rezei para que se tornasse um padre. Sempre rezarei por você e o ajudarei. Você será um bom padre". Então, ela me beijou na bochecha esquerda, afastou-se e desapareceu.
Quando acordei soube, no fundo da alma, que tinha tido um encontro com a minha avó! Baba cruzara o tempo, o espaço e o universo para me dizer que estava contente por mim. Senti-me em paz e não tive preocupação, medo ou dúvida a respeito da volta ao seminário.
Fui ordenado quatro anos mais tarde, em 1981, meu sacerdócio vem sendo muito positivo. Sei que a minha avó esteve comigo e que vem rezando por mim todo esse tempo.

Kathryn, de 60 anos, professora e dona de casa da Virgínia, se encheu de esperança com a visita do sogro, 12 anos depois de seu falecimento por câncer. Sua CPM olfativa com a mãe se encontra descrita no Capítulo 5:

Tive esta experiência aproximadamente um mês após a cirurgia de câncer de minha filha. Krista tinha um tumor ovariano, descoberto dois meses apenas após sua formatura na faculdade.
Foi tamanho choque! O estágio do tumor era muito avançado e havia metástase em outros órgãos. O prognóstico para Krista era muito negativo. Esse período foi de extremo estresse emocional para todos nós.
Krista deveria ter-se casado em maio. Em abril, quando descobrimos que estava doente, o casamento foi cancelado. O casamento de nosso sobrinho também era em maio. Meu marido e eu comparecemos à cerimônia, permanecemos uns 20 minutos na recepção e então nos dirigimos rapidamente para casa.
Enquanto dirigíamos, permanecemos muito silenciosos. Com a cabeça recostada no apoio do carro com os olhos fechados, mergulhada em pensamentos, em como, no decorrer de um mês, nossa vida havia mudado. Krista estava muito doente e nada mais era como antes. Eu pensava: "É tão difícil acreditar. Esse é o tipo de coisa que pensamos que só acontece com as outras pessoas, jamais imaginamos que possa acontecer conosco".
De repente, me senti literalmente tomada pelo sentimento de presença de meu sogro! Ele, simplesmente, estava lá! A presença era tão forte, que eu mal conseguia respirar. Era uma presença poderosa, reconfortante, maravilhosa que, com absoluta certeza, era de meu sogro, ninguém mais.

Lágrimas de alegria escorreram pelo meu rosto. Ele era extremamente carinhoso, senti a sua compaixão. Era de tirar o fôlego! Eu não sabia que tais coisas poderiam acontecer.
Ele conseguiu trazer para esse encontro sua essência, para que eu soubesse que ele estava lá. Em seguida, senti palavras se formando em minha mente: "Kate, querida, pode parar de se preocupar agora. Krista vai ficar bem! Ela conseguiu! Fomos capazes de realizar muitas coisas aqui!". Não ouvi a sua voz, era como se meu sogro estivesse enviando um telegrama para a minha mente.
Minha filha foi melhorando – tão rapidamente, surpreendentemente! Passou por quimioterapia e radioterapia, mas não teve aquelas reações terríveis que geralmente se tem. Sua recuperação transcorreu sem problemas. Krista ressurgiu dessa experiência como se tivesse renascido. Queria fazer tudo diferente. Acabou se casando, mas com outra pessoa. Finalmente, em seu controle de 10º ano, seu médico declarou que sua recuperação fora um milagre!

Meredith é uma dona-de-casa de 43 anos de Saskatchewan. Seu amado, Vic, lhe prestou um valioso favor sete anos após ter morrido de câncer:

Certo dia, quando descia as escadas, tropecei e cai sobre o tornozelo. A dor era terrível! Fui para o hospital e tirei uma chapa de raios X. O médico disse: "Você tem uma fratura da espessura de um cabelo!". Deu-me muletas e disse que eu deveria ficar sem apoiar o pé no chão de seis a oito semanas.
Na noite seguinte, fui para a cama e tive este sonho divertido: eu estava num local de muita paz. Olhei ao redor e Vic estava lá. Tinha uma expressão carinhosa e compreensiva, um tipo de afeição discreta.
Vic disse: "Quero dar uma olhada em seu pé". Respondi: "Bem, não acho que possa fazer nada a este respeito, você não é médico". Ele respondeu: "Apenas estique a perna e passe seu pé para cá".
Tomou meu pé e girou-o para um lado e para o outro, até que eu ouvi algo como um clique; foi isso apenas, não senti dor. Então, Vic recomendou: "Quando levantar, deve ser capaz de caminhar com o pé. Tome cuidado apenas, porque deve sarar".
Acordei imediatamente e tive de ir ao banheiro. Sem pensar, acidentalmente, apoiei-me em meu pé e percebi: "Não dói!". Para minha surpresa, meu pé parecia bom – e eu conseguia andar! Então eu disse: "Obrigada, Vic!".

Acho que Deus envia pessoas que lhe foram importantes para ajudar.

Paulette é enfermeira no Alasca, atingida pela dor da perda de seu filho, Nicholas, morto aos 14 anos:

As crianças acreditam que viverão para sempre, não pensam a respeito da finalidade da morte. Meu filho, Nicholas, tinha medo de freqüentar o ensino médio numa escola grande. Contou a um amigo que tomaria umas pílulas, o suficiente apenas para ficar doente, para não precisar ir para aquela escola. Mas ele exagerou e morreu.
Na noite seguinte à morte, fui para a cama e ouvi barulho em seu quarto. Senti uma atração forte, para ir até lá; portanto, levantei, entrei em seu quarto e sentei-me na cama. Disse: "Está bem, estou aqui. O que quer de mim?". Estava tão brava com ele!
Foi como se a própria alma de Nicholas estivesse ali – sua presença dominava o quarto inteiro. Ele disse: "Mãe, sinto tanto pelo que fiz, não pretendia fazê-lo, estou com tanto medo!".
Respondi: "Nicholas, procure seu avô. Ele tomará conta de você. Tudo se resolverá, trate de achá-lo". Tanto meu pai, quanto meu filho, morreram no final de semana do dia do trabalho, com 14 anos de diferença.
Depois disso, não sei dizer o que aconteceu. Fiquei tão assustada, que corri escada acima e deitei na cama, ainda tremendo.
Quando levantei, na manhã seguinte, pensei: "O que foi que fiz? O Nicholas nem sequer conheceu o meu pai!". Eu estava com tanto medo de ter dito a coisa errada, estava muito brava comigo mesma.
Naquele dia inteiro, fiquei pensando: "Nicholas, você tem de mandar um sinal de que está bem. Preciso desesperadamente disso! Como posso continuar a viver se não souber que você está bem?". Fui à igreja e rezei para poder comprovar que Nicholas achara meu pai.
Na noite seguinte, uma amiga apareceu em casa e disse: "Paulette, você já esteve lá fora? Você deve ir lá ver – há algo que jamais vi antes!".
Saí e vi um arco-íris duplo, de lindas cores! Soube que este era o sinal de que Nicholas estava bem e que ele e meu pai estavam juntos!
Consegui exatamente o que precisava e durante todo o enterro de meu filho não chorei. Como se pode chorar quando lhe deram o maior presente que alguém pode ganhar: a certeza de que seu filho está em paz?

Lewis, um veterano incapacitado do Vietnã, de 42 anos, do Centro-oeste, vivenciou uma CPM crucial logo após a morte de seu pai, de derrame:

Eu servia como cabo da Força de Reconhecimento na base da corporação de fuzileiros navais no Vietnã. Estávamos para sair numa missão.
Naquela noite, saí para caminhar e rezar. Notei uma neblina distante uns 7,5 metros de mim, que parecia ter forma humana, se aproximando e crescendo em tamanho. Parei abruptamente e me joguei no chão, pronto para atirar.
Foi então que reconheci a voz de meu pai dizendo: "Lewis, você me deixou muito orgulhoso. Entretanto, precisará de toda a sua força de vontade para voltar do lugar para onde vai nesta missão. Precisará de sua confiança em si mesmo". Meu pai estava realmente preocupado. Completou: "Sei que tem força de vontade, mas se não for suficiente, o verei aqui" e simplesmente desapareceu.
Por volta das 3h30, partimos. No segundo dia, sofremos uma emboscada. Doze de nós partiram, apenas três retornaram. Fui ferido no peito, o segundo homem sofreu um pequeno ferimento no braço, o terceiro foi atingido na perna. Eles me carregaram ao longo de quase 13 quilômetros, até uma zona de aterrissagem, então fui removido dali.
Lembro-me de recobrar a consciência por alguns minutos apenas e o médico dizendo: "Ele não tem chances de sobreviver". Encaminhou-se então para outros pacientes. Perdi os sentidos e senti que estava entre o lado de cá e o de lá. Logo, ouvi uma voz masculina dizendo: "Não é hora de desistir!". Queria acreditar que era do meu pai, mas não tinha certeza.
Recobrei a consciência num hospital da Califórnia, muitas semanas mais tarde. Carrego ainda sete fragmentos de bomba em meu peito. Sei que não era a minha hora de partir.
Para mim, esta vivência significa que meu pai se importava muito comigo. Seu amor por mim era muito forte e sobreviveu após sua morte. Isso me prova que mesmo após a sua morte, você ainda se lembra daqueles que amou na Terra.
Conheço vários homens que passaram por uma experiência semelhante a esta quando estavam no campo de batalha. Como eu, costumavam não ter fé, mas continuam a ter medo de se expor ao público, porque muitas pessoas poderão ridicularizá-los ou dizer que estão loucos.

Grace é editora de uma revista em Indiana, que voltou a ter motivo para sorrir vários anos após o falecimento de sua filha, Kim, morta num acidente de carro, aos 17 anos:

> Uns seis anos após minha filha, Kim, ter falecido, tive de voar para Chicago para participar de uma reunião do grupo Amigos Compassivos. Sentia o

maior terror de voar! Pensei que a única razão pela qual cheguei lá sã e salva e o avião não caiu, foi porque Deus queria que eu fosse ao encontro. A caminho de casa, estávamos sentados a bordo, na pista de decolagem do aeroporto O'Hare. Tinha certeza de que a sorte não estava a meu favor e ficava cada vez mais ansiosa. Convenci a mim mesma de que no minuto em que o avião decolasse, iria cair.
Sentindo o medo crescente dentro de mim, ergui os olhos e vi Kim em pé, no corredor, à minha frente! Estava em pé, apenas, como se dissesse: "Oh, mãe!". Fiquei muito surpresa!
Podia ver o cabelo encaracolado, longo e loiro de Kim, que vestia uma roupa branca e diáfana, quase como se estivesse banhada em luz. Não era tão definida como um ser vivo, era uma presença um tanto translúcida, repleta de luz. Apresentava certa solidez, mas havia algo flutuante e etéreo nela.
Kim sorriu e falou: "Não é desta vez, mãe. Você ainda tem coisas a fazer". Sua atitude era de que eu nada tinha a temer – tudo estava bem. Em seguida, desapareceu.
Essa mensagem foi totalmente oposta a qualquer coisa em que eu estivesse preparada a acreditar naquele momento. Caso a minha mente tivesse me enganando, o cenário seria bem diferente. Se tivesse sido minha imaginação, ela pareceria muito mais séria e teria dito: "Verei você em alguns minutos, mãe", pois era exatamente o que eu esperava que acontecesse.
Quase que imediatamente, achei que provavelmente ninguém jamais acreditaria em mim, o que não importava, pois era a minha experiência e foi muito real. Foi um momento valioso com minha filha, que pertence a mim. Consegui ter certeza absoluta de que havia vida após a morte e agora, perdi o medo de voar!

Adele é produtora de TV no Noroeste que, felizmente, seguiu a orientação de seu filho, Jeremy, falecido aos nove anos de leucemia:

Meu filho, Jeremy, faleceu no dia seguinte ao Dia das Mães. Três semanas mais tarde, um pouco antes de acordar, ouvi-o dizendo: "O que fará com meu dinheiro?". Respondi: "Que dinheiro?". Retrucou: "Todo o dinheiro que economizou para mim".
Esquecera totalmente da conta de poupança do Jeremy, nem mesmo recordava onde escondera a caderneta da conta. Perguntei o que gostaria que eu fizesse, já que obviamente era algo que deveria ser importante para ele.
Jeremy disse: "Quero que vá ver Malcolm". Malcolm é um amigo meu que negocia com diamantes no atacado. Argumentei: "Bom, não importa

quanto há na conta, não é suficiente para eu me encontrar com o Malcolm". Jeremy insistiu: "É sim! Não deixe de visitar o Malcolm e entenderá o que estou lhe dizendo. Quando você o vir, entenderá. Pensará em mim". Logo, ele desapareceu e acordei.

Embora pensasse que era tudo uma loucura, procurei a caderneta da poupança de meu filho pela casa, mas não consegui achá-la.

Alguns dias mais tarde, aconteceu de estar no mesmo prédio da loja atacadista de jóias de Malcolm. Dei uma passadinha por lá e comecei a olhar as coisas. Vi um bonito colar com uma borboleta com um diamante. De repente, caiu a ficha daquilo que Jeremy falara: "Saberá quando o vir. Irá se lembrar de mim".

Meu coração começou a bater mais forte, fiquei um pouco nervosa. Perguntei a Malcolm o preço do colar. Depois de cálculos e um bate-papo, finalmente me passou o preço: 200 dólares. Falei que voltaria mais tarde.

Meu coração ainda batia forte quando voltei ao escritório e liguei para o banco. Expliquei que não conseguia achar a caderneta da poupança de meu filho e queria saber o saldo da conta. Em alguns minutos, me responderam: o valor era 200,47 dólares!

Voltei à loja de Malcolm após o serviço e comprei o colar com a borboleta com o dinheiro de Jeremy. Agora, não saio de casa sem ele. Posso tocá-lo e dizer: "Meu filho me deu isto em seu último Dia das Mães com ele!".

Daniel, assistente social de Minnesota, vivenciou esta série esclarecedora de visões de CPMs em quatro noites consecutivas após o falecimento de Kathy, sua esposa de 28 anos, de câncer:

> Quando fui para cama na noite seguinte ao falecimento de minha esposa, estava tão cansado, esgotado! Enquanto tentava relaxar, minha mente fervilhava com os pensamentos. De repente, um quadro radiante de Kathy surgiu em minha mente. Sua imagem continuou lá até quando abri os olhos. Senti tanta paz e um sentimento de presença.
>
> Kathy estava tão bonita, com as feições perfeitas, usava um vestido branco fluido brilhante. Estava mais radiante do que eu jamais a vira! Seu longo cabelo castanho estava de volta, conforme era antes da quimioterapia e radioterapia. Fiquei tão absorto admirando a sua beleza surpreendente!
>
> Conversamos telepaticamente e Kathy contou que estava muito, muito feliz, que encontrara seu avô e avó e também outros parentes. Falei quanto a amava e estava feliz por ela ter ido adiante e não ter de sofrer mais.

Aproveitamos a presença um do outro por algum tempo e agradeci por ela ter vindo por minha causa. Enquanto sua imagem se dissipava, relembrei que Kathy prometera que estaria comigo quando eu precisasse dela.

Na segunda noite, após o velório, senti um entorpecimento enquanto estava na cama. Os pensamentos cruzavam a minha mente sem parar – dúvidas em relação à Kathy e se tudo o que fizemos por ela foi correto. Novamente, senti a sua presença e tive uma bela visão dela trajando uma túnica ainda mais fluida e brilhante. A luz irradiava ao seu redor, atrás dela, e brotava dela.

Contou-me ter encontrado mais alguns amigos e parentes e que estivera ocupada. Recomendei que deveria encontrar São Francisco, já que fora devota sua; ela disse que o faria.

Conversamos a respeito das crianças e Kathy garantiu que estaria por perto, para que eu não me preocupasse. Agradeceu-me por ter tomado conta dela; agradeci por ter me confiado seu cuidado. Em seguida, simplesmente caí no sono.

No dia seguinte, enterramos Kathy e não consegui assimilar tudo o que acontecera. Quando adormeci naquela noite, novamente a maravilhosa imagem de Kathy retornou. Ela surgiu mais radiante e mais brilhante, quase como se a pura luz tomasse seu corpo.

Pedi-lhe que descrevesse o paraíso, e ela me contou: "Sou tão feliz aqui. Não há barreiras entre nós. Experimentamos toda a bondade que temos em nós mesmos e a que observamos nos outros. Crescemos quando descobrimos a bondade que existe em cada um aqui. Ao incrementar nossa capacidade de conhecer a bondade, nos liberamos para conhecer a bondade ainda maior nos que encontramos. Mal posso esperar por você para que sinta este amor e liberdade!". Continuamos a compartilhar nossos pensamentos até que visão se desvaneceu.

Na quarta noite, quando deitei para dormir, a visão retornou. Tanto com os olhos abertos quanto fechados, a visão estava lá, como antes, exceto pelo fato da Kathy estar menos visível, mas mais brilhante.

Ela disse: "Venha comigo, tenho algo para mostrar" e, de algum modo, passei para dentro da visão. Descemos uma trilha até o fundo de um grande vale, ladeado por uma elevada e verdejante cadeia de montanhas de cada lado, que levava, bem adiante, a um pico.

"Isto é a vida", explicou. "Há muitas trilhas cortando o vale e encontrará muitas pessoas. Cada uma terá suas idéias quanto ao que é certo ou errado, portanto aproveite a sua companhia pelo que são. Alguns de nós devem chegar até a linha de frente. Outros, devem passar a vida lutando para se conservar nas trilhas, até o topo".

Então, as feições de Kathy desapareceram em luz branca e brilhante, na entrada do vale. Ela foi totalmente tomada pela luz e a luz desapareceu, fundiu-se com uma luz similar no topo da montanha.

Não era como se Kathy estivesse me deixando para trás, era como se ela estivesse na luz, ela fosse a luz e não havia limites na luz. A luz irradiava dela em minha direção, e a experiência dessa luz jamais me deixará agora, pois faz parte de mim.

Não houve sensação de perda quando as visões pararam. Estas vivências foram tão vívidas e reais, reconfortantes, que não tive dúvidas ou perguntas a seu respeito. Pareceram completas por si próprias.

Rosalyn, de Washington, é terapeuta para dependentes químicos, de 39 anos de idade. O poder curativo da oração e do perdão foram dramaticamente revelados para ela:

Tio Mickey veio viver conosco quando eu tinha sete anos, após o divórcio de meu pai. Ele era um alcoólatra ativo e minha mãe tentava ajudá-lo a se libertar do vício. Entretanto, durante os dois anos em que conviveu conosco, abusou sexualmente de mim, o que me provocou grave trauma emocional. Quando completei 17 anos, eu mesma era uma alcoólatra ativa. E aos 18, estava profundamente envolvida com drogas. Bebi e me droguei durante anos seguidos, até que me recuperei.

Para permanecer sóbria, tive de retornar ao meu passado e rever as pessoas, os lugares e as coisas que me magoaram. Tinha de ser o mais honesta possível quanto ao efeito deles sobre a minha vida. Precisava, ainda, fazer as pazes com meu tio, porque escolhi acreditar que, se ele estivesse sóbrio, não teria abusado de mim.

Assim, escrevi uma carta ao tio Mickey e lhe contei como me sentia, dizendo que não guardava rancor dele. Entretanto, não sei se ele jamais recebeu a carta. No decorrer dos anos, pedia a Deus que deixasse que meu amor compensasse o seu pecado.

Na primavera daquele ano, estava dormindo, acordei e vi Jesus e tio Mickey ao lado de minha cama! Vi somente suas cabeças e ombros, havia luz atrás de ambos.

Senti a presença de um amor arrebatador e também uma sensação de seriedade. Ouvi em minha mente uma pergunta que o Senhor me fazia. Havia autoridade e poder, ainda que Sua voz fosse gentil.

Jesus perguntou: "Você guarda algum rancor deste homem?". "Não!", respondi. Então, Jesus voltou-se para meu tio e disse: "E eu tampouco!". Então, soube que tio Mickey estava em paz e na presença do Senhor – ele estava livre.

Alguns dias mais tarde, recebi uma carta de minha mãe, contando que tio Mickey falecera.

Glen é um mensageiro no Sudoeste, que passou por uma vivência espiritualmente transformadora, uma CPM com o filho, Ron, de 21 anos, assassinado, e com a mãe de Ron, Helen, que morrera 16 anos antes de câncer:

> Meu filho, Ron, foi morto numa segunda-feira à noite, mas soube apenas na terça-feira pela manhã. No dia seguinte, por eu ser o parente mais próximo, tive de ir identificar o corpo.
> Esta é, provavelmente, a coisa mais difícil que tive de fazer na vida. A imagem dele deitado sobre a mesa no necrotério surge sempre que me recordo do meu filho. Essa imagem feia e suja simplesmente surge em minha mente e é tudo o que consigo enxergar.
> Na quinta-feira, despertei por volta das quatro da manhã, me ergui e olhei o relógio. De repente, Ron estava lá, em pé, à minha frente! Era como se houvesse uma fonte de luz por detrás dele, mas conseguia vê-lo claramente, vestindo uma camiseta e *jeans*.
> Parecia sólido e real. Quando me sorriu, soube que estava com a saúde perfeita. Seus dentes eram todos bem formados e muito brancos. Antes de ser assassinado, seus dentes estavam lascados e manchados.
> Em seguida, ele trouxe a sua mãe, Helen, até mim. Quando a enterrei, 16 anos atrás, enterrei-a em minha mente também. Não acreditava em Deus, não acreditava numa vida após a morte ou num paraíso. Não acreditava em nada a não ser nesta vida.
> Ron e Helen estavam de mãos dadas. Ela parecia estar totalmente saudável e tinha todo o cabelo, que perdera no decorrer dos tratamentos de quimio e radioterapia. Agora, estava com a aparência da qual eu me lembrava quando nos casamos. Usava um vestido macio e estava muito bonita.
> Eu disse: "Helen, eu sinto muito, esqueci...". Ela respondeu-me: "Eu entendo, Glen". Ela entendia que eu tivesse esquecido dela. Quando ela desapareceu, pude me ouvir soluçando.
> Ron sorriu novamente, então percebi que meu filho estava no paraíso, ou que ele ia para o paraíso. Senti-me cheio de brilho, jamais senti algo parecido em minha vida. Senti-me como se fosse explodir, era uma sensação tão boa!

De repente, passei a crer! Soube que Deus, Jesus, o Espírito Santo, os santos e tudo o que me ensinaram era verdade! Simplesmente eu passei a crer!

Então Ron disse: "Sem ódio, nem raiva, pai", e repetiu: "Sem ódio, nem raiva, pai". Acho que ele tentava me dizer que não odiava ninguém, que não estava zangado com ninguém e que tampouco queria que eu sentisse ódio ou raiva de alguém.

Ron disse ainda: "Não se preocupe comigo. Estou feliz". Aquilo me fez bem, perguntei se ele estaria lá para me encontrar quando eu morresse e ele respondeu: "Bem, pai, sou apenas um novato aqui, não sei lhe dizer!".

Então, minha esposa atual, Linda, que dormia ao meu lado, acordou e tocou-me o braço. Aquilo terminou minha experiência com Ron. Embora eu não pudesse mais vê-lo ou comunicar-me com o meu filho, me senti muito eufórico, em paz profunda.

Mais ou menos um mês mais tarde, pensei: "Mas e se foi o diabo que fez tudo isto?". Mas logo como se me estapeei no rosto e pensei: "Seu estúpido! Por que razão o diabo faria algo para me afastar dele? Satanás me teve em suas mãos por uns bons 40 anos. Agora, sei que Deus é muito mais forte do que o diabo".

Após Ron ter sido assassinado, eu ia matar o homem que o assassinara. Queria ter certeza de que a vida daquele homem acabara. Agora, não sinto mais isto. Sinto pena dele, pois sei que ele deve conviver cada dia com o fato de ter assassinado meu filho.

Não pode acreditar quanto estou feliz por meu filho estar com a minha mulher no paraíso. Esta experiência mudou a minha vida e me abriu os olhos. Me fez saber que há um Deus e que existe um paraíso e que Ele criou todos nós.

capítulo 23
O amor é eterno:
reflexões a respeito das CPMs

A morte nada mais é do que uma transição desta vida para outra existência, na qual não existe mais dor nem angústia. Toda a amargura e desentendimentos desapareçam, e a única coisa eterna é o amor.

DOUTORA ELISABETH KÜBLER-ROSS

EXISTEM DOIS aspectos significativos em nossa dor quando um ente querido falece. Um diz respeito à continuidade da existência e ao bem-estar do membro da família ou amigo falecido. O outro é um sentimento pessoal de perda e a tremenda dor emocional que sentimos, resultante da ausência da pessoa querida de nossa vida diária.

Os que passam por esse luto muitas vezes fazem muitas perguntas sobre os entes queridos falecidos como, por exemplo: "Existe realmente uma vida após a morte? Ele/ela ainda existe? Está bem? Está feliz? Ainda me ama e sabe de minha saudade? Tornarei a encontrá-lo/la?".

Os primeiros relatos neste livro oferecem respostas para todas essas questões. As CPMs confirmam e tornam a confirmar que existe vida após a morte e que nossos entes queridos mortos continuam a existir. Aqueles que estão no reino paradisíaco estão curados e completos, felizes em sua nova existência. De lá, continuam a nos amar e a se preocupar genuinamente com o nosso bem-estar, enquanto nos observam com compaixão e compreensão. Podemos acreditar que a nossa separação é apenas temporária e saber que, finalmente, após fazermos a nossa própria transição, voltaremos a nos reunir.

Entretanto, talvez você esteja se perguntando: "E todos aqueles que jamais tiveram uma vivência de CPM, com um ente querido falecido?". Essa questão foi levantada com freqüência durante nossos *workshops* para pais enlutados. Por exemplo, uma mãe de luto questionava, com um olhar suplicante: "Por que eu não recebi notícias de meu filho?". Um pai angustiado apelou, com a voz atormentada: "Por que a nossa filha não entrou em contato comigo?". Preocupações idênticas foram externadas por viúvas, viúvos e órfãos.

Será que o fato de o/a filho/a, esposo/a, pai/mãe ou outro ente querido falecido não ter estabelecido um contato pós-morte implica o fato de ele/ela não se importar realmente com a dor e sofrimento de sua família? Será que essas pessoas enlutadas são, de algum modo, menos merecedoras de vivenciar uma CPM do que outras que as experimentaram? Será que foram abandonadas no momento em que mais precisavam de conforto e segurança?

Alguns adultos parecem mais abertos e receptivos a vivenciar uma CPM. Talvez tenham experimentado uma quando eram crianças e seus pais acreditaram em seu relato, ou talvez tais eventos fossem relatados e discutidos abertamente em família enquanto cresciam. Em qualquer um dos casos, sua intuição foi reconhecida, validada e reforçada, em vez de sufocada. Possivelmente, essas pessoas terão maiores possibilidades de ter experiências espirituais similares durante a vida e, de fato, é o que realmente acontece.

Durante a nossa pesquisa, observamos que a dor profunda e prolongada e emoções fortes tais como amargura, raiva e medo parecem bloquear as pessoas de ter CPMs. Assim mesmo, nem sempre é essa a causa, como alguns relatos neste livro bem demonstraram. Tampouco é preciso crer na possibilidade das comunicações pós-morte, pois muitos céticos contaram ter passado por uma. Portanto, por que a maioria não tem experiências de CPMs?

Em nosso entendimento, os nossos entes queridos falecidos tentam continuamente se comunicar com seus entes amados durante meses e até mesmo anos depois de seu falecimento. É como se estivessem "batendo na sua porta da frente" ou "tocando a campainha" mas, se vocês não ouvirem seus sinais, não irão reagir e permitir que eles entrem em sua vida. Mais cedo ou mais tarde, eles seguirão em frente e esperarão reunir-se com vocês após a sua própria transição para dentro da luz.

Há algo que se possa fazer para aumentar a possibilidade de receber uma CPM? Na verdade, o primeiro passo já foi dado ao lerem este livro e descobrirem que milhões de pessoas narraram seus contatos com um ente amado morto. Se concluíram que estas vivências foram genuínas e que as CPMs são uma parte normal e natural da vida, então já abriram seu coração e mente à possibilidade de também receberem uma no futuro.

A maneira mais rápida e fácil de vivenciar uma CPM parece ser pedir ou rezar por um sinal que o seu ente querido falecido ainda existe. Exemplos de tais ocorrências aparecem no capítulo de CPMs simbólicas: *Borboletas e arcos-íris*. Se pedir um sinal, seja observador e paciente, pois pode demorar um pouco para recebê-la. Embora algumas CPMs sejam entendidas como óbvias e claras, outras podem ser mais sutis. Acima de tudo, aprenda a confiar em sua intuição, pois só você pode identificar seu sinal e encontrar um significado pessoal nele.

Outro método é pedir ou rezar para que o ente querido falecido se comunique durante o sono, pois é o momento em que nos encontramos mais relaxados, abertos e receptivos para o encontro. Pode tentar visualizar seu rosto enquanto envia pensamentos amorosos, antes de adormecer. Entretanto, não se sinta desencorajado se essa técnica não funcionar imediatamente. Em vez disso, se necessário, repita o processo com expectativa positiva ao longo de semanas ou meses.

A ação mais eficiente a ser tomada é aprender a meditar. Pode-se comprar nas livrarias livros fáceis de serem lidos e fitas de áudio que induzem à meditação. Para obter resultados mais rápidos, pode-se freqüentar cursos curtos e baratos sobre meditação, ministrados por professores competentes nessa área. Não deixe de pedir referências, do mesmo modo que pediria de médicos, advogados ou qualquer outro profissional.

A meditação oferece muitos benefícios saudáveis. Caso esteja passando por luto, permitirá que tenha um sono mais tranqüilo, melhore o apetite, reduza a depressão e a dor emocional. Além disso, reduz o rancor, o ressentimento, o desespero e outros sentimentos negativos que possa ter. A meditação facilitará ainda o processo de cura, especialmente se meditar uma ou duas vezes ao dia, durante uns 20 minutos.

A meditação diária é uma maneira carinhosa de se fortalecer. À medida que ficar mais à vontade em relação a esses exercícios de relaxamento profundo, seu foco será delicadamente deslocado do mundo externo e material para a dimensão espiritual. Não importa se estiver ou não passando pela dor da perda, você gradualmente abrirá e desenvolverá seus sentidos intuitivos. É possível que esse processo aumente a sua habilidade de experimentar uma vivência de CPM enquanto estiver acordado ou dormindo e, possivelmente, após algum tempo, tenha uma enquanto estiver neste estado de paz de relaxamento. Já que as CPMs não podem ser controladas conforme a vontade ou forçadas a acontecer, é simplesmente uma questão de deixá-las ocorrer, treinando-se para ser mais sensível ou intuitivo. Para aqueles que têm muita fé religiosa, a oração profunda e a contemplação oferecem oportunidades similares para o crescimento espiritual.

Se sentir a presença de um ente querido falecido enquanto estiver acordado, considere a possibilidade de que ele ou ela esteja tentando se comunicar verbalmente. Simplesmente sente, feche os olhos, relaxe o corpo, respire algumas vezes profunda e calmamente, peça para receber uma mensagem telepaticamente e abra a mente para poder receber uma. Lembre-se: é possível se ter todo um diálogo dessa forma.

Essa mesma técnica de comunicação pode ser usada enquanto estiver tendo qualquer outro tipo de CPM em vigília, variando de auditiva até simbólica. Entretanto, use o bom senso caso receba qualquer informação ou orientação que lhe pareça estranha. Apenas por alguém ter falecido, não significa que se tornou um ser totalmente iluminado e onisciente.

Por meio da meditação, muitas pessoas aprendem, geralmente pela primeira vez, que possuem uma identidade ou existência independente de seu corpo físico. Durante a meditação progressivamente mais profunda, freqüentemente descobrem que são mais do que seus meros corpos, mais do que seus sentimentos ou emoções, e mais do que os pensamentos. Gradualmente, percebem que são entidades espirituais eternas, ou consciências, algo muito além do prévio e limitado autoconceito de humano mortal. Esta nova consciência fornece uma maior sensação de paz interior e alegria, que transforma a vida de privação e competição em cooperação e abundância.

Ao longo da história, homens, mulheres e crianças vêm se perguntando: "Quem sou? Por que estou aqui? Para onde vou?". Inúmeras religiões e filosofias, tanto antigas quanto modernas, buscaram responder a estas questões profundas.

A maioria das religiões ensinou que alguma parte vaga e pouco definida de nós, geralmente denominada "espírito" ou "alma", deixa o corpo por ocasião da morte e continua a existir em uma outra dimensão de existência. Nossa pesquisa sobre CPMs e sobre outros fenômenos similares forneceram evidências de que cada pessoa é um ser espiritual que temporariamente habita um corpo físico. Cada um de nós é um espírito ou alma que ocupa um corpo enquanto estamos aqui na Terra, de modo a funcionar dentro desta dimensão de realidade. O que chamamos de "morte" nada mais é do que deixar para trás permanentemente nosso corpo terrestre. Essa percepção afirma: "Não sou um corpo que tem alma. Sou uma alma que possui um corpo". Portanto, as pessoas não morrem, apenas o corpo físico morre.

Podemos considerar nosso corpo nossa "vestimenta terrestre". Sem ela, não poderíamos de modo algum segurar esse livro, responder a um telefonema ou interagir com o mundo físico. Passaríamos através das paredes e outros objetos sólidos e, com toda certeza, não seríamos vistos ou ouvidos por ninguém. Resumindo: estaríamos na mesma situação que um ente querido separado da matéria, que continua completo em todos os aspectos, apenas não possui mais o corpo físico.

Nosso traje terreno é necessário para a vida neste planeta da mesma forma que um traje espacial o é para o astronauta, enquanto este realiza tarefas fora da nave espacial, bem acima da Terra. Infelizmente, muitas pessoas, após usarem seu traje terreno durante uma vida inteira, acreditam: "Eu sou o meu corpo. Sem ele, não existo".

Um corpo físico também pode ser comparado a um automóvel, pois ambos são "veículos" usados para nos locomovermos ao longo de nossa existência. Alguns apresentam defeitos ainda novos e quebram com rapidez, enquanto outros, recebem poucos cuidados por parte de seus donos e deterioram rapidamente ou são destruídos em acidentes. Entretanto, a maior parte dos veículos requer apenas manutenção constante e pequenos reparos. Naturalmente, todos os carros e corpos físicos acabam se desgastando e têm de ser abandonados mas, quando isso ocorre, não se deve concluir que o motorista do carro ou o usuário do corpo também deixe de existir.

A maioria de nós, embora talvez já acreditemos na realidade da vida pós-morte, ainda se expressa como se não acreditasse, como, por exemplo, quando dizemos coisas do tipo: "Nosso filho foi enterrado na semana passada", ou: "A vovó foi cremada há três dias". Outros podem declarar: "Meu pai morreu de problemas cardíacos", ou "Quando eu morrer, quero ser enterrada ao lado de meu marido".

Entretanto, se concordamos de verdade que todos somos seres espirituais eternos, tais pensamentos e linguagem referente à morte negam completamente o fato de que apenas o corpo físico morre ou é enterrado ou cremado. Como Elisabeth Kübler-Ross disse, "a morte é similar ao ato de despirmos um casaco de inverno pesado na primavera, quando não necessitamos mais dele... Nosso corpo físico é apenas a concha que envolve nosso Eu imortal". Portanto, precisamos diferenciar entre o ser espiritual, que é eterno, e seu corpo, que morreu.

Nossa escolha de palavras é muito importante porque a linguagem reforça o que pensamos e sentimos a respeito do assunto. Poderíamos afirmar nossa crença na vida após a morte e sermos entendidos com maior clareza pelos outros se nos dispuséssemos a nos expressar de modo consistente com as nossas crenças. Por exemplo, poderíamos dizer: "O corpo de nosso filho foi enterrado na semana passada", ou ainda: "O corpo da vovó foi cremado há três dias", assim como: "O corpo de meu pai morreu de problemas cardíacos" e "Após a minha transição, quero que meu corpo seja enterrado ao lado do corpo de meu marido".

Usar expressões novas como essas pode parecer estranho de início, mas elas refletirão de maneira mais precisa nossa crença numa vida após a morte.

Tais frases seriam menos confusas para as crianças pequenas do que dizer: "Mamãe está no paraíso", ao mesmo tempo em que os adultos ao seu redor choram e se comportam literalmente como se ela estivesse literalmente enterrada por toda a eternidade.

Velórios, funerais, enterros, missas são rituais apropriados para celebrarmos a vida de nossos entes amados, cujo corpo morreu. Esses eventos nos dão a oportunidade de honrarmos suas realizações e compartilharmos as lembranças especiais que temos deles. São o lugar e a ocasião perfeitos para celebrarmos com alegria a sua transição, à medida que caminham em direção à luz, em sua jornada para casa.

Baseados na pesquisa de CPM e muitas outras fontes, é razoável concluirmos que cada um de nós está matriculado em uma enorme universidade que pode ser chamada "a escola da vida". Quer saibamos, quer não, cada um de nós é professor e aluno ao mesmo tempo. As aulas são as mais diversas possíveis, mas o currículo espiritual, que é basicamente igual para todos, é desenhado e planejado de modo a nos ensinar a amarmos todos incondicionalmente, incluindo a nós próprios. Quando alcançamos um nível suficiente de consciência espiritual, automaticamente começamos a sentir uma motivação interior para ajudar os outros. Os sedutores objetivos materialistas da riqueza, poder, fama e *status* são gradualmente repostos pelos valores espirituais do amor, compaixão, perdão, tolerância, aceitação, generosidade e paz.

Você pode ter notado que muitas pessoas espiritualizadas escolhem profissões em que ajudam, embora outras possam escolher expressar sua espiritualidade em ocupações mais convencionais. Por exemplo, muitas pessoas que vivenciaram experiências de quase-morte são profissionais que tomam conta de outras pessoas, ou voluntários que trabalham com doentes em estado terminal e pessoas que sofreram a perda de alguém. Mas a forma de serviço que apresentam é secundária, comparado ao desejo de ajudar outros a superarem o medo da morte e a aproveitar a vida mais completamente. É claro que o que importa não é o tipo de trabalho que escolhemos, mas a nossa atitude e os sentimentos em relação a amar e ajudar uns aos outros.

Os que experimentaram EQMs também enfatizam a importância da busca e do uso do conhecimento, especialmente o autoconhecimento e a sabedoria. Intuitivamente, desejam aprender mais a respeito do significado espiritual da vida e das leis naturais que a governam. Algumas pessoas que passaram por CPMs ou EQMs desenvolvem interesse numa religião específica, enquanto outros resolvem estudar metafísica.

O denominador comum de todos aqueles que buscam o espiritualismo é que percebem que os objetivos materiais e as inclinações culturais são como água salgada: quanto mais se bebe, mais sede se tem, pois mesmo bebendo mais, nunca é o bastante. O *slogan*: "Aquele que acabar com o maior número de peças, vence", acaba parecendo uma promessa vazia, um caminho que leva apenas ao empobrecimento espiritual. Em vez disso, essas pessoas abraçam conscientemente os ideais dos caminhos espirituais e bebem de sua água fresca e pura, que revitaliza o corpo, a mente e o espírito e acaba sendo levados à paz interior.

Se a vida na Terra for mesmo uma vasta escola projetada a nos ensinar os valores espirituais do amor e do serviço incondicionais, então o que é a morte? Por que há algumas crianças que morrem assim tão jovens, enquanto outras se tornam adultas e vivem muitos anos? Poderia ser porque alguns espíritos necessitam apenas alguns créditos em disciplinas para completar sua educação ou servir como professores para outros, enquanto a maioria precisa cursar muitas matérias e aprender muitas lições. Não importa quanto tempo alguém deve viver na Terra; a morte pode ser vista como uma "formatura" da vida física e, dessa forma, uma ocasião festiva a ser celebrada e não algo a se lamentar. A CPM a seguir sugere que isto pode ser verdade.

Ruthanne, uma orientadora de saúde aposentada de Maryland, teve a seguinte experiência com seu tio:

> Antes de falecer, meu tio Frederick ficou acamado com enfisema. Ele era o meu último parente idoso e éramos muito próximos.
> Certo dia, falávamos a respeito de sua morte iminente e eu comentei: "Por que não vai em frente e não se solta? Sua esposa, Adelaide, estará à sua espera". Respondeu: "É mesmo? Você pensa assim?". Afirmei: "Claro, a morte é como uma formatura da escola da vida".
> Após a sua morte, fui à missa de corpo presente. Sentei na terceira fileira, com meus primos e primas. Durante a cerimônia, voltei-me para ver o caixão sendo empurrado no carrinho da parte de trás da igreja.
> Um pouco acima do caixão, vi o tio Frederick. Vestia uma beca de formatura preta e segurava uma desempenadeira de pedreiro! Estava satisfeito e alegre, exuberante! Parecia completo e sólido, com um brilho interno.
> Tirou o chapéu, acenou e disse: "Você tinha razão, razão total! É exatamente como você disse!". A personalidade dele estava simplesmente radiante! Pulava de satisfação, o que costumava fazer quando mais jovem. Então disse: "Sabe que podemos todos voltar para assistirmos nosso próprio funeral? Estou aqui para lhe contar que é verdade!".
> A tia Adelaide estava bem ao seu lado, e a família toda atrás. Vi todos e os reconheci: meus pais, avós e outros parentes dos dois lados da família.

Tinham forma sólida, mas conseguia ver principalmente o rosto deles, era como uma foto coletiva.

Tampei o rosto com as mãos, pois comecei a rir e a chorar de alegria. As outras pessoas da igreja pensaram que eu estava chorando. Meus primos me consolaram: "Oh, Ruthanne, está tudo bem, tudo bem!". Eu queria dizer: "Seus bobos, mal imaginam vocês quanto está bem!". Mas não acreditei que alguém lá fosse entender.

O quão reconfortante seria se todos tivéssemos nossos "olhos e ouvidos espirituais" abertos e pudéssemos enxergar e escutar os parentes e amigos falecidos dando boas-vindas à chegada de outro membro da família que tivesse feito a transição recentemente. De que forma diferente encararíamos nossa vida na Terra, nossos propósitos por estarmos aqui, a natureza da morte, caso percebêssemos esses aspectos de um ponto de vista mais espiritual.

O relato de Ruthanne e o de outros em nossos arquivos indicam que nossos entes queridos falecidos podem escolher participar de seus próprios funerais. Alguns podem estar curiosos para ver quem vem, para descobrir como os que lamentam a perda se sentem, ou ouvir o que é dito a seu respeito. É claro que essa ocasião pode servir ainda para consolarem aqueles que sofrem, assegurando-lhes que continuam a existir.

Imagine a sua felicidade e a sensação de plenitude se todos os que tentassem contatar em seu funeral estivessem abertos e receptivos quanto ao conceito da comunicação pós-morte. Como se sentiriam se alguém pudesse enxergá-los e ouvi-los e receber suas mensagens de conforto e esperança? Poderiam, então convencer a todos que estavam completamente curados e inteiros, felizes por adentrarem um bonito mundo novo, um paraíso, que é repleto de amor e alegria. Os que lamentam entenderiam que a morte nada mais é do que uma separação temporária, que voltarão a se reunir no futuro. Assim como aconteceu a Ruthanne, as lágrimas de tristeza se transformariam em sorrisos, pois receberiam a confirmação pessoal que realmente existe uma vida gloriosa, que nos aguarda após a morte.

Algumas pessoas que tiveram uma experiência de quase-morte demorada ou que exploraram o Além durante algumas experiências fora do corpo relatam que este é composto por um número ilimitado de graduações sutis de nível. Aparentemente, se estende dos reinos mais altos, brilhantes e celestiais, repletos de amor e luz, passando pelos de nível médio, mais cinzentos ou escuros, até os mundos inferiores, praticamente desprovidos de luz, amor ou calor emocional.

Esses reinos podem ser entendidos como níveis de consciência ou níveis de amor, ou seja, o "cenário" exterior corresponde à consciência espiritual ou à habilidade de amar por parte dos habitantes locais. Aqueles que amam realmente a Deus e buscam servir ao próximo, habitam os níveis mais altos e claros, repletos de beleza indescritível, enquanto os outros que são egoístas e autocentrados se condenam, ao menos temporariamente, às regiões mais baixas e escuras.

Esta é uma descrição de um modelo vertical da vida espiritual pós-vida, mas, se preferir, ainda existe uma horizontal. Considere o paraíso ao centro, cercado de uma série quase infinita de círculos concêntricos. Ao se mover para fora do círculo, a luz e o amor diminuem, até atingirmos à completa escuridão exterior.

Algumas pessoas que vivenciaram uma EQM relatam ter tido uma "revisão da vida", na presença de um Ser de Luz compassivo e que se abstinha de julgar. Contam como se a vida inteira fosse passada novamente, como numa tela panorâmica, nos mínimos detalhes, e tivessem de reviver suas ações, pensamentos e sentimentos. Durante o evento, perceberam que as realizações materiais na Terra contavam pouco se comparadas com a maneira que trataram os outros, pois o amor e o carinho eram as medidas verdadeiras do total sucesso ou fracasso de sua vida.

Perceberam ainda que aqueles momentos em que se dispuseram, com preocupação e compaixão genuínas, a estender a ajuda ao próximo, foram os momentos em que "houve um cantar de anjos". Por outro lado, quando foram rudes, magoaram ou prejudicaram o próximo com ou sem intenção, tiveram de sofrer os resultados de todo o sofrimento causado. Essa consciência lhes revelou dramaticamente quanto estamos interconectados e ilustrou como a negatividade cria um efeito contrário que, por sua vez, causa ainda mais dor aos outros.

Parece provável que cada um de nós, com a possível exceção das crianças, tenha uma revisão da vida ao penetrarmos na luz. Nós mesmos nos avaliaremos ou julgaremos quanto ao nível de amor, desatenção ou até mesmo crueldade demonstrados. Parece que os nossos próprios pensamentos, sentimentos e ações determinarão o nível de existência que habitaremos inicialmente. Isso significa que não seremos recompensados, tampouco punidos após nossa transição. Em vez disso, iremos ao local que fizemos por merecer, de acordo com o tanto de amor, compaixão e carinho que demonstramos durante nossa vida terrena.

Já que todos temos livre-arbítrio, podemos escolher permanecer espiritualmente "adormecidos" e sermos vítimas que culpam todos e tudo pelas circunstâncias, ou podemos "despertar" e viver a nossa vida de acordo com os princípios espirituais. Se aprendermos pouco ou nada, não podemos esperar que a nossa vida na dimensão espiritual seja muito diferente.

Como é o paraíso? De acordo com alguns relatos de EQMs e de outras fontes, faltam palavras adequadas para descrever a beleza, a alegria, o amor, a harmonia, a luz e o elevado sentimento de vida do reino paradisíaco. As comunidades incluem cidades magníficas e belos campos. As flores, as plantas e as árvores têm cores e uma vibração além de quaisquer outras existentes na Terra. Por todos os lados, água faiscante e refrescante, cantar de pássaros, música cativante e borboletas voando por todo lado. Até mesmo os animais de estimação, a quem amamos, estarão esperando por nós.

Embora os recém-chegados possam descansar tanto quanto quiserem após a transição, o local fervilha de atividades objetivas. Existem edifícios majestosos de arquitetura graciosa, escolas para aprendizagem, bibliotecas, alojamentos para cura, centros espirituais de toda espécie e muito mais. Os habitantes valorizam muito o conhecimento e são incentivados a estudar temas de própria escolha, que englobam virtualmente todos os assuntos, mas os favoritos são: artes, música, natureza, ciências, medicina e todo tipo de estudos espirituais, os quais, por sua vez, devem ser passados adiante, por meio de inspiração, aos que ainda habitam o planeta.

As almas evoluem espiritualmente, aspiram avançar até níveis mais altos de consciência. Lá, como aqui, o crescimento espiritual é alcançado com maior rapidez por meio do serviço ao próximo. Os residentes, sob a experiente orientação de professores e mestres muito evoluídos, escolhem sua própria forma de servir e recebem extenso treinamento. Muitos escolhem, por compaixão, ajudar os moradores dos reinos menos elevados, incluindo os mais baixos e mais escuros.

Ninguém, não importa a crueldade ou maldade do crime aqui cometido, jamais é esquecido ou desamparado. No instante em que alguém sente remorso sincero por ter prejudicado outrem ou demonstra um mínimo de consciência espiritual, assistência imediata e encorajamento são dispensados para ajudar aquele espírito a se mover adiante e a começar a árdua ascensão aos níveis superiores da vida após a morte. Entretanto, este alguém deve estar disposto a aceitar plena responsabilidade pessoal por toda a mágoa, toda a dor e sofrimento que ele ou ela possa ter causado, o que, aparentemente, é um processo extremamente doloroso do ponto de vista emocional, mental ou espiritual.

No decorrer deste livro, usamos intencionalmente os termos "que já partiu" ou "que já se foi", com o significado de "desapegado do corpo material", em vez de "morto", que indica finalidade e final de existência. Se as comunicações pós-morte são contatos autênticos de membros familiares e amigos que já partiram, então certamente nossos entes queridos continuam muito "vivos". Mais do que isso, suas mensagens nos reafirmam cada vez mais de que a vida é contínua. Olhando dessa maneira, podemos dizer que todos nós vivemos, hoje, na eternidade!

A vida física tem sempre um propósito e um significado. Seu objetivo é constituir, para cada um de nós, uma experiência de aprendizagem espiritual, uma oportunidade de mudança, crescimento pessoal e transformação. Entretanto, ninguém pode presumir saber qual seria a lição a ser aprendida por outro ou qual o grau de sucesso alcançado por aquela pessoa no decorrer de seus cursos espirituais. A morte é apenas o estágio final da vida física, quando completamos nossa escola terrena, nos desapegamos de nosso corpo e nos formamos. A certeza de uma vida no Além, fornecida pelas CPMs, EQMs e EFCs, nos inspiram a superar o nosso medo da morte, de modo a nos libertar para abraçarmos a vida de modo espontâneo e alegre.

Ao ler este livro, nota-se sem dúvida que as experiências de CPM trazem muito além de consolo e evidência da existência da vida após a morte para os que sofrem com o luto. Contém ainda muitos ensinamentos de como levar a nossa vida, de maneira mais satisfatória e completa. Isso ocorre porque sua mensagem essencial consiste na importância do amor, especialmente do amor espiritual. Isso foi resumido com perfeição numa CPM de uma senhora canadense com seu pai, que partira e que fora alguém rico, poderoso e bem-sucedido, antes de seu corpo morrer de câncer aos 49 anos. Ele simplesmente lhe disse: "Não é o que você tem, mas o que você faz da sua vida. A única coisa que importa é o amor".

Em nossa sociedade moderna e complexa, pode parecer bastante difícil amar alguém "incondicionalmente", mas podemos certamente fazer um treinamento para sermos mais carinhosos e gentis uns com os outros. O ato de exprimir bondade amorosa e o perdão para todos que encontramos, com certeza melhora nossa vida e contribui para que o mundo se torne um local com mais paz.

A crença corrente na realidade das CPMs, potencialmente, pode mudar o mundo. O que acontecerá se todos souberem que somos seres eternos, que apenas temporariamente usamos um corpo físico, enquanto freqüentamos uma escola para nosso aprimoramento espiritual? Caso essa percepção seja universalmente reconhecida, como poderá afetar a maneira que percebemos a nós mesmos, os outros e a vida em geral? Tal consciência global poderia aumentar o nosso entendimento e a aceitação mútua, sabendo que somos todos iguais participantes da mesma e sagrada jornada espiritual. Com certeza, trataríamos a todos e ao planeta em si com muito maior respeito e reverência.

O Capítulo 1 contém uma experiência de CPM que Maggie teve com sua filha, Joy, de 15 anos. Parece adequado que o relato final venha da parte de seu pai, Lee, engenheiro em Illinois:

> Já se passara mais de um ano, mas eu ainda lutava com a morte de minha filha: chegara ao fundo do poço. Assim, um pouco após o Natal, pedi a Maggie para orar comigo para que eu recebesse um sinal de que Joy ainda existia.

No Dia dos Namorados, decidimos dar uma passada na casa paroquial, na festa de despedida do reverendo Pat, que iria nos deixar. Ele encontrara todas as fotos tiradas durante seu sacerdócio e as pusera sobre a mesa.

Eu estava remexendo as fotos e, casualmente, peguei uma foto colorida 9x13 cm que era realmente artística. Era uma foto com exposição dupla que, segundo soube mais tarde, fora tirada por um fotógrafo profissional. O efeito da dupla exposição mostrava uma foto tirada de trás da igreja, com a congregação em pé, de frente para o altar. Totalmente superposta sobre a foto havia outra, de uma grande estátua de Cristo, olhando para os fundos da igreja, com Seus braços abertos, as palmas voltadas para fora. Ele parecia abençoar a congregação inteira.

Uma pequena loirinha se encontrava um pouco voltada para o lado, parecendo que estava na palma da mão direita de Cristo, olhando para cima, para o Seu rosto. De repente, percebi que era minha filha, Joy!

Primeiro, não consegui acreditar, depois fiquei todo arrepiado. Perguntei ao reverendo Pat se poderíamos pegar a foto e ele respondeu: "Com certeza!".

Este foi o meu sinal! Foi a motivação que precisava para acreditar que existe um Deus de amor. Isso trouxe minha fé de volta, do zero até um nível mais alto como jamais esteve.

Maggie e Lee nos mandaram uma cópia 20x25 cm da foto – ela nos dá inspiração para continuarmos nosso trabalho. Obrigada, Joy, Maggie e Lee. E obrigada a você, Elisabeth Kübler-Ross, pelo modo que enriqueceu a vida de muitos de nós.

No decorrer dos sete anos durante os quais conduzimos nossa pesquisa e escrevemos este livro, nos convencemos de que o amor espiritual transcende todas as barreiras do tempo e do espaço, inclusive da morte. Acreditamos que as experiências de comunicação pós-morte demonstram conclusivamente que os laços de amor jamais se quebram porque a vida e o amor são eternos.

epílogo
Alegria:
uma promessa

*Quando a terra reivindicar seus membros,
então realmente dançarás.*

KHALIL GIBRAN

SE TIVER LIDO este livro com o coração, terá reconhecido a verdade da vasta realidade espiritual que existe além deste mundo físico. Os relatos terão parecido familiares, como se já os tivesse escutado antes. Eles servem como uma janela para uma dimensão maravilhosa e ilimitada, que é nosso lar eterno. É de lá que nos aventuramos para a escola da vida, na Terra, e para lá retornaremos após completarmos nossas lições.

Quando nossos olhos e ouvidos espirituais estiverem abertos, poderemos observar a infinita beleza que nos aguarda e ouvir a música celestial que nutre nossa alma. Estes momentos transcendentais de graça nos lembrarão de nossa identidade, em caso de esquecermos e nos cegarmos pelo glamour e ensurdecermos pelo ruído do mundo material.

Não existe a morte do ser espiritual que realmente somos, apenas uma mudança, uma transformação, ao liberarmos o corpo físico. Como uma borboleta imortal, emergimos de nosso casulo, nos libertamos para voar tão alto quanto nossas asas e consciência nos levarem. Ao retornar para casa, celebramos ao nos reunir com nossos entes amados que nos precederam, descobriremos então o significado da alegria.

O amor
detém
o poder
maior
do universo.

agora é a sua vez...
Queremos ouvir
o que tem a contar!

ESTE É O PRIMEIRO de uma série de livros que planejamos escrever a respeito de comunicações pós-morte. Se tiver vivenciado uma CPM e estiver disposto a partilhá-la, por favor, mande-nos seu relato. Sua experiência de CPM será de grande ajuda para muitos outros.

Descreva sua experiência em detalhes, em inglês, e inclua o seu nome, endereço e telefone residencial. Indique, ainda, o melhor horário para podermos telefonar. Selecionaremos os relatos de CPMs que julgarmos o mais adequados para nossos livros. Se escolhermos o seu, iremos entrevistá-lo/la por telefone, em caso de residir nos EUA ou Canadá.

Gostaríamos de receber mais relatos de CPMs similares, ou não, aos constantes neste livro, especialmente dos tipos descritos abaixo:

- ✓ Crianças menores de 18 anos que vivenciaram uma CPM;

- ✓ Adultos que experimentaram uma CPM antes dos 18 anos de vida;

- ✓ Relatos de CPMs que ocorreram durante o período de oração ou meditação;

- ✓ CPMs que incluam Jesus, Maria, anjos ou outros seres espirituais;

- ✓ Relatos de clérigos: pastores, rabinos, sacerdotes, padres, freiras etc.;

- ✓ Relatos de CPMs de pessoas que cresceram em meio a outras culturas, que pratiquem diferentes tradições espirituais ou fé religiosa;

- ✓ CPMs que tenham ocorrido durante uma guerra: principalmente em zona de combate;

- ✓ Relatos de CPMs que incluam cura física e/ou espiritual;

✓ CPMs que tenham ocorrido durante a transição de um ente querido ou um paciente, tais como: visões de parentes ou amigos desencarnados; figuras espirituais ou luzes coloridas que tenham vindo dar boas-vindas ou auxiliar aquele que está partindo; sentimento ou visão da alma de alguém deixando o corpo; acompanhamento da pessoa que morreu até a luz etc.

Todas as identidades serão sempre mantidas no anonimato.

Judy & Bill Guggenheim
P.O. Box 916070
Longwood, Florida 32791, U.S.A.

referências bibliográficas recomendadas

Vê mais longe a gaivota que voa mais alto.
RICHARD BACH

BACH, Richard. *Fernão Capelo Gaivota*. Rio de Janeiro: Nórdica, 1974.

BETHARDS, Betty. *There is no death*, edição revisada. Novato: Inner Light Foundation, 1985.

CICERO, Marcos Tullius. *On divination*. Traduzido por Hubert M. Poteat. Chicago: University of Chicago Press, 1950.

EGAN, Eileen, e EGAN, Kathleen, O.S.B. *Blessed are you – Mother Teresa and the beatitudes*. Contém as citações de Madre Teresa. Ann Arbor: Servant Publications, 1992.

ELLIOT, William. *Tying rocks to clouds – meetings and conversations with wise and spiritual people*. Contém as citações do rabino Harold Kushner e Swami Satchidananda. Wheaton: Quest Books, 1995.

GIBRAN, Khalil. *O profeta*. Rio de Janeiro: Ediouro, 2001.

GRAHAM, Billy. *Hope for the troubled heart*. Dallas: Word Publishing, 1991.

GREAVES, Helen. *Testimony of light* [Testemunho de luz]. Suffolk: Neville Spearman, 1969.

JUNG, C. G. *Memórias, sonhos e reflexões*. Rio de Janeiro: Nova Fronteira, 1986.

KÜBLER-ROSS, Elisabeth. *A morte: um amanhecer*. São Paulo: Pensamento, 1997.

_____. *Life, death and transition* [Vida, morte e transição]. Fita de áudio de uma palestra dada na Califórnia, contendo o relato de sua experiência com seu paciente falecido. Julho, 1976.

LEVINE, Stephen. *Who dies? An investigation of conscious living and conscious dying*. New York: Anchor Books-Doubleday, 1982.

MARSHALL, Catherine. *O consolador*. Belo Horizonte: Betânia, 1985.

PAULUS, Trina. *Esperança para as flores*. São Paulo: Edições Paulinas, 1988.

PEALE, Norman Vincent. "The Glorious Message of Easter." *Plus-The Magazine of Positive Thinking*. Pawling: Peale Center for Christian Living. March 1994.

PURYEAR, Anne. *Stephen vive! Meu filho Stephen: sua vida, suicídio e vida após a morte*. Contém as citações de seu filho, Stephen Christopher. Rio de Janeiro: Objetiva, 1996.

ROBINSON, Jonathan. *Bridges to heaven – how well-known seekers define and deepen their connection with God*. Contém as citações do doutor Wayne W. Dyer. Walpole: Stillpoint Publishing, 1994.

RUSSELL, Robert A. *Dry those tears*. Marina Del Rey: DeVorss & Company, 1951.

SIMPSON, James B. *Simpson's Contemporary Quotations*. Contém a citação de Helen Keller. Boston: Houghton Mifflin, 1988.

TAYLOR, Susan L. *In the Spirit*. New York: Amistad Press, 1993.

WEATHERHEAD, Leslie D. *Life begins at death*. Birmingham: National Christian Education Council, 1969.

WHITE EAGLE. *Morning light – on the spiritual path*. Hampshire: The White Eagle Publishing Trust, 1957.

WOODSON, Meg. *If I die at thirty*. Grand Rapids: The Zondervan Corporation, 1975.

YOGANANDA, Paramahansa. *Where there is light – insight and inspiration for meeting life's challenges* . Los Angeles: Self Realization Fellowship, 1988.

junte-se a nós na Internet

OS AUTORES DE *Um alô do Céu* fundaram o Projeto CPM [*The ADC Project*] em 1988, que serve como fórum para compartilhar informações e pesquisas a respeito de comunicações pós-morte e assuntos espirituais correlatos.

Esse projeto tem um *site* na internet. Convidamos você a visitar nossa página, na *web*:

WWW.AFTER-DEATH.COM

Assuntos abordados:

✓ Últimas notícias da área de comunicação pós-morte;

✓ Listas de grupos e organizações de apoio para pessoas em luto, crescimento pessoal e desenvolvimento espiritual;

✓ Relatos novos, jamais publicados, em primeira-mão, de CPMs e outros tipos de experiências espirituais;

✓ Grupos interativos de discussão e oportunidades de aumentar o círculo de conhecidos;

✓ Artigos a respeito de CPMs e tópicos similares;

✓ Calendário da programação de conferências, oficinas e palestras, incluindo a programação de palestras dos autores;

✓ Sugestão de livros, revistas, filmes, programas na TV, fitas etc.;

✓ Bibliografia de CPMs reais e ficcionais;

✓ Humor, citações e pesquisas;

✓ e muito, muito mais...

Outras formas de contatar o Projeto CPM são por:

Fax: (407) 774-3161

Endereço eletrônico na Internet:

adc-project@after-death.com

Endereço de correspondência:

The ADC Project
P.O. Box 916070
Longwood, Florida 32791, U.S.A.

Veja lista de organizações de apoio para pessoas enlutadas no *site*:

WWW.FLYED.COM.BR

E conheça também o *site*:

WWW.PERDAENTESQUERIDOS.ORG.BR

Conheça um trecho do belíssimo romance
Amor além da vida

Richard Matheson
Autor de *Eu sou a lenda*

Se você amou o filme, vai adorar o livro! Este é o best-seller que deu origem ao sucesso do cinema que emocionou milhões de pessoas no mundo inteiro! Conheça a história completa de Annie e Chris e viva emoções ainda mais intensas! Descubra, entre dois mundos, a incrível força do amor para a qual não existem barreiras.

"Comece pelo começo" é a frase. Não consigo fazer isso. Começo pelo fim – a conclusão da minha vida na Terra. Apresento-a a você como ela ocorreu – e o que aconteceu depois.

Uma observação sobre o texto. Você já leu meu escrito, Robert. Este relato pode não ser parecido com ele. O motivo: estou limitado pela minha transcritora. Meus pensamentos devem viajar por meio da mente dela. Não posso superar isso. Nem todos os grãos passarão pelo filtro. Compreenda se pareço simplista demais. Sobretudo no início.

Nós dois estamos nos esforçando ao máximo possível.

*

Graças a Deus que eu estava sozinho naquela noite. Normalmente, Ian ia ao cinema comigo. Duas vezes por semana, por causa do meu trabalho.

Naquela noite ele não foi. Ele iria participar de uma peça teatral na escola. De novo, graças a Deus.

Fui a um cinema próximo de um *shopping center*. Não me lembro do nome. Um cinema grande que fora dividido em dois. Pergunte o nome ao Ian.

Deixei o cinema depois das onze horas. Entrei no meu carro e fui na direção do campo de golfe. O pequeno, para crianças. Não consigo transmitir a palavra. Muito bem. Soletre. Devagar. M-i-n... i-a... t-u.. r-a. Excelente. É isso.

Havia trânsito na... rua? Não, mais larga. Av... e-nida? Não exatamente, mas o suficiente. Achei que dava para passar e fui em frente. Tive de parar, um carro vinha em minha direção. Havia espaço para ele desviar, mas ele não fez isso. Atingiu meu pára-choque no lado esquerdo, comecei a rodopiar.

Senti o impacto, mas estava com o arreio. Arreio não. C-i-n-t-o d-e s-e-g-u-r-a-n-ç-a. Eu não teria me ferido tanto. Mas uma *van* apareceu e acertou o pára-choque traseiro no lado direito, acertando-me no meio. Um caminhão vinha na direção oposta. Ele colidiu de frente com meu carro. Ouvi o som da batida, os vidros quebrando. Bati a cabeça e um manto negro cobriu-me. Por um instante, acreditei que vi a mim mesmo inconsciente, sangrando. Então, veio a escuridão.

*

Eu estava consciente de novo. A dor era intensa. Eu conseguia ouvir minha respiração: um som terrível, lento e raso, com suspiros líquidos esporádicos. Meus pés estavam gélidos. Lembro-me disso.

Gradualmente, senti um quarto à minha volta. As pessoas também, eu acho. Alguma coisa impedia-me de ter certeza. Sedaitin. Não, reescreva. Soletre lentamente. S-e-d-a-ç... sedação.

Comecei a ouvir uma voz sussurrante. Não entendia as palavras. Brevemente, consegui ver uma forma perto de mim. Meus olhos estavam fechados, mas eu a via. Não sabia dizer se a forma era masculina ou feminina, porém eu sabia que ela falava comigo. Como não consegui ouvir as palavras, ela desapareceu.

Outra dor começou, mas agora era em minha mente e aumentava de forma constante. Parecia que eu a sintonizava como se fosse uma estação de rádio. Não era a minha dor, mas a de Ann. Ela sentia medo por mim. Eu sentia sua angústia. Ela sofria terrivelmente. Tentei afastar as sombras, mas não consegui. Tentei em vão dizer seu nome. *Não chore*, pensei. *Ficarei bem. Não tenha medo. Eu a amo, Ann. Onde você está?*

Naquele instante, eu estava em casa. Era uma noite de domingo. Todos nós estávamos na sala íntima, conversando e rindo. Ann estava do meu lado, Ian ao lado dela, Richard perto de Ian, Marie do outro lado do sofá. Eu tinha o braço em torno de Ann, ela estava aninhada em mim. Ela estava aquecida e eu a beijei na bochecha. Nós sorrimos. Era uma noite de domingo, tranqüila e idílica, todos nós reunidos.

Comecei a sentir que me erguia da escuridão. Eu estava deitado em uma cama. A dor voltara, por todo o meu corpo. Nunca tinha sentido uma dor como aquela antes. Eu sabia que estava deslizando. Sim, a palavra é deslizar.

Ouvi um som horrível. Um guizo em minha garganta. Rezei para que Ann e as crianças não estivessem por perto para ouvir aquilo. Pedi a Deus que não as deixassem ouvir aquele barulho medonho.

Então, o pensamento veio-me à mente:
– *Chris, você está morrendo.*
Tentei inspirar, mas fluidos na minha traquéia impediam que o ar passasse. Senti-me abobalhado e lerdo, aprisionado em densidade.

Então, havia alguém ao lado da cama. Aquela forma de novo.
– *Não tente resistir, Chris* – ela me disse. Aquelas palavras me irritaram. Quem quer que fosse, queria que eu morresse. Lutei contra aquilo. Eu não seria levado. *Ann!*, chamei-a em pensamento. *Segure-me! Não me deixe ir!*
(...)

Você gostou deste trecho?
Então não deixe de ler este belíssimo romance!

Conheça um trecho do belíssimo livro
Uma ajuda lá de cima

Catherine Lanigan
Autora de *Na proteção dos anjos* e
Quando os anjos nos protegem

Você já foi ajudado por um anjo? Catherine Lanigan está mais do que certa de que os anjos existem e que fazem tudo para nos ajudar! Neste livro – no qual reuniu histórias incríveis – a escritora também descreve suas próprias experiências espirituais, com a intenção de motivar o leitor a buscar a ajuda do Céu!

Alvin, Texas. 1973.

Minha amiga Vicki ficou grávida quando tinha 21 anos. A gravidez transcorreu normalmente, mas ela sentia uma estranha vontade de ler a *Bíblia*. Não era apenas uma ou duas vezes por dia. Sempre que podia passava horas fazendo a leitura. Se perdia o sono, ia para a sala e continuava a ler. Levava o livro aonde quer que fosse.

Vicki era de família católica e teve educação religiosa, mas nunca tinha sentido tanta necessidade de "conteúdo espiritual" quanto naqueles meses em que esperava seu primeiro filho.

Quando Andrew nasceu, ela logo percebeu porque os anjos a tinham preparado espiritualmente. O menino não tinha as terminações nervosas dos intestinos, ou seja, o cólon era morto. Não tinha movimentos peristálticos.

Mas os médicos do hospital em Alvin, onde a criança nasceu, se enganaram inicialmente no diagnóstico e informaram à Vicki e ao marido, Andy, que seu filho tinha fibrose cística e poucas chances de sobreviver.

Iniciaram então um tratamento com soro intravenoso e aplicação de carvão vegetal por meio de um tubo no nariz da criança. Vicki ficou horrorizada ao ver aquilo.

– Vocês querem matar meu filho?! – gritou para as enfermeiras. Mas elas a levaram para fora e tentaram acalmá-la, julgando ser desespero de uma mãe inexperiente.

Até hoje Vicki não sabe se aquilo foi um impulso ou uma intervenção dos anjos, mas assim que os médicos e enfermeiros saíram da enfermaria ela entrou, arrancou o tubo do nariz de Andrew, a injeção de soro de sua veia, o enrolou na manta e levou-o para o *hall* de entrada, onde havia um telefone público. Telefonou para o marido e pediu que viesse buscá-los.

– Não vou deixar que façam isso com nosso filho! Ele vai morrer mesmo se ficar aqui. Tenho certeza disso.

– Tudo bem, Vicki. Vamos encontrar uma solução – disse Andy, desligando o telefone e correndo para o hospital.

– Não vou deixar que ele morra – disse ela, em lágrimas, enquanto saía. – Tem de haver uma maneira de impedir.

Andy a pegou perto da porta e, enquanto seguiam para casa, ela rezou com todas as suas forças.

Naquela noite Vicki sonhou com uma equipe médica dizendo que Andrew não sofria de fibrose cística.

"*Consulte outros médicos*", recomendaram. "*Leve-o até o hospital infantil de Houston*".

Na manhã seguinte telefonou para o hospital. Algumas horas depois estava no consultório do doutor Franklin Harberg, que passou a tratar de Andrew. Ele pediu alguns exames e descobriu que a criança tinha um tipo raro de doença, chamado *Hirschprung*.

– Vicki, só existe um tipo de tratamento, chamado ileostomia. É um procedimento novo mas tem apresentado excelentes resultados.

– Muito novo? E como é feito?

O médico olhou bem para ela e disse:

– Temos que remover o intestino grosso.

– Mas o intestino grosso inteiro? – estava chocada. Jamais tinha ouvido falar de ileostomia ou mesmo de colostomia.

– A maior parte dele. Será preciso manter um orifício em seu corpo para que um tubo possa ser inserido e as fezes possam passar.

– Mas isso vai salvar a vida dele?

– É a única chance. Sem isso ele certamente morrerá.

– Mas e quanto ao risco da cirurgia? Ele nasceu há poucos dias.

– Não se pode ignorar o risco. As chances no caso dele são de duas para dez.

– Tenho duas perguntas, então. Quanto tempo ele terá de ficar com o tubo? E voltará ao normal depois?

– O tubo não é retirado, inicialmente.

– Como assim? A cirurgia não é totalmente eficaz? Ninguém na comunidade médica conseguiu resolver isso?

– Veja bem, trata-se de uma técnica nova...

– Mas... quanto tempo pode levar, afinal? – ela insistiu.

– Cerca de dois anos.

– E quando a cirurgia seria feita? Ele precisa ter um peso mínimo para isso? – ela perguntou.

– A senhora é muito perspicaz. Se possível, e não posso garantir que ele chegará a esse ponto, Andrew deve pesar pelo menos nove quilos quando tiver dois anos. Mas devo avisar que será a primeira cirurgia desse tipo que faremos nesse hospital.

– Ser a primeira não me assusta, doutor Harberg – disse Vicki, com os olhos cheios de coragem.

– Percebe-se mesmo que não. Mas devo dizer que a dieta especial que ele terá de seguir representa um terço de suas chances de recuperação. Para ser honesto, ainda não houve crianças sobreviventes em ileostomias.

– Veja bem, doutor Harberg, Andrew vai conseguir. Eu lhe darei *forças* para viver.

(...)

Você gostou deste trecho?
Então não deixe de ler este belíssimo livro!

Richard Matheson

AMOR ALÉM DA VIDA

Se você amou o filme, vai adorar o livro! Este é o *best-seller* que deu origem ao sucesso do cinema que emocionou milhões de pessoas! Conheça a história completa de Annie e Chris e viva emoções ainda mais intensas! Descubra, entre dois mundos, a incrível força do amor para a qual não existem barreiras.

Roy Stemman

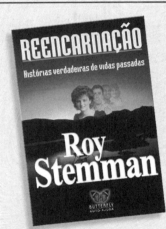

REENCARNAÇÃO

Toda a verdade sobre a reencarnação. Casos extraordinários revelam a realidade da reencarnação. Por que, quando e onde reencarnaremos? Reencontraremos nossos entes queridos? Mudaremos de sexo? Exemplos verídicos respondem a essas e a muitas outras perguntas...

Carla Wills-Brandon

UM ÚLTIMO ABRAÇO ANTES DE PARTIR

Depoimentos incríveis revelam a presença inegável de parentes e amigos – que já não fazem mais parte deste mundo – ao lado daqueles que se preparam para partir para o outro lado da vida. Pesquisas e relatos que comprovam a realidade das visões no leito de morte.

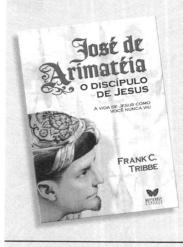

Frank C. Tribbe

JOSÉ DE ARIMATÉIA

Romance histórico revelador que reconstitui momentos decisivos da peregrinação de Jesus. Nele, o Mestre e seus discípulos apresentam-se como nunca foram vistos. Siga seus passos, ouça suas palavras. Conheça um pouco da sua mocidade. Acompanhe-o em sua sublime peregrinação.

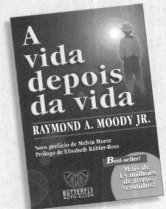

Raymond A. Moody Jr.

A VIDA DEPOIS DA VIDA

Relatos verídicos de experiências de quase-morte de pessoas consideradas clinicamente mortas e que retornaram à vida levam os pesquisadores a acreditar na vida depois da morte. *Best-seller* que já vendeu mais de 13 milhões de exemplares no mundo inteiro.

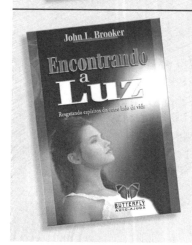

John L. Brooker

ENCONTRANDO A LUZ

Almas que perderam o corpo físico agitam-se aflitas no espaço – desconhecem a própria morte ou recusam-se a aceitá-la. Relatos verídicos do resgate desses espíritos em direção da luz, incluindo o socorro espiritual às vítimas do atentado ao World Trade Center.

Yitta Halberstam & Judith Leventhal

MILAGRES DE AMOR E AMIZADE

Sessenta e quatro histórias verídicas que nos revelam verdadeiros milagres, intervenções da providência divina no destino das pessoas. Quando tudo parece perdido, quando não se avistam soluções, eis que os milagres acontecem. Especialmente recomendado para presentear aqueles a quem amamos e desejamos reconfortar, é leitura que incentiva a alegria de viver.

Yitta Halberstam & Judith Leventhal

MILAGRES EM FAMÍLIA

Milagre! Nas páginas deste livro emocionante, tudo leva a crer que o acaso não existe. São 56 histórias incríveis, que revelam coincidências incríveis. Quando tudo parece perdido, eis que um milagre altera o destino daqueles que não esperavam a visita da felicidade! Leia e descubra: há uma esperança para aqueles que aprenderam a viver a fraternidade do amor.

Robert Holden

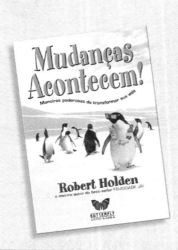

MUDANÇAS ACONTECEM!

Você pode – e deve! – mudar sua vida para melhor. A saúde, a prosperidade, o amor, a paz e o sucesso estão ao seu alcance neste incrível *best-seller*. Livre-se – de uma vez por todas – da mágoa, da insegurança e da desilusão... Afinal, o que você está esperando?

Robert Holden

FELICIDADE JÁ!

É hora de ser feliz! A felicidade está ao alcance neste guia excelente, de quem pretende encontrar a realização pessoal. Páginas vibrantes de um incrível manual, repleto de recomendações práticas para aqueles que desejam viver em paz, livres e felizes...

Robert Holden

RIR AINDA É O MELHOR REMÉDIO

A felicidade e o sucesso estão mais perto de quem é bem-humorado. Rindo, nos libertamos de todas as tensões do dia-a-dia. A medicina do riso não é nenhuma novidade: os efeitos saudáveis da alegria de viver encontram-se no hinduísmo, no islamismo, no taoísmo, no judaísmo e no cristianismo...

Lee Carroll & Jan Tober

CRIANÇAS ÍNDIGO

Preparadas na espiritualidade, são diferentes e estão nascendo em todos os continentes. Neste livro – traduzido para vários idiomas, *best-seller* nos Estados Unidos – pais, educadores e psicólogos encontram tudo o que precisam saber para entender e conviver com as crianças índigo – líderes de um mundo em transformação.

Lee Carroll & Jan Tober

ÍNDIGOS

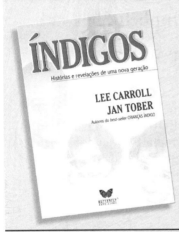

Por toda parte, crianças, jovens e adultos *índigo* – cujo comportamento a psicologia ainda não classificou – estão provocando reações e mudanças. Este livro, dos mesmos autores do *best-seller Crianças Índigo*, traduzido para vários idiomas, reúne depoimentos e casos verídicos para você desvendar o espírito dessa nova geração.

Egidio Vecchio

EDUCANDO CRIANÇAS ÍNDIGO

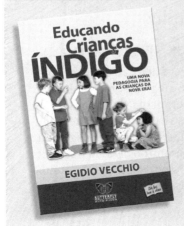

Quem são as crianças índigo que estão nascendo por toda parte e que tratam os adultos de igual para igual? Por que são tão questionadoras? Como educá-las para que cresçam saudáveis e integradas à família e à sociedade? Pais, educadores e profissionais da área da saúde precisam deste livro, único no seu gênero.

Amanda ford

SOLTEIRA E FELIZ DA VIDA!

Ser feliz não depende do nosso estado civil. Amanda Ford, escritora norte-americana que é divorciada, demonstra que a mulher solteira tem tudo para viver no melhor dos mundos. De mulher para mulher, explica direitinho o que devemos fazer nos momentos em que nos sentimos sós, tristes e desprotegidas – e muito mais!

Joanna Campbell-Slan

VOCÊ PODE MUDAR SUA VIDA

Em trinta dias, você vai ganhar uma saudável modificação no seu modo de pensar. Neste livro extraordinário um completo programa de transformação pessoal, para vencer dificuldades e viver melhor o dia-a-dia – de bem com você, com os outros e com Deus.

David Kundtz

MOMENTOS SERENOS (1 e 2)

Aprenda a dizer adeus ao estresse e dê boas-vindas à paz, à serenidade e à saúde! Psicoterapeuta de renome, escritor de sucesso e profundo conhecedor dos motivos que levam ao cansaço da mente e ao desânimo, David Kundtz ensina, nestes livros de bolso, como lidar com o desgaste do dia-a-dia.

Jackline Pinto

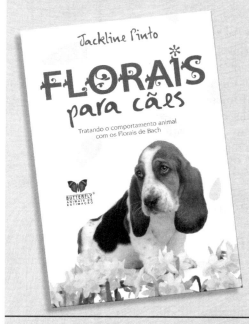

FLORAIS PARA CÃES

Alguma coisa está errada com seu cãozinho? Jackline Pinto, médica veterinária especializada na aplicação dos Florais de Bach – para os quais não existem contraindicações e até podem ser preparados em casa –, ensina a utilizá-los de acordo com as reações do animal, seja qual for sua raça. Prático, é um manual de grande utilidade, repleto de informações úteis.

Marty Becker & Gina Spadafori

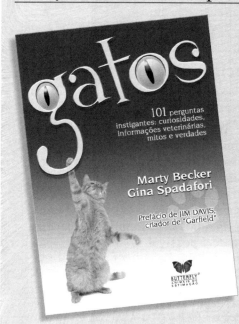

GATOS

Por que os olhos dos gatos brilham à noite? Como conseguem pular tão alto? Por que os gatos sempre caem de pé? Estas e dezenas de outras perguntas encontram resposta neste livro! Leitura agradável e divertida sobre esse animal tão misterioso, ajuda a lidar melhor com eles. Prefácio de Jim Davis, o genial criador de Garfield, o gatinho comedor de lasanha...

Catherine Lanigan

UMA AJUDA LÁ DE CIMA

Catherine Lanigan está mais do que certa de que os anjos existem. Neste livro, além das histórias incríveis que comprovam essa afirmação, a escritora descreve suas próprias experiências espirituais, com a intenção de que o leitor descubra como é possível receber a ajuda do Céu.

Catherine Lanigan

NA PROTEÇÃO DOS ANJOS

É possível viver melhor com a providencial ajuda dos anjos! A autora nos aproxima desses verdadeiros agentes da felicidade, ampliando nossa visão espiritual. É tempo de despertar para uma vida melhor: aprenda a contar com a proteção e a inspiração dos anjos!

Catherine Lanigan

QUANDO OS ANJOS NOS PROTEGEM

Depoimentos incríveis e diversos relatos que comprovam a intervenção dos anjos em nossa vida. Aprender a escutá-los, nos inspirando em suas sugestões, é abreviar o caminho que nos conduz na direção da felicidade! Lembre-se: para os anjos, tudo é possível...

Querendo conhecer outros livros da Butterfly Editora, basta acessar o site www.flyed.com.br ou solicitar um catálogo sem compromisso pela Caixa Postal 67545 – Ag. Almeida Lima – CEP 03102-970 – São Paulo – SP.